Con cariño para todos
nuestros lectores mexicanos.

HOMBRES G

Nunca hemos sido los guapos del barrio

JAVIER LEÓN HERRERA

HOMBRES G
Nunca hemos sido
los guapos del barrio

AGUILAR

Hombres G
Nunca hemos sido los guapos del barrio

Primera edición en España: noviembre, 2020
Primera edición en México: diciembre, 2020

D. R. © 2020, Javier León Herrera
D. R. © 2020, Daniel Mezquita, Javier de Molina, David Summers y Rafael Gutiérrez

D. R. © 2020, Penguin Random House Grupo Editorial, S. A. U.
Travessera de Gràcia, 47-49, 08021, Barcelona

D. R. © 2020, derechos de edición mundiales en lengua castellana:
Penguin Random House Grupo Editorial, S. A. de C. V.
Blvd. Miguel de Cervantes Saavedra núm. 301, 1er piso,
colonia Granada, alcaldía Miguel Hidalgo, C. P. 11520,
Ciudad de México

www.megustaleer.mx

D. R. © de las imágenes: Fotos del archivo personal de David Summers, Daniel Mezquita,
Javier Molina, Rafael Gutiérrez y Javier León Herrera.

ISBN: 978-607-319-787-8

Impreso en México – *Printed in Mexico*

El papel utilizado para la impresión de este libro ha sido fabricado a partir de madera
procedente de bosques y plantaciones gestionadas con los más altos estándares ambientales,
garantizando una explotación de los recursos sostenible con el medio ambiente y beneficiosa para las personas.

Penguin
Random House
Grupo Editorial

A la fuerza espiritual del Bien, camino, verdad y vida.
Al septiembre inolvidable en el cerro del Tepeyac.
Al valor de la amistad.

JAVIER

Índice

2002-2020

No te puedo besar

por María José Solano

Las amigas siempre, los bares de moda, el instituto, las carpetas de anillas con pegatinas, la Vespa prestada, el viaje de fin de curso, el bonobús arrugado, los recreativos llenos de chicos malotes, el tocadiscos de casa, el radiocasete del coche, el deseado walkman, el primer PC que ni siquiera sabes para qué sirve, la primera cerveza agria, fría, emocionante, los chicos de moda del insti ensayando en locales con el olor a madera de guitarra, a cuerdas, a whisky con cola; las noches interminables de playa en verano; los besos en las butacas de la última fila de los cines en invierno; las camisetas *Fruit on the Loom*, los Levi's 501, los primeros zapatos de tacón, el lápiz de labios escondido en un bolsillo, los escotes, las risas, el cuarto lleno de fotos, las conversaciones interminables de tu hermana mayor al teléfono, las monedas cogidas a escondidas; los minutos de felicidad y su voz en aquella cabina; tu mejor amiga besándose con el chico que te gusta, el suspenso de mates, el sobresaliente de religión y el concierto como horizonte de felicidad; ese concierto que da sentido al futuro, que centra las charlas de las amigas, que despierta la envidia de las que no pueden ir y la admiración de las que quisieran hacerlo; los planes a escondidas, la noche fuera de casa; la minifalda prestada. Y ese sueño absoluto cada vez más cerca; a punto de hacerse realidad: el primer concierto de los Hombres G.

Estos chicos guapos ya arrasaban cuando algunas cumplíamos los catorce, y deseábamos la mayoría de edad para poder hacer todo aquello de lo que hablábamos en las charlas de los baños; en las noches de sábado, en las letras de las canciones que nos sabíamos de memoria. Queríamos bailar como Madonna, ganar al Trivial y besar a los Hombres G.

Anhelábamos una vida construida en los sueños, las risas y las canciones, pero no todo era tan fácil. Como cualquier generación, la nuestra necesitaba referentes, ideas, palabras que dieran sentido a un mundo que se estaba forjando en torno a nuestro asombro, nuestras inseguridades, nuestros sentimientos, nuestra valentía. Esos cuatro chicos que aparecían en la televisión, las revistas, los pósteres y las portadas de los discos estaban construyendo, sin saberlo, un espacio singular e imprescindible de palabras enroscadas en melodías inolvidables que iban a constituir la banda sonora de la juventud de millones de personas. Muchos de aquellos jóvenes de entonces adquirimos una manera de desear con palabras y de recordar con música que permanecería ya para siempre ligada a aquellas canciones de Hombres G. En realidad, las canciones de Hombres G trazaron un código de deseo compartido por varias generaciones.

Para las muchachitas de aquellas décadas todo estaba muy claro; queríamos que alguien nos dijera lo que aquellos chicos sabían decir tan maravillosamente bien:

Vamos juntos hasta Italia, quiero comprarme un jersey a rayas. Voy a buscarte al colegio para estar contigo un poco más. Solo quiero ser feliz, poder abrazarme a ti y sentirte respirar, de la mano pasear juntos. Por fin, te encuentro, estás allí desnuda en la piscina tan feliz. Somos dos imanes, tú lo has dicho y ni la música ni el tiempo nos pueden separar.

Suspirábamos juntas, soñadoras, tumbadas en la cama escuchando los discos de Hombres G porque hablaban de nosotras; de nuestras vidas. ¿Cómo era posible que aquel chico, David Summers, escribiese esas letras? ¿Quién le había contado a él lo que nos pasaba? ¿Cómo podía saber todo eso, conocer nuestra tristeza?

Estoy solo en mi habitación, todo se nubla a mi alrededor. Temblando con los ojos cerrados el cielo está nublado, y a lo lejos tú hablando de lo que te ha pasado, intentando ordenar palabras para no hacerme tanto daño. No te reirás nunca más de mí; lo siento nene vas a morir. Y ahí está la puerta de tu colegio y tú no saldrás esta tarde, no lo entiendo, ya no me quieres, no ha pasado tanto tiempo. Se han borrado nuestras huellas en la bajamar. Y ese «adiós» que tantas veces utilizaste para besarme en tu portal, ahora me hace llorar. Unos tragos más para tapar la herida de mi estupidez; un vaso vacío en mis manos, estoy solo otra vez.

Los días de aquella juventud transcurrían enredados en letras y en vida, la política y las responsabilidades aún quedaban muy lejos; nos gustaba creer en lo que teníamos cerca: los besos, las canciones, el sexo, los amigos, los exámenes del semestre, el dinero ahorrado para el fin de semana. La aventura de vivir se sostenía sobre los sueños, el amor y la risa. A veces, escuchando sus canciones, no podíamos parar de reír:

Tengo la espalda como el culo de un mandril; mucho rollo con los limones del Caribe y luego llegas y de milagro sobrevives. Si no tienes cuidado te muerden las piernas; has sido tú la que me dio el mordisco, chica cocodrilo. Ha salido el marcapasos entre vísceras y sangre, mírale qué ojitos tiene, es idéntico a su padre. Indiana, Indiana, no sabes decir otra cosa, ya me tienes hasta la banana. Sufre mamón devuélveme a mi chica o te retorcerás entre polvos pica-pica.

En ocasiones, los malotes del instituto que tocaban en la guitarra canciones de Bon Jovi o escuchaban a Siniestro Total se burlaban de nuestro amor incondicional a los Hombres G: «Pero ¿qué tienen esos chicos? Nunca entenderemos a las mujeres». Les sonreíamos enigmáticas como si la respuesta fuese una especie de código cifrado escondido en las canciones y solo nosotras tuviésemos la clave. Nos limitábamos a ignorarlos y a cantar en el bar del instituto, divertidas, superiores, seguras, provocativas, algunas estrofas de nuestros Hombres G:

Cuando escribo se me abren las heridas, cuando canto se me incendia el corazón. Nunca hemos sido los guapos del barrio, siempre hemos sido una cosa normal, ni mucho, ni poco, ni para comerse el coco, oye ya te digo una cosa normal. No tengo un duro ni tampoco lo valgo, llevo unos años en pecado mortal; no soy bajito ni tampoco muy alto, y reconozco que soy un animal en potencia sexual. Ya sé que solamente soy un sinvergüenza... pero dejad que las niñas se acerquen a mí.

Casi treinta años después, el azar y su infalible geometría situaron frente a frente a aquella adolescente enamorada de los Hombres G y a David Summers. Ambos charlaron de la vida, de sus hijos, de sus familias, de aquellos maravillosos años, de los proyectos de futuro. Reían divertidos evocando amistades comunes, recordando películas, canciones, bares de entonces; incluso tararearon alguna canción. Aquella tarde nació una entrevista larga y una amistad singular entre ellos. Al despedirse se dieron un par de besos con ternura, como dos viejos amigos. De regreso al trabajo, ella pensaba en su suerte, en la vida generosa que finalmente le había permitido cumplir un sueño más, y, sin embargo, se dijo, melancólica, gustosamente cambiaría toda esta serenidad feliz por ser esa niña que, en un lejano día de los ochenta, inspiró una hermosa canción saliendo del instituto con la falda corta y los libros abrazados, caminando hacia aquel chico flaco que la esperaba fumando un cigarrillo echado en su Ford Fiesta blanco mientras le decía, sonriendo, tal vez un poco enamorado: «Vamos, entra en el coche que aquí en la calle no te puedo besar».

Agradecimientos

A Dios por encima de todo, por darme salud, lucidez, talento, constancia, honestidad y fuerza para afrontar esta obra.

A David, Dani, Javi y Rafa, por confiar en mí y en mi trabajo, por el legado de felicidad que han aportado a la vida de millones de personas y por el ejemplo que dan al mundo con su humildad y educación. Donde los valores están por encima de egos e intereses, ahí es. Todo lo bueno que les pase es poco.

A los dos «David» de Penguin Random House, García Escamilla en México y Trías en España, y a Cristina, por la confianza y el amor que han puesto en esta obra, el mismo que ha puesto María José, gracias por ese maravilloso prólogo.

A toda la familia G por haber colaborado conmigo desde que el primer libro comenzó a dar sus primeros pasos junto al documental *Los Beatles Latinos* en 2002, hasta esta nueva obra. Gracias a Antonio Rodríguez (Esquimal), Juan y Medio, Juan Muro, Augusto Serrano, José Carlos Parada y Jorge Martínez; a la gente del Parque de las Avenidas, como Nano de Rowland, Carlos Blas, Marcial López, Carlos Aldana y José Miguélez. Gracias extendidas a Paco Martín, Pedro Caballero, Mikel Erentxun, Miguel Bosé, Luz Casal, Maribel Verdú, Rebeca de Alba, Jorge «Burro» Van Rankin, Eduardo Verástegui, Horacio Villalobos, Pilar Tabares, Beatriz Pécker, Luis

Vaquero, Raúl Velasco (QEPD), a Paco Polonio, a Joaquín Rodríguez, de Los Nikis, y Juanjo Ramos, de Los Secretos.

A la gente que apostó por llevar esta historia a las pantallas: a Joaquín, Pablo, Paloma, María y Germán (Dos Mundos); y a Enrique, Diego y Marta (Apache Films).

A todos los fans de España y América, por estar ahí contra viento y marea y por su enorme lealtad y pasión. En especial a Gaby Díaz, por su paciencia, a Jorge González por su maravillosa colección de los Hombres G, a Francisco Romero, creador de *HombresG.Net*, y a Pauli Villamarín por su colaboración y dedicación al entorno virtual de la banda.

A mi familia y amigos, tanto españoles como americanos. Por estar ahí, entender mi ausencia, que no olvido, cuando me aíslo para concentrarme en mis obras. Mención aparte merece la paciencia desde Los Ángeles de mi hermano Juan Manuel y mi representante, George, durante esas eternas nueve horas abajo; a Maki en México por el inolvidable concierto del 7 de marzo en el Arena, parte de esta historia, y a mi querida «familia» Sergio Rada y demás amigos de mi amada Colombia.

A mi Ayna querida, mi patria chica, Ayna inolvidable, La Suiza Manchega, siempre, manantial de la inspiración y testigo del esfuerzo; y al pueblo de México, por el amor eterno.

1980 - 1984

1

Amigos para siempre

I may be lonely
But I'm never alone
And the night may pass me by
But I'll never cry.

ALICE COOPER / DICK WAGNER,
I never cry

En la doble página anterior: Javi (primero por la izquierda de pie) y Dani (de pie en el centro) en Moralzarzal con los hermanos de ambos y otros amigos de la sierra a mediados de los años setenta.

La primera parte de la historia de Hombres G arranca en el Madrid del Parque de las Avenidas en 1980 y se extiende hasta 1985, año que cambiará la vida de los cuatro miembros del grupo para siempre. Esta es una historia forjada a base de cruces de caminos. El primero, el de Javi y David por un lado y Dani por otro. David y Javi eran amigos de toda la vida, compañeros de colegio y de barrio. Dani y Javi se conocieron en la sierra, donde los padres de ambos tenían una segunda residencia en Moralzarzal. Javi presentó a sus dos grandes amigos. La pasión por la música y un clarinete los unirá a los tres. Después, una amiga común, Daniela Bosé, se encargará de hacer otro guiño al destino el día que les presentó a Rafa en un programa de televisión.

El Parque de las Avenidas

El Parque de las Avenidas, situado en uno de los márgenes de la avenida de circunvalación M-30 de Madrid, fue desarrollado en los años sesenta por una burguesía cada vez más pudiente y numerosa que dejaba lejos las penurias de los duros tiempos de la posguerra y el aislamiento al que estuvo sometido el país tras la Guerra Civil y la Segunda Guerra Mundial. El Parque fue parte del crecimiento de la zona norte del viejo

Madrid, donde se iban configurando nuevos barrios que con el paso del tiempo adquirieron una personalidad propia.

Este fue uno de ellos, situado muy cerca de la vieja plaza de toros de Las Ventas e integrado en la denominación actual del castizo barrio de La Guindalera. Allí, en el colegio Menesiano, regentado por sacerdotes, estudiaba Francisco Javier de Molina Burgos, hijo de Fernando de Molina, director administrativo de la empresa constructora Huarte, y Mercedes Burgos, una actriz de teatro y de doblaje en radionovelas nacida en Argentina en el seno de una gran familia de actores.

La abuela y los bisabuelos maternos de Javi tenían una compañía de teatro llamada Emilio Díaz en honor a su bisabuelo, un malagueño ilustre que tiene incluso una calle con su nombre en la ciudad de Málaga. La compañía giró muchos años por América hasta que regresó y se asentó definitivamente en Madrid, donde nació Javi en pleno *baby boom* de los años sesenta, concretamente el 16 de junio de 1964.

JAVI. Mi abuela materna, Ana Díaz, viajó mucho por América con la compañía de teatro de mis bisabuelos. Ella nació en un buque en mitad del océano en plena tormenta durante uno de esos viajes. Se casó en Lima, la capital de Perú, y vivió en Argentina. Mi madre nació en Rosario, aunque regresó a Madrid con la familia siendo muy pequeña. Yo tenía familia allí que no había conocido jamás, por eso me hizo una especial ilusión cuando triunfamos y fuimos a Perú.

Javi coincidió con David Summers Rodríguez en las aulas del Menesiano. David era apenas unos meses mayor que él. Nació el 26 de febrero de 1964 en el castizo barrio madrileño de Chamberí. Era vecino del Parque y alumno del colegio. Fundado por los Hermanos Menesianos el 15 de septiembre de 1941, el centro se había trasladado a la avenida Brasilia desde el edificio más pequeño que ocupaba en la zona de

Cuatro Caminos. Era el 9 de octubre de 1964, justo el año que ellos nacieron.

Ambos estaban juntos desde el jardín de infancia, y con apenas diez años entablaron una amistad que se fortalecería con el paso de los años. David es hijo de Consuelo Rodríguez y del famoso dibujante, humorista y cineasta sevillano Manuel Summers, de ascendencia anglosajona por parte de padre. Su bisabuelo, Francisco Summers, hijo de ingleses, nació en Manila y vivió en las islas Filipinas cuando estaban bajo soberanía española. Luchó en la guerra de Filipinas, y cuando España perdió la colonia viajó hasta la península, donde echó raíces.

DAVID. A Javi lo conozco desde párvulos. Siempre nos hemos llevado muy bien. Nos hicimos amigos íntimos en la adolescencia. El gusto por la música nos unió desde el principio. A él le encantaba comprar discos, hablar de música, era un loco cachondo en el mejor sentido de la palabra. Bueno, y en el peor también. Ponía motes a todo el mundo, principalmente de animales. Entre los amigos del Parque había un Pez, un Caballo, un Tobías... Imitaba muy bien y bailaba de puta madre. Teníamos rapidez y una complicidad tremenda para ironizar sobre cualquier cosa e imitar a terceros describiendo situaciones absurdas.

La música le interesaba muchísimo, igual que a sus hermanos, Fernando y Mercedes. Dios los cría y ellos se juntan. Nos hicimos amigos de otros chavales tan locos de la música como nosotros.

A Javi le debo haber conocido, por ejemplo, a Carly Simon, Carole King, James Taylor, Billy Paul y Wings. Había escuchado a los Beatles mucho, pero casi nada a Wings. Él tenía sus discos. Eran vinilos que tenían sus hermanos mayores y que escuchábamos en casa. Hacíamos quedadas para oír música.

Así éramos los chavales de aquella época. Le decía a mi madre: «He quedado con Javi para oír música», o bien venía él a casa y traía sus discos o me iba yo a la suya y llevaba los míos.

Y así nos pasábamos las tardes, «escucha esto, escucha lo otro, ¡cómo mola!». Eran así nuestras quedadas, de pasarte un sábado entero escuchando música y después grabando aquellas famosas cintas de BASF.

JAVI. David grababa unas cintas de puta madre, mucha gente le pedía que le grabara, porque hacía unas combinaciones muy buenas. En clase hacía unos dibujitos increíbles. Dibujaba muy bien desde pequeño, nació con ese talento, que heredó de su padre. Recuerdo una caricatura que hacía suya y mía, como una especie de viñetas en las que él se dibujaba tocando la batería, a mí tocando la guitarra y a una novia que tenía de Lepe la ponía tocando el bajo. Luego evolucionó la cosa y lo hacía al revés, conmigo en la batería, pero en aquella época todavía no creíamos que fuéramos a coger una guitarra o un bajo eléctrico en nuestras vidas. Nos intercambiábamos muchos discos. Por cierto, que David todavía debe de tener algunos singles que son auténticas joyas y no me los ha devuelto, así que ya va siendo hora [risas].

LOCOS POR LA MÚSICA

David era un niño tímido y soñador, un Piscis con gran talento para el dibujo y una enorme sensibilidad para la creación desde muy temprana edad. Lleva el talento en los genes. Su padre, hijo del pintor Francisco Summers y sobrino del dibujante Serni, se dio cuenta del potencial de su hijo e incentivó el desarrollo de su imaginación.

Albert Einstein dijo en una ocasión que la imaginación era más importante que el conocimiento. El padre de David exhortaba a sus hijos a que hicieran dibujos o escribieran relatos originales para verlos cuando volviera de trabajar. Les recompensaba con un cochecito o una moneda de cinco duros. En una ocasión, el pequeño David le mostró un dibujo de Bambi idéntico al que había visto en un libro de Walt Disney, convencido de que su padre se enorgullecería de él. Sin embargo, cuando llegó y se lo mostró, este lo agarró y lo tiró a la papelera.

—Para ese Bambi, prefiero el de Disney, lo hace mejor —le espetó su padre con voz rotunda.

No era suyo, no era original. Tenía seis años, pero jamás olvidó el mensaje: el arte no es imitar.

Su gran pasión por el jazz le hizo empezar a estudiar clarinete. También hacía sus pinitos con una armónica. Con diez años comenzó con clases de solfeo y poco después empezaría a tocar el instrumento. Tras dos años de estudio, su sueño fue tocar en un grupo.

Al margen de la música, le apasionaba el boxeo y era fiel seguidor del Real Madrid.

DAVID. Cuando era un niño era un fanático de la música por todos los discos que tenía mi padre y en especial de la música americana de los años cuarenta, de las grandes orquestas de Glenn Miller, Benny Goodman y Tommy Dorsey. Entonces yo quería ser músico de clarinete como Benny Goodman y tocar jazz. Estudié tres años. Fue cosa mía, yo se lo pedí a mi padre. Tocaba muy bien la flauta en el colegio, era el mejor flautista de la clase, y como era un imbécil y un soñador pensaba que el clarinete sería como la flauta, solo un poquito más difícil, pero resultó ser bastante más complicado. Todavía hoy soy capaz de tocar algo con el clarinete. No llego al nivel de Juan Muro, pero lo toco, conozco las notas, la digitación, etc.

Javi era un ciclón hiperactivo. Un niño nervioso, impulsivo, con mucho carisma y un gran sentido del humor. Conserva su pasión por las motos y las emociones fuertes. Pronto se sintió arrastrado por la estética y las corrientes transgresoras del movimiento punk. En los recreos del colegio prefería ahorrar los cinco duros que tenía para el típico cuerno de chocolate, el refresco o la golosina y de ese modo juntar lo necesario para comprarse el último single de turno. Javi ahorraba desde los siete años todo el dinero que recibía de sus padres, de sus abuelos u otros familiares y lo invertía en discos. Siendo un niño compró todo lo que encontraba de The Beatles, Jethro Tull, Supertramp, Yes, Chicago, Eagles, Deep Purple, etc., formando poco a poco una valiosísima colección.

JAVI. Éramos chavales que escuchábamos música desde muy niños. En el año 75 escuchábamos a Yes y a Pink Floyd, luego la E.L.O., o nos llegaba a las manos un disco de Emerson, Lake and Palmer, o de Blood Sweat and Tears, o de repente aparecía alguien con un disco de Squeeze o con el single de Police del año 1979 de Message in a bottle. *Nos buscábamos la vida para tener todos esos discos. Muchas veces pienso cómo lo hacíamos. Entonces no había Spotify, todo era búsqueda física.*

DAVID. Íbamos a las tiendas como MF Discos, en la calle José del Hierro, o Escridiscos, los famosos discos de importación. A veces comprabas por la portada, por el nombre del grupo. Llegaba un amigo y te decía: «¿Has oído el disco de la E.L.O., el no sé qué of the blue», que resultaba ser Out of the blue, *«es que me lo regalaron por mi cumpleaños y está de puta madre». Yo le decía: «¡Joder, tío, déjamelo!». Y te lo dejaban, pero te decían: «Por favor, ¡cuídamelo!». Esos discos eran como tesoros. Así era el rollo. Escuchábamos la música de los setenta, como Steve Miller, Kansas o Alice Cooper. El* I never cry *estaba en nuestros guateques, por eso luego lo versionamos para el primer disco.*

LA SIERRA

Muchas familias de clase media prosperaron gracias al fuerte crecimiento económico de la España de los sesenta, un desarrollo cimentado en el apoyo de Estados Unidos y la expansión de la economía mundial y gestionado por tecnócratas del régimen que implementaron un plan de estabilización junto a planes de desarrollo económico y social. Gracias a este progreso lograron el poder adquisitivo necesario para comprar una segunda residencia de recreo en el noroeste de la provincia de Madrid, en una zona limítrofe con la de Segovia, en la sierra de Guadarrama, donde se ubica el puerto de Navacerrada, término con el que muchos madrileños se acabarían refiriendo a dicha sierra.

La llamada «casa de la sierra» era en aquellos años, junto al Seat 600 o cualquier otro automóvil, símbolo de bienestar y progreso de sus dueños. Las familias acudían a la sierra los fines de semana, puentes y vacaciones de verano. Era el «chalecito de Navacerrada», tal como lo describiría David Summers en la letra de *Nassau*. Los padres de Javi y los de Dani compraron una segunda residencia en la urbanización Retamar, en la localidad de Moralzarzal, y allí se conocieron.

Daniel Mezquita Hardy vivía en la calle Jorge Juan, en el barrio de Fuente del Berro. Nació en el Hospital Santa Cristina de la calle O'Donnell de Madrid el 10 de junio de 1965, es decir, que es un año menor que Javi y David. Su padre tenía un buen puesto como sobrecargo* en la compañía aérea Ibe-

---

* En España, el sobrecargo o jefe de cabina es la persona que coordina y dirige al resto de los miembros de la tripulación encargada de atender al pasaje.

ria, y gracias a su madre, Gwenda Hardy, de nacionalidad británica, se educó en un bilingüismo que le ayudó entre otras cosas a entender mejor la música de los grupos anglosajones preferidos por los jóvenes españoles.

Además, disfrutaba de otra ventaja: gracias a la profesión de su padre había recorrido medio mundo con su familia, mientras la mayoría de sus amigos no habían salido de España. Todavía hoy es un gran amante del fútbol y seguidor del Real Madrid. Le gusta la fotografía y el arte, es admirador de Pablo Picasso y es un apasionado del mundo de la aviación. Es uno de los mejores amigos de Javi desde los siete años.

JAVI. Siempre le decía a David que Dani, mi amigo de la sierra, era otro fanático de la música, que su padre iba mucho a Londres y le conseguía mogollón de discos de importación. Le traía discos, ropa y zapatos que sabía que lo tenía solo él. Con Dani me intercambiaba discos desde los once años. Tenía discos de los Doors, Led Zeppelin, Yes o America cuando lo normal en los compañeros de colegio de nuestra edad era que escuchasen a Enrique y Ana. Le fui dando la brasa con que un día iba a invitar a David a la sierra para presentárselo. Nosotros queríamos hacer algo en la música, pero no sabíamos qué; no tocábamos ningún instrumento ni teníamos ni puta idea, pero Dani sí. Le dije a David que él sabía solfeo y tocaba la guitarra. Cuando nos reunimos los tres y se puso a tocar cuatro acordes, David alucinaba y decía: «¡Joder, cómo toca este!». Claro, no habíamos visto un guitarrista de cerca en la vida. Fue la primera vez que hablamos de hacer algo juntos algún día, es lo típico que dicen unos chavalines soñadores, pero mira por dónde acabó siendo verdad.

DANI. Todos vivíamos en Madrid, pero lo normal era tener dos círculos de amistades totalmente separados: los amigos de la sierra eran los amigos de la sierra, y los amigos de Madrid eran los amigos de Madrid, y normalmente no se mezclaban. Yo a Javi en

Madrid no lo veía, no iba al mismo colegio; lo veía solo en la sierra, los fines de semana y los veranos, del 20 de junio al 20 de septiembre más o menos estábamos allí y nos veíamos a diario. Recuerdo cuando Javi me decía que tenía que presentarme a su amigo David. El día que lo hizo, comentó que era hijo de Manolo Summers, el famoso director de cine, y eso le daba mucho corte a David, que era muy tímido. David se sonrojó y le dijo que cortara el rollo. Nuestra afición común a la música hizo que conectáramos muy bien. Yo estudiaba solfeo y guitarra. Tocaba la guitarra española, tenía mi propio instrumento. David comentó que tocaba el clarinete y le dije que yo también tenía uno que me había regalado un tío mío, pero que no lo tocaba. En aquella época organizábamos conciertos imaginarios y hacíamos los guateques en la sierra. Poníamos canciones de los Beatles y Uriah Heep. Como no había guitarras para todos, y mucho menos bajo, usábamos guitarras de juguete, raquetas de tenis y unos tambores de detergente Colón a modo de batería. Llamábamos a nuestras amigas para que hicieran de público. Era muy raro, nosotros con trece años escuchábamos a David Bowie, los Doors, Led Zeppelin, Yes, Grateful Dead, America o Pink Floyd.

DAVID. Dani era otro loco de la música, tenía mogollón de discos de David Bowie, entre otros. Cuando nos conocimos, yo tenía como unos doce años e hicimos buenas migas, lo que alegró mucho a Javi, que era el nexo común de los dos. Ese es el momento en que nos conocemos los tres. Los conciertos de la sierra eran un cachondeo; los padres y la gente que estaba allí nos miraba con caras raras.

JAVI. En los guateques de la sierra yo era conocido por mis bailes, hacía un paripé como imitando el break dance y me movía como un poseso. Una vez me apunté a un concurso de baile de break dance en los bajos de Orense con un amigo sin tener ni puñetera idea ninguno de los dos. Cuando salieron los primeros tíos iban

en chándal e hicieron unos molinillos y unas piruetas impresionan-
tes. Nosotros flipamos, pero no nos cortamos. Salimos después
haciendo gilipolleces en la pista de la discoteca como patos ma-
reados, la gente se partía. No nos dieron ningún premio, pero sí
abrazos por la gracia que les hicimos, preguntándose de dónde
habrían sacado a esos dos idiotas.

LOS REFLEJOS

David escuchó una entrevista con John Houston en la que
instaba a los jóvenes a no dejar nunca de perseguir sus sueños y a que se dedicaran a lo que les hiciera felices. En el
posible dilema que su mente barajaba, la música estaba por
encima del cine. El fruto de sus estudios musicales se plas-
maría por primera vez en Los Reflejos, un grupillo de cinco
imberbes del colegio que hacían pop en el que permaneció
un tiempo. En aquella época se reunían en El Antro, el bar
que había dentro del colegio Menesiano y que siempre estaba
lleno de gente. Allí, David, Javi y compañía se hicieron famosos por sus extravagancias.

Era una zona de esparcimiento que los curas permitían y
en la que los alumnos se emborrachaban alegremente, porque la cerveza y los cubatas eran más baratos que en la calle.
Ponían música, se podía tocar en directo y allí se presentaron
Los Reflejos, con David al clarinete. Tocaban temas muy ace-
lerados, tipo B-52. Era gracioso, porque de repente se paraban
todos y David hacía con el clarinete: pam, como una nota.

Nunca llegó a sentirse a gusto del todo. Tenía catorce años
y otros planes.

DAVID. Alguien se enteró en el colegio de que tocaba el clarinete
y me llamaron para tocar con Los Reflejos. Eran todos del Mene-
siano. Recuerdo a Juan Villanueva, ya fallecido. Él componía

todo. Me di cuenta de que Juan era el guitarrista, así que deduje que para hacer canciones tenía que tocar la guitarra. Con un clarinete no iba a componer una mierda.

Cada vez me motivaba menos, porque quería componer y cantar, pero de todos modos el grupo se tuvo que disolver por motivos económicos: no había dinero para pagar el local. Aprendí a tocar la guitarra porque quería componer. Nací el día que los Beatles grabaron And I love her *y* You can't do that. *Aprendí a hacer canciones escuchando su música. Mi sueño era ser como ellos.*

Lo hice solo, nunca di clases de guitarra. Cogí una y empecé. Mi padre no me puso profesor, pero me animaba. Me decía que si quería ligar tenía que aprender a tocar la guitarra. Compré libros de canciones que me gustaban. Incluían dibujos de cómo poner los dedos en cada acorde, así que yo lo iba intentando, y conforme practicaba los acordes, cantaba. Fui aprendiendo poco a poco, y cuando tuve cuatro acordes claros empecé a hacer canciones con esos cuatro acordes.

Cuando logré saber lo suficiente como para tocar Perfidia *sin equivocarme, empecé con la práctica de usar los acordes, combinarlos y hacer melodías con ellos. Soy un compositor totalmente autodidacta. Lo que más me ha gustado toda la vida es hacer canciones y cantar en directo.*

David Summers compuso su primera canción a los quince años, cuando todavía estaba con Los Reflejos. Se titulaba *La fiesta.* En la primavera de 1980 Los Reflejos actuaron en el colegio Santamarca, cerca del Parque de las Avenidas. Aquel día conocerían a los miembros de otro grupo con el que compartían escenario, Los Nikis, un grupo que sería testigo de la evolución musical de aquel adolescente del clarinete.

2

«Quiero
ser un
Sex Pistol»

Yo era el enano número uno
Yo me llamaba Torrebruno.

DAVID SUMMERS,
La cagaste… Burt Lancaster

En la doble página anterior: alguna influencia de la época punk emulando a los Sex Pistols podía observarse todavía en la manera de vestir, como los zapatos boogies, durante la primera sesión de fotos en 1983. (Foto Eduardo Mesonero.)

Una película iba a ser la gran artífice del cambio en la vida de David Summers, y por extensión en la de Javi y Dani poco después. El sueño imposible de montar un grupo de pronto se hizo realidad por obra y gracia del punk. El cambio de colegio fue decisivo. Continuaron sus estudios de Bachillerato* en el Santa Cristina Chamartín, cerca de la calle Pío XII, mucho más lejos de sus casas y fuera del Parque de las Avenidas. Colegio nuevo, vida nueva. Atrás quedaban Los Reflejos y por delante todo un horizonte de berridos con los amigos en Los Residuos y la transición de La Burguesía Revolucionaria.

THE GREAT ROCK AND ROLL SWINDLE

Con el paso de la EGB a los estudios de BUP (Bachillerato Unificado Polivalente) y el final de la década de los setenta, los amigos locos por la música se entregaron a la influencia de las tribus urbanas británicas. La contracultura transgresora del movimiento punk emergió con fuerza en los años setenta y su onda expansiva llegó a las calles de Madrid.

---

* En México y otros países de América Latina, enseñanza secundaria.

Su aspecto se fue oscureciendo poco a poco hacia el negro de las chupas (chamarra en México) de cuero y las chapitas en la solapa con el emblema de la «A», entre otros; pantalones vaqueros negros o azules, rotos, ajustados y entubados; pulseras, colgantes, camisetas estampadas con bandas como los Ramones, The Damned, Sex Pistols o The Clash, y zapatos góticos, los famosos *boogies* de enormes plataformas o botas de estilo militar. Un atuendo en el que solo les faltaba el corte estilo mohicano y los cinturones de balas para conseguir una imagen de los típicos alumnos *non gratos* para un colegio regido por una política conservadora católica.

DAVID. Nuestra expulsión del Menesiano no sucedió como se contó en la película, eso está ficcionado. Lo que pasó es que fue un año salvaje en el que no pegábamos ni palo, todo el día de pedo e inventando gamberradas. Hacíamos pellas, robábamos los extintores y los rociábamos por ahí. Javi y yo habíamos ido a unos ejercicios espirituales del colegio. Nos llevaban de retiro para hacer actividades, jugar al ping-pong, tocar la guitarra y ese tipo de cosas en un chalet en Reajo del Roble, en Navacerrada. Para nosotros, todo era una oportunidad para pasarlo bien y montábamos unas juergas tremendas. Estábamos empezando a ser un poco punkis y no teníamos ni idea de qué coño pintábamos allí. Se juntó todo, y el curso 1979-80 fue un desastre. Digamos que nos invitaron a irnos porque suspendimos casi todo en junio, seis asignaturas cada uno, y nos comentaron que había colegios más apropiados. Nos fuimos y repetimos segundo de BUP en el Santa Cristina. Era el curso 1980-81 y acababa de regresar flipado después de pasar el verano en Málaga. Estaba dispuesto a montar un grupo. Los Pistols me habían mostrado el camino.

JAVI. En realidad yo solo cateé dos, aunque me iban a hacer repetir de todos modos. Además, los curas le dijeron a mi madre que «no cuajábamos», literal. Estaban hartos de nosotros y nos echa-

ron. *No éramos tan malos, en las peores gamberradas que se hacían, como tirar piedras por la noche y romper los cristales, nosotros no participábamos. Lo único que hacíamos cuando volvíamos borrachos por la noche a casa era ponernos a competir a ver quién mataba más cucarachas en un solar del barrio. En aquel momento fue duro y un disgusto para las familias. A nadie le gustaba que expulsaran a sus hijos y les hicieran repetir. Todo se olvidó cuando pasó el verano y me volví a reunir con David. Íbamos a comernos el mundo honrando la memoria de Sid Vicious.*

En el verano de 1980 David acudió con su familia a ver a sus abuelos a la ciudad costera de Torremolinos, en Málaga. Era el cumpleaños de su abuelo. Fue con sus primos a uno de los cines de verano en la zona de Los Álamos, donde proyectaban *The Great Rock and Roll Swindle,** protagonizada por el grupo punk inglés Sex Pistols. Su primo Curro era muy dado al rollo de la new wave y el punk. Tal fue el impacto de aquella sesión que salió de la sala convencido de lo que quería ser en la vida.

DAVID. *Mi primo Curro había estado en Londres y me trajo el single de* Message in a bottle, *de* Police, *y el* Up the junction *de* Squeeze, *una de las canciones que cambió mi vida. Ya estaba muy interesado en el punk y en los nuevos grupos que estaban*

---

* *The Great Rock 'n' Roll Swindle*, película sobre la banda de punk rock británica Sex Pistols, fue dirigida por Julien Temple y producida por Don Boyd y Jeremy Thomas. Está rodada como un falso documental o documental de ficción. El reparto incluye a Steve Jones como The Crook; el bajista, vocalista y malogrado Sid Vicious como The Gimmick: el batería Paul Cook como The Tea-Maker, y el mánager de la banda, Malcolm McLaren, como The Embezzler. El ladrón de trenes Ronnie Biggs también aparece como parte del elenco.

saliendo. Tenía en mi habitación un pequeño tocadiscos de la época y lo ponía una y otra vez. Cuando salí del cine, mi cabeza hizo ¡rahs! Salí diciendo: «¡Yo quiero ser un Sex Pistol!». Y a partir de ese momento mi vida cambió para siempre. Todo lo que había estado escuchando hasta entonces me seguía interesando, Pink Floyd, Supertramp, Genesis, Bruce Springsteen, la E.L.O. y el Hotel California de los Eagles...

Pero de repente se me abrió un mundo nuevo, el del punk y la new wave. Me dije: «Esto somos capaces de hacerlo nosotros también, porque aquí todo vale, no hay que saber tocar de la hostia ni tener grandes músicos o recursos». Cuando escuchabas a Yes o Relayer, esos discos tan elaborados, tan complejos, decías: «¡Joder, esto es la hostia, pero es mucho para mí!». Imaginabas un montón de tíos tocando aparatos carísimos, con teclados espectaculares, melotrones, guitarras carísimas, bafles enormes, y esas baterías con tantos tambores. «¡En la puta vida voy a tener dinero para comprar eso y poder hacer algo así! ¡Imposible!» Pero llegaron los Sex Pistols, salían al escenario, pegaban cuatro berridos y decías: «¡Joder, esto yo sí lo puedo hacer! Una guitarra, una batería, un bajo y listo».

Los Sex Pistols y el punk le hicieron un gran favor a la música, supusieron un cambio tan importante como el de los Beatles, porque de alguna manera animaron a todos los chavalines de dieciséis o diecisiete años como yo a tener inquietudes, a montar un grupo, aunque no tuvieran ni puñetera idea de tocar. Te juntabas con dos amigos que tampoco tenían ni idea, pero daba igual, lo hacíamos solo para divertirnos, ligar y pasarlo de puta madre. Pensé en hacer lo mismo que los Pistols, escribir unas cancioncillas, coger a mi amigo Javi y a dos más, reunir un pequeño equipo para empezar, y listo. Llegué a Madrid en septiembre y empecé a moverme para montar el grupo. El ambiente del nuevo colegio ayudó mucho.

JAVI. Lo primero que hicimos, típico de nuestras hormonas del momento, fue fijarnos en que había muchas chicas en el nuevo cole-

gio, una proporción muy grande de mujeres respecto a hombres, quizá porque antes había sido un centro solo femenino. Nos pareció el paraíso, viniendo como veníamos de un colegio de chicos y de curas. Allí conocimos a mucha gente que llegaría a estar muy dentro del rollo de la movida y con inquietudes musicales. Recuerdo a Javier Andreu, de La Frontera; al que llegó a ser cantante en Los Negativos, que era hijo del humorista Máximo. Precisamente por eso hizo también muy buenas migas con David, porque ambos eran hijos de humoristas. También estaba Luis, que luego sería bajista de Los Ronaldos. Allí era más fácil conocer gente con la que hacer un grupo punk de lo que lo hubiera sido en el Menesiano.

A pesar de ser un centro privado etiquetado de elitista, y de hecho estaba ubicado en uno de los barrios de mayor renta per cápita de la capital, lo cierto es que en el colegio Santa Cristina de Chamartín los antiguos menesianos encontraron un ambiente más propicio para la bohemia que para la excelencia académica. El paso de Hombres G dejó huella cuando el grupo explotó. El exalumno e ingeniero de caminos madrileño Ricardo Lacruz de Diego afirmó: «En los ochenta, los del Santa Cristina teníamos un pique con los del Cumbre, otro colegio próximo, por ver cuál de los dos había servido de inspiración para la canción de los Hombres G *Sufre mamón*. Circulaba la leyenda de que el pijo del jersey amarillo del que hablaban en la letra iba a nuestro cole».*

LOS RESIDUOS

En el Santa se consumó su metamorfosis punk y el sueño de tener un grupo propio se hizo realidad. Allí conocieron gente

* En <www.revistavanityfair.es>.

que frecuentaba ambientes *underground*, gente lista para pasar a la acción. Si había que tocar, cuanto peor, mejor.

DAVID. Los Residuos fue un grupo que hicimos con gente que conocimos en el Santa Cristina. Lo acabamos formando Pepe, Mario, Javi y yo. Pepe y Mario tenían medio organizado el grupo con otro chaval en la batería. El primer recuerdo que tengo de Pepe Punk es en la cola de la sala Carolina, que era un local de conciertos guarros punkis. Llevaba un pañuelo de leopardo como de señora, la chupa negra y los pelos de punta. Creo que tuvimos buena química porque nos vio con buena pinta de punkarras. Javi iba con un look *Sid Vicious acojonante, llevaba una cadena y un candado en el cuello, una camiseta rota y los pelos tiesos, y eso era lo que Pepe buscaba, sin importar qué tocabas o si sabías tocar, así que pronto nos pusimos de acuerdo para que me uniera a ellos con mi clarinete. El problema fue que justo cuando quedé con ellos, no tenía clarinete, mi padre estaba mosqueado conmigo por el bajo rendimiento escolar y me lo había requisado, así que me acordé de Dani, el amigo de Javi de la sierra. Le pedí que le llamara a ver si me lo podía prestar. Javi le llamó y Dani dijo que claro, que sin ningún problema, y así fue como retomé el contacto con Dani.*

DANI. Cuando estaban formando Los Residuos me llamó Javi para decirme que David necesitaba un clarinete. Ya hacía tiempo que me había comprado una guitarra eléctrica y tocaba solo en casa, sin pensar en ningún momento que iba a formar un grupo y mucho menos con Javi. Fue a raíz de esa coincidencia de pedirme el clarinete que me volví a encontrar con David. Ese fue el momento clave en el que los tres nos convertimos en una piña. Empecé a pasar más tiempo con ellos, llegaron los ensayos, los conciertos... Por entonces, mi madre me decía que vivía en el Parque y dormía en la calle Jorge Juan.

El día del encuentro nos vimos en la plaza Roma, en Manuel Becerra. Cuando llegué a darles el clarinete flipé con la pinta que llevaban, con la chupa, el imperdible, el pelo de punta y las cha-pitas. Yo iba con el traje del colegio. Había escuchado cosas de los Sex Pistols por mi primo en Inglaterra y, cuando los vi, dije: «¡Cómo mola!». Empezamos a hablar y quedamos para ver la peli de los Sex Pistols. A raíz de eso yo también me volví punk. Volví a casa, cogí la ropa más desastrosa que tenía y fuimos al cine con unas amigas suyas del Santa Cristina que eran también bastante punkis. Con la peli me pasó como a David, me dije: «¡Esto es la hostia, esto podemos hacerlo!». Desde entonces nos fuimos viendo cada vez más hasta que acabé entrando en Los Residuos, casi coincidiendo con la salida de Mario.

La cita de David con Pepe Punk y su grupo tuvo lugar en la Isla de Gabi, en la zona de Arturo Soria. La Isla de Gabi era el lugar donde solían citarse para ensayar todos los grupillos de esa época. Javi lo acompañó para ver qué pasaba. Cuando llegó y empezó a tocar el clarinete se dieron cuenta de que aquel instrumento poco pegaba en un grupo de guitarras fuertes y sonidos desgarrados, más allá de darle un toque muy *sui generis*. En mitad del ensayo se quedó mirando a los otros: «También canto», dijo. Dejó a un lado el clarinete y comenzó a emitir unos berridos de incalificable tono y contenido que hicieron las delicias del único público allí presente, su amigo Javi.

JAVI. Yo iba solo a acompañar a David. Tenían un batería que molaba, al que luego conocimos en Los Negativos. Tocó un par de canciones y de pronto dijo que se piraba, y se fue con la intención de no volver, y si la tenía le pasó aquello del que se fue a Sevilla… Los demás se cabrearon por no poder continuar el ensayo. Yo, que estaba ahí sentado fumándome tranquilamente un pitillo, les dije que no se preocuparan, que yo tocaba la batería. Me pregun-taron: «¡Ah!, entonces, ¿tú tocas la batería?», y yo dije: «Sí, cla-ro». No había visto un timbal en mi vida a un palmo de mi nariz más allá de los botes de Colón. Me senté y empecé a dar golpes a aquello como un poseso. La canción terminó al minuto y medio porque se rompieron todos los parches. Al ver que se rompía todo, porque yo no sé cómo le estaría dando, me levanté y le empecé a dar patadas. No recuerdo de quién sería aquel pobre instrumento, pero lo destrocé como si fuese el final de un concierto de los Who. Se quedaron mirándome los tres como diciendo: «¿A este tío qué le ha pasado? Se ha vuelto loco». David se partía de risa pensando que se me había ido la olla, como siempre. Los tíos alucinaron. Me acuerdo que Pepe comentó: «No sé si este tío toca bien o mal, pero es el batería que necesitamos».

DAVID. Me moría de ganas de que mi amigo del alma estuviera en el grupo, esa era mi idea. Entró no por ser un virtuoso de la percusión, porque aquel primer día acababa de demostrar que no tenía ni idea, sino porque era mi amigo y, puestos a ser punkis, Javi era más gamberro que nadie y la persona ideal para compartir borracheras, guerras de lapos y vaciles haciendo ruido y destrozando cualquier cosa encima de un escenario. Javi acabó tocando la batería por la anécdota de aquel día. Él bailaba muy bien, se lucía en las fiestas, tenía buen sentido del ritmo, y pensé que por eso mismo tenía aptitudes para tocar la batería, así que le convencí. Cuando se lo planteé, estaba convencido de que podía hacerlo. Practicó hasta que se hizo con el instrumento.

CANCIONES ABERRANTES Y CONCIERTOS GUARROS

Los Residuos tuvieron que buscarse la vida para poder ensayar y optar a tocar en los conciertos que se organizaban en esos primeros años ochenta en pleno auge de la movida y la vida universitaria. Salieron de la Isla de Gabi y fueron a una fábrica en Alcalá de Henares, propiedad del padre de uno de ellos. Todo era muy salvaje, pero eran un grupo, si es que a eso se le podía llamar grupo, porque cuando Los Residuos, nombre que de por sí era una declaración de intenciones, se enchufaban a la corriente y se subían a un escenario, berreaban unas letras iconoclastas, irreverentes y groseras de difícil reproducción. Tocaban una versión punk del padrenuestro y llevaban unas gabardinas negras con unas pintas siniestras y un logo muy provocador.

JAVI. Pepe era un tío divertido, un punk entrañable, original y creativo. Mario era su amigo y tocaba el bajo. Ensayábamos en Alcalá porque no teníamos un puto duro para pagar el local en la Isla de Gabi. Íbamos en tren, era un coñazo. Acabamos hartos, pero hicimos nuestras cancioncillas, actuábamos en las escuelas de las universidades, en Agrónomos, en el Jardín, en clubes pequeños del Madrid de aquella época, y grabamos una maqueta con Los Nikis.

Pepe, el guitarrista, tenía un mono. No un chimpancé, sino un tití al que había pintado de todos los colores, verde, rojo, amarillo... Era un tití punk. Para rematar, la madre de Pepe le había hecho una chupa de cuero negro pequeñita, a medida. El mono era total.

Los ensayos fueron prosperando y el mono dejó de ser el único espectador. Era la época de los conciertos guarros en las salas, facultades o colegios mayores, y se movían como pez en el agua junto a grupos como Alcohol Etílico, Los Negativos, Los Neuróticos, Exedra, Crisis, Ácido, Qüik o Noé, con los que solían compartir bolo y guarrerías.

Tocaron por primera vez ante un auditorio en la facultad de Industriales de la Universidad Complutense de Madrid junto a Alaska y los Pegamoides y otros grupos menores. En aquellas actuaciones había más escupitajos que música, guerras de gargajos y desmadre total. Javi tiraba las baquetas y se dedicaba a escupir. David solía unirse a esas guarrerías escupiendo con la lengua pegada a los dientes. Era lo que la gente quería. Todo el mundo se lo pasaba en grande escupiendo a diestro y siniestro con unas borracheras que excitaban al destructor salvaje que todos llevamos dentro, entre unos ruidos estridentes que se incrementaban conforme más fuerte se aporreaba la guitarra o la batería. No era difícil que en un momento dado alguno de los músicos cayera inconsciente en el escenario, al borde del coma etílico. En ese ambiente, Los Residuos eran imbatibles. Javi llevó su entusiasmo al límite el día que rompió la batería en mitad de la lluvia de gargajos que llegaban desde todos lados.

JAVI. Si no recuerdo mal, en aquel concierto también estaban Los Nikis, no sé si fue en Industriales o en Caminos. Nosotros íbamos de teloneros. La batería que usamos era de ellos y yo se la destrocé en una de esas enajenaciones mías al estilo de los Who. El batería, Rafa, se me quedó mirando como diciendo: «Pero ¿qué coño está haciendo este cabrón?». Hoy miras esas locuras con perspectiva y dices: «¡Dios mío! Nos divertíamos como podíamos mientras íbamos buscando nuestro propio sitio».

Disfrutaban a bordo de aquella ola transgresora como ejecutores de la música, casi en el sentido justiciero de la palabra, ya que entre cerveza y cerveza reconocían que lo único que hacían con aquellos ruidos era destrozar la música. El punk al poder. Se ganaron a pulso la reputación que adquirieron en Madrid.

El clímax llegó en un concierto en el que Javi, que se había clavado un clavo en la mano antes de empezar, empezó a sangrar y a ponerlo todo perdido a cada porrazo de baqueta. Salió de la batería y la gente enloquecida alucinaba en pleno éxtasis: «¡Queremos más sangre, más saliva, más mierda!». Las letras de las canciones estaban a la altura del espectáculo.

JAVI. Con cada golpe que daba a la batería me salpicaba de sangre por todos lados. Me bajé y empecé a darles a los tres que estaban conmigo en el escenario, les unté toda la cara de sangre, a la gente en la ropa y todo el mundo ahí enloquecido gritando: «¡Aaahhh, qué bien, qué bonito!». Y se lo pasaban bomba. Aquellas letras eran verdaderamente repugnantes.

DAVID. Éramos muy punkis, ahora lo ves con perspectiva y alucinas, pero entonces nos sentíamos realizados en aquel desmadre hasta que nos dimos cuenta y pasamos. Las letras que hacía eran totalmente aberrantes. Una de las primeras fue La toba de Estado, que escribí el día del intento de golpe de Estado del 23 de febrero. Otra se titulaba El enfermo de la torre, y describía la historia de un individuo con un enorme pene que debía estar recluido en una torre porque era un peligro. Decía que las enfermeras hacían cola porque en el fondo les molaba. Otra hablaba de un cura de Valladolid que exhibía sus atributos desde un campanario. Era todo muy salvaje.

Un grupo de aquella época, Esplendor Geométrico, tenía una canción titulada Necrosis en la polla. Yo sacaba muchas ideas y letras de artículos de revistas, principalmente de Interviú. Un día me topé con un artículo titulado «Cáncer gay», que hablaba de una extraña enfermedad que había matado a muchos homosexuales en San Francisco. Era el Síndrome de Inmunodeficiencia Adquirida, más conocido como sida, en su aparición a principios de los ochenta. Hice la canción con el mismo nombre.

En otra ocasión me fijé en un reportaje sobre la historia de un africano que había nacido hermafrodita, tenía vulva y pene. Me pareció una historia fascinante para hacer Milagro en el Congo.

RAMSGATE

En 1981, en plena adolescencia punk, llenos de sueños musicales, Javi y David quisieron vivir su aventura en el Reino Unido, la Meca de su pasión, lugar de obligada peregrinación para experimentar y aprender el idioma. El destino elegido fue Ramsgate, una discreta localidad costera del sudeste británico en el distrito de Thanet, al oeste del condado de Kent, a ciento veinte kilómetros de Londres, frente a la costa francesa de Calais y Dunquerque. La ciudad desempeñó un papel crucial durante la evacuación inglesa en la célebre batalla de la Segunda Guerra Mundial en 1940. Fue el mismo lugar elegido por Julio Iglesias como primer destino cuando se trasladó al Reino Unido para vivir su aventura inglesa en los años sesenta. Desde ahí llegó a Cambridge, donde conoció a una de sus grandes musas, Gwendolyne Bolloré. La experiencia inglesa, sin embargo, no iba a ser tan inspiradora para estos otros dos jóvenes madrileños.

DAVID. Aprovechamos una oferta barata que sacaron en el colegio y nos fuimos Javi, un amigo del Santa al que llamábamos Cito y yo. El señor de la casa era un tío de treinta años que se dedicaba a hacer lápidas. Tenía un jardín trasero, un backyard, y me pasaba horas observando cómo grababa el nombre de alguien. Estábamos en la casa con dos italianos y dos alemanes. Dormíamos en literas, seis tíos en una habitación. El dueño me cogió un cariño especial porque los dos tocábamos la guitarra. Habíamos ido con la intención de pasar allí todo un mes, pero no aguanté. Había una pandilla de skinheads nazis que eran un peligro. Era un pueblo pequeño y se dedicaban a machacar a los estudiantes extranjeros. Le rompieron las dos piernas a un amigo italiano y le hicieron una brecha en la cabeza. Era peligroso salir, si te veían más te valía correr. Tenía pasta que me había dado mi padre y me compré un billete para volverme antes. Siendo un mocoso tuve los huevos de coger yo solo un autobús en Ramsgate, luego un tren a Lutton y luego un avión hasta Madrid. Ahí, otro avión a Sevilla, donde me recogió mi padre, que estaba de vacaciones en Huelva. Javi tuvo que esperar a la fecha de vuelta de su billete y cuando llegó el día de regresar se dio cuenta de que nos habían estafado.

JAVI. Las pasé canutas. Me quedé dos días tirado en el aeropuerto, sin un duro y durmiendo en el suelo. Pasé hambre, tenía que andar mangando chocolatinas para poder comer algo. Estaba tan desesperado que no se me ocurrió otra cosa que pegar a unos bobbies, le di una colleja a uno por detrás que le quité el casco del golpe. Pensé que de ese modo me detendrían y me llevarían a comisaría, y una vez allí podría contactar con la embajada y a través de ellos lograría hablar con mis padres, a ver si me sacaban de allí.

Enseguida se me echaron encima, aunque no me golpearon ni me hicieron nada. Yo intenté explicarles en mi inglés chapurreado lo que me pasaba, pero creo que no me entendieron, porque no me sirvió de nada.

Al final fue una azafata peruana de Aero Perú la que me salvó. Después de la segunda mañana y de verme ahí tirado, se acercó a mí y me preguntó. Le conté que me habían engañado, me habían vendido un billete falso y no podía viajar. Ni siquiera tenía una libra para poder llamar a casa, y no podía llamar ni a cobro revertido, se me cortaba. Ella empezó a discutir en un mostrador con unos y con otros en inglés hasta terminar casi gritando. Yo no me enteraba de nada de lo que decían.

No sé cómo lo hizo, pero de pronto me dijo que saliera corriendo para una puerta en concreto sin perder un segundo y que me subiera a ese avión que iba para Madrid, que había conseguido que pudiera viajar en él. Eso hice, salí corriendo y logré meterme en el avión. Lo único bueno que sacamos fue la ropa que trajimos, David unos zapatos de puta madre que aquí no los veías ni de casualidad en el Rastro y yo una cazadora de cuero negra acojonante.

La Burguesía Revolucionaria

La llegada de Dani a Los Residuos fue un punto de inflexión. Sus amigos le invitaron a verlos ensayar, hasta que le animaron a unirse al grupo. Pepe y su tití se fueron quedando solos defendiendo la causa.

DAVID. *Pepe era un punk genuino, todavía sigue siéndolo. No tenemos contacto, pero le he visto alguna vez y sigue en eso. Formó otro grupo punk, La Tercera Guerra Mundial. Éramos un grupo muy punk, pero fue el germen de los Hombres G. No habría habido Hombres G sin Residuos, su reminiscencia quedó patente en muchas canciones nuestras con guitarras muy fuertes y punkis, aunque luego, al aprender a tocar un poco, nos ablandamos hacia el pop.*

Ser punk tampoco era normal, era una minoría de la población y empezamos a darnos cuenta de que si nuestro sueño era grabar un disco, ese no era el camino. Casi al tiempo que Dani se unió, se fue Mario. Se echó una novia y al final pasó porque quería irse con ella. Mario era el bajista y yo era solo el cantante, el Johnny Rotten. El bajo era un bien común de todos, lo habíamos comprado para el grupo. Cuando Mario se fue, alguien tenía que tocarlo y yo tenía las manos libres, así empecé a tocar el bajo.

Dani tocaba muy bien y Pepe tocaba regular, lo cual creaba cierto mal rollo entre ellos por los celos, pero, además, Pepe no estaba de acuerdo con la evolución que queríamos hacer cuando nos cansamos de los lapos y todo ese rollo punk radical. Para Pepe, hacer canciones tipo Beatles, con acordes más bonitos, era un sacrilegio, y empezó a decir que nos estábamos yendo al pop y que él era un apóstol punk. Un día paró de tocar, se mosqueó, tiró la guitarra y se piró. Nos quedamos solos Javi, Dani y yo.

DANI. *Estuve con Los Residuos al final. Toqué con ellos en el local de ensayo, pero nunca en un concierto. Era la nueva ola más salvaje y punk. Sus conciertos se recuerdan en Madrid como de lo más bestia. Cuando empecé a ensayar se dieron cuenta de que sabía hacer más acordes, y ahí empezó el cambio. Con Pepe coincidí poco, él era amigo de David y Javi. Cuando le dejé el clarine-*

te a David y me invitaron a verlos ensayar sí estaban los cuatro, Mario, Pepe, David y Javi. Me invitaron a unirme con mi guitarra, llegué de hecho a hacer un par de ensayos donde estaba Mario, éramos cinco en ese momento, pero poco después Mario se piró.

Yo fui uno de los que le dijo a David que cogiera el bajo. Nos quedamos los cuatro, pero Pepe a veces no llegaba a los ensayos o llegaba muy tarde. Cuando estábamos los tres solos estábamos bien, hacíamos cosas nuevas. A veces quedábamos una hora antes para estar los tres solos, o quedábamos nosotros y le decíamos a él que no había ensayo.

Cuando llegaba Pepe se cortaba el rollo y era un desastre, volver a los dos acordes y al berrido. Yo le decía: «Vamos a tocar esta en mi menor», y Pepe decía: «¿Qué cojones es eso de mi menor?». Chocábamos. Hasta que un día se abrió. Se fue diciendo que él no tocaba pop de mierda. Fue el acta de defunción de Los Residuos.

Después de casi dos años de pelos cardados y teñidos llegó el momento de moderar las pintas y hacer otro tipo de canciones, buscar un nuevo nombre y un estilo, un sello de identidad, un «bambi» propio. La Burguesía Revolucionaria empezó poco a poco a encontrarlo. Todavía con influencia punk, las letras comenzaron a ser menos agresivas, más ocurrentes, divertidas y autobiográficas, y la música más melódica. La transición estaba en marcha.

DAVID. Mi padre me dio muchas cosas en la vida, sobre todo buenos consejos. Me dijo que en la vida había que ir a lo esencial, «en tu caso lo esencial es la música, las letras, la música, el contenido que tú estás ofreciendo. Lo demás, los pelitos tiesos, los pendientitos, la chupita de cuero, todo ese rollo es superficial». Me di cuenta de que sí, me pueden gustar mucho los Sex Pistols, pero realmente yo no soy uno de esos, yo me pongo a componer y no me sale el berrido estridente, me sale una melodía, me sale que quiero contar una historia, quiero hablar de mi chica, quiero hablar del hijo de puta que me la ha robado, quiero hablar de las cosas que tengo cerca.

Mi padre también me decía eso, «habla siempre de lo que conoces, y qué es lo mejor que conoces, pues tu propia vida, como tú la ves, cómo vives el amor, la amistad, el barrio, habla de lo que puedes hablar con propiedad». Me obsesioné con eso y empecé a contar historias muy cercanas a mí. Sí, me van a gustar los Sex Pistols toda mi vida, seré un gran admirador, pero no seré nunca un Sex Pistol. Yo tenía otra cosa en la cabeza, otras melodías en mi corazón y otras historias que contar.

JAVI. La Burguesía Revolucionaria, lo recuerdo así de verlo resaltado en el enunciado de un libro de historia. Era el título de un libro del historiador Miguel Artola sobre el período histórico de 1808 a 1874. Nos salió por algo que vimos en clase. No teníamos ni idea de lo que era, solo que el nombre sonaba bien y molaba, así que el trío de amiguetes iba a ser desde ese momento La Burguesía Revolucionaria. Los tríos también molaban, ahí estaba Police, nos decíamos para darnos moral.

DAVID. Esta nueva etapa fue rara, solo tocamos una vez en directo, tengo alguna imagen vaga de eso. Se convirtió en una rutina, todos los días a las cinco de la tarde en el local de Rogelio el Legionario sin un objetivo claro. Salíamos del colegio y de ahí en metro al local todos los días y los fines de semana. Ensayábamos temas míos, ideas que llevaba. Éramos estudiantes sin un duro. Pagábamos la cuota que el tío nos reclamaba implacable a final de mes de la paga que nos daban nuestros padres. El local estaba en Ascao, en unas chabolas en un descampado. El Legionario era un gitano que se dedicaba a alquilarlas a chavales para ensayar. Ahí ensayaban Las Chinas y Nacho Canut con Parálisis Permanente. Era horrible, si lo viera ahora seguro que se me caería el alma a los pies. Él iba construyendo locales, los adosaba a otra chabo-

la y para entrar al tuyo tenías que atravesar el de otros que estaban ensayando y molestarlos, un desastre. Estuvimos ahí un curso entero.

DANI. En esa época había otro grupo del Parque de las Avenidas que se llamaba Madrid Capital. Coincidimos en Ascao, su bajista era Mario Pérez. Una vez me llamó Javi para un concierto que hacían en el Menesiano y toqué una canción. Luego me llamaron para tocar con ellos en Rock-Ola, en el concurso de rock Villa de Madrid, al que fui con el uniforme del colegio. El Legionario era un personaje. No nos perdonaba una, decía que tenía que pagar gastos, pero el tío se conectaba a la electricidad de las farolas y le pegaba la gorra al Ayuntamiento. Un día llegué el primero y me dijo: «¿Has traído la guita?». Yo asentí y me dijo: «Pues, venga, dámela». Me quedé flipando, pensé que se refería a la guitarra, hasta que se puso a vocear diciendo: «¡La pasta!». Que si no pagábamos podíamos coger los muebles, así llamaba él a los instrumentos, y pirarnos.

En diez metros cuadrados aguantaron al Legionario esperando a ver si el destino movía ficha, sin saber que la ficha estaba en otra de las chabolas de Ascao. Cuando el desencanto empezó a aparecer en el horizonte llegó otro cruce de caminos.

3
Los hombres del Gobierno

No puedo soportar tu barbita de cuatro días,
suelta el látigo y verás,
dale gracias a Dios que tienes gafas, Indiana.

David Summers, *Indiana*

En la doble página anterior: Los Bonitos Redford posan ya como «Hombres del Gobierno» en los bajos de Azca, en la calle Orense de Madrid, estrenando el nombre de Hombres G para el primer single de Lollipop. (Foto E. Mesonero.)

En el año en que la España futbolera de Naranjito se daba un batacazo importante en su propio Mundial, el año de la grabación en el antiguo Pabellón de los Deportes del Real Madrid del Rock and Ríos, un disco icónico del rock español, David y Javi iban a conocer en una grabación de Televisión Española a Rafael Gutiérrez Muñoz. Era 1982 y el destino escribía un nuevo capítulo para hacer realidad el gran sueño de la adolescencia: poder grabar un disco propio. El grupo subió de nivel con Rafa y dio un importante paso adelante con la grabación de dos singles que se editaron en 1983, año del punto de partida de la carrera de Hombres G como tal, previo paso por Los Bonitos Redford.

RAFA

En Ascao ensayaba un joven guitarrista que intentaba encontrar su propio sitio en las nuevas corrientes musicales. Llevaba metido en el mundo de la música desde 1976. Tras haber hecho un primer gran intento con Plástico, por entonces se buscaba la vida a la espera de otra oportunidad.

RAFA. Yo ensayaba con Las Chinas en Ascao, pero nunca nos conocimos ni nos saludamos allí con ninguno de los tres. Coincidí

en la mili con Luis Auserón, el bajista de Radio Futura, al que co-
nocía de salir por Madrid, y me metió con su mujer y con las otras
dos de Las Chinas. Eran tres chicas, el batería y yo. Cuando em-
pezábamos, las otras dos cortaban a la bajista, que era la mujer
de Luis, y se mosqueaban entre ellas cada dos por tres, así que
yo me iba al bar a tomarme un sol y sombra. Cuando se les pa-
saba, me avisaban y volvía.

También estaba por allí el hermano del Wyoming, Seju
Monzón, que tenía un grupo que se llamaba El Combo Belga. Él
también hizo la mili conmigo. Un día toqué en San Javier con Los
Zombies sustituyendo al guitarra y cantante, que había tenido un
accidente en Italia. Estuve también en la Isla de Gabi en la época
de Plástico. Nosotros ensayábamos en un local enfrente del que
utilizaba Moris, un cantante argentino muy amigo mío. Cuando él
se volvió a Argentina nos mudamos a su local y allí nos pasó una
anécdota muy graciosa con el dueño. Gabi ponía la condición de
que no quería nada de porros ni cosas raras. Nosotros no tenía-
mos problema con eso, lo que no sabíamos era que Moris tenía
pavas de porros en las cajas de huevos que se ponían en las pa-
redes y en el techo. Un día le dieron sin querer con la escoba,
cayeron y se lió: «¿Os creíais que no iba a encontrar el escondite
de los porros? ¡Ya mismo a tomar por culo de aquí!». Por más que
le dijimos que no habíamos sido nosotros, no sirvió de nada.

Rafael Gutiérrez Muñoz nació en San Fernando de Henares, en la provincia de Madrid, el 11 de abril de 1960. Es un
músico hecho a sí mismo. Aprendió guitarra machacándose
en casa con el *Made in Japan* de Deep Purple. Le aconsejaron
observar los solos y tratar de imitarlos para aprender y pro-
gresar como guitarrista.

Rafael proviene de una familia humilde. Sus padres,
Felipe Gutiérrez y Manuela Muñoz, originarios de Noblejas,
en la provincia de Toledo, emigraron a San Fernando de Henares, donde ambos trabajaban duro como empleados en la

fábrica de camiones Pegaso hasta que reunieron los ahorros suficientes para comprar una casa en Madrid.

No tenían nada que ver con la música, aunque su madre era muy fan de Elvis Presley. Él y su hermano se iniciaron en el mundo del pop-rock desarrollando una vocación que a ambos les llevaría muy alto en sus respectivos grupos. Felipe triunfó con Tequila y Rafa lo haría con Hombres G.

Su otra gran pasión era y es el fútbol, como aficionado y como practicante. Llegó a jugar en las filas del Club Deportivo Pegaso, equipo a cuya disciplina de entrenamientos no se adaptó y que acabó abandonando para disgusto de su padre. En esa época Rafa lucía una larga melena que de por sí invitaba a deducir que su vocación estaba más cerca de un camerino que de un vestuario. Fiel del Atlético de Madrid, jugó durante mucho tiempo con los veteranos del Atleti. Es un Aries de carácter extrovertido y gran sentido del humor. Inventaba bromas sin parar y marcaba tendencia con su forma de vestir.

RAFA. Con Plástico grabamos una maqueta con Zafiro; fue la que Carlos Galán, de Subterfuge, usó hace unos años para sacar el disco. Plástico éramos en esa época Emilio Estecha, el bajista, que luego estuvo en Olé Olé; el batería Toti Árboles y Eduardo Benavente, que eran como mis hermanos. Eduardo se fue con Alaska y los Pegamoides, siguió con Dinarama y luego hizo su propio grupo, Parálisis Permanente, un icono de la ola siniestra. Falleció muy poco después en un accidente. Recuerdo que me enteré un día que iba a ver un concierto de la OMD en Goya y me quedé helado; el teclista, Luis Carlos Esteban, que se fue también a Olé Olé y después se fue a México; y finalmente Carlos Sabrafén, el otro guitarrista, que cuando se fue a la mili me dejó su guitarra, eso fue la hostia para mí.

Cuando se iba gente íbamos metiendo a otros. Nos quedamos Emilio, Toti y yo, y entonces apareció Manolo Malou, el ex del dúo Los Golfos, que fue el cantante que sustituyó a Eduardo.

Le conocí cuando dejó el flamenquillo y se hizo heavy. Pusimos un anuncio y él lo vio. Mi hermano me lo recomendó. Se presentó en el local de ensayo con unas botas negras, vaqueros rotos, caza-dora negra, una cresta de puta madre con pelo corto. Cuando le enseñamos las canciones de Plástico al tío le moló, éramos como new wave cañero y decía que no las conocía, pero que le molaba tanto como el heavy.

Empezamos a hacer algunos conciertillos, y entonces se nos presentó la oportunidad de sacar el single de Nieva con RCA. En la portada salgo con el pelo rapado. Nieva la compuse y la firmé con mi pseudónimo de Andy Dandy. Acababa de jurar bandera en noviembre de 1980, y después de hacer el campamento me incorporé al cuartel en diciembre de ese año en Vicálvaro, en la periferia de Madrid.

Había veces que ensayaba en la Isla de Gabi con el uniforme de soldado. Recuerdo una anécdota el día del golpe de Estado del 23-F. No sabía que nadie podía salir del cuartel y salí por la mañana con un pase de pernocta porque teníamos una entrevis-ta en Radio Pueblo. Íbamos Toti, Emilio y yo. Teníamos la entrevista por Atocha. El de la discográfica fue en Vespa y nosotros en taxi. De pronto nos dimos cuenta de que el taxista cambiaba de emiso-ra y eran todo marchas militares. No sabíamos nada, llegamos a la radio pero no había entrevista, acababan de dar un golpe de Estado, el Congreso estaba tomado.

Cogí un taxi y me fui a casa acojonado. Mi madre lloraba con las vecinas en la puerta porque ella había vivido la Guerra Civil. Bajé al estanco, compré Winston para mí y Bisonte para los que pedían, y me volví al cuartel. Al llegar me echaron la bron-ca, que si no sabía que no se podía salir. El tío me pidió el nom-bre, lo apuntó y me dejó pasar. Pasamos toda la noche en vela con la camisa que no nos llegaba al cuerpo.

Estando en la mili, Plástico se disolvió. Manolo aparecía y de-saparecía. Un día apareció con una cresta enorme y de repente se piró e hizo un grupo que se llamaba Las Ratas Deluxe con el Po-

rompompero punk. Salí de la mili a finales de 1981 y me puse a pinchar discos en el Dalt Vila.

Daniela Bosé, prima del conocido cantante español Miguel Bosé, fue la artífice involuntaria del cruce de caminos en 1982 entre Rafa y los que serían después sus compañeros de grupo y amigos para toda la vida. Daniela comenzó desde muy joven a hacer trabajos vinculados a la música. Era todavía estudiante cuando acompañó a su primo en algunas giras por Italia. Asistió a Rosa Lagarrigue, mánager de Mecano, y se encargaba de ayudar en la producción de programas musicales de Televisión Española captando músicos para los *playbacks* de algunos artistas.

Daniela se abrió paso y escaló en la industria. Fue directora general de Universal Music Publishing, donde firmó con Pereza, Marta Sánchez, Antonio Carmona o Nena Daconte; dirigió la División de Derechos de Sony Music y llegó a ser directora general de la discográfica BMG para España y Portugal antes de su nombramiento en 2019 para hacerse cargo de la dirección del Palacio Vistalegre de Madrid.

DAVID. Daniela estaba en el círculo de amistades de Lydia, la chica con la que salía en mi etapa del Santa, cuyo padre era también italiano. Recuerdo de aquella pandilla a su hermana, que también era muy punk, y a Eva Dalda. Daniela nos llamaba a Javi y a mí porque éramos sus amigos. De hecho, lo seguimos siendo. Estaba metida en TVE, en programas musicales como Aplauso, y se encargaba de encontrar figurantes. Pagaban cinco mil pelas por ir un rato, y eso para nosotros, que no teníamos un duro, era una fortuna, como si a un chaval le dan hoy un billete de quinientos euros.

El día que conocimos a Rafa parece ser que hubo un contratiempo, le falló gente que tenía ya apalabrada y tuvo que ponerse como loca a buscar. Me llamó diciendo que necesitaba gente urgente para un playback para Aplauso con Carmen y Antonio, los hijos de Rocío Dúrcal, y le dije que nosotros podíamos ir tres. Teníamos que estar a las diez de la mañana en TVE.

Conocimos a Rafa y pronto hicimos muy buenas migas. Rafa ya se sabe cómo es, un tío alegre y enrollado, simpático y parlanchín, y te haces amigo suyo a los diez minutos. Nos dimos cuenta rápidamente de que tocaba muchísimo mejor que nosotros, y claro, le preguntamos si estaba en algún grupo. Cuando dijo que no, enseguida pensamos que sería cojonudo que se uniera a nosotros.

JAVI. Dani no podía venir aquel día, así que llamé a otro amigo nuestro, creo recordar que era Jaime. Lo llevamos un par de veces de teclista cuando nos llamaban para cosas así de playbacks. Hubo otro en el programa 300 Millones.* Te tirabas allí todo el día, desde las diez de la mañana a las nueve de la noche para grabar un playback, así que tenías tiempo de ponerte a hablar.

Con Rafa flipamos desde el primer momento: la ropa que llevaba, cómo tocaba y para colmo su vínculo con Tequila a través de su hermano. David y yo éramos muy fans de Tequila. Para nosotros Tequila había sido el no va más, nos gustaba muchísimo y dijimos, ¡joder!, si era hermano del bajista de Tequila había que pillarle como fuera. Así que hablando y hablando le planteamos que por qué no hacíamos algo juntos.

RAFA. A Daniela la conocía de mi época de Plástico. Toti y Eduardo tenían unas amigas italianas y una era la prima de Miguel Bosé. Ella nos llamaba para los playbacks en televisión. Me acuerdo de que siendo todavía Plástico hicimos uno con Pedro Marín y otro con Remedios Amaya. Para el de los hijos de Rocío Dúrcal me llamó a mí solo, me dijo que no se lo comentara a nadie más porque solo le faltaba una persona. Ya se había comprometido con otros amigos, ella misma me dijo que uno era David Summers, el hijo del director de cine.

* Emisión del 7 de diciembre de 1982.

Fui a Prado del Rey con ropa de mi hermano, que tenía una ropa espectacular de la Nueva Ola que compraba en Londres, y aparecí con una camisa de cuadros amarillos y negros que parecía un jockey. En el playback había un amigo en los teclados, David en el bajo y Javi en la batería. Empezamos a hablar en los camerinos, nos caímos bien y conectamos desde el primer momento, nos gustaba la misma música. Me hablaron de su grupo y me comentaron que les faltaba un guitarrista solista. Estaban muy desanimados, decían que llevaban un año estancados. Les conté mi vida, mi paso por Plástico con Toti Árboles y Eduardo Benavente, que se habían ido con Alaska; lo de Las Chinas y algún bolo que había hecho con Los Zombies. Al decir que estaba con mi hermano Felipe tratando de hacer cosas y supieron que Felipe era el bajista de Tequila fliparon más todavía; ellos eran muy fans de Tequila. Nos pusimos de acuerdo para vernos.

DAVID. Ese mismo día le dije: «Oye, tío, si quieres mañana quedamos y te enseño mis canciones». Contestó que de puta madre, que podíamos quedar en el local de su hermano, quien se había unido a los colombianos Elkin y Nelson. Tequila estaba ya separándose. El local estaba en la calle General Aranaz. Allí me vi con Rafa. Le enseñé mis canciones, le molaron y dijo que p'alante. Fue un subidón de moral, era como alcanzar otro nivel. Veíamos a Rafa como un crack que podía darle otra dimensión al grupo, como así fue. Ahí murió La Burguesía Revolucionaria y nacieron Los Bonitos Redford.

EL BONITO PEÑA Y LOS BONITOS REDFORD

Cuando Rafa se unió al grupo quedaba un resto sutil de Los Residuos y las chupas de cuero negro. Las letras aberrantes derivaron en otras más ocurrentes e historias basadas en vivencias propias. David empezó a tener claro que debía hacer canciones bonitas y divertidas para Los Bonitos Redford.

Rafa y David trabajaron solos un tiempo, viendo canciones y preparándolas para ensayarlas. Rafa se entusiasmó, le parecieron maravillosas, tenían todavía ese ramalazo punk, pero muy suave, en plan nueva ola. Las letras le parecían graciosísimas, con un descaro entre cachondo y revolucionario. Y tenían solos de guitarra que él podía aportar.

El objetivo era llegar a grabar una maqueta, moverse por las radios y buscarse la vida en plena movida para tocar donde fuera. El gran sueño seguía siendo grabar un disco. Tenían dónde ensayar, unos amplificadores y unos micros de calidad, aunque fueran prestados. Con La Burguesía Revolucionaria amortizada, había que buscar un nuevo nombre para el cuarteto. Surgió de un anuncio de publicidad de una marca de bonito, que para captar consumidores decía: «Entre el bonito Peña y el bonito Redford, ¿cuál prefiere la gente? ¡El bonito Peña!». Ellos se decantaron por el bonito Redford aun sin estar convencidos. El nombre sería efímero.

DANI. Nunca llegamos a tocar siendo Los Bonitos Redford. Íbamos a hacerlo una vez en la facultad de Industriales. Llegamos y allí estaban Alaska y Los Nikis que también iban a actuar, pero se suspendió el concierto, no sé qué pasó con el equipo. Estando solos Javi, David y yo, siendo todavía La Burguesía Revolucionaria, recuerdo una vez que tocamos tres canciones en la discoteca Keeper de El Escorial, adonde fuimos con los de Madrid Capital. Fue la única vez que actuamos siendo un trío.

Como Los Bonitos Redford no tocamos jamás. Cuando debutamos en Rock-Ola ya éramos Hombres G. El día que Javi y David conocieron a Rafa en TVE yo no podía ir. Javi me llamó, pero le dije que no podía. Después, David quedó con Rafa y fuimos Javi y yo. Nada más llegar flipamos solo de ver los amplificadores y los micros, eran de otra galaxia para nosotros. Se tiró mucho el rollo con que pudiéramos usar ese local. Recuerdo muy bien el primer

día que estuvimos los cuatro y tocamos juntos, salimos muy conten-
tos después de ese primer ensayo. «Esto suena de puta madre»,
nos repetíamos.

Empezamos a ensayar nuestro repertorio para poder hacer
una maqueta y ver si alguien nos grababa. Nuestros amigos tam-
bién notaron en esta época, cuando iban a vernos ensayar, que
habíamos evolucionado y aprendido respecto a la etapa anterior,
nos decían: «¡Joder, ahora sí sonáis a grupo!».

Al principio Rafa llevó a un amigo suyo, Romy, que tocaba las
congas cuando hacíamos Milagro en el Congo y la pandereta en
otra canción. Era percusionista, aparece en los coros del single y
en la primera vez del Rock-Ola. Pero le dijimos a Rafa que para lo
que estábamos haciendo no necesitábamos percusionistas, no pe-
gaba mucho. Rafa lo entendió.

RAFA. Para mí fue un palo tener que decirle a Romy que no tenía
cabida en el grupo, porque era mi amigo. Lo conocía del barrio
de toda la vida y coincidimos cuando yo pinchaba en el Dalt Vila
y él trabajaba allí de camarero. Mi hermano acababa de dejar
Tequila y se había integrado con el dúo colombiano Elkin y Nel-
son, cuyo mánager era Pedro Caballero y el road manager era
François Marie Martín de la Rivière, al que nosotros llamábamos
Martín el Francés. Le dije a mi hermano que quería probar con
esos chavales, que nos dejaran el local.

Lo recuerdo como un chalet con una bajadita. Hoy en día es
un restaurante al que David y Javi van de vez en cuando. Me dejó
la llave, enchufamos los amplificadores y tocamos algunas maña-
nas de puta madre hasta que un día llegó mi hermano y me dijo
que ya no podíamos entrar porque le había dado un toque el
Francés y le había dicho que no nos quería allí.

Nosotros nos vengamos. Nos enteramos de que tenía un Re-
nault 5 Copa Turbo destartalado que aparcaba por allí y se lo
dejaba abierto, decía que para evitar que le robasen. Le empeza-
mos a gastar bromas, como meterle lagartijas en el coche.

Cuando no podíamos usar el local de Elkin y Nelson nos íbamos a la casa de David y ensayábamos con las acústicas. Javi se daba golpes en la pierna para seguir el ritmo porque no teníamos batería.

DE MADRID AL CIELO

Los Bonitos Redford estaban llenos de energía y listos para comerse el mundo. Estaban preparados para salir a buscar su propio espacio en una capital en plena efervescencia musical y cultural. Lo tenían muy claro: si no lo lograban, al menos nadie les quitaría lo *bailao*. El verso de Luis Quiñones de Benavente, entremesista del Siglo de Oro, sirvió de eslogan de la plenitud de esa década en la que Madrid se reivindicaba desbordado de vida:

> *Pues el invierno y el verano,*
> *en Madrid solo son buenos,*
> *desde la cuna a Madrid,*
> *y desde Madrid al Cielo.*

La década de los ochenta fue la década de Madrid. Una edición de la revista *Time* del 15 de abril de 1966 dedicada a Londres bajo el título de *The Swinging City* recordaba la relevancia de algunas capitales especialmente activas como adalides de la cultura y la moda en determinadas décadas del siglo XX. En este sentido se podía citar al París de los veinte, el Berlín de los treinta, el Nueva York de los cuarenta, la Roma de los cincuenta y el *Swinging London* de la capital británica de los sesenta, la *Capital of cool*, como la bautizó History Channel en uno de sus documentales. Madrid hizo méritos para ser la capital de los ochenta, aun bajo la influencia británica en muchos de los movimientos musicales emergentes.

La onda expansiva de aquella frenética actividad musical llegó a ciudades como Vigo y Valencia. Muchas voces han señalado una fecha simbólica como punto de partida de esta edad de oro del pop-rock español: el 9 de febrero de 1980, cuando se reunieron en la Escuela de Caminos de la Universidad Politécnica de Madrid un millar de personas para homenajear a José Enrique Cano, Canito, malogrado batería de Tos, germen de Los Secretos, atropellado por un coche en la Nochevieja de 1979.

Allí estuvieron grupos como Alaska y los Pegamoides, Nacha Pop, Paraíso, Mermelada, Mamá y Tos con los hermanos Enrique, Álvaro y Javier Urquijo. Aquel homenaje se gestó en los que serían los locales emblemáticos de la movida: La Vía Láctea y el Penta en Malasaña.

El concierto de Caminos fue el pistoletazo de salida que inundaría los años ochenta de tardes y noches mágicas de actividades en colegios y facultades, conciertos y cine apoyados incondicionalmente desde las radios con programas que se volverían míticos con el paso de los años. La movida tuvo el apoyo manifiesto de Enrique Tierno Galván, alcalde de Madrid desde 1979 hasta su fallecimiento en 1986.

Para la historia quedó aquella frase ante una masa enfervorecida en un festival de música en el Palacio de los Deportes en 1984: «¡Rockeros: el que no esté colocado, que se coloque... y al loro!».

La movida nunca caló como fenómeno de masas, pero ejerció una enorme influencia entre los músicos y la juventud de esos años. Sus escenarios fueron un puñado de locales emblemáticos que tomaron el relevo de los sitios del Madrid de finales de los setenta y principios de los ochenta en los que arrancaron los grupos de la Nueva Ola como El Escalón, la sala Carolina o El Carrousel, convertido luego en El Jardín, donde Paco Martín estuvo a cargo de la gestión antes de pasarse a la industria musical.

Rock-Ola acabó siendo el templo musical en el que todos querían tocar, aunque muchos grupos que llegaron hasta allí nunca consiguieron grabar un disco. Debajo estaba el Marquee, que acabó integrado a principios de 1983 como Rock-Ola 2. A finales de aquel año se produjo la tragedia del incendio de la discoteca Alcalá 20, hecho que perjudicó a Rock-Ola por las escasas medidas de seguridad que ofrecía y significó el comienzo de su declive. En 1984 fue clausurado tras la muerte de un joven apuñalado en la puerta del local.

DAVID. En esa época todos los bares de moda de rock, punk y new wave se concentraban en Malasaña. Convivimos con la movida y aquel ambiente, juntos pero no revueltos, tanto en lo personal como en la trayectoria del grupo. Sin desmerecer a nadie, es indudable que íbamos montados en la ola de creatividad disparada de esos años, pero simplemente nosotros optamos por otro camino. Yo fui como mucho tres o cuatro veces a Malasaña cuando éramos Los Residuos. Para mí era sórdido, siempre había peleas, en la calle se rompían botellas, era todo muy salvaje, había mucha droga, hachís, LSD, coca y caballo. Nosotros sin embargo éramos más de cerveza, que la bebíamos por litros, tanto es así que a día de hoy tenemos hasta una cerveza con nuestra marca Hombres G. No era una libertad feliz, era mucho descontrol jodiendo a otros, había peleas de rockers contra mods, que se enfrentaban en lugares como Quadrophenia. Se citaban para pegarse con cadenas. Había un tal Juanma el Terrible a quien todo el mundo tenía muchísimo miedo, un macarra de aspecto rockabilly con fama de dar unas palizas terribles con las pandillas de Malasaña, con sus cadenas y sus cinturones.

Recuerdo otro sitio, La Bobia, un café donde se juntaba la gente que iba a currar con todo tipo de tribus urbanas, punkis, rockers, mods y skins, que iban allí antes de irse a dormir la mona a casa. No debe ser casualidad que hayamos acuñado la expresión «tener una movida» para referirnos a tener un lío. Javi tuvo uno bien gordo.

JAVI. En la mayoría de los garitos no nos dejaban entrar por ser menores de edad, así que nos pasábamos las horas en la calle con las litronas y algún que otro porro, aunque lo nuestro de verdad era la cerveza. Una vez iba conmigo Luis, quien más tarde sería el bajista de Los Ronaldos. El lío fue con Juanma el Terrible y John Stoneman, que eran el terror de los garitos de Malasaña en aquella época. Querías cualquier cosa menos encontrártelos borrachos en la calle.

Luis y yo íbamos con nuestras chupas de cuero y nuestros imperdibles punkis. Aquella noche, Luis cogió una rata que encontró muerta en la calle y empezó a hacer el gilipollas. Yo me moría del asco, le pedí que la tirara, y cuando lo hace da la casualidad que al doblar la esquina aparecen el tal Juanma y el tal John y la rata les cae encima. Empezaron a chillar como locos mientras nosotros nos partíamos de risa. Pero cuando reaccionaron y vimos que querían matarnos, literalmente, salimos corriendo, pies para qué os quiero. Nos separamos y yo me escondí en el Penta. Estando allí fui al baño y apareció Stoneman, que me empezó a zarandear y a insultarme, pensé que me iba a dar una paliza allí mismo. Yo le gritaba que no había sido yo. Al final no me hizo nada.

RAFA. Vivimos y crecimos musicalmente en la movida, pero no éramos musicalmente hablando parte de todo eso. Nosotros íbamos a lo nuestro, tal vez por eso cuando triunfamos hubo muchos gurús que no nos lo perdonaron. Después de irnos del local de mi hermano nos buscamos la vida durante bastante tiempo hasta que conseguimos otro en Torpedero Tucumán. Sería nuestro local en los primeros tiempos, siendo ya Hombres G. Ahí vivimos lo de los singles, el Rock-Ola y las bromas del cachondo de Javi. Era un bajo y tenía la ventana que daba a la calle justo arriba. Molina se asomaba pidiendo auxilio de cachondeo cuando pasaba la gente. Un basurero se volvió loco: «¿Quién eres?, ¿dónde estás?», gritaba el hombre, y Javi: «¡Socorro, sácame de aquí!». Nosotros muertos de la risa. Compartíamos local con las chicas de Cruzado Mágico, unas amigas del Parque medio punkis.

DAVID. Los grupos de la movida eran efímeros, como una pompa de jabón, y esa corta vida nos influyó negativamente al principio para alcanzar nuestro sueño. Mi padre me apoyaba en el sentido de que a él le gustaba que tuviera inquietudes artísticas y creativas, que diera rienda suelta a la creación, pero él, lo digo sinceramente, y no creo que lo haya dicho antes, no confió en el grupo hasta que hicimos ¡boom! Nos ayudó, nos prestó dinero para comprar unos amplificadores, por ejemplo, pero no imaginó nunca que la música podía ser un medio de vida.

Era normal, ni mi padre ni nadie confiaba en nosotros, precisamente por la fugacidad de los grupos que hacían un disco y desaparecían. Recuerdo sus palabras: «David, que tengas un grupo y tal, todo eso está muy bien, pero los grupos se acaban, todos los grupos se acaban, hasta los Beatles se acabaron, así que tienes que pensar en algo que te vaya a servir para luego, no te veo con sesenta años cantando Sufre mamón». Estoy a un paso de esa edad y me acuerdo mucho de lo que me decía mi padre [risas].

LA MAQUETA CON LOS AMIGOS Y EL CONTRATO CON LOS VECINOS

Las amistades que se hacían entre los grupos eran muy importantes en aquellos primeros años ochenta. Desde 1980 David y Javi fueron tejiendo ese círculo de amigos que se amplió de 1982 a 1984 ya con Dani y Rafa incorporados. Entablaron amistad con grupos que fueron claves en el desarrollo de la banda, como Los Nikis y sus vecinos de Los Funcionarios, Glutamato Yeyé, los primos Nacho y Antonio Vega de Nacha Pop, Siniestro Total o Derribos Arias.

Los Nikis solían avisarles cuando había fiestas para que tocaran, y con ellos grabaron la primera maqueta en la época de Los Residuos. Tres décadas después de todo aquello organizaron una entrañable comida en Madrid para recordar los viejos tiempos. Los Nikis son autores de canciones inmortales de los ochenta como *El Imperio contraataca, La naranja no es mecánica, Ernesto* y *Por el interés te quiero, Andrés*. Sus cuatro componentes, Emilio Sancho, Arturo Pérez, Joaquín Rodríguez y Rafa Cabello, conocían a David desde su época de Los Reflejos. Ensayaban en el sótano del chalet de los padres de Arturo en la urbanización Santo Domingo, de donde ellos eran, entre San Agustín de Guadalix y Algete, al norte en el extrarradio de Madrid. Con unos ahorros habían comprado un equipo de grabación bastante decente. Tenían unos amplificadores Marshall y la guitarra de Arturo era una japonesa imitación de Gibson, aunque tenía la Rickenbacker. Joaquín Rodríguez recordaba aquellos viejos tiempos:

> En esa época nos habían traído una mesa de mezclas muy cutre, pero le metías un casete y podías grabar una maqueta decente. Quedamos una vez en el sitio donde ensayábamos nosotros en Santo Domingo, en el sótano de la casa de los padres de Arturo. Allí vinieron una vez para grabar Los Residuos. Estaban Javi, David y Pepe Punk, que le conocíamos del colegio. Después recuerdo que quedamos en casa de alguien próximo a Juanjo Ramos, que también era de Santo Domingo, y allí grabaron una segunda maqueta. Entonces estaban ya Dani y Rafa.

Juanjo Ramos, actual bajista de Los Secretos, era un niño de unos doce años que ya apuntaba maneras en aquella época:

> Los invitamos al local que teníamos en casa de Caco Vallés, el batería, donde ensayábamos con nuestro grupo, que se llamaba Los Funkcionarios. Era en la misma urbanización donde vivían y ensayaban Los Nikis, pero en una casa distinta. La maqueta la grabamos en nuestro local. Nosotros les prestamos los instrumentos, los amplis y todo, recuerdo

que ellos apenas tenían casi instrumentos en esa época, nos contaban que tenían que ensayar con tambores de Colón.

Aquel día también estuvieron algunos de Los Nikis, creo recordar que Arturo y Joaquín. Yo conservaba la bobina del máster de aquella maqueta en la que todavía se podía leer originalmente escrito con rotulador el nombre antiguo de Los Bonitos Redford, aunque después David le añadió el nombre de Hombres G. Cuando hicieron el documental de los treinta años se la regalé a David.

JAVI. *Fuimos en metro y en autobús, desde mi casa en el Parque de las Avenidas hay casi treinta kilómetros. Habíamos estado una vez allí cuando éramos Los Residuos. Dani todavía no estaba, fuimos David y Pepe Punk, que también conocía a Los Nikis. En esa época eran casi los únicos que tenían una mesa de mezclas y podías grabar una maqueta medio digna. La segunda vez que fuimos a Santo Domingo éramos Los Bonitos Redford y estuvimos los cuatro, Rafa, Dani, David y yo. La segunda maqueta la grabamos en casa de uno de Los Funkcionarios.*

RAFA. *Juanjo era un chavalillo. También vivía allí, pero estaba en otro grupo. Era un niño, pero tocaba que alucinabas. Juanjo le dejó el bajo a David. Cuando lo vimos, dijimos: «¡Joder, qué buen bajo!». Lo enchufó el cabrón y su puso a tocar y alucinábamos con cómo tocaba el crío, un bajo que era casi más grande que él. También tocaba el piano que te cagas.*

DAVID. *Esa maqueta está en una cinta de siete y medio de aquellos magnetófonos antiguos. La tenía Juanjo Ramos en su casa. Un día me llamó para decirme que la tenía y me la dio. Él era un niño de doce años en aquel momento, pero después llegó a tocar con nosotros alguna vez en Rock-Ola los teclados. Era muy gracioso porque no le dejaban entrar. Les decía a los de la puerta que tenía que tocar, pero iba con pantalones cortos. Tocaba el bajo muy bien, y el piano.*

Recuerdo que nos dejó a todos flipados tocando Lady Madonna. *Él estaba en Los Funkcionarios y también habían grabado en Lollipop.*

DANI. Ellos tenían los instrumentos que nosotros no teníamos. Mi guitarra era una mierda. Ellos tenían guitarras y amplificadores de puta madre. Aquella maqueta era muy mala, pero a nosotros nos sirvió para que los hermanos Cabello de Lollipop se fijaran en nosotros. Escucharon la maqueta, a Agustín Cabello le encantó y nos propusieron grabar los singles. Ahí no estaba todavía Paco Trinidad, las canciones las grabamos con Fernando Cabello.

Fueron estas bandas de Santo Domingo las que pusieron en contacto a los hermanos Cabello con Los Bonitos Redford. Juanjo Ramos fue el primero en enseñar las canciones grabadas a aquella pequeña compañía independiente:

> Nosotros habíamos grabado dos singles. Fernando Cabello, hermano de Rafa de Los Nikis, tocaba el saxo con nosotros. Los Cabello eran de Santo Domingo y todos éramos conocidos y amigos. A través de la amistad que Los Bonitos Redford tenían con nosotros y con Los Nikis fue como conocieron a la gente de Lollipop. Yo le llevé personalmente la maqueta a Agustín Cabello, que en paz descanse. La escuchó y se quedó alucinado, le gustó mucho, y ahí mismo dijo que eso había que grabarlo. Como un año después estuve tocando con ellos en Rock-Ola. Era una odisea, me tenía que esconder porque no me dejaban entrar por ser menor.

Las pequeñas compañías independientes aparecieron como alternativa para los grupos emergentes al vedado coto de las grandes discográficas. DRO (Discos Radiactivos Organizados) fue fundada por Servando Carballar con la idea inicial de autoeditar los discos de su famoso grupo tecno pop

Aviador Dro. Gasa (Grabaciones Accidentales S.A.) fue creada por los amigos del grupo Esclarecidos, en cuya fundación
participó Paco Trinidad, quien había sido bajista en Ejecutivos Agresivos, grupo en el que también estuvo Jaime Urrutia
antes de fundar Gabinete Caligari. En el verano de 1980 obtuvieron su mayor éxito con la famosa canción *Mari Pili* y un
año después se disolvió.

Paco Martín hizo MR (Martín-Ruiz, en sociedad con Julio
Ruiz) antes de crear Twins, y Lollipop era un reducido grupo de
gente ilusionada con la música, una compañía muy pequeña
con ganas de hacer cosas. Agustín y Fernando Cabello funda-
ron el sello junto a Juan Carlos Damián y los hermanos Eduardo y Javier Mesonero. Nació al rebufo de la publicación de un
fanzine musical alternativo pop homónimo, un verdadero cara-
melo para degustar su pasión musical. Agustín fue el gran ideó-
logo, era el hermano mayor de Rafa Cabello, el batería de Los
Nikis, con los que Fernando tocaba también como saxofonista.
Agustín falleció poco después, a los veintiún años, en un accidente de tráfico. La primera referencia del sello llegó de la fábrica de discos Iberofón el 13 de mayo de 1982 y fue el EP *Datos,*
del grupo Metal y Ca. Más adelante grabaron a Los Nikis.

Lollipop propuso un contrato a Los Bonitos Redford para
grabar cuatro canciones en dos singles. Javi descubrió que
los hermanos Mesonero eran sus vecinos, vivían en su mismo portal de la avenida de Bruselas del Parque de las Avenidas. Firmaron el contrato justo enfrente de la casa de ambos,
en la cafetería Bruselas (actual Casa Gato), el 23 de febrero
de 1983. Prometieron a David que le regalarían el primer single que saliera de la matriz. En el contrato figura de una parte Discos Lollipop como contratante, y de otra el contratado
bajo el nombre de Los Bonitos Redford, en cuyo nombre fir-
man como representantes David Summers Rodríguez y Fran-

cisco Javier de Molina Burgos. Los tiempos que marcaba el acuerdo era grabar inmediatamente, en el mes de abril.

«HOMBRES G, SE QUEDA ASÍ Y YA ESTÁ»

Lo de Los Bonitos Redford no convencía a nadie. Les aconsejaron buscar otro nombre. Barajaron varios, entre ellos uno que David había sacado de un viejo título del cine negro americano, concretamente de la película de 1935 *Contra el imperio del crimen*, basada en la novela de Darryl F. Zanuck, protagonizada por James Cagney, Margaret Lindsay y Ann Dvorak y dirigida por William Keighley.

El título original en inglés era *G-Men*. Cagney interpretaba el papel de un gángster surgido de la prohibición alcohólica combatido por los *G-Men*, abreviatura de *Government-Men* (los hombres del Gobierno), que eran los agentes especiales del FBI. Ese rótulo de *G-Men* traducido literalmente al español como «Hombres G» fue la solución a la cuestión del nombre, y desde ese momento se estableció una estética cinematográfica en torno al grupo que se convirtió en una de sus más reconocibles señas de identidad.

DAVID. Lo saqué de uno de los libros de cine que tenía mi padre. Me fijé en películas del FBI, el de entonces, no el de ahora. Fue el que finalmente dejamos. Lo sometimos al criterio de nuestros amigos. La verdad, no nos convencía del todo, pero no se nos ocurría ninguno mejor. Un amigo nuestro del Parque, Carlos, tenía un grupo que se llamaba Esquelas Pornográficas. También quería cambiarle el nombre, y me dijo que si al final no nos lo quedábamos nosotros se lo pedía él para su grupo. Eso me dio que pensar, «¡coño!, no será tan malo si nos lo quieren pisar», así que como el tiempo se echó encima y no había otra opción mejor, un día dijimos: «¡A tomar por culo, se queda así y ya está! Si hay que cambiarlo ya se cambiará». Hasta hoy.

RAFA. Me acuerdo que hicimos una lista de nombres y «Hombres G» no es que nos molara mucho de inicio, sino que nos pareció el menos malo, así que decidimos dejar ese. En esa época había grupos con nombres estrambóticos, como uno que se llamaba Panadería Bollería Virgen del Carmen o los Siniestro Total, que antes se llamaban Maricruz Soriano y Los Que Afinan Su Piano. Cambiaron el nombre a raíz de un accidente que tuvieron en el que el coche resultó siniestro total y ellos casi se matan. Estrenamos el nombre «Hombres G» en la carátula de los dos singles. Una de ellas, con un dibujo de unos gángsteres, la usamos para los carteles de los conciertos.

Vamos juntos hasta Italia

La canción por la que el grupo apostó para el primer single fue *Milagro en el Congo*. Para la cara B había otro tema que a David Summers no le acababa de convencer, por lo que decidió improvisar con un tema inspirado en la moda de las canciones italianas que pegaban fuerte, sobre todo en verano, como *Gloria* de Umberto Tozzi, *Ma quale idea* de Pino D'Angiò o el *Será porque te amo* de Ricchi e Poveri.

DAVID. Cuando íbamos a grabar los singles de Lollipop, Milagro en el Congo era mi canción estrella, la que yo creía que iba a ser la hostia y a funcionar mejor que ninguna, y no pasó nada con ella. Teníamos Marta tiene un marcapasos, que sí confiábamos en ella, La cagaste... Burt Lancaster, y luego teníamos dudas con otra. Al final decidí echar mano de una música que había hecho y empecé a escribir la letra de Venezia dos días antes de grabarla. Me dije: «Si la hago en italiano seguro que funciona».

En ese momento salía con Lydia, era medio italiana y conocía el idioma. Me ayudó a traducir la letra y a pronunciar correctamente lo que yo quería decir. Me acuerdo que la hicimos en clase, no prestábamos atención y estábamos ahí los dos viendo las primeras estrofas. Recuerdo perfectamente que la primera línea: «Io sono il capone della mafia, io sono il figlio della mia mamma», la escribí yo, y luego ella me asesoró.

Le puse Venezia como podía haberle puesto Florencia, fue por la película Moonraker, en la que había visto a Roger Moore interpretando a James Bond que viajaba a Venecia siguiendo el rastro de un transbordador espacial. Yo quería envolver la imagen de los Hombres G con todo ese halo cinematográfico de gángsteres y agentes federales, y el agente 007 me pareció que encajaba en todo eso.

Las canciones italianas me transmitían buen rollo. Estabas en una discoteca y cuando ponían una de esas canciones la gente bailaba muy alegre. Todos los años era igual. Entonces se me metió en la cabeza hacer una canción inspirada en los hits italianos del verano imaginando que por eso mismo podría ser hit del verano. Al mismo tiempo era una especie de coña surrealista ante ese fenómeno. Con el paso del tiempo esa parodia acabó siendo el éxito del verano que yo idealicé cuando la hice y una de las canciones más importantes de toda nuestra carrera, uno de esos temas que te salen de golpe, casi vomitados, como decía Antonio Vega.

DANI. Descartamos los temas más fuertes de la etapa anterior. Para el segundo single elegimos La cagaste... Burt Lancaster y Marta tiene un marcapasos. Los grabamos con la ayuda de Fernando Cabello al saxo, Romy tocaba la pandereta y las dos amigas de estos del Santa Cristina en los coros, Lydia Iovane y Eva Dalda, que años más tarde fue directora de marketing de Warner Music. Grabamos los cuatro temas en un día, aunque Venezia no teníamos ni idea de cómo meterle mano, nos la llevó allí mismo, nos echamos las manos a la cabeza creyendo que iba a salir una mierda y resulta que estábamos delante de uno de nuestros temas inmortales.

DAVID. Llegué al estudio y allí la acabamos de montar. Los chicos no sabían tocarla, no la conocían. Javi dijo: «Empecemos con un *redoble y a tomar por culo». La tocamos tres o cuatro veces y p'alante. No me preocupaba que saliera mal, porque como era para la cara B estaba convencido de que no la iba a escuchar ni Dios. Se da otra circunstancia con Venezia: fue la primera que registré en la SGAE. Lo supe hace poco, cuando acompañé a mi hijo Daniel para que se hiciera socio y registrara su primera canción, titulada Estrella. La chica le dijo: «Mira, Dani, Estrella es la primera canción que has registrado en tu vida», como para que lo recordara con orgullo. Entonces me preguntó a mí si me acordaba de la primera y le respondí que no. Miró y comprobé que había sido Venezia, en 1983. Creía que no la iba a escuchar nadie y hoy es una de las canciones imprescindibles que tocamos en el bis final donde están las grandes canciones del grupo.*

LOLLIPOP PRESENTA A LOS HOMBRES G

En julio de 1983 salió a la venta el primer single. En la carátula se podía leer: «Lollipop presenta a los Hombres G con *Milagro en el Congo* y *Venezia*». Las cuatro canciones fueron grabadas los días 16 y 23 de abril y mezcladas el 7 de mayo en los Estudios TRAK. Aparecen en los créditos Romy en la percusión, y Eva Dalda y Lydia Iovane en los coros.

Ese mismo año apareció el segundo sencillo con la primera versión de *Marta tiene un marcapasos*, la canción más surrealista de todas, junto a la no menos ocurrente letra de los problemas en los que se mete el mítico actor de *El halcón y la flecha* en *La cagaste... Burt Lancaster* en la cara B. Fue una pequeña tirada de mil discos que los propios dueños de Lollipop llevaban en furgonetas a las tiendas para ofrecerlo. No tenían recursos ni infraestructura. En 1984 estos dos singles se refundirían en un maxisingle distribuido por Nuevos Medios con las cuatro canciones.

La portada más emblemática que hizo Lollipop fue la del segundo single. Está diseñada en blanco y negro con ese halo cinematográfico característico del grupo y con el mismo dibujo que se usaba en los carteles para promocionar los conciertos. El crédito del diseño lo tiene Jesús Moreno. Recoge una escena en la que los hombres del Gobierno arrinconan a los gángsteres en un callejón, pistolas, largas gabardinas y sombreros de ala corta estilo fedora como los que usaban Lucky Luciano y Al Capone en el Chicago de los años treinta. La repercusión en prensa fue escasa.

JAVI. Solo el hecho de entrar por primera vez a un estudio de grabación ya fue la hostia para nosotros, como nos pasaría después con Twins. Aquello imponía muchísimo, nos daba mucho respeto, no hacíamos más que flipar solo de oler las mesas y las paredes de los estudios. Estábamos felices porque por fin íbamos a tener ese single en la mano que poder ponerle a nuestros amigos y a nuestros padres.

RAFA. De esa época recuerdo un recorte de un periódico que decía: «Hombres G, los chicos de la puerta de al lado», donde afirmábamos que la vanguardia era una rotunda tontería, un enmascaramiento, «filfa y morralla». Nosotros renegábamos de todo eso, la entrevista decía que el punk no tenía sentido a esas alturas.

DAVID. Fue en ABC, lo escribió Tomás Cuesta, uno de los periodistas más importantes del periódico que más tarde ocupó cargos de responsabilidad en la dirección. Ese fue nuestro discurso desde entonces y se nos volvería en contra cuando triunfamos sin paliativos. Recuerdo haber dicho que los grupos siniestros no hacían más que disfrazarse, que nosotros queríamos que cada concierto fuese una fiesta, que la gente se divirtiera sin tener que salir vestidos como si fuésemos los Hermanos Tonetti al escenario. Era nuestro discurso en 1983 y sigue siéndolo cuatro décadas después.

4

El efecto *Dominó*

> Io sono il capone della mafia
> Io sono il figlio della mia mamma.
> Tu sei uno stronzo di merda
> E un figlio di troia in Venezia.

DAVID SUMMERS,
Venezia

En la doble página anterior: el grupo en otra imagen de su primera sesión de fotos en Madrid en 1983, la época de sus visitas constantes a la radio y sus primeros conciertos. (Foto E. Mesonero.)

Venezia fue la primera canción de los Hombres G que triunfó. Lo hizo en 1983, en el microcosmos del Parque de las Avenidas y en el Madrid underground antes de hacerlo en toda España dos años después. Lollipop se alejó sin reportar resultados de los discos y sin producir un elepé, pero aquellas grabaciones provocaron un efecto dominó que llevó al grupo a la radio, a lugares como Rock-Ola y a vivir la vida intensamente tocando por diversión. A la vuelta de todo eso estaba el siguiente cruce del destino. Mientras llegaba, ellos disfrutaban con sus sonrisas empapadas en litros de cerveza.

EL IMPULSO DE LA RADIO

La presencia en la radio era necesaria para poder añadir a la ecuación de sus sueños las actuaciones en los deseados locales más emblemáticos de Madrid. En aquel entonces el apoyo de la radio y un locutor era casi vital. Algunas emisoras y varios locutores empezaron a darles espacio: Radio Cadena Española, Fernando Salaberry, Mario Armero, el «Búho musical» Paco Pérez Bryan; Julio Ruiz desde Radio Popular FM; Radio 3 con Juan de Pablos o Jesús Ordovás; Rafael Abitbol en Radio España-Onda 2 y, sobre todo, Gonzalo Garrido y su

Dominó, al que se uniría poco después Luis Vaquero en su espacio de las madrugadas de la FM de la Cadena SER. Estos dos últimos se involucraron completamente con el grupo. Vaquero representaba una frecuencia mayoritaria y muy poderosa como eran *Los 40*.

Decir *Dominó** en pleno apogeo de los ochenta era sinónimo de Gonzalo Garrido y de uno de los programas-lanzadera de muchos grupos desde la sintonía de Radio España-Onda 2. Algunos todavía están activos, aparte de Hombres G, como es el caso de Los Secretos. El impulso y apoyo de la radio provocaba un efecto dominó en el que las piezas caían progresivamente en forma de pequeños objetivos que se iban alcanzando.

La radio confirmó un funcionamiento del primer single desconcertante: el tema que se suponía debía funcionar, *Milagro en el Congo*, pasaba sin pena ni gloria, mientras que la peña alucinaba con la cara B, *Venezia*, cuya popularidad en el Madrid *underground* subía como la espuma en las emisoras y por supuesto en los garitos del Parque con el Rowland a la cabeza. En verano, muchos jóvenes llevaron el single a los lugares de veraneo en la costa, y *Venezia* empezó a conquistar parte del Levante, como Benidorm, Torrevieja, Gandía o San Juan, donde las chicas se la pedían a los *disc jockey*. La gente

---

* El programa *Dominó* se emitía de lunes a viernes de seis a siete de la tarde en Onda 2, emisora de FM de Radio España, en Madrid. Convivía con emisiones como *Ozono* y *Flor de pasión*, de Juan de Pablos; *Ciclos*, de Vicente Cagiao; *Disco grande*, de Julio Ruiz; *Toma uno*, de Manolo Fernández; *Jazz porque sí*, de Juan Carlos Cifuentes; *Toma dos*, de Carlos Finaly; *Dinamita*, de Rafael Abitbol; *Diario Pop*, de Jesús Ordovás, y *Esto no es Hawaii*, de Diego A. Manrique.

se fue familiarizando con la canción, pero todavía no con el nombre del grupo.

DAVID. *Gonzalo fue una de los primeras voces en darse cuenta de que el single molaba, pero yo la había cagado con la elección de la que yo creía era mi canción estrella. Cuando llegamos con el primer single, decía: «Joder, tíos, pues no está mal, pero la cara B me gusta mucho más, ¿no te importa que pongamos la cara B?, es que a mí me gusta mucho más». Yo me rendí ante la evidencia: «Poned la que os salga de los huevos». Todo el mundo empezó a poner Venezia, y nadie pinchaba Milagro en el Congo. Venezia empezó a ser conocida sobre todo en el boca a boca de Madrid y fue gracias a ella que la gente se empezó a preguntar quién coño eran esos tíos. A Venezia le debemos muchísimo por lo que hizo por nosotros entre 1983 y 1984.*

JAVI. *A Gonzalo Garrido lo conocí en el bar Dylan. Quedaba mucho allí con Dani porque era el sitio en el que nos reuníamos con las amigas de la sierra cuando planeábamos subir juntos a Navacerrada el fin de semana. Ahí me veía con la chica con la que yo salía, Matilde, la prima de Antonio Vega, que casi tenía que escaparse por el canalillo de su edificio para poder venir con nosotros.*
El Dylan estaba en la calle Covarrubias y Radio España estaba en Manuel Silvela, la calle paralela, por eso daba la casualidad de que Gonzalo estaba siempre ahí. Hicimos pronto buenas migas. Un día me invitó a ir con él a la radio. Así empezamos a hacer la amistad. Él se volcó mucho con nosotros, siempre le estaremos muy agradecidos. Le encantó nuestra música y nos ayudó con todo el cariño del mundo. Se encargó de llamar a todo el mundo y eso fue una gran catapulta. Entre las llamadas que hizo hubo una que acabaría teniendo mucha importancia, la que le hizo a Paco Martín. Él nos habló de Paco, que era un tío que iba a montar un sello discográfico independiente y que nos iba a hacer el favor de ponernos en contacto con él.

DAVID. Con Gonzalo teníamos mucha confianza porque desde el principio nos apoyó muchísimo, algo que siempre recordaremos y le agradeceremos donde quiera que esté. Solo tenía que llamarle, le preguntaba si podía acercarme a llevarle una maqueta y siempre me decía que sí. Otras veces nos presentábamos sin avisar siquiera. Conforme llegábamos con nuestro casete nos metía en antena y ponía la maqueta sin ni siquiera haberla escuchado. Eso no lo hacía nadie. Muchas noches nos metíamos todos en el estudio bebiendo, oyendo música y riendo hasta acabar con un pedo de puta madre. Nos ponía el disco e incluso se lo pasó a Juan de Pablos, de Radio 3, que se entusiasmó y empezó a ponernos en su conocido programa Flor de pasión. Gonzalo fue el que nos informó que Paco Martín estaba saliendo de Ariola y quería montar otro sello independiente. Y por otro lado lo llamó a él.

DANI. Gonzalo Garrido me recordaba mucho a Freddie Mercury. Acudíamos a locutores como él y como Rafa Abitbol, que sabíamos que eran los que más se tiraban el rollo con grupillos nuevos que no los conocía ni Dios. Gonzalo Garrido era una leyenda de la radio desde los años setenta y sabía un huevo de música. Llegó a pinchar en el Penta y en el Honky Tonk. No solo nos echó una mano a nosotros, también a gente como Los Secretos, Nacha Pop y otros grupos de la movida. Nos defendía a muerte, cuando empezamos a ser famosos y algunos gurús pro movida nos atacaban, él saltaba como un resorte. Creo recordar una vez que Carlos Tena tuvo un enfrentamiento con David y él se puso de nuestro lado. No se perdía ninguno de nuestros conciertos.

«LAS NIÑAS MÁS BONITAS TE VAS A ENCONTRAR»

El Parque de las Avenidas, Hombres G y el bar Rowland forman un triángulo unido para siempre con un hilo rojo de amistad, litros de cerveza y vivencias que fueron encadenándose al mismo tiempo que avanzaba la década de los ochenta, dando incluso a luz en 1986 a una inolvidable canción que te preguntaba directamente si estabas ya borracho y que no mentía al afirmar que el sitio se llenaba hasta la bandera de gente guapa: *Visite nuestro bar*. La cuerda del hilo rojo iba a ser cuerda para rato.

El idilio siguió en los noventa y traspasó el siglo para no morir jamás. Los Hombres G y el Rowland, con su dueño Nano a la cabeza, se han visto envejecer mutuamente durante cuarenta años sin perder ninguno de los dos su esencia. A día de hoy se puede seguir bebiendo en este bar de la avenida de Baviera una buena cerveza contemplando un cuadro con el disco de oro del primer LP y el póster de los Hombres G junto al de The Beatles y decenas de otros afiches y fotografías en las paredes mientras se escuchan clásicos del rock de los sesenta, setenta y ochenta, como ellos escuchaban siendo unos adolescentes a The Rolling Stones, Deep Purple, U2, Status Quo, The Police, The Knack, Bruce Springsteen y por supuesto The Beatles.

Nano abrió el Rowland el 20 de abril de 1978, y ellos empezaron a frecuentarlo cuando les permitieron entrar, en 1981, tras una ansiosa espera en la que no dejaban de elucubrar qué tipo de Arcadia habría tras esas paredes rojas para ellos prohibidas. Javi y David fueron los anfitriones; Dani primero y Rafa después, los invitados que se dejaron llevar y pronto se mimetizaron con los amigos del Parque y con el ambiente del Rowland, epicentro y testigo de sus sueños, sus amoríos, sus risas, sus aventuras y desventuras, local que simbolizaba la vida de unos jóvenes que fue exactamente la misma con y sin fama.

Toda la vida de Javi y David giraba en torno al Parque de las Avenidas. En los primeros años de la adolescencia iban al parque a flirtear con las chicas que también se daban cita allí.

Hubo una época en que David solía acudir con su guitarra, fiel seguidor de los consejos de su padre. Como los colegios no eran mixtos no tenían otra forma de relacionarse, se formaban grupos de los chicos y grupos de las chicas y el punto de reunión era el parque junto a la M-30. Allí lo tenían todo, unas adolescentes guapísimas, el *baby boom* de los sesenta en estado puro, un despertar al amor, las primeras caricias y los primeros besos.

Su rutina solía comenzar en el Desirée, una pastelería al estilo de la famosa Viena Capellanes que vendía sándwiches, embutido, pasteles y litros de cerveza. Al principio eran los únicos que iban hasta allí a tomar litros porque la cerveza era más barata. De allí se iban a soplar al parque. En el Desirée hacían la vista gorda con la venta de alcohol. Llegó un momento en que los viernes se llenaba de gente con el mismo plan, fueron auténticos precursores del botellón.

Cuando empezaron a entrar al Rowland, el ritual continuaba, desde las ocho que abrían, en la barra o las mesas del bar hasta las dos de la madrugada. De ahí a veces iban a Rock-Ola, cuya cercanía permitía incluso ir a pie, o al Marquee, al lado de Rock-Ola conforme se bajaba, y el Dalt Vila, en el que trabajó Rafa como DJ, un bar de copas en el que no molestaban a la clientela si fumaban porros. Se convirtieron en los sitios de su recreo, cerrando un círculo que comenzaba y acababa siempre en el Parque.

JAVI. Íbamos a otro bar de vez en cuando, El Parral, que era más de aperitivos y botellines, pero el Rowland llegó a ser nuestra segunda casa en el barrio. Al principio no entrábamos porque nos daba miedo, veíamos todo rojo y creíamos que era una casa de putas o algo así, pero luego se convirtió en nuestro templo cervecero. En el Parque, una vez al año los amigos organizábamos el Día del Litrillo, un homenaje a las litronas de cerveza tan en boga en aquella época a las que nosotros llamábamos «litrillos». Nos vestíamos solemnemente para la ocasión con traje y pajarita. Íbamos a la tienda de Desirée, comprábamos los litros de cerveza cada uno y allí mismo empezábamos con el cachondeo. Recuerdo sacar en hombros a Carlos, el dueño. Luego íbamos al parque. Se trataba de ver quién bebía más, el reto era beber al menos uno más y batir su propio récord del año anterior. Teníamos hasta himno, una canción que hizo un amigo de mi hermano Fernando al que llamábamos El Artis con la música de Carmen de Bizet, que decía: «Si Dios hizo Coca-Cola del mar, dame alas para no nadar, váyanse los americanos con su Coca-Cola para mamonas y dame un litrillo ahora que es lo que mola». Esto lo estuvimos haciendo incluso con Hombres G en marcha, en la época que salió el disco y antes de empezar a ser famosos del todo, cuando ya iba mucha gente al Rowland a ver quiénes éramos.

DAVID. Yo era de los que menos aguante tenía, no pasaba de cuatro litros, no podía más; Javi y Marcial eran esponjas, bebían nueve o diez. Pero aquello eran borracheras sanas, las clásicas de los adolescentes, nosotros no nos tirábamos días enteros sin dormir atiborrados de drogas ni nada de eso. Eran otros tiempos, muy duros para mucha gente de la movida con el caballo, tiempos de yonkis y gente que se perdió para siempre por culpa de la heroína, pero nosotros gracias a Dios siempre estuvimos lejos de todo eso. Porros sí, nosotros fumábamos, todo el mundo fumaba, pero éramos más de cocernos, íbamos a comprar bebidas, poníamos dinero y alguien se encargaba de ir al supermercado a comprar la ginebra. No te preguntaban la edad.

Éramos cerveceros por antonomasia, de vez en cuando algún calimocho, muchos de cubata, aunque a mí no me molaban tanto. Prefería la cerveza, que nos estimulaba la imaginación y a veces nos daba por hacer alguna que otra gamberrada. Nos pasábamos las tardes bebiendo cerveza y ligando con las niñas. Te dabas tus morreítos y nada más. El sexo real era imposible, eso era algo muy lejano, nada que ver con lo que es hoy en día.

Hacíamos algún que otro guateque con tocadiscos y nuestras bebidas, los primitivos cubatas de Larios o Gordons con Coca-Cola o Pepsi, calimochos y litrillos, se ponía música lenta para poder abrazar a la tía que te gustaba y si tenías suerte le dabas un besito. Eso ya no existe.

Tengo en mi memoria canciones lentas míticas de esa época, como Reunited, de Peaches & Herb, el Stay de Jackson Browne, o las dos baladas que versionamos luego en el primer disco. Éramos gente normal, feliz, y nunca perdimos nuestra esencia. El Parque era nuestro hábitat, nuestro mundo, nuestros amigos como Blas, Marcial o el resto de la peña y nuestras propias expresiones, todo eso está reflejado en nuestros discos y nuestras canciones. «Estamos locos... ¿o qué?» era una expresión que decía siempre que llegaba Fernando, un amigo mío de Sevilla. Otro amigo, Pedro Andrea, decía constantemente eso de «todo esto es muy extraño». «La cagaste... Burt Lancaster» era una expresión que yo decía todo el rato.

RAFA. *Recuerdo con mucho cariño y mucha gratitud a la gente del Parque, a Blas, a Marcial y al dueño del Rowland, Nano, para quien tendré siempre más que buenas palabras, un gran tío que me acogió en su casa un par de meses cuando yo estaba atravesando una situación personal difícil, lo cual te da una idea del grado de amistad y de humanidad que había en esa pandilla. El rollo allí era muy sano, lo que dice la canción de «las niñas más bonitas te vas a encontrar» era literal, y se escuchaba muy buena música.*

Pillábamos unos pedos de cerveza terribles. En 1985, el último mes de junio que pudimos disfrutar libres antes de empezar a girar sin parar, recuerdo que acabamos en una juerga tremenda en el local donde ensayábamos con unas amigas que teníamos de La Moraleja. Terminábamos allí, nos poníamos a tocar y hasta nos bañábamos en pelotas colándonos en la piscina de un chalet que había al lado. Eran fiestas desenfadadas y gamberradas casi siempre divertidas.

DANI. Del Día del Litrillo recuerdo que se lo tomaban muy en serio, Javi incluso se ponía pajarita. David y yo éramos más flojos, no éramos de los más borrachos, en el buen sentido de la palabra, ni mucho menos. Javi era el más cachondo y echao p'alante en todo, nosotros éramos más tranquilos. Justo enfrente del local que teníamos detrás de Torpedero Tucumán por Pío XII había una casa con piscina. Estábamos en el Rowland y cuando lo cerraban nos íbamos a seguir la juerga en el local. Como hacía calor e íbamos medio pedos, cruzábamos la calle, los más lanzados saltaban una verja y se ponían en pelotas a bañarse en la casa de enfrente. Recuerdo ver a David acojonado diciendo que se cortaran. Los vecinos amenazaron con llamar a la policía y hubo que salir corriendo de allí, algunos en pelotas, de regreso al local.

El Rowland llegó a convertirse en un termómetro de la popularidad creciente de los Hombres G. El runrún que se fue formando en la capital un año antes de grabar con Twins y su despegue definitivo en 1985 se notaba en el aforo que se daba cita en la avenida de Baviera, sobre todo en los meses de buen tiempo en los que el público podía arremolinarse en la calle, en la puerta del local. Se dejaba sentir en la cantidad y el tipo de personas: la proporción de chicas/chicos se disparó a favor de las primeras, que querían conocer *in situ* el refugio de ocio de los Hombres G.

RAFA. Nos dimos cuenta, sobre todo por las chicas, de que nos empezaban a conocer gracias a la radio y el boca a boca. Esto fue algo que notamos en los conciertos y la gente también empezó a darse cuenta: teníamos un gran poder de convocatoria y de tías guapas, además. Nuestros amigos de Los Nikis decían que flipaban con la cantidad de tías buenas que se veían. Emilio, el cantante, decía que las tías más guapas estaban en los conciertos de Hombres G. En el Rowland era más evidente. En el Parque de las Avenidas había además muchas chicas muy monas, bien vestidas y bien arregladas. En la primavera y verano del 85 empezó a ser alucinante, pero en 1986 era fácil encontrarse en la calle con unas trescientas personas de botellón cuando antes no habría más de treinta, y el interior del Rowland estaba petado.

DANI. Al Rowland llegó un momento que llegaba gente de todos lados solo por conocernos. Cuando empezamos a tener cierta fama nos daba también por subir a la sierra toda la pandilla. Los padres de Javi ya casi no iban, así que tenía la casa para él y su hermano Ferdi. Allí nos juntábamos toda la gente del Parque: Blas, Marcial, mis hermanos Charly y Pablito y el resto de la peña. Lo pasábamos genial.

DAVID. En el Parque estábamos más tranquilos. El Rowland era nuestra guarida, pero llegó un momento que no cabía un alfiler ni dentro ni fuera. Cuando nos hicimos famosos, sobre todo a partir del 86, se ponía a reventar, pero era donde mejor estábamos, porque ahí estaba nuestra gente.

Nosotros no podíamos salir del Parque, íbamos a un Vips y se liaba. Me acuerdo por ejemplo en un concierto de Los 40 en Pachá. Salimos con una legión de chicas detrás del coche que me daba miedo parar.

Rock-Ola lo recuerdo como una nube de humo inmensa en toda la sala. Estabas arriba viendo el concierto en la parte del anfiteatro, donde solía subirme a ver los conciertos, y apenas veías a veces de la humareda que había. Recuerdo de las primeras veces que vi a Depeche Mode, y todo el mundo fumando tabaco, porros y bebiendo cerveza en botellas de cristal. También estuvimos en conciertos punkis. El de los UK Subs fue el primero y nos colamos. Era de ese tipo de conciertos guarros de guerras de lapos. Cuando un tío le tocaba muchos los cojones al cantante, este agarraba el pie de micro y se lo estampaba en la cara. Eso sí era un zasca en toda la boca, pero literal.

JAVI. En el Parque nuestra vida era el Rowland. A Rock-Ola íbamos a los conciertos desde que nos dejaron pasar. Al principio estaba chungo con los porteros porque éramos menores de edad y teníamos mucha cara de críos. Luego empezaron a dejarnos pasar e íbamos a ver gente que conocíamos, como Los Nikis. Nosotros vivimos el rollo de los ochenta porque teníamos al lado esas salas y estábamos pendientes ya con dieciséis años. Me acuerdo de ver a Alaska y a Almodóvar vestido de chacha, a Depeche Mode, a Simple Minds. Había mucha libertad para hacer cosas en Rock-Ola. Hasta que nos llegó la oportunidad a nosotros y lo petamos.

ROCK-OLA

Su vida en el borde de la mayoría de edad eran los amigos, las risas empapadas de litrillos y un sueño por el que luchar justo en el momento de pasar del colegio a la universidad. Madrid bullía, los ochenta bullían, y Rock-Ola era el templo de la modernidad. Triunfar en Rock-Ola era completar la ecuación del efecto dominó y un pasaporte no se sabía exactamente adonde, pero un pasaporte en plena vorágine musical.

Sus actuaciones en la calle Padre Xifré, frente al edificio Torres Blancas, fueron de menos a más. Las primeras dos seguidas, el martes 20 y el miércoles 21 de septiembre de 1983; la tercera, el martes 8 de noviembre. Después, viendo su poder de convocatoria pasaron a un día mucho mejor: la cuarta tuvo lugar el viernes 9 de marzo de 1984. David hizo un repertorio de quince canciones en el que contemplaba tres bises: repetir *Venezia*, que cerraba el concierto, y a continuación el bis de *La cagaste... Burt Lancaster* y *Marta tiene un marcapasos.** Algo

---

* Repertorio del concierto de Hombres G en Rock-Ola el 9 de marzo de 1984: *Los Hombres G contra Goldfinger / Wendy / Marta tiene un*

empezaba a destacar en los conciertos de Hombres G: llena-
ban la sala a tope y había muchas chicas, muchísimas. Un grupo con la capacidad de arrastrar tanto público femenino no
podía pasar inadvertido.

DAVID. *Rock-Ola era una referencia, tocar en Rock-Ola era el no
va más, te daba mucha visibilidad y mucha reputación en Madrid,
pero aparte de eso para nosotros era la fiesta con los amigos, el
guateque, así lo afrontábamos. Echamos mano de amigos y dimos
mucho el coñazo para que nos dejaran tocar. Hablamos con Pepo
Perandones. Él y Lorenzo Rodríguez, un tío enorme, de dos metros, manejaban todo el cotarro. Creo que Lorenzo, que es encanta-
dor, era perfecto para llevar el Rock-Ola: si alguien se ponía tonto
le soltaba una hostia que volaba.*

*En la puerta estaba un tal Pepe, que daba miedo el tío. Ca-
sualmente coincidimos con él años después en una gira por América porque andaba de road manager de los Ilegales. Al final, tras
dar mucho el coñazo, nos dieron un martes y un miércoles para
tocar con la promesa de pagarnos veinte mil pesetas si llevábamos gente. No era el mejor día, pero estábamos dispuestos a demostrar que podíamos.*

*Avisamos a todos nuestros amigos del Parque, del Menesia-
no, del Santa Cristina, de la sierra, de la facultad, de donde fuera. Yo me curraba bien los carteles con un dibujo, hacíamos foto-
copias del original y las pegábamos por el barrio, por el Rowland,
por el colegio, por las facultades, por todos lados. Los dueños se
sorprendieron mucho, porque era gente diferente de la que ellos*

---

marcapasos / He recuperado mi cabello / El ataque de las chicas cocodrilo /
Me pican los zombies / Milagro en el Congo / Devuélveme a mi chica / Toma-
sa me persigue / La cagaste... Burt Lancaster / Cáncer gay / Lawrence de
Arabia / El ambientador / Nancy / Venezia / Bis Venezia / Bis La cagaste...
Burt Lancaster / Bis Marta tiene un marcapasos.

estaban acostumbrados a ver por allí. Sobre todo les llamaba la atención que traíamos muchas niñas monas. Recuerdo asomarme desde el camerino y decirle a estos: «Oye, hay un montón de tías buenas que no conocemos de nada». Estábamos acostumbrados a ver a nuestros amigos borrachos [risas].

En esa época tocábamos la canción original de James Bond como intro, nos ayudaba a probar sonido para ver si todo sonaba bien. En la parte final, cuando tocábamos Venezia, se dejaban caer desde arriba un montón de globos que habíamos inflado durante toda la tarde con ayuda de nuestros hermanos y amigos. Tiraban confeti, repartíamos caramelos, muñecos de goma entre la gente y el local se quedaba hecho una mierda. Pero daba resultado, todo el mundo iba a vernos.

Cuando fuimos un poco más conocidos en Madrid, y viendo que traíamos gente, nos «ascendieron» a tocar un viernes y ahí sí se lo acabamos de reventar de público. El segundo martes que tocamos y el viernes nos dieron sesenta mil pesetas, una fortuna entonces para nosotros. Aquello fue un chute de moral para seguir adelante en busca de nuestro sueño de poder grabar un disco completo.

RAFA. Era un local muy oscuro y de un ambiente de lo más variopinto. Había punkis, rockers, mods, tecnos... Veías a la gente de Alaska y los Pegamoides, a Almodóvar y McNamara, Nacha Pop, Siniestro Total, Los Nikis, de todo. El aforo no tenía tope, si se supone que cabían setecientas personas, no era nada raro que se metieran mil en algunos conciertos, todos ahí apretados sin poder moverse, fumando sin parar canutos y cigarros.

Eso sí, tenían una cámara de vídeo para poder ver desde la barra del bar en una pantalla cuándo se llenaba del todo. En Rock-Ola tocamos varias veces y luego nos íbamos de copas con amiguetes de otros grupos. No tocamos más allí porque lo cerraron para siempre. Había protestas de los vecinos por las bullas que se formaban cuando se juntaba un mogollón de gente a beber antes y después de los conciertos. Los vecinos estaban muy quemados. La gota que colmó el vaso fue aquella pelea en la que mataron a un tío de un navajazo, ahí se acabó todo.

JAVI. Desde el punto de vista de nuestra evolución como grupo, Rock-Ola fue importante. Gracias a eso Paco Martín empezó a saber de nosotros y sería clave en todo lo que pasó después. Más allá de eso, como jóvenes locos, borrachos y gamberros que éramos, Rock-Ola nos hizo pasar grandes momentos. Solíamos ir cuando era la fiesta de algún colegio de niñas o de alguna facultad, porque lo alquilaban para eso. Como ya nos conocían, nos daba por liarla en mitad de la fiesta, nos dejaban instrumentos y nos poníamos a tocar de manera improvisada, vamos, lo que en México dicen «echarse un palomazo». Algunos amigos se nos unían y subían al escenario a cantar con nosotros con un pedo considerable. ¡Qué noches las de aquellos días!

DANI. Era curioso, porque las primeras veces que yo fui a Rock-Ola me tenía que colar, porque era menor de edad. Allí tocábamos muy bien, éramos los Hombres G, aunque se nos notaba un poco todavía el ramalazo punk. Javi tenía la costumbre de abrir una botella de champán cuando le tocaba cantar. A veces la abría a la primera y otras se le resistía y la gente acababa descojonándose.

Recuerdo cuando toqué con el uniforme del colegio con Madrid Capital porque era por la mañana y tuve que hacer pellas. Lorenzo Rodríguez, el director, estaba feliz con nosotros. Nos llamó para que repitiéramos, le molaba ver llena la sala de tías buenas, estaba un poco harto de tanto macarra.

En Rock-Ola conocimos a Paco Trinidad. Solía ir a muchos conciertos y los grababa. El día que lo conocimos vino al camerino, estuvimos charlando un poco. Esa fue la primera vez que se cruzó en nuestro camino. Más tarde produciría nuestro primer disco.

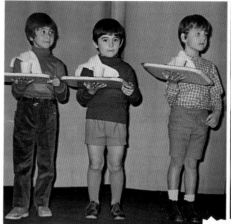

Arriba, David Summers
en su época de párvulos y
el día de su primera comunión.

Derecha, Rafa junto a su
hermano mayor Felipe, quien
fue bajista de Tequila.

Abajo, Javi Molina junto
a Dani Mezquita y el hermano
de este, Charly, en su infancia
en Moralzarzal.

Rafa en la época de Plástico con Emilio Estecha (bajo) y Toti Árboles (batería).

Cartel anunciador de uno de los típicos «conciertos guarros» de grupos punkis en el que participaron Los Residuos, el primer grupo de David Summers y Javi Molina.

FESTIVAL ROCK

29 de marzo a las 16,00 horas

ACTUAN

Qüik	Exedra
Crisis	Alcohol etílico
Noé	Los Negativos
Rostros	Scooters
Residuos	Los Neuróticos

Grupo Invitado

Acido

Colegio La Salle (Cardenal Herrera Oria, 242)
AUTOBUSES 83-124-EXPREX-67
Servicio de Bar
PRECIO - 150 ptas.

David Summers en 1982 tocando la batería en el local del Legionario, en Ascao, cuando junto a Javi Molina y Dani Mezquita formaban La Burguesía Revolucionaria antes de conocer a Rafa Gutiérrez. Obsérvese la rudimentaria insonorización con las famosas cajas de huevos.

Javi en los años ochenta con unos amigos del Parque de las Avenidas a las puertas del Rowland, su «segunda casa», el famoso local de *Visite nuestro bar*. Abajo, Javi, Dani y Marcial López.

La primera sesión fotográfica de sus vidas para un disco.
Fue realizada por Eduardo Mesonero a raíz del contrato
que firmaron con Lollipop y tuvo lugar en la primavera
de 1983 en los bajos de Azca, junto a El Corte Inglés de
Castellana. Las fotos de interior se tomaron en el Burger
King de la calle Orense.

Los dos primeros singles. La portada y la contraportada tienen el halo cinematográfico presente desde un principio en sus discos. Los gángsteres que aparecen en ambas evocan la película *G-Men*, de James Cagney, de donde David Summers tomó el nombre para el grupo.

Invitación para la primera actuación de Hombres G en Rock-Ola el 20 y 21 de septiembre de 1983.

Cartel anunciador del concierto del viernes 9 de marzo de 1984 y una imagen del mismo.

En el pub Tabas, David y Rafa en pleno concierto. Abajo, Dani junto a Javi, quien estira bromeando los labios de David para dibujarle una sonrisa.

Invitaciones para las actuaciones de Hombres G en el pub Bwana y en la sala Imperio; este concierto ha sido el único en toda la historia del grupo en el que no estuvo presente David Summers.

Invitación y una imagen del concierto de Autopista, el más caótico de la historia de la banda y el que cambió sus vidas.

AUTOPISTA
Sala de Conciertos & Disco
Centro Comercial Madrid-2, LA VAGUADA
Av. Monforte de Lemos s/n 28029 MADRID

Viernes 19 de Octubre
10:30 noche
en directo

INVITACIÓN

HOMBRES G

Dibujo: JESÚS MORENO

Válida para dos personas

◆ ◆ ◆ ◆ ◆ ◆ ◆ ◆ ◆ ◆

1981	NOTAS	
	TOTAL RECAUDADO POR LOS HOMBRES G	
RK-OL	SEPT 20-21-1983 · ·	20.000
RK-OL	NOV 8 - 1983 · ·	60.000
BW	FEB 8-9-10 1984 ·	75.000
IMP	FEB 25 1984 · ·	25.000
RK-OL	MAR 9 1984 · ·	60.000
AUT	OCT 19 1984 · ·	33.000
		273.000

Apunte en la agenda de Dani donde se puede apreciar la complicada economía del grupo antes de dar el salto a la fama. Junto a las fechas de los conciertos en Rock-Ola, Bwana, Imperio y Autopista está la cantidad cobrada en pesetas.

El concierto de aquel viernes fue un éxito. Había gente que luego nos enteramos que alucinaba con nosotros, como Ricardo Chirinos, el de Pistones, que fue otro de los que le dio referencias a Paco Martín. No volvimos a tocar en Rock-Ola porque lo cerraron. Me acuerdo del día que mataron al chaval en la puerta. Yo estaba por allí de marcha con Javi y algún amigo más. Había un ambiente muy raro, estaba lleno de rockers y cuando salimos me crucé con el periodista Diego Manrique, nos hicimos un gesto como diciendo: «¡Chungo!». Afuera estaba lleno de mods. Decidimos irnos al Parque porque se presentía un rollo pesado y, efectivamente, al día siguiente nos enteramos de que habían matado a un chaval.

TOCAR, TOCAR Y TOCAR

El objetivo era tocar, tocar y tocar. Cuando salieron los bolos de Rock-Ola Manuel Summers les hizo un pequeño préstamo de ciento cincuenta mil pesetas para que pudieran tener tres amplificadores en condiciones, uno para David, otro para Rafa y otro para Dani. Eran pequeñas conquistas que sumaban poco a poco. La mejor escuela era el escenario, así que había que seguir echando mano de las relaciones y las amistades para lograr pequeños contratos en diferentes locales de Madrid.

DAVID. Mi padre se tiró el rollo con lo de los amplificadores. Recuerdo que yo me compré un Peavey TKO 80. Rafa se hizo con otro Peavey Bandit, era una marca que estaba de moda en esos momentos, y Dani un Talmus. Lo que teníamos antes de eso era lo que se llamaba un juego de voces, que era una especie de amplificador con dos bafles grandes que tenía entradas de micro, algo que se usaba normalmente en los congresos para que la gente hablara. Nosotros lo que hacíamos era enchufar ahí las guitarras y aquello era un desastre, necesitábamos amplis para las guitarras y para el bajo.

Eso fue lo que mi padre nos subvencionó con la promesa de que el primer dinero que ganáramos iba a ser para devolverle el préstamo, y se lo devolvimos. Las veces que tocamos entre 1983 y 1984 nos ayudaron cuando llegó la oportunidad de hacer el primer disco.

A la hora de elegir las canciones realmente no sabíamos cuáles eran buenas y cuáles eran malas. Las elegíamos por mi propia intuición, los chicos confiaron mucho en mí en este sentido. Entonces todas las canciones eran desconocidas menos las dos o tres de los singles de Lollipop. En el Rock-Ola la gente enloqueció con Devuélveme a mi chica. Deduje rápidamente que era especial y fue subiendo puestos en nuestro repertorio. Paco Martín alucinaba, decía que era la hostia y nos convencimos de que debía ser el single.

Ahora es fácil. Con la experiencia sabemos, o creemos saber, las canciones que pueden molar y las que pueden quedar bien en la radio, pero en aquel momento no. Tocábamos donde nos dejaban aunque no nos pagaran o nos pagaran una mierda, porque éramos una mierda, pero nos servía de mucho, y ese es el consejo que le doy a los chavales jóvenes, que toquen y toquen. Tocando en directo se aprende a tocar.

DANI. Tengo el recuerdo de Manolo Summers firmando las letras para pagar nuestros amplis y luego efectivamente se lo devolvimos. Esos conciertos nos servían muchísimo para aprender a tocar cada vez mejor y para darnos cuenta de cómo se comportaba el público con las canciones. Veíamos que temas como Venezia o Marta tiene un marcapasos le molaban a la gente, y ahí nos dimos cuenta del potencial de Sufre mamón. La gente nos la pedía: «Tocar otra vez la de los pica-pica», decían. Entonces David la solía tener como una canción más en mitad del repertorio.

De aquella época hasta que ya llegamos al Astoria en 1985 recuerdo garitos de Madrid como el Bwana, el Tabas, la sala Im-

perio y el de Brihuega en Guadalajara. En la sala Imperio de Carabanchel se dio una circunstancia curiosa: es la única vez en toda la historia del grupo que hemos hecho un bolo sin David, un concierto que fue un desastre, por cierto, porque tenían un equipo de sonido malísimo. Rafa había cerrado el concierto. Fue el 25 de febrero de 1984, lo sé porque lo tengo anotado en la agenda incluso con lo que nos pagaron ese día, veinticinco mil pesetas. David tenía que irse a Huelva y no lo podía cambiar, así que lo hicimos nosotros y cantamos entre los tres.

JAVI. A nosotros los bolos nos salían porque nos buscábamos la vida nosotros mismos. Rafa llegaba un día y nos contaba que tenía un amiguete dueño de un bar en Guadalajara, en Brihuega, que nos dejaba tocar ahí. Eso creo que fue ya cuando empezamos a despegar, me parece que teníamos el disco grabado y estábamos preparándonos para la primera gira que haríamos ese verano. Entonces íbamos con los trastos, los montábamos nosotros mismos, hacíamos nuestro bolo y casi siempre donde íbamos se llenaba de gente porque la mayoría de las veces arrastrábamos a todos nuestros amigos a vernos.

RAFA. Tocábamos muy esporádicamente, nunca sabíamos cuál iba a ser el último concierto. No es como lo que vino después, que actuar era lo normal. En esa época tocar era una fiesta, un día especial. Tocabas un día en un sitio, de pronto al mes siguiente en otro sitio, nunca sabías si una de esas iba a ser la última porque normalmente no ganábamos un duro con eso y perdíamos mucha pasta. Los taxis que necesitábamos para llevar los equipos a los sitios valían un huevo, y estamos hablando de cuatro tíos que no tenían un puto duro.

Yo echaba mucha mano de mis amistades para conseguir esos bolos, incluso con el disco ya grabado, como pasó en Brihuega y en el Bwana. Tabas fue antes. Era un pub por Diego de León, estaba cerca del Dalt Vila, donde yo pinchaba. Frecuentaba mu-

cho esa zona y me movía mucho por ahí. Creo recordar que el
novio de Eva Dalda era el dueño. Entonces ya teníamos los sin-
gles. Mi hermano Felipe nos fue a ver y le habló de nosotros a
Pedro Caballero, que era el que llevaba a Elkin y Nelson, quien
más tarde sería nuestro mánager. Le dijo que habíamos hecho un
grupillo que molaba y que fuera a vernos. Él fue a uno de los con-
ciertos que hacíamos por entonces en el Tabas. Se dio cuenta de
que petábamos el sitio y que en el aforo había gran cantidad
de tías buenísimas y que además se notaba que era gente con
poder adquisitivo, porque el Tabas era de ambiente más bien pijo.
Eso le llamó mucho la atención y fue también una de las claves
que desembocaron en nuestro fichaje posterior por Twins. Él le
dijo a Paco que debía ir a vernos, que estábamos verdes todavía
y no éramos muy buenos, pero que metíamos a un mogollón de
gente, todos ellos potenciales compradores de discos.

Sí Bwana, son los Iron Maiden

Uno de estos locales testigos de aquellos comienzos fue la
sala Bwana, en la calle Arturo Soria, que después pasó a lla-
marse Fresas y Nata, donde tocaron en febrero de 1984. El
local abría temprano, pero sus actuaciones eran a una hora
muy tardía, cerca de las dos de la madrugada, y solían acudir
algunos de sus amigos a animar el cotarro porque el resto del
público era muy raro para un grupo de estas características.
La mayoría era gente madura, ejecutivos que llevaban a sus
ligues. Un escenario inaudito para un encuentro inaudito, el
del naciente grupo español Hombres G con la banda británica de heavy metal Iron Maiden, ya por entonces una veterana y exitosa formación de rock duro desde su fundación
en 1975 por el bajista Steve Harris. Los Iron Maiden se presentaron en Bwana de la mano del locutor de radio Paco Pérez Bryan, compañero sentimental de Luz Casal y conductor

de *El búho musical*, uno de los más célebres espacios radiofónicos dedicados al rock, donde ellos habían estado aquella noche en una entrevista.

DANI. Me tenía que escapar porque al día siguiente tenía clase y mi padre no me dejaba salir. Nosotros tocábamos pasada la una de la mañana y mi padre decía que ni de coña me iba a ir yo a esas horas. Entonces esperaba a que se durmiera todo el mundo, cogía la guitarra y el coche y me iba. Volvía a las tres sin que nadie se enterase y a las siete de la mañana me levantaba para ir a la facultad. Por entonces era el único que tenía carnet, me lo saqué en diciembre del 83. Lo de los Iron Maiden fue algo completamente surrealista, si entonces hubiera existido YouTube aquel vídeo lo habría petado.

RAFA. Lo del Bwana salió por mi amistad con el dueño. Si te fijas en un mapa, todos los sitios estaban en la misma zona, conocíamos a toda la gente del ambiente. Por ejemplo, yo podía ir andando en línea recta de mi casa al local de ensayo de Elkin y Nelson, a la Isla de Gabi, y acabar en el Bwana. Aquel día fue alucinante. En mitad de la actuación nos dimos cuenta de que había cinco tipos ataviados con ropa heavy metal en la barra, observándonos con atención. No pegaban en ese ambiente ni con cola, los mirabas y te acojonabas, parecía que te miraban desafiantes, nos costaba concentrarnos. Lo primero que pensé fue que eran unos heavies que habían ido a tocarnos las pelotas y que seguro que se liaba alguna pelea en cuanto acabásemos.

DAVID. El día de los Iron Maiden aquello fue surrealista, hace poco lo recordé con Paco Pérez Bryan. Nosotros estábamos siempre de cachondeo, tocábamos para divertirnos. Javi siempre ha sido el más cachondo y lo sigue siendo. No era raro que usáramos pelucas o cualquier ocurrencia en el escenario. Aquel día, sin embargo, eso casi nos cuesta una bronca, pensé que al acabar y tener que pasar por delante de ellos se iba a armar. Al final todos soltamos un suspiro de alivio. ¿Quién coño iba a sospechar que los Iron Maiden estuvieran en un sitio como ese viéndonos a nosotros, que hacíamos una música que está en las antípodas de lo que tú piensas que les puede molar a esos tíos? Pues sí, Bwana, eran los Iron Maiden, decía Javi. Lo mejor de aquellas noches es que salió un dinerillo que nos permitió comprar una buena batería. Ya teníamos amplificadores gracias al préstamo que nos hizo mi padre cuando nos salió la primera oportunidad en Rock-Ola, pero no batería. Creo recordar que nos daban veinticinco mil pelas por noche.

JAVI. Al principio ensayábamos sin batería porque no teníamos, ni siquiera baquetas. Cuando íbamos a una casa a ensayar yo daba palmas en los muslos o en el sofá. Tocaba con una mezcla que iba haciendo de diferentes piezas que me dejaban varios amigos y conocidos del Parque, y con eso iba formando un set con cada pieza de su padre y de su madre, hasta que con la pasta que ganamos en el Bwana compramos nuestra propia batería, a la que llamé Angelines. Antes de esa yo había comprado una batería que me había costado diecinueve mil pesetas que ahora es una joya, una reliquia, la tengo todavía, pero aquello no me valía para tocar, estaba muy vieja y muy rota.

Les propuse a estos que me prestaran lo que nos pagaran para tener una batería para el grupo como Dios manda que costaba como cien mil pelas. Con esa batería hice luego la primera gira entera. No sonaba mal, pero tampoco era nada del otro mundo, una coreana de una marca que luego me he metido en internet y ni la encontraba.

Rafa hizo la conexión para tocar en el Bwana entre semana con un ambiente muy raro de ejecutivos con acompañantes. Aquella noche yo me iba cambiando de pelucas según la canción que tocábamos. Tenía una rubia lacia que era igualita al pelo de ellos, me la puse y empecé a imitarlos hasta que llegó un gorila de seguridad y me agarró porque se pensaba que nos estábamos burlando y que le estaba vacilando.

Hasta que nos dimos cuenta de quiénes eran y todo se aclaró, la verdad es que yo también pensé que la íbamos a liar. Luego nada, nos los presentaron y hasta estuvimos tomando una copa con ellos.

En esa época no éramos nada todavía, nadie nos conocía. Creo recordar que aquella noche estaba también Vicente Romero, el Mariskal, de quien nos hicimos muy amiguetes, nos tomábamos las cañas en el barrio. Era un apasionado de los grupos de heavy metal y tenía amistad con la mayoría. Un día me paró por la avenida Bruselas, iba yo con la moto. Me dijo que me quitase el casco, me lo quito y empieza a gesticular diciendo: «¡Lo tengo, lo tengo, una fusión entre Sangre Azul y Hombres G, un concierto los dos juntos pero fusionados!». Imagínate semejante locura de mezclar a aquellos heavies con nosotros.

5

Autopista
a la gloria

Con lo bien que estaba yo en Madrid,
con mi zumo de piña y mi casita gris,
mi chalecito en Navacerrada,
todo el tiempo libre, nunca hay que hacer nada.

DAVID SUMMERS,
Nassau

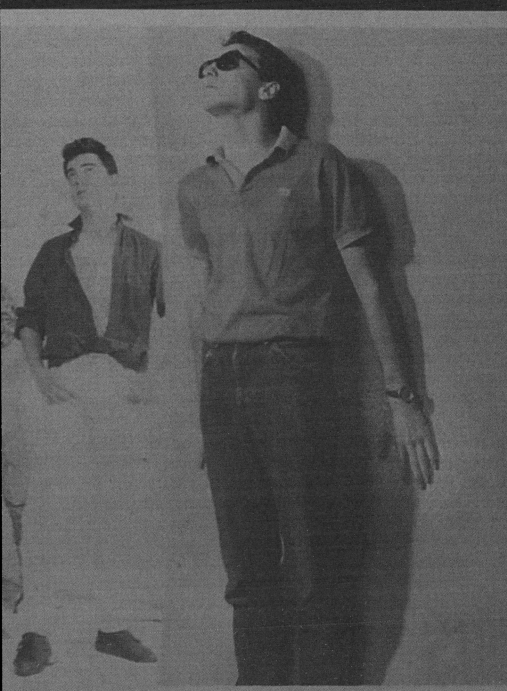

En la doble página anterior: primera tarjeta promocional tipo postal de Hombres G editada por Twins, sello que los fichó tras el caótico concierto de Autopista. En el reverso aparecía la carátula del primer álbum.

La radio y los conciertos permitieron al grupo seguir tejiendo relaciones, conocer gente de la industria. En términos futbolísticos, estar pisando área, como diría Dani de su admirado Santillana o Rafa del «Niño» Torres. Cuando el balón está en el área es más probable marcar un gol, aunque todos los intentos de remate que hicieron a la portería de las multinacionales con su nueva maqueta en la mano salieron desviados hacia la papelera, los detuvo el portero, de recepción se entiende, o, como fue el caso de WEA, dieron en el larguero del «muy gracioso, pero no tenemos presupuesto». Solo Producciones Twins apostó por sus canciones después del más caótico concierto de sus vidas. Fue gol de oro en el último minuto de la prórroga.

«MIS CANCIONES ERAN MIS TELEGRAMAS»

David Summers no paraba de componer en su casa de la calle Piquer, cerca de Arturo Soria, donde vivía con su hermano Manolín y con su padre y donde recibía a los otros miembros de la banda y al resto de los amigos, muchos de ellos fascinados con el despacho de Summers, el espacio donde se concentraba para dibujar las viñetas que mandaba a *ABC*. En aquella estancia, el genial y recordado humorista tenía un maniquí vestido de torero, un coche de choque, caballitos y juguetes.

En su cuarto, David tenía su guitarra, una televisión, un tocadiscos, cientos de películas y de discos. Allí daba rienda suelta a su inspiración y a finales de 1984 tenía canciones de sobra como para hacer tres elepés. Siguiendo los consejos de su padre, fue alternando fantasías de tinte surrealista con guiños a personajes ligados al mundo del cine con vivencias propias y cosas cercanas. Eran canciones que con el tiempo pasarían a ser parte de la banda sonora de millones de personas.

DAVID. Uno de los motivos originales que me llevaron a componer es que no sabía ligar. Era tan tímido que la música era mi mejor intermediario para que yo no tuviera que entrarles y fueran ellas las que me entraran a mí. No me gustaba bailar ni estar en las discotecas detrás de las niñas para que bailasen conmigo. Es uno de los matices de esa especie de autorretrato de adolescencia que hice en Dejad que las niñas se acerquen a mí.

No siempre que componía una letra aludía necesariamente a lo que sentía en ese momento, pero sí acudía a mis recuerdos recientes si lo que quería expresar no lo estaba sintiendo en ese instante. Esto empezó a suceder sobre todo a raíz de nuestro despegue. Desde entonces empecé a usar a personas de confianza para que me sirvieran de test conforme las iba componiendo. Con la presión indirecta de tener que responder a unas expectativas quieres hacerlo bien para poderte mantener. Se las cantaba a mi novia, y si ella me decía que le gustaba muchísimo empezaba a confiar en la canción, pero si me hacía un gesto raro la canción se me iba para abajo.

He sido capaz de hacer temas de desamor aun estando felizmente casado. Me ponía en el lugar, como si me ocurriera a mí. Es como ponerte en la piel de un personaje para escribir, porque si no siempre escribirías lo mismo. Si realmente cuentas solo tu propia vida puede ser muy aburrido, hay que hablar también de lo que observas.

Yo tuve desde el principio dos vertientes, dos personalidades. Ahora en los discos prevalece mi vertiente romántica, letras más serias, en el escenario no puedo correr y tirarme por el suelo tanto como antes, pero seguimos tocando los temas más cachondos. Pienso que creamos escuela en ese sentido. Llegó un momento en que aparecieron demasiados grupos queriendo hacer música de coña y de humor y a mí me empezó a fastidiar. Había tantas réplicas que podía parecer que nosotros mismos estábamos dentro de una corriente musical. Eso nunca nos gustó, no queríamos encasillarnos en ninguna ni abanderar ningún movimiento, queríamos ir por libre, ser distintos, y nos jodía que hubiera grupos que se parecieran a nosotros porque nosotros no queríamos parecernos a ellos, por eso combinábamos canciones románticas y bonitas con otras de cachondeo.

JAVI. A David se le veía desde el colegio que tenía talento para componer. Esas letras inverosímiles solo se le ocurrían a él. Tenía una imaginación tremenda, en el colegio pasaba redacciones a la gente de cosas que escribía y las leían como si fueran propias. Me acuerdo por ejemplo con Johnny, otro loco por la música amigo nuestro del Parque. Le pasó una que se titulaba La carcoma, una cosa surrealista al estilo de Marta tiene un marcapasos. Tenía una imaginación que alucinabas.

Las canciones eran la manera de dirigirnos a las tías, por eso le pedí que me hiciera No te puedo besar cuando estaba saliendo con Matilde, para cantársela. Yo estaba muy enamorado, hubo una época en que todos los fines de semana me escapaba a la sierra para verla. Entre semana no podía, ella era de otro barrio, solo podía llamarla por teléfono. Matilde era prima de Antonio Vega, llegué a jugar al escondite con Antonio por andar con esta chica.

Metimos la canción en el primer disco, probé varias voces para cantarla, incluso una desgarrada al estilo de los baladistas italianos, pero al final salió la que todo el mundo conoce en la que David hizo los coros. Es una canción muy especial para mí,

habla de lo que eran las relaciones en esos tiempos, cuando de-
pendíamos del teléfono fijo. A la peña de hoy, que no concibe un
mundo sin móvil, le costará imaginar que entonces teníamos que
esperar hasta la hora de comer para poder hablar con las niñas
porque sabíamos que a esas horas estaban en casa.

De eso también se habla en Vuelve a mí, *de esperar a la no-*
che al llegar a casa, a lo que se refiere igualmente Hace un año.
El resto del tiempo estábamos incomunicados, aunque no sé si era
peor eso o la esclavitud adictiva de hoy con los móviles.

DAVID. Lo que yo hacía entonces es lo que hoy hace mucha gente
usando las redes sociales para lanzar indirectas. Un par de palabras *es un ejemplo, fruto de una vez que nos enfadamos mi novia*
y yo y a ella le dio por no querer ponerse al teléfono, igual que
ahora te tienen bloqueado si te mosqueas. Yo me cabreé y le vine
a decir que si no me quería escuchar en el teléfono tendría por
huevos que escucharme por la radio en una canción, porque ya
entonces sonábamos mucho en las radios comerciales, y así, por
la radio, le dije que la quería. Era mi manera de comunicarme,
mis canciones siempre han sido mis telegramas.

MACU SE FUE CON UN NIÑO PIJO

Para entender muchas de las canciones de desamor de esa
primera época hay que conocer la historia de Inmaculada,
alumna del colegio Mater Inmaculata, a la que todo el mundo llamaba Macu, un amor adolescente de David Summers
en el Parque de las Avenidas. Un romance que desembocó en
un gran desengaño amoroso que hizo mella en su corazón y
avivó la llama de su inspiración.

El despecho por Macu sería una fuente inagotable a la
que acudir guitarra y boli en mano durante mucho tiempo.
Ella se imaginaba un novio más formal, parafraseando el cé-

lebre *Ritmo del garaje* de Loquillo, y a cambio tenía un novio punk con una chupa de cuero, chapitas, pantalones rotos, pelos de punta, un grupito irreverente que rendía culto a los gargajos y unos «zapatos de Frankenstein», según su propia terminología, que le hacían parecer un drogadicto.

Macu y David eran el agua y el aceite. Al final, ella se fue con un niño pijo provocando una profunda herida y varias canciones eternas, entre ellas la emblemática por antonomasia, uno de esos fenómenos curiosos en los que el calado social de la canción provoca que el público la rebautice, una especie de metonimia musical: *Sufre mamón* es *Devuélveme a mi chica*, o *Devuélveme a mi chica* es *Sufre mamón*.

DAVID. Éramos unos críos, yo tenía dieciséis años y ella quince. Fue la primera vez que me enamoré. Era la época en la que nos pasábamos todo el rato en el parque junto a la M-30 porque éramos menores y no nos dejaban entrar a ningún garito. Ahí nos encontrábamos con las niñas, porque los colegios no eran mixtos. En ese ambiente conocí a Macu y empecé a salir con ella, pero como su padre me odiaba no la dejaba salir y apenas podíamos hablar por teléfono. Solo la podía ver en el momento que ella decía que iba a misa, salía unos cuarenta minutos y la veía un rato, y tenía que salir otra vez zumbando para que no me viera el padre. Esto me inspiró para hacer más tarde la canción de La madre de Ana.

Pronto empezamos a ser incompatibles, yo me iba haciendo cada vez más punk y ella cada vez más pija, hasta que me dejó por otro tío pijín que era lo que le molaba a ella, y eso a mí me dolió de la hostia. Yo iba vestido muy raro y llevaba los pelos de punta. En 1979-1980 ser punk era más raro que ahora, entonces la gente no estaba tan acostumbrada y lo llevaba muy mal con su familia, que era el meollo de nuestros problemas.

Ella me dejó y nunca más volví a salir con ella. Cuando me hice famoso intentó un acercamiento para volver, incluso trató de robarme un beso, pero ahí ya no quise. Mi vida amorosa en

ese momento estaba encauzada en otra dirección, me había vuel-
to a enamorar y no quise saber nada. Supe que se casó con el
niño pijo y tuvo un montón de hijos. La tuve mucho tiempo de veci-
na, a tres calles de donde vivía antes. De todos modos, el recuer-
do de aquel despecho me acompañó bastante tiempo y me ayudó
cuando tuve que escribir canciones de desamor. Entonces recurría
a esos sentimientos, todavía relativamente recientes, para hablar
de desamor y sufrimiento.

Las canciones eran telegramas, y esta no era una excepción. John Lennon decía que las canciones había que escri-
birlas para una sola persona, hacerlas pensando en el mundo
global te podía volver loco. *Devuélveme a mi chica* era un
mensaje directo para el ladrón del Ford Fiesta blanco y el
jersey amarillo desde el escenario a la pista, pero sin el final
ficcionado que *Sufre mamón* le dio con aquella tremenda pelea de boxeo que Summers incluyó en el guion.

DAVID. La historia fue así, pero no acabó en aquella bronca cine-
matográfica. Ahí entendí a Lennon: si haces una canción para una
persona llegas a todo el mundo. Fue una venganza personal de
despecho estúpido y adolescente con la posición de empodera-
miento que me daban el micro y el escenario. Recuerdo que íba-
mos a dar uno de nuestros primeros conciertos en Rock-Ola y al-
guien me dijo que Macu iba a estar allí con el maromo pijo por el
que me dejó. Salí casi corriendo a encerrarme en mi habitación,
cogí la guitarra y escribí los primeros acordes. La hice para que
esta chica la oyera, para joderla, para que supiera lo que yo pen-
saba porque sabía que iba a ir. Compuse la canción aposta para
restregársela ese día, que la escuchase y se enterase la muy ca-
brona. Yo tenía un despecho terrible por lo que me hizo, no la
podía ver ni en pintura, y a él menos, así que la letra la hice para
cachondearme: sufre mamón, marica, retuércete entre polvos pi-
ca-pica, etc.

La escribí exclusivamente para aquel día, sin imaginar ni por un momento lo que sería después. Lo que menos pensaba yo al componer entonces era en el éxito comercial ni en nada parecido, ni se me pasaba por la cabeza. Yo lo único que quería era mandar a la mierda al tío que me había robado la novia y a ella también, y resultó que acabé haciendo el tema gracias al cual hemos llegado a ser todo lo que somos.

JAVI. *Cuando Macu salía con David yo tampoco le caía bien, nos llamaba cucarachas por la pinta y decía que yo arrastraba a David por el mal camino. Éramos la antítesis de todo lo que a ella le molaba. Peor le caía a un hermano suyo que se llamaba Andrés; me odiaba a muerte. Era un tío de extrema derecha de manual, un facha literal de los que surgieron cuando se empezó a usar la palabra «facha». A David le tocaba ir a misa para verla en San Juan Evangelista, y él se apostaba en el quiosco en la puerta de la iglesia. Cuando pasaba, el tío me miraba con cara de pocos amigos.*

Una vez lo pillé por banda en un bar y le metí una charla que lo dejé frito. No es que yo fuera rojo, nunca he sido ni rojo ni nada, pero le di la monserga con un libro que me había leído de José Antonio para tocarle los cojones y me quería matar, tuvieron que agarrarlo.

David estaba bien colado, en verano se fue solo hasta Fuengirola a verla. Cuando lo dejó, le dio tan fuerte que el mismo día que cortaron llegó a casa, tenía una foto que ella le había regalado en un marquito de esos de metacrilato, y ahí mismo la sacó y le pegó fuego en un cenicero llorando en su habitación como un descosido mientras ardía la foto. Estaba destrozado. En el fondo tenemos que agradecerle a Macu haber dado pie a canciones inmortales de los Hombres G.

DAVID. *Aquellos encuentros furtivos en la iglesia y el hecho de que no pudiera llamar a su casa porque no me podían ver ni en pintura es algo que está reflejado en varias canciones. La madre de*

Ana recuerda a los padres de Macu. Hace un año es otra canción que habla de mi despecho, la escribí para una canción que había hecho Dani. Si te fijas en la letra es tremenda, muy fuerte, la pongo a parir, yo la víctima y ella la serpiente. Cuando hablaba de las amigas focas que se reían al verme pasar me refería a sus amigas, que se pasaban la tarde cuchicheando y burlándose cada vez que me veían. Yo iba a buscarla y las amigas me señalaban como diciendo «mira el tonto este»... A mí eso me sacaba de quicio.

En aquella época pasaba algo curioso: las chicas más guapas siempre solían rodearse de una o dos amigas más feas y gorditas, parecía como un modo de protegerse ellas mismas. Cuando querías invitarlas a salir te decían que sí, pero se presentaban la primera vez con la típica amiga feíta. Eso me dio pie a otra canción. Cuando escribí la original No aguanto a tu prima *en realidad era «amiga» y no «prima», pero no quise ser tan directo para no tener problemas con mi novia por el hecho de que su amiga se diera por aludida. La canción original se llamaba* Me cago en tu amiga, *luego lo cambié por* Me cago en tu prima *y a la hora de grabarlo me pareció que sonaba feo y lo dejé en* No aguanto a tu prima.

«YA LES LLAMAREMOS»

La gasolina de Lollipop se acabó. No tenían capacidad ni recursos para grabarles un elepé y su credibilidad también había mermado al no haber reportado resultados de la comercialización de los dos discos sencillos. Había que tomar una decisión ante una nueva encrucijada y estaba clara: grabar una nueva maqueta de mayor calidad y llamar a la puerta de las grandes compañías a ver si de ese modo lograban convertir su sueño en realidad, como había sucedido nada más arrancar la década de los ochenta con Tequila en Zafiro, Mecano en CBS o Radio Futura, Alaska y los Pegamoides y Nacha Pop en Hispavox, una de las compañías que más apostaba por los grupos. La otra vía era intentarlo con una independiente, como hicieron sus amigos de Siniestro Total en noviembre de 1982 grabando con DRO *¿Cuándo se come aquí?* 1984 era para Hombres G el año del todo o nada.

DAVID. *No buscábamos la fama, nuestra mentalidad era la de tocar para divertirnos. Perseguíamos el sueño de grabar un álbum para enseñárselo a nuestros padres, familia y amigos, para que estuvieran orgullosos de nosotros. Llegó un momento en que teníamos claro que eso no lo íbamos a lograr con los Pajaritos, que era como llamábamos cariñosamente a los de Lollipop. Ellos apenas podían sacar mil copias de un single, las que sacamos nosotros; no tenían dinero para fabricar más. Era obvio que con ellos no iba a pasar nada.*

DANI. *Eran como intelectuales de la música; como empresarios eran más blanditos, no tenían la agresividad y la ambición que uno imagina en un ejecutivo de una compañía de discos. Además, nunca nos rindieron cuentas ni nos pagaron nada de royalties cuando supuestamente se vendieron todos los singles. Nos dijeron a las claras que no tenían pasta para hacer un disco de larga duración, así que no le dimos más vueltas y cuando surgió la oportunidad de la película de Jorge Grau decidimos invertir lo que pudieran pagarnos para hacernos una buena maqueta, bien currada, con un buen productor para moverla por las discográficas.*

DAVID. *Para grabar esa maqueta llamamos a Paco Trinidad, queríamos algo bien hecho. En esa maqueta había varias canciones que luego fueron parte de nuestro primer disco, estaba Devuélveme a mi chica, Venezia, Dejad que las niñas se acerquen a mí, No te puedo besar, Matar a Castro, Lawrence de Arabia, etc. La cosa vino porque mi padre era el productor y Jordi Grau el director de una película que se llamaba Muñecas de trapo. A Jordi le gustaba un rollo un poco punk para la banda sonora y quería un grupo que no fuera muy conocido. Nos contrató para hacer solo el tema principal de la película, que era el Adeste Fideles pero en versión punk. Había un presupuesto de la película para el estudio, para grabar la canción, y la misma tarde que grabamos el tema de la peli me llevé como unas nueve canciones y ahí mismo aprovechamos para grabarlas. Fue la primera maqueta de calidad que hicimos, infinitamente mejor de lo que habíamos hecho en casa de Los Funkcionarios.*

Maqueta en mano, David Summers, a veces solo, a veces acompañado por Paco Trinidad, otras por Dani, Rafa o Javi, se centró en la tarea de tocar puertas, aunque con muy poco éxito. Perseveraba, insistía, se pasaba el tiempo llamando por teléfono a las centralitas de las compañías. Cuando le daban muchas largas se presentaba directamente en las oficinas.

Las respuestas eran parecidas: «Déjalo aquí, y ya os avisamos» o «El lunes te digo algo». El lunes no llegaba nunca. Nadie les hizo caso, aunque bien que lo lamentaron después. José María Cámara, expresidente de BMG Ariola, compañía en la que trabajó con artistas como Joaquín Sabina, Camilo Sesto o Mecano, contó en el programa *El sitio de mi recreo* de Javi Nieves que uno de los mayores errores de su carrera había sido no saber ver el potencial de Hombres G.

JAVI. Fuimos a todas las multinacionales con nuestra cintilla y ni nos escuchaban, o nos mandaban a hacer puñetas. Decían: «¿Qué es esta mierda, un tío aquí que dice "sufre mamón"? ¿Qué es esta memez? ¿Qué coño es?». No nos hacían ni puñetero caso. Nos desilusionamos, pensábamos que no grabaríamos un disco como Dios manda en la puta vida y acabaríamos hartos de estar tocando en garitos.

DAVID. Recuerdo toda la ilusión que le eché, pero era frustrante. Me presentaba y decía que llevaba una maqueta a ver si alguien

la podía escuchar, pero no la escuchaban nunca los muy cabrones, había veces que la maqueta iba derecha de recepción a la
papelera. Me tocaba los huevos sobre todo cuando me decían
lo de «te digo algo el lunes». Siempre decían eso y el lunes no te
hacían ni puto caso tampoco, claro.

Una vez, en la CBS en la Castellana nos hicieron esperar diciendo que la iban a escuchar, y después de un buen rato esperando salió una asistente a comunicarnos que nos mandaban decir que ya nos dirían algo, el típico «ya les llamaremos», que no
nos podían recibir en ese momento. En CBS estaba Manolo Díaz,
un señor físicamente muy imponente, asturiano, creo que era director artístico de la compañía, aunque le nombraron enseguida
presidente. Tiene toda una carrera en la industria, llegó a ser
máxima autoridad de Sony en Europa.

Años después me lo encontré en un evento y me dijo que teníamos que haber fichado por una compañía grande. Le recordé
nuestro peregrinar frustrado y en particular este episodio del día
que nos tuvieron esperando en la Castellana: «Fuimos a la tuya y
nos mandaron a tomar por el culo». Me respondió que lo único
que me quería decir es que si hubiéramos fichado con ellos habríamos vendido el triple, y le contesté que eso ya nunca lo sabríamos.

DANI. En el único sitio donde por lo menos logramos una cita
para que nos recibieran fue en WEA, propiedad de Warner Music. Creo recordar que Daniela Bosé, que era nuestra amiga, tenía
un hermano o alguien que trabajaba allí y por eso logramos con-
certar la reunión. Llegamos al despacho, me acuerdo perfectamente de esa escena, era la típica reunión de discográfica.

En WEA nos recibió y nos rechazó la maqueta Álvaro de Torres, el mismo tío que luego fue el presidente de Warner Chappell.*

* Warner Chappell fue fundada en 1987, después de que Warner
Bros. Music comprase Chappell ese mismo año.

Entonces era el director artístico de WEA. Puso el single de Venezia y también la de Marta tiene un marcapasos. Al poco empezaron a comentar: «Muy gracioso, muy gracioso. Está muy cachondo esto de Venezia». Al final de la reunión nos dijeron que sí, que estaba muy gracioso pero que ellos se acababan de implicar en el proyecto de La Unión y que en ese momento no había presupuesto ni cabida para otro grupo, que tal vez más adelante, o sea que no. En esa reunión estábamos David, Javi, Paco Trinidad y yo; creo que Rafa no estaba ese día.

Los chicos de Ciencias de la Información

En septiembre de 1983, Dani y Javi se matricularon en la facultad de Ciencias de la Información de Madrid. De las tres ramas opcionales que ofrecía la universidad, Periodismo, Imagen y Sonido y Publicidad, David optó por la segunda y Javi lo hizo por la primera. Dani tuvo que pasar un año en blanco al no superar la selectividad. Al año siguiente se matriculó también en la rama de Imagen y Sonido.

El rendimiento académico en ese primer curso universitario iba a dejar mucho que desear, inmersos como estaban en su aventura como Hombres G. Pasaron un año sin pisar apenas las aulas, repartiendo las horas en el bar de la facultad o en las zonas verdes de las instalaciones universitarias que la pandilla del Parque convirtió en su *resort* particular para tomar el sol con cervezas, porros y música a todo volumen desde los altavoces de los coches.

Cada coche tenía su propio mote, solo les faltaba rotularlo con vinilo sobre la chapa como si fuera un avión. Javi tomaba prestado el coche de su padre, un Seat 1430 color vainilla al que llamaban el Mantequillo. David compartía con su hermano Manolín un Ford Fiesta de color azul marino bautizado como Exorcito. Dani se escapaba al volante de un

Seat 124 familiar de color azul que era conocido como el Papá Pitufo.

JAVI. Ese año fue un desastre. Nosotros estábamos con el rollo de la música y en la facultad no dábamos un palo al agua. Recuerdo que había que entregar a principio de curso una ficha con tus datos para el profesor y la dimos en junio, con el examen final, así que ahí mismo te delatabas, suspenso seguro. Nos pasábamos el día en el bar de Derecho, donde nos juntábamos con mi hermano, con Marcial, el Pez, Blas y unos cuantos más del Parque.

Con el Pez hacíamos unas gamberradas tremendas. Iba marcha atrás con el coche desde la avenida de Bruselas hasta el Paraninfo. Además, el tío iba siempre con el casco puesto, tanto en la moto como en el coche. La gente se quedaba flipada. Cuando le preguntaba la policía que por qué lo llevaba, decía que si lo obligaban a llevarlo en la moto pues en el coche también, porque igual se podía dar un golpe, y hasta los policías se tronchaban.

Echábamos la mañana en plan golfo, sin hacer nada. El bar de nuestra facultad era más gris, nos gustaba más el de Derecho para tomarnos los botellines, pero cuando llegaba el buen tiempo molaba más el nuestro por la zona del campo de rugby. El bar tenía unas puertas de cristal que daban a ese jardín enorme que parecía una pradera. Ahí se hacían corros grandes de gente con música, cantando, haciendo el ganso, bebiendo, fumando canutos, todo lo opuesto a estudiar. Hasta toallas y crema nos llevábamos y nos poníamos a tomar el sol, usábamos una cuerda de tender de árbol a árbol y ahí dejábamos las camisetas.

Teníamos una nevera portátil. Montábamos el chiringuito en el césped con bocadillos y litrillos. Aquello parecía la playa. Para dar más caña con la música poníamos dos o tres coches sintonizando la misma emisora para conseguir más volumen. Éramos unos gambas absolutos, la música nos tenía completamente distraídos.

Había días que llegaban las once de la mañana y nos íbamos al local de ensayo. El primer año cateé todo. Luego, en septiembre, me presenté y aprobé cuatro con notable: uno se lo copié al Caballo, otro de nuestros colegas del Parque. Mi padre se mosqueó aún más, porque decía que en dos meses que me había puesto las pilas había sacado cuatro y el resto del año no había pegado ni golpe.

Llegó un momento que nos desanimamos un poco y empezamos a darle vueltas a la cabeza para ver qué íbamos a hacer con nuestras vidas si no pasaba nada con la música, así que el segundo año, con la moral que me había dado lo de septiembre, me propuse ser un buen alumno y portarme bien. Mi padre estaba haciendo un esfuerzo para pagar la matrícula y me conciencié de sacar la carrera, pero fue cuando surgió el disco, nos pusieron ochenta conciertos en verano y ya fue muy difícil. Acabé dejándolo.

DAVID. Con el panorama que teníamos de cara al siguiente curso sí cundió cierto desánimo, porque no nos hacían ni puto caso con la maqueta, parecía que no íbamos para ningún lado y las notas finales fueron una masacre. Nuestros padres estaban hasta la polla de nosotros, aunque a diferencia del colegio, en la universidad podías avanzar de curso, aunque hubieras cateado todas o casi todas. Javi y Dani se empezaron a agobiar, no sabían qué hacer, dónde iban a acabar, y se desmoralizaron un poco. Decidieron tomarse el curso en serio.

Yo no sé por qué no perdía la fe aunque estábamos más perdidos que la leche. En aquel momento era bastante inconsciente y muy soñador, estaba convencidísimo de que íbamos a triunfar. En el verano del 84 estuvimos trabajando con mi padre de extras en la peli La Biblia en pasta que se rodó en Barajas. Luego nos salió la oportunidad de tocar en Autopista el 19 de octubre de 1984. No se me olvida la fecha, yo mismo hice el cartel del concierto.

Nos lo tomamos casi como un fiestón de despedida: si no pasaba nada, a final de año venderíamos los instrumentos y nos olvidaríamos. Como pasó lo que pasó, no pisamos la facultad para nada. Ni siquiera me planteé seguir, dejé la facultad a final de ese curso. Lo hice a conciencia, lo mío no era estudiar Imagen y Sonido. Es algo que me ha caracterizado siempre: no me cuesta tomar decisiones, las tomo y a tomar por culo, sin ponerme a pensar o preguntar. Javi no estaba de acuerdo, él quería seguir con la carrera de Periodismo. Yo le dije que me iba a dedicar a la música, que era lo que me molaba, lo alentaba a él y a los demás, de que estaba seguro de que íbamos a funcionar.

Mi padre no se lo tomó mal, porque cuando se lo dije ya habíamos hecho una gira de más de cincuenta conciertos que duró hasta finales de octubre del 85 y en la que gané como cuatro millones de pesetas, que ya entonces era pasta, para nosotros una fortuna. Él estaba orgulloso y muy contento y entendió mi decisión.

DANI. Yo venía de un año sin hacer nada y entraba justo ese año en la universidad. El año que estuve parado fui a una academia en la que había gente que me reconocía de habernos visto tocar por Madrid. El lunes 15 de octubre de 1984 empezábamos las clases en la universidad. Para mí era el estreno y Javi estaba decidido a tomárselo en serio, visto que las casas de discos no nos hacían ni puto caso.

Cuatro días más tarde íbamos a despedir la temporada con un concierto en la sala Autopista, nuestro último cartucho, por el que nos pagaron treinta y tres mil pesetas. El desánimo por las calabazas de las casas de discos era relativo, no soñábamos con ser estrellas, era nuestra pasión. Igual que había gente que el fin de semana se iba a jugar al fútbol, nosotros nos íbamos al local y si podíamos tocar en un sitio, que encima nos ponían barra libre y nuestros amigos se podían emborrachar, pues ya con eso éramos felices. Luego te bajabas del escenario e incluso te creías que podías ligar, aunque luego no ligabas nada.

En la facultad coincidimos solo ese año, que fue cuando despegamos como grupo. Ese curso fue un desastre, porque estábamos con el primer disco y no íbamos nunca a clase. Cogíamos los coches y nos íbamos a los bares de Moncloa, sitios como el Parador de Moncloa, la Casa de las Tortillas, el famoso Chapandaz de la leche de pantera, un potingue con ron, ginebra, triple seco, canela, pipermín, leche y azúcar. Otras veces íbamos al Alarcia, que estaba en el Palacio de los Deportes, un clásico que te ponía unas gambas cojonudas. Cuando íbamos a Los Porrones, nada más entrar había un cartel que decía «Se prohíbe cantar y comer pipas», y nosotros nos poníamos a vocear «El vino que tiene Asunción ni es blanco ni es tinto ni tiene color». Cateamos todo, solo aprobamos Lengua porque había que presentar un trabajo original de fin de curso y David y yo presentamos el disco. La profesora alucinó y nos puso un diez. Al año siguiente, con La cagaste... Burt Lancaster, yo ya ni fui. Javi lo intentó hasta que al final se rindió, era imposible.

«SE ACABÓ EL CONCIERTO»

Paco Martín, cordobés de nacimiento y madrileño de adopción desde que llegó a la capital con catorce años, ha confesado más de una vez que es un músico frustrado. Su propio libro de memorias es elocuente en su titular: *El niño que soñaba con ser músico,* un libro que el grupo agradeció por su honestidad al hablar de ellos. Consciente de la limitación de su talento, decidió emprender una carrera que le permitiera al menos estar cerca de la música. Empezó a ganarse la vida como DJ y más tarde entró de recadero en Fonogram, el sello donde se dio a conocer el inolvidable Nino Bravo. Fue su primer trabajo en una discográfica. Al fusionarse con el sello alemán Polydor Records, dio lugar en 1972 a PolyGram, propiedad de Philips, en la que fue ascendiendo y donde intentaba convencer a los ejecutivos para que ficharan grupos de la emergente nueva ola y la movida madrileña. Le hicieron caso en la apuesta por el pop de Mamá y Los Secretos, pero no le resultaba fácil:

> Yo estaba siempre en los locales de Tablada con Los Secretos, Nacha Pop, los Pistones, Radio Futura. Muchas maquetas de aquellos grupos las pagué yo para que las escucharan los jefes de PolyGram, pero se reían de mí. Decían que era una moda pasajera que no iba a ninguna parte. Ninguno de los que estábamos allí nos movíamos para triunfar o vivir de esto. Lo hacíamos por ilusión y por divertirnos. Y éramos tremendamente felices.*

Paco se hartó del escepticismo de las grandes compañías con las nuevas bandas y dio su primer paso como independiente creando su sello MR, en el que grabaron Los Pistones, Peor Imposible y Danza Invisible. Más tarde se asoció con Ariola, pero la idea no dio frutos y MR quedó amortizado para dar paso a Twins, que escribió una página propia en la inigualable efervescencia musical de los ochenta con hasta seis grupos en los primeros puestos de la lista Afyve, siempre liderada por Hombres G. Por Twins pasaron, entre otros, Los Secretos, Tam Tam Go, Séptimo Sello, Celtas Cortos, Pistones, Rosendo y Danza Invisible.

Paco creó Producciones Twins en 1984 asociándose con Pepe Escribano, dueño de la cadena de tiendas de discos Escridiscos de Madrid. Alquilaron un local para oficinas en la plaza de España y contrataron a una secretaria inglesa, Mary Horton. Asiduo de caladeros de grupos nuevos, no se perdía programas como *Dominó*. Un día, escuchando la radio tranquilamente en su casa, algo le llamó la atención cuando un grupo anunciaba un concierto para el día siguiente. El nom-

* *El País.*

bre le sonaba porque su amigo Ricardo Chirinos, el cantante
de Pistones,* le había hablado de los Hombres G, al igual
que lo había hecho en una llamada el propio Gonzalo Garrido y también Pedro Caballero, mánager de Los Elegantes,
Objetivo Birmania, Pistones o Elkin y Nelson. Paco se presentó en los estudios de Onda 2 en Radio España. Gonzalo
hizo las presentaciones y allí mismo pudo escuchar los singles y la maqueta. El material le impactó:

> Recuerdo que vino a mi oficina Ricardo Chirinos, can-
> tante del grupo Pistones. En el transcurso de la conversa-
> ción me comentó que había un nuevo grupo llamado
> Hombres G y que debería escucharlos. «Van a ser algo
> gordo», pronosticó. [...] Fue allí, en Radio España, donde
> oí por primera vez las canciones. [...] Con una sinceridad
> que luego se convertiría en la clave habitual de nuestras
> relaciones, me dijeron: «Hemos paseado esta maqueta con
> ocho temas por todas las compañías multinacionales y na-
> cionales y no nos han hecho ni puñetero caso, estamos
> muy quemados, estamos pensando incluso en la posibili-
> dad de dejar la música».**

DAVID. *Paco mostró mucho interés, dijo que éramos diferentes,
muy frescos. Le contamos que estábamos desmoralizados porque
habíamos llevado la maqueta por todas las grandes compañías y
habían pasado olímpicamente de nosotros. Comentamos lo de*

---

* En 1982, la primera formación estaba compuesta por Ricardo Chirinos, Fran López, Juan Luis Ambite y Ramón López. Este grupo grabó un
primer vinilo, titulado *Las siete menos cuarto*, editado por MR. Contenía
cuatro temas de un pop muy influido por la new wave británica, tales como
Las siete menos cuarto, *El artefacto*, *Te brillan los ojos* y *No estás de suerte*.
** Paco Martín, *Así son Hombres G*.

Autopista, que lo estábamos enfocando como una gran despedida, que iba a estar de puta madre porque estaba todo vendido. Paco Martín había tenido una compañía que se llamaba MR, que era una discográfica muy chiquita que fundó con Julio Ruiz y que había grabado a los Pistones.

Ricardo Chirinos nos había visto una vez en Rock-Ola y había flipado. Le dijo que fuera a vernos. Curiosamente, a Chirinos nunca le he llegado a conocer, ni siquiera más tarde, en todos estos años. Nunca lo he visto personalmente. Sí recuerdo haberlo visto en el Rock-Ola, pero de lejos, porque ellos eran conocidos pero nunca lo he saludado en persona, pero aprovecho para agradecerle esa intervención. Paco nos dijo que se iba a pasar por el concierto.

JAVI. Lo tomamos como una oportunidad para hacer una fiesta por todo lo alto con nuestra gente. Si la cosa se iba a terminar, por lo menos que fuera a lo grande y nos quedara un buen sabor de boca. Nos tomamos este concierto muy en serio para poder dejar un buen recuerdo. Llamamos una vez más a toda la legión de amigos y niñas diciéndoles que era una gran fiesta de despedida de Hombres G. La gente estaba con poco que hacer, acababan de empezar las clases de la universidad esa misma semana. Pegamos carteles otra vez por todos lados. El sitio se llenó.

DANI. En Madrid éramos muy conocidos, cuando anunciábamos un concierto la gente iba y nos sorprendía. Nos habían comentado que las entradas se habían agotado muy pronto y que el lugar iba a estar hasta la bandera. Presentíamos que iba a ser un buen concierto, y por eso nos lo tomamos muy en serio y nos fuimos a ensayar tres días a mi casa de la sierra en Moralzarzal, en una habitación que tenía acondicionada que parecía una discoteca.

En los primeros conciertos habíamos ensayado en casa de David con las guitarras españolas y Javi tocando en el sillón en vez de la batería, y luego en la sala una o dos horas antes del concierto, como hicimos en Rock-Ola. Nos fuimos todos en mi Papá Pitufo. Dormíamos sin calefacción, era octubre y hacía un frío terrible.

Ensayábamos por las mañanas y por las tardes, pero no sirvió de mucho. El concierto fue un caos, estábamos todos medio cocidos. A David se le rompió el cable del bajo, Javi se cayó de la tarima y a nuestro amigo Marcial se lo tuvo que llevar una ambulancia a La Paz de la borrachera.

RAFA. En medio de todo ese caos, nosotros ni pensábamos ni nos habíamos dado cuenta de que Paco Martín iba a ir a vernos. Pedro Caballero también le había hablado de nosotros y los dos estaban allí. Paco debió ir ya preparado con lo que le dijo Pedro, porque él ya nos había visto en Tabas y le había comentado que siempre traíamos gente y mogollón de tías buenas. Le debió molar lo que vio aquella noche a pesar del caos absoluto del concierto, pues ahí mismo nos fichó. Pedro se quedó también con nosotros y luego nos puso de road manager al cabrón del Francés, el que nos había echado del local y al que habíamos llenado el coche de lagartijas. ¡Menuda le esperaba!

DAVID. Creo que ha sido el concierto más caótico de mi vida. Aquel día, con el rollo de que queríamos hacer una especie de fiesta de despedida, cogimos un pedo como si no hubiera un mañana. Bebimos como descosidos, sobre todo cerveza, desde horas antes, cuando nos juntamos en el Parque. Llegamos puestos a La Vaguada. A partir de ahí yo me controlé un poco, pero muchos siguieron bebiendo. Recuerdo que llegamos al camerino y allí había todo tipo de botellas y nuestros amigos siguieron cociéndose, que si uno se pillaba un vodka con naranja, otro una ginebra con cola...

JAVI. El sitio estaba lleno, habría unas dos mil personas ahí metidas. Empezábamos las canciones a toda pastilla, y luego se volvían casi una balada de la torta que llevábamos encima. En un momento dado me caí hacia atrás patas arriba de la batería. Al lado del escenario nos habían puesto un cubo enorme, de esos que se usan como contenedor de la basura. Estaba hasta los topes de botellas de cerveza y otras bebidas. Yo tenía la batería rodeada de una ristra de vasos alrededor que casi le daba la vuelta al set. Alguien me enseñó tiempo después una foto, había como veinte vasos de esos de cubalibre de tubo detrás de mí. Yo alucinaba, no me creía que me hubiera bebido todo eso tocando. Por lo menos pude llegar a casa por mi propio pie; a Marcial hubo que dejarlo en La Paz y recogerlo al día siguiente. Tuve que ir por la mañana a casa de sus padres a decirles que no se preocuparan.

DAVID. Recuerdo que dejé de escuchar la batería, miré hacia atrás y Javi no estaba, «¿dónde coño está este tío?». Resulta que se había caído como muerto de la castaña que llevaba encima y estaba tumbado debajo de la batería, tratando de incorporarse. Me dije: «¡La madre que me parió!». A mí se me olvidaba la letra cada dos por tres y me descojonaba, pero dentro de lo que cabe controlaba.

Aquel día tocamos Venezia, Marta, Nassau, Indiana y otras muy aberrantes de nuestra época punk, como Cáncer gay y todas esas. Aquel concierto fue el mayor desastre que recuerdo. Nada funcionaba, el teclado no iba, tuvimos muchos problemas técnicos. Para colmo, a mí se me rompió la correa del bajo. En aquel momento tenía un PBT 40, que era un bajo muy pesado, y se me cayó al suelo con tan mala suerte que golpeó la clavija del cable y se me rompió, y no tenía más cables, solo uno, de modo que no podía tocar. Sin más, dije por el micro: «Se acabó el concierto», y la peña en lugar de abuchearnos empezó a jalearnos y a hacer fiesta. Eso era el triunfo del caos en estado puro y a Paco Martín todo aquel caos le pareció increíble y acojonante.

Estaban medio locos, tenían un toque genial que hacía que la multitud enloqueciera y esa noche habían logrado algo sublime: hacer del caos una genialidad. Eso y su poder de convocatoria sedujeron a Paco Martín, que salió de Autopista con una decisión tomada. Era el último cruce del destino necesario para que el mundo conociese el puñado de canciones inolvidables que había en el repertorio de los Hombres G:

> Todo el público cantaba cada una de las piezas. Fue un concierto sin altibajos. Técnicamente dejaban que desear, pero lo suplían con la calidad de sus buenas canciones. ¡Eran extraordinarios! Sentí no llevar un contrato encima y contratarlos aquella misma noche. Confieso que tuve un poco de miedo a perderles, ya que entre el público pude ver a más de un director artístico de otras compañías discográficas.*

Se podía trabajar la técnica, pero lo más importante lo tenían: llegaban al público con una facilidad pasmosa, la gente coreaba las canciones, gritaba, reía, saltaba, bailaba. Le agradó la honestidad con ellos mismos, hacían lo que les gustaba sin clichés, eran auténticos. Eso sería una de las claves del éxito, hacer la música que querían hacer con su propia personalidad.

Otro dato importante era el perfil del público, muchas adolescentes y muy guapas. No se trataba del típico concierto de la movida con un público sectario minoritario, ahí había gente normal con poder adquisitivo, potenciales compradores de discos.

DAVID. *Después del concierto estábamos despotricando. Muchos dijeron que ese había sido el punto final del grupo, que no volveríamos a subir a un escenario en el resto de nuestras putas vidas. Y aparte de eso, estábamos acojonados porque había tenido que*

---

* Paco Martín, *Así son Hombres G.*

ir una ambulancia a atender a nuestro amigo Marcial, que esta-
ba casi en coma etílico después de beberse todo el alcohol del
camerino.

En mitad de toda aquella confusión llegó Paco Martín. Ese
ambiente de caos a él le pareció la hostia y se acabó de conven-
cer. Ahí mismo me preguntó si queríamos grabar un disco y le
respondí que por supuesto que sí, con los ojos cerrados, ese era
nuestro sueño. Le íbamos a decir que sí al primero que llegara, y
fue él. Hablamos al día siguiente, que era un sábado. Quedamos
en Escridiscos y ahí empezó todo.

EL SUEÑO SE HACE REALIDAD: EL PRIMER CONTRATO

Todo empezó a ir muy deprisa. Entre el 19 de octubre de 1984, día del concierto de Autopista, y el 11 de marzo de 1985, fecha de la aparición del disco *Hombres G*, no transcurrieron ni cinco meses; y entre esta caótica actuación y la apoteósica del Astoria del sábado 1 de junio de 1985, apenas ocho. Aquel sábado no podían saber que tras esos ocho meses su vida iba a cambiar por completo y para siempre. Twins puso un contrato encima de la mesa por tres discos, ganancias en función de las regalías con un 8 por ciento de baremo que oscilaba en función de las cantidades vendidas. Programaron meterse a grabar en tres semanas, en pleno mes de noviembre. Tenían el tiempo justo para elegir el repertorio.

DANI. El sábado me llamó David: «Oye, anoche me dijo Paco
Martín que nos quiere fichar, que cuándo nos reunimos». Le res-
pondí que lo llamara de una vez. Quedamos esa misma tarde.
David y yo fuimos a Escridiscos, en la calle Sandoval, y nos senta-
mos con él en la parte de atrás de la tienda, donde tenía el alma-
cén. Ya hace años que no existe esa tienda, estaba en Chamberí
y de ahí se mudó a Callao.

Nos contó que había creado un sello y que lo primero que quería sacar era a Peor Imposible, de Mallorca. Nos contó toda su vida y luego nos dijo: «Lo que quiero es grabaros un elepé». Le respondimos: «¡Pues coño, eso es lo que queremos nosotros! Pero nadie nos hace ni puto caso». Aseguró que le había encantado el grupo, la conectividad con la gente y todo eso. Lo único que teníamos que hacer era aprender a tocar como profesionales. Nos dio el contrato ahí mismo, nos comentó que en principio saldríamos con cinco mil ejemplares a ver qué pasaba. Nosotros lo habríamos firmado allí mismo, pero dijimos que lo tenían que ver Javi y Rafa.

Quedamos con Javi en el Rowland, aunque en esa época no hacía falta ni llamar, porque sabíamos que iba a estar allí. Le contamos todo, Javi decía: «Twins, ¿eso qué es?», pero estaba claro que eso era mejor que nada, no estábamos en condiciones de elegir.

Rafa no estaba, pero sabíamos que le iba a molar. Esa misma semana quedamos con Paco Martín los cuatro. Le dijimos que estábamos con Paco Trinidad y que queríamos hacerlo con él y dijo que perfecto, que iba a reservar estudio y que nos pusiéramos con los temas del repertorio.

DAVID. A mí me preguntó que si tenía más canciones, y le dije: «¡Coño, por lo menos cincuenta!». Llevaba componiendo desde los catorce años y me daba de sobra para hacer un best of de lo mejor de toda mi vida hasta ese momento. Nos apetecía mucho hacer un elepé. Nos fuimos con Paco porque fue el único que nos dio la oportunidad. No tenían dinero, hipotecó su casa para grabar el disco. Le dieron un millón de pesetas y con eso grabamos nuestro primer disco, que costó exactamente eso, un millón.

RAFA. Dijimos que sí, claro. Nos citó en las oficinas y acudimos los cuatro. La oficina era muy pequeña, él tenía un despacho muy chiquitito en el que estaban él y Mary, su secretaria, que era inglesa, y creo que había una persona más en ese momento. No tenían un puto duro, igual que Lollipop, igual que todas las compañías en ese momento, pero era un tío con mucha ilusión que le echó muchos huevos con nosotros y se la jugó. Poco después, ya con todo puntualizado, firmamos el contrato.

JAVI. No sé si hizo Twins para nosotros o dio la casualidad de que fuimos los primeros, pero no pudieron ni ellos ni nosotros tener mejor debut. Eran una compañía pequeña que se hizo grande gracias a nosotros. Luego grabaron a Los Rebeldes y al grupo que tenía Rossy de Palma que se llamaba Peor Imposible, con los que hicimos muchos bolos juntos. Paco se asoció con Pedro Caballero, que era el mánager de Los Pistones, y nos lo metió de mánager diciendo que era el que nos iba a conseguir los bolos. Así empezamos con su compañía Rock Conexión.

DANI. Como una semana después, el 29 de octubre si no recuerdo mal, cerrábamos el acuerdo con Paco y su recién creada empresa Producciones Twins para grabar el disco. El 7 de noviembre firmamos el contrato con la idea de empezar a grabar el 19 de noviembre, pero el destino quiso que no fuera hasta enero, recién empezado el que iba a ser nuestro gran año.

1985 - 2001

6

1985

Estoy llorando en mi habitación,
todo se nubla a mi alrededor.
Ella se fue con un niño pijo,
tiene un Ford Fiesta blanco
y un jersey amarillo.

DAVID SUMMERS,
Devuélveme a mi chica

En la doble página anterior: David y Javi, dormido, en plena gira, a bordo de la furgoneta en la que recorrieron miles de kilómetros por toda España a partir del verano de 1985.

David, Dani, Javi y Rafa han tenido, como cualquier hijo de ve-
cino, años inolvidables a nivel personal y profesional, pero hay
uno que deberían tatuar en dorado en su biografía: 1985, el año
que marca el antes y el después. Hombres G entró en aquella
primavera en las radios comerciales como un elefante en una
cacharrería en mitad de crooners *consagrados, folclóricas y es-*
trellas internacionales, poniendo patas arriba el panorama mu-
sical de los grupos de pop-rock en español a base de polvos pica-
pica con una identidad propia: música sencilla, agradable,
alegre, fresca, romántica y con magníficas melodías que con el
tiempo irán ligadas a los mejores años de millones de personas.
El éxito fulminante enloqueció a las fans, dejó perpleja a la in-
dustria, descolocó a la crítica, acostumbrada al éxito más mode-
rado de los grupos emergentes de la movida, y afiló las navajas
de ese sanedrín sectario tan típicamente español de pontífices de
la progresía que ni estaban con la banda ni se les esperaba.

DIEZ CANCIONES PARA LA HISTORIA

La primera tarea que había que concretar con el disco en
marcha era elegir a las personas que se iban a involucrar
en la incipiente carrera. Pedro Caballero se convirtió en el

primer mánager con su empresa Rock Conexión. Con él llegó el primer *road manager,* Martín el Francés, al que tanta
manía tenían por echarlos del local de Elkin y Nelson y cuyo
Renault 5 Copa Turbo habían llenado de lagartijas. Las giras
prometían.

La segunda tarea era tomar decisiones sobre el disco. Fue
cosa de ellos y sentaron un precedente que los ha acompañado siempre. Entre esas decisiones estuvo la elección del
productor y del repertorio de diez canciones, ocho originales y
dos versiones, que hoy son parte del legado musical universal
que ha convertido a Hombres G en un grupo legendario. La
tercera tarea era perfeccionar el manejo de los instrumentos.
La banda de amiguetes pasaba a ser un grupo profesional.

DAVID. Teníamos claro que queríamos hacerlo con Paco Trinidad.
A pesar de que ya éramos conocidos desde 1983 en la escena
musical madrileña, nadie apostó en serio por nosotros y él sí. Con
él hicimos la maqueta que rechazaron las discográficas y en ese
momento que se nos daba la oportunidad no había mejor produc-
tor para nosotros que él. Se lo hicimos saber a Paco Martín, que
no puso ninguna objeción.

DANI. Nos dijeron que había que ponerse las pilas porque aque-
llo iba en serio, teníamos que pasar de amateurs a profesionales.
Paco lo comentó en una entrevista en Cuadernos Efe Eme sobre la
grabación del primer y el segundo disco, dijo que estábamos algo
verdes, que a los únicos que nos veía medio preparados era a
Rafa y a mí, pero que David con el bajo y Javi con la batería te-
nían que mejorar. Nos pusimos las pilas, teníamos claro que lo
íbamos a conseguir y lo conseguimos a base de tocar y tocar, nos
sobraba ilusión y repertorio del que echar mano. Nos metimos en
el local de ensayo y trabajamos hasta que estuvimos listos. A par-
tir de ahí vino el Astoria y todo lo demás.

DAVID. *Tenía un mogollón de canciones. Cuando haces un primer disco te esmeras en lo mejor. En los artistas importantes el primer disco suele ser buenísimo, porque son las mejores canciones de su vida hasta ese momento. Nosotros llegamos al primer disco y nos encontramos con muchas canciones para hacer una buena selección, tenía que ser espectacular, lo iban a escuchar nuestros padres y toda nuestra gente y tenían que flipar. Lo cuidamos muchísimo, elegimos las canciones con mucho mimo, las que en ese momento creíamos que eran las mejores. Queríamos meter cuantas más mejor, pero el vinilo te condicionaba. Paco decía: «No, David, el disco tiene que durar cuarenta y ocho minutos, ni un minuto más».*

DANI. *Teníamos más de veinticinco canciones y había que elegir diez. La cara A y la cara B debían empezar con las que considerábamos nuestros dos hits, la cara A con Venezia y la cara B con Devuélveme a mi chica, que desde el principio tuvimos claro que debía ser el single. Queríamos cerrar el disco con dos baladas, pero Sin ti era la única balada que teníamos y que habíamos tocado en directo. Cuando la grabamos, Javi, que es el hombre de las mil voces, como le decía Paco Trinidad, es el que silba y murmulla en el intro de la canción. La otra que elegimos fue No lloraré. Nos faltaba un medio tiempo.*

Yo tenía una canción que originalmente se titulaba Rem, desconéctate, con una letra que hablaba sobre un misterioso personaje llamado Rem el Marciano de la serie La fuga de Logan. A David le molaba, pero la letra no le gustaba nada, y a mí tampoco me convencía. Cuando la tocamos con la nueva letra, «Hoy hace un año, las calles frías…», ahí mismo le dije: «¡Acojonante!». Fuimos a casa de nuestro amigo Manolo Espinosa, la grabamos con el nuevo título de Hace un año junto a No lloraré en una maqueta para enseñársela a Paco Martín. Fueron las dos únicas canciones de la selección final inéditas hasta ese momento en nuestro repertorio en directo.

DAVID. Recuerdo que Dani me cantó aquella canción de Rem, desconéctate en su cuarto de su casa en Madrid, pero efectivamente la letra no me gustaba. Lo que hice fue aprenderme los acordes y después en casa le hice la letra nueva, que es como quedó Hace un año. *El proceso de selección de canciones es igual a como hacemos ahora. Ahora tal vez nos tocamos más los huevos que entonces porque somos más exigentes. Las versiones las metimos porque no teníamos baladas y esas dos estaban de puta madre, le teníamos muchísimo cariño a esos dos temas, sonaban en todos nuestros guateques y lo hicimos por un motivo emocional.* Sin ti *es el* Reality *de Vladimir Cosma. Era el tema de amor principal de una película que se llamaba* La Boum, *popularizada en 1980 por el actor Richard Sanderson que en España tradujeron como* La fiesta. *Javi tenía ese single. Era una historia de amor muy bonita y la canción era preciosa.* No lloraré *es el* I never cry *de Alice Cooper. Lo cierto es que no volvimos a hacerlo, jamás volvió a aparecer una versión de una canción que no fuera nuestra en un disco.*

LA BROMA QUE EL DICTADOR NO ENTENDIÓ

En el repertorio estaba *Matar a Castro*, la canción que la dictadura cubana nunca entendió y provocó el veto a David Summers para visitar la isla. Había voces que sugerían sacar la canción. Paco Martín era una de esas voces escépticas, pero David optó por modificar la letra para que se entendiera que era una broma. No lo logró. Un crítico les acusó de hacer apología del terrorismo y no faltó quien usaba la canción para tildarles de pijos y fachas, el ingrato precio del éxito en España.

DAVID. La hice como tantas otras, por algo que vi en la revista In-terviú. Siempre la leía porque mi padre la compraba. Había un artículo que se titulaba «Matar a Castro», destacado con letras grandes. Hablaba de una organización en Miami que estaba tramando un atentado contra Fidel Castro, eso fue en el 82 o el 83. Salían fotos de los tíos entrenándose, disparando, y me pareció una historia fascinante, Cuba siempre me ha parecido acojonante.

Me intrigaba lo que se veía en el cine, El Padrino, esa parte de Cuba antes del castrismo que era una especie de casino gigante y prostíbulo de los americanos. El artículo y mi fascinación por Cuba me impulsaron para hacer la canción. Le puse el mismo título que habían puesto los tíos del Interviú. No he tenido nunca nada contra Fidel Castro, la hice de Castro como la pude haber hecho de cualquier otro dictador hijo de puta como Pinochet o Videla, cualquiera. Quería contar la historia de un atentado político perpetrado por una niña pequeña a la que le habían dado una escopeta para que pegara un tiro.

Me arrepentiré toda mi vida, porque me encantaría ir a Cuba y no puedo ir por eso, soy persona non grata y estoy vetado. Me jode mucho, porque además el grupo podría haber ido a tocar a Cuba. No solo el placer de ir a Cuba, sino haber tenido un mercado. Yo lo jodí para siempre.

Paco Martín me lo advirtió: «Tío, esta canción es muy fuerte, es un poco aberrante». En lugar de quitarla, que es lo que tenía que haber hecho, y que es lo que hacía cuando alguien me decía algo así, lo que hice fue atenuar un poquito la letra, suavizarla, porque la canción me gustaba mucho. Cantada parece que estás incitando a la gente a que lo maten, pero realmente no era mi intención. En Miami fue un pelotazo, vendimos veinte mil y pico copias por ella.

Más tarde coincidí en un avión a México con Armando Valladares, uno de los líderes de la resistencia anticastrista. Me dijo que le gustaría contar conmigo para una conferencia en Miami y me negué, me parecía ir demasiado lejos.

Lawrence de Arabia es una canción de cachondeo total, muy cinematográfica, que compuse porque me encantaba la película.

Me gustaba hacer una especie de peliculitas en mis canciones, pequeñas historias. Yo las veía así, de un modo muy cinematográfico. Era muy fan de Madness y de la gente cachonda, y eso hacía yo entonces, todo cachondeo y nada de canciones de amor. Tenía esa canción escrita desde 1983.

Dejad que las niñas se acerquen a mí es otra canción que tenía desde el 83. Habla mucho de mi forma de ser y de mí mismo. Me gustaba El libro gordo de Petete, tocaba el clarinete y usaba unos zapatos tipo boogie que me molaban mucho. Me jodía cuando me decían que parecía un drogadicto con ellos, como me decía la niña con la que salía. La hemos estado tocando hasta hace muy poco. Ahí empiezo hablando de una de las cosas que más me fastidiaban en aquella época, las niñas en plan moña que cada vez que sonaba una canción saltaban diciendo: «Esta canción me recuerda cuando no sé qué y esta otra me recuerda no sé cuántos». Al final lo que hago es animar a la gente a que baile con nosotros, a que se lo pase de puta madre, que es lo que seguimos haciendo al empezar cada concierto, sin olvidar el mensaje de que las niñas se acercaran a mí porque era muy tímido y no sabía entrar. Creo que era el objetivo principal de la canción [risas].

Vuelve a mí es otro tema que tenía del tiempo que estaba hecho polvo porque me había dejado mi novia. El mensaje de la canción es muy obvio, aderezado con ese poco de cachondeo tan típico nuestro como la alusión al break dance tan de moda en aquel entonces que a Javi se le daba bien. Habla claramente de mi tristeza de amor. Me recuerda mucho al chalet de Dani en la sierra porque la ensayábamos allí.

No te puedo besar es una canción que hice a propósito para que la cantara Javi porque estaba muy enamorado de una niña que él iba a buscar al colegio. Intenté hablar un poco de cómo era su vida y a la vez de la mía, porque así era, todas las niñas iban al colegio, para verlas tenías que ir a buscarlas y para hablar había que usar el teléfono fijo, el único que había, a la hora de la comida o por la noche. Además de su enamoramiento, a Javi le ape-

tecía mucho cantar, y lo hizo no solo en el primer disco, sino en los posteriores, ahí están Rita la Cantaora, No te puedo besar, El blues del camarero *o el intro de* Venezia.

A Javi siempre le ha encantado la ópera. No era nada raro escuchar esa música a bordo de su Mantequillo. Su portentosa garganta le permitía imitar muchas voces, entre ellas las de los grandes tenores. Tanto se prodigaba con las imitaciones que un día empezó a entonar la estrofa de *Venezia* y eso no solo provocó las risas de sus compañeros, sino que encendió una bombilla que acabaría por modificar la versión del single de Lollipop.

JAVI. Me puse a hacerlo con la voz impostada. Andábamos de cachondeo y medio de pedo, como siempre, y me dio por hacer la gracia y estos se descojonaban. No me acuerdo de quién fue el primero que dijo que habría que grabar eso si hacíamos un disco, pero el caso es que aquí me tienes, voy para cuarenta años repitiendo el cachondeo de aquel día.

DANI. Fue un día que íbamos los cuatro en mi Papá Pitufo a una entrevista en Radio 3. Llevábamos la radio puesta y salió un tío cantando un aria de ópera. Javi se puso a imitarlo cantando Venezia. Nosotros nos descojonábamos de la risa, y fue ahí donde dijimos que molaba y que si alguna vez la volvíamos a grabar teníamos que empezar así. Fue dicho y hecho. Cuando la tocábamos en directo yo solía acompañarlo al piano para que él hiciera ese intro.

Dani dejó algunos detalles sobre estas canciones a través de la página oficial del grupo en Twitter el 30 de abril de 2020:

Venezia, junto con *Si no te tengo a ti*, es la única canción de nuestro repertorio en la que colabora una chica en los coros. Nuestro segundo single y primer número uno en la radio. *Lawrence de Arabia*. Nuestra influencia ska en estado puro. Sonido cien por cien HG, una letra cachonda, tema cinematográfico y un solo muy original. Esta canción es de las más viejitas, montada los primeros días de HG. *Matar a Castro* la llevábamos tocando en directo desde el principio y era un clásico en nuestros conciertos. Sinceramente, la producción de esta canción no reflejaba la fuerza del directo, nuestro lado más punk. Muy pocas veces la hemos vuelto a tocar. Hicimos un vídeo con estudiantes de cine del Menesiano. Por algún sitio tiene que estar. Nunca lo terminamos de ver.*

CANTANDO BAJO LA NIEVE

Estaba previsto que la grabación del disco comenzara un mes después de la actuación en Autopista. La fecha programada en los estudios Cuarzo en Ascao era el lunes 19 de noviembre, pero aquello acabaría en un completo desastre. Los estudios TRAK de la calle Robles no tenían un hueco libre hasta enero. Paco Martín volvió a hacer la gestión de reserva de dos semanas de estudio para el lunes 7 de enero de 1985. Aquellas Navidades se tiñeron de blanco en muchos puntos de España, incluido Madrid.

DANI. Lo de Cuarzo fue surrealista. Cuando terminamos de grabar Venezia *el técnico de sonido borró todos los platos de Javi. Nos quedamos mirando, preguntando por qué se habían borrado, y va el tío y dice que bueno, que no pasaba nada, no se metían en el disco y arreglado, con un par de huevos. Era desespe-*

* Twitter @HombresG @Dani_Mezquita.

rante. Se borraban las cosas, se grababa mal. Nos reunimos en una cafetería con Paco, que también estaba muy mosqueado con lo que estaba pasando, y decidimos cambiar de estudio.

DAVID. El comienzo fue un desastre, hasta el punto de que tuvimos que abandonar el estudio porque no había manera. Cambiamos de estudio y yo acabé con los dedos llenos de ampollas. No podía grabar porque me sangraban los dedos. Recuerdo que estaba muy acomplejado, nos sentíamos inexpertos y estábamos acojonados por si Eugenio pensaba que éramos malísimos. Tocábamos y cantábamos como con miedo encima.

El ingeniero de sonido fue Eugenio Muñoz, quien recordó en el documental *Fue hace 30 años* la rapidez con la que se realizó todo el trabajo, improvisando cuando era necesario para tomar decisiones en el estudio sobre la marcha. El 7 de enero de 1985 empezaron las grabaciones de la batería en los estudios TRAK, que concluyeron al día siguiente bajo una nevada impresionante durante la ola de frío que asoló España en 1985.

Empezaron grabando *Devuélveme a mi chica*. La primera semana estaban en el estudio de diez de la mañana a ocho de la tarde, y la segunda de nueve de la noche a siete de la mañana.

El 9 de enero se grabaron los bajos y las guitarras. David no pudo tocar, porque de tanto ensayar le habían salido ampollas en los dedos y decidieron buscar a un bajista, Alberto «Piti» Gallo. El día 11 se grabaron los teclados y el fin de semana del 12 y el 13 descansaron. El lunes 14, David comenzó a grabar las voces. Algunos temas los hizo en una sola toma.

Al salir a las siete de la mañana del día siguiente contemplaron la tremenda nevada que había caído durante la noche y empezaron entre risas a hacer guerra de bolas en plena calle mientras amanecía. El martes 15, Susana Aguilar hizo los coros y Pepe el Víbora grabó el saxo tenor de *Hace un año*. El miércoles 16 ya se habían mezclado seis canciones y el 17 se terminó el proceso de grabación y mezcla.

Con un presupuesto de alrededor de ochocientas cincuenta mil pesetas quedaba listo para salir a la luz el primer disco de Hombres G producido por Paco Trinidad. Lo celebraron descorchando una botella de champán. El 6 de febrero tuvo lugar la primera sesión de fotos, segunda que hacían para un disco después de la que habían hecho para Lollipop. Ese mismo día se realizó el corte del disco.

CON USTEDES, LOS HOMBRES G

Una de las ventajas de grabar en una compañía pequeña era poder intervenir en todas las decisiones sobre el producto. La portada iba a ser otra de ellas. Sentían cierto pudor por ver su imagen en el disco. La pasión por el cine de David resolvería el problema. Después de repasar varias opciones, se decantaron por una fotografía de *El profesor chiflado*, con Jerry Lewis y Stella Stevens.

DAVID. Mi padre siempre insistió en que fuera original, que nadie nos dijera lo que teníamos que hacer, y eso lo llevamos a rajatabla. Elegimos las portadas inspirándonos en las pelis, disfrutaba con esos detalles. Quise desde un principio darle ese halo cinematográfico al grupo, porque a mí me ha fascinado siempre el cine. Nunca supimos si nos estábamos equivocando, actuaba por instinto. Usaba los libros de cine de mi padre.

En el primero pedimos permiso a Cinema International Corporation para usar la portada de Jerry Lewis y nos dijeron más o menos que hiciéramos lo que nos saliera de los cojones. Nunca volvimos a pedir permiso. Stella Stevens o Jerry Lewis podían habernos dicho algo porque era su imagen, y el disco se distribuyó también en las tiendas de Estados Unidos, quién sabe si lo pudieron llegar a ver.

Esas portadas eran perfectas, porque nos daba mucha pereza hacernos fotos, era un coñazo. Buscamos una portada en la que no saliéramos y tuviera un impacto visual importante. Nunca quisimos vender nuestra imagen, no la valorábamos, y resultaba que a las chicas les gustábamos mucho, pero nosotros no sabíamos ver que teníamos ese potencial.

El disco se presentó a los medios de comunicación el 11 de marzo de 1985 en la sala Chueca de Madrid, en un sencillo evento programado para las once de la noche que tuvo a Gonzalo Garrido como maestro de ceremonias. Las invitaciones incluían un dibujo de Summers con uno de los gritos de guerra de los muchachos: «La cagaste... Burt Lancaster». Allí se reunieron amigos y familiares.

El sueño estaba cumplido. Entre sus manos tenían su propio disco, en cuya cara A aparecían, por este orden: *Venezia, Vuelve a mí, Dejad que las niñas se acerquen a mí, Hace un año* y *No lloraré*; en la cara B: *Devuélveme a mi chica, Matar a Castro, Lawrence de Arabia, No te puedo besar* y *Sin ti*.

La anécdota la protagonizó Manolo Summers, que acudió con sus amigos el cineasta Luis García Berlanga y el humorista Chumy Chúmez. Summers era un tipo fornido, practicaba el boxeo y no toleraba la idiotez. Alguien molestó a Chumy tirándole chorritos de agua y salió en su defensa con vehemencia. Luego se acercó a su hijo: «Me voy, no quiero estropearos la noche».

DAVID. Le pedí a mi padre que nos echara una mano y llamara a amigos suyos conocidos, pero estando allí alguien se metió con Chumy y mi padre se lio a hostias para defenderlo. Después de la presentación del disco salimos en la radio y en la tele y de pronto hicimos ¡boom! Todo fue frenético, estábamos en una nube. Salió Sufre mamón, salió Venezia, se disparó todo, nos dieron un disco de oro, luego un disco de platino, ese tipo de cosas que le daban a Raphael y a Camilo Sesto. Que nos dieran un disco de oro nos parecía hasta gracioso. No contábamos con eso en la vida, ni lo soñábamos, lo único que pensábamos era tener en las manos y palpar nuestro propio disco, tocar en garitos, beber, ligar... De la noche a la mañana, todo cambió.

RAFA. Recuerdo el día en el que me reuní todo feliz con unos colegas a los que iba a regalarles el disco; era nuestro sueño, lo que nos hacía ilusión. «¡Pues aquí está, ya hemos hecho el disco! Además, está sonando en Los 40 Principales», les dije como quien no quiere la cosa, sin darle más importancia. En ese momento no éramos todavía conscientes de que estábamos viviendo tres meses, los que fueron de marzo a junio, que nos iban a cambiar la vida por completo. La realidad supera muchas veces las expectativas de tus sueños, y nosotros fuimos un claro ejemplo de eso.

DANI. Fue todo muy rápido, de estar en punto muerto en octubre a estar grabando en enero, en marzo empezando a sonar, en verano estábamos girando y ya éramos famosos. El 24 de octubre fuimos disco de oro con más de cincuenta mil copias vendidas. Llegamos a vender más de medio millón. Nos hicieron la entrega del disco de oro en la discoteca Pachá. Lo curioso de aquel día es que cuando nos fuimos, entre el cachondeo y el despiste nos dejamos los discos de oro olvidados en el guardarropa.

JAVI. Un día, yendo en el coche para la facultad con mis amigos, les comenté que iba a salir a la venta el disco. Les conté que había visto sacar cinco mil discos de color rosa uno detrás de otro. Aquello me parecía flipante. «¿Os imagináis que vendiéramos mil discos? Con eso ya sería la hostia, nos damos con un canto en los dientes», les dije. El disco de oro eran cincuenta mil copias, y el de platino cien mil, eso para nosotros era impensable. Luego resultó que los primeros mil los vendimos en media hora. Todavía flipo cada vez que lo recuerdo.

La semana siguiente, el 18 de marzo, surgió la oportunidad de tocar en Brihuega, en la provincia de Guadalajara. Estos bolos y los ensayos eran parte del plan para mejorar el directo y prepararse para la primera gira en verano.

RAFA. En Brihuega tocamos en un bar que era un vagón de metro. El dueño era Julián, mi jefe, un tío enrollado que tenía una pata de palo. También era dueño del pub de la calle Mayor donde me fui a pinchar después del Dalt Vila. Le llevé el disco en cuanto lo sacamos y él mismo me pedía que lo pinchara en el garito. Me ayudó mucho al principio, le pedía irme y él me cubría. Estuve hasta que ya no lo pude compatibilizar. Él mismo se dio cuenta y un día me dijo: «Toma la liquidación y céntrate en tu grupo».

EL ERROR DE APEARSE ANTES DE TIEMPO

El contrato con Hombres G le iba a acarrear graves problemas a Paco Martín con su socio Pepe Escribano, dueño de Escridiscos.

JAVI. Escribano, el dueño de Escridiscos, ya se quiso retirar en mitad de la grabación del primer disco. Me acuerdo de ver por allí en el estudio a su mujer como controlando. Le dijo a Paco Martín que éramos una mierda y que él pasaba, que le parecía que se iban a dar una hostia tremenda con nosotros y que él no estaba por la labor de invertir ni un duro en el proyecto en caso de que se necesitase. Al final abandonó Twins, se bajó del tren una estación antes de tiempo. Si se hubiera esperado a la siguiente parada habría llegado a Venezia. No me imagino lo que diría ese hombre unos meses después, debió de tener la misma sensación que cuando todos tus colegas compran lotería y tú pasas y luego va y toca el gordo.

RAFA. Le dijo a Paco que estaba loco, que no teníamos ni puta idea de tocar, que en el mejor de los casos podía funcionar ese disco, pero que era imposible hacer carrera con nosotros. Paco no le escuchó, no dudó e insistió en ir para adelante con nosotros, él creía firmemente en el grupo, convencido de que sí podíamos hacer carrera y vivir mucho tiempo de la música, y de que esa primera inversión del millón de pesetas iba a ser una buena decisión. Escribano se abrió y muchas veces lo hemos hablado, que el hombre se habrá arrepentido toda su vida de aquella decisión.

Escribano se plantó, se negó a poner más dinero y vendió su parte. El éxito fulgurante del disco fue un arma de doble filo para Producciones Twins. Cuando se agotaron las cinco mil copias de la inversión inicial en un santiamén y la demanda se disparó, vino el gran problema. No había liquidez, al ser una empresa nueva nadie les fiaba, los pagos debían ser por adelantado, mientras que el dinero de las ventas se recibía mínimo a ciento veinte días vista.

Paco no se arrugó. Decidió seguir adelante e hipotecó su casa. Le propuso el negocio a Pedro Caballero, que dijo que sí, al tiempo que se comprometía a ejercer de mánager de Hombres G, papeleta complicada que generaría un conflicto de intereses al tener que defender a las dos partes. Le compró su parte a Escribano y dejó a Paco Martín con un 51 por ciento de las acciones:

El grupo se hacía cada vez más popular y las ventas empezaron a causar un problema a la compañía, que aún no era miembro de AFYVE y tenía que pagar a la SGAE y a la fábrica siempre por adelantando. Fue tal la demanda que estuvimos cerca de tres meses sin poder servir discos por falta de presupuesto. En seis meses se habían vendido cincuenta mil copias, en un año superaba las ciento cincuenta mil. Algo insólito para un grupo prácticamente nuevo y desconocido.*

POR LA RADIO OIRÁS MI VOZ

En la década de los ochenta la radio comercial española en el terreno musical estaba liderada por *Los 40 Principales* de la Cadena SER, cuya hegemonía era indiscutible. *Los 40* nacieron en 1966 como un programa de Radio Madrid y acabó convirtiéndose en la cadena temática pionera en España.

Triunfar en *Los 40* era hacerlo en términos absolutos. Luis Vaquero era uno de los *disc jockey* más conocidos de la emisora central en los míticos estudios de la Gran Vía de Madrid. Él fue uno de los primeros en detectar el nuevo fenómeno antes de su explosión definitiva. En los turnos que hacía de madrugada, siendo como era la única cadena que emitía entonces las veinticuatro horas, empezó a recibir infinidad de llamadas pidiendo la canción que unas veces llamaban «la de los polvos pica-pica» y otras «la de sufre mamón», jamás por su título original. Perplejo, investigó y dio con el grupo gracias a Gonzalo Garrido, uniéndose al entusiasmo de este de ser uno de los locutores que apoyó e impulsó al grupo.

RAFA. Hicimos mucha amistad con Luis, nos contaba el colapso de llamadas de la gente solicitando nuestra música, decía que nadie recordaba allí nada igual. Una vez más, Gonzalo Garrido nos echó una mano, él fue quien lo puso en contacto con nosotros y creo que gracias a él consiguió la maqueta. Era tal la expectación que había con nosotros que un día nos llevó para una entre-

* Paco Martín, *Así son Hombres G.*

vista y fue la locura, y esto antes de que el disco pegara fuerte en Los 40. Después, cuando pegamos, decía que los Pecos y Tequila habían sido la leche en los setenta, habían llenado el Parque de Atracciones, pero que lo nuestro era mucho más fuerte.

DAVID. Luis Vaquero acabó siendo una persona de confianza más, al que de vez en cuando me encuentro y recordamos estos viejos tiempos. Era uno de esos tantos amigos nuestros de la radio al que podía llamar y decirle: «Oye, que voy a ir un momento a verte». A veces nos presentábamos los cuatro en su programa sin avisar ni nada, con un pedo de puta madre, y montábamos un pollo de cojones. Él se acuerda mucho de eso y le hace mucha gracia. Alucinaba porque nosotros no éramos aquella historia de que la compañía te ha concertado una entrevista y hay que estar mañana a tal hora, no, nosotros nos presentábamos así, sin más. Íbamos porque nos apetecía ir a verlo. El tío ponía nuestras canciones, nos descojonábamos con él un rato y luego nos íbamos para casa. Desde luego, una vez que triunfamos en la FM de la SER se notó un huevo. Ellos llegaban a muchísima gente.

En la segunda semana de mayo, el single de *Venezia* logró el primer número uno del grupo en *Los 40 Principales*. La voz de David Summers y la música de los Hombres G se escuchaban por todos lados. El martes 7 de mayo grabaron su primera actuación en el programa *Tocata*, otro bautismo necesario de todo artista que te catapultaba a la fama en una época en la que solo existía un canal de televisión. Sin la radio y la televisión no se era nada.

En octubre de 1983 *Tocata* había tomado el relevo en RTVE a *Aplauso*, otro mítico espacio que había llegado a su fin en enero de ese mismo año, poco después de haber servido a David y a Javi de cruce de caminos con Rafa en 1982. A diferencia de su antecesor, *Tocata* se enfocaba en un segmento de audiencia más específico, para el público entre los quince y los veinticinco años. Era el escaparate comercial perfecto y necesario.

José Antonio Abellán, un periodista procedente de *Los 40*, era el presentador principal junto con Ana Arce y Silvia Abrisqueta. Los introdujo como cuatro chicos que estaban arrasando con una canción y los presentó como «Hombres G, los reyes de los polvos pica-pica». Las estrellas de la radio llegaban a la televisión.

Grabaron los dos temas que ya se sabía media España: *Devuélveme a mi chica* y *Venezia*. Lo más impactante de su primera aparición en televisión fueron sus pintas. El público se quedó desconcertado al ver a cuatro chicos normales y corrientes. Nada de estilismo sofisticado, ni peinados extraños, ni disfraces. Nadie había acertado en el imaginario previo que se había hecho. Cuatro chicos cantando en un escenario del mismo modo que podían estar asistiendo a clase. Se trataba de la normalidad como sello distintivo de la originalidad, una curiosa paradoja. Eso acabó de atrapar al país y aumentó su velocidad de escalada a la cima.

Después del programa y el éxito de la radio, todo se desbordó: el disco multiplicó sus ventas y salieron ofertas para bolos en el verano. La fama ya estaba ahí y había llegado para quedarse.

El 10 de octubre de 1985 realizaron una segunda grabación en *Tocata*, justo dos semanas antes de recibir el disco de oro. El programa se emitió el 6 de noviembre. Manolo Fraga, de Radio Galicia Santiago, fue el encargado de introducir al grupo: «Ha sido a todas luces el grupo del verano por el éxito de sus dos singles, las altas ventas de su álbum y la larga gira por toda la geografía española». Les llamó «los nuevos monstruos de la música española» y anunció el tercer sencillo del disco, *Dejad que las niñas se acerquen a mí,* que junto a *Law-*

rence de Arabia fueron las dos canciones que interpretaron en esta segunda aparición televisiva.

El público cantó y bailó con ellos. El toque gracioso, gamberro y medio majara marca de la casa apareció al final de la primera canción, con Rafa sentado en la batería y Javi con la guitarra. La sencillez en la manera de vestirse y su puesta en escena volvió a ser la misma. Unas camisetas, una camisa, camisa sobre camiseta en el caso de David y pantalones vaqueros. David habló de ello en la pequeña entrevista entre un tema y otro: «Me imagino que la clave de nuestro éxito es la sencillez».

DANI. Fue salir en la tele y hacernos famosos en un momento. El día antes de ir a Tocata no nos conocía nadie, y al día siguiente ya éramos la leche, todo el mundo nos reconocía: «Oye, vosotros sois los de los polvos pica-pica». El disco había salido el 11 de marzo y no pasó nada, pero cuando empezó a pegar en la radio, y sobre todo cuando hicimos la primera tele, ahí todo se disparó. Nunca nos había visto España, solo nos conocían algo en Madrid. Después de ver a cuatro chavalines distintos por ser normales, que parece en sí una contradicción, el disco se disparó en ventas.

DAVID. Entonces salir en la televisión era clave, como lo fue para nosotros, no como ahora, que no es tan relevante. Desde que abandonamos Los Residuos fuimos un grupo completamente carente de una imagen o una etiqueta. Vamos con una camiseta de diez euros, un vaquero y unas zapatillas blancas o de deporte, desde los ochenta hasta hoy. No tengo nada en contra de los pijos, pero nunca entendí aquella estupidez ridícula de etiquetarnos de pijos. Nosotros salimos al escenario con la camiseta que queda limpia. Si las demás están sucias y me queda solo una limpia, esa es la que me pongo. Nunca hemos tenido un estilista, ni nadie que nos doble la ropa y nos la ponga encima de la cama. La ma-

yoría de los artistas lo tienen, y me parece respetable, muchos de ellos son amigos míos con un flight case *lleno de chaquetas, camisas y zapatos para los conciertos. Yo no he tenido eso en la puta vida. Yo hago la maleta en casa, meto las camisetas y los vaqueros que creo que me van a quedar mejor, las más cómodas y más frescas, sobre todo frescas, porque se pasa mucho calor en el escenario. A Rafa le gusta la ropa, pero Javi, Dani y yo para nada. A Javi llevo viéndolo con una camiseta negra y un pantalón negro veinticinco años seguidos.*

DEL ASTORIA A LA ETERNIDAD

El jueves 30 de mayo Joaquín Prat entrevistó a los Hombres G en el *magazine* de la mañana de onda media de la SER. El grupo anunció su presentación ante el público de Madrid ese mismo sábado, 1 de junio de 1985, en la sala Astoria. Un día antes, el viernes 31, se subieron a la furgoneta con el Francés como *road manager*. El destino era la sala Morasol Costa, en El Campello, Alicante, otrora el mítico Gallo Rojo de los años setenta, por donde pasaron figuras legendarias de la canción española como Julio Iglesias, Camilo Sesto, Raphael o Nino Bravo. Iban a actuar como teloneros de Los Elegantes.

JAVI. Éramos los teloneros, pero el pollo lo montamos nosotros. La gente coreaba nuestras canciones, se lo pasaba de puta madre, y cuando salieron Los Elegantes todo el mundo se quedó de lo más soso. La verdad es que nosotros flipamos bastante, el sitio estaba lleno, no teníamos ni puta idea de que fuéramos ya tan famosos en Alicante, la gente enloquecía con nuestras canciones, ¡se las sabían! Eso era la hostia para nosotros.

Pedro Caballero se quedó con la copla y la segunda vez que tocamos con ellos nos puso a nosotros detrás, de cierre del concierto, para que no se pirase la gente. Después del bolo nos que-

damos allí de fiesta con un pedo de puta madre. Cuando regresábamos en la furgoneta llevábamos dos palmeras y una castaña considerable. Recuerdo salir de la sala y arrancar dos hojas de palmera de dos metros. Las sacábamos por las ventanillas a ambos lados de la furgoneta haciendo bromas, como si fueran alas, gritando a nuestro paso por el paseo marítimo de Alicante que la furgoneta iba a despegar. Cuando llegamos a Madrid estábamos muertos y resultaba que había que tocar otra vez esa misma noche.

DAVID. Cuando el disco arrancó empezaron a llamar para hacer bolos. Las dos primeras llamadas fueron para Campello y el Astoria. La Morasol era una discoteca de verano sin techo. Estaba detrás de una tapia, todo era al aire libre. Era muy agradable, porque había un escenario construido con un aire ibicenco, con palmeritas y un estilo tropical. Se habían hecho en construcción bancos con cojincitos, zonas para estar, una pista de baile, una discoteca muy chula, muy bonita. Tocamos dos o tres veces más ahí después.

Hasta ese momento habíamos tocado solamente en salas y bares de Madrid y lo más lejos que habíamos ido había sido a Brihuega. En aquella época, todos los días al acabar de tocar nos emborrachábamos, seguíamos con ese mismo chip de fiesta y claro, así pasó. Fuimos a Campello y después del concierto pillamos una borrachera en la playa sin ser conscientes de que al día siguiente teníamos otro bolo. Íbamos muertos en la furgoneta.

RAFA. Había que ver las pintas que llevábamos en la furgoneta cuando llegamos a Madrid a la hora de comer. Los cuatro íbamos con las bermudas y estaba cayendo una lluvia impresionante. La idea era irnos directos al Astoria a probar sonido, pero nos perdimos a la entrada de Madrid y además de eso reventamos una rueda contra la acera en un mal giro. Pinchamos justo en el Puente de Segovia. Tuvimos que bajarnos los cinco, diluviando, y ponernos a cambiar la rueda. Menudo cuadro, ahí estábamos los cuatro y el Francés con los bañadores empapándonos para cambiar la puta rueda.

DANI. Conduje la furgoneta desde Albacete, porque el Francés iba hecho polvo y se quedó sobado. Al llegar a Madrid, en una rotonda, le pegué al bordillo y se jodió una rueda. Estábamos apenas a un kilómetro de la sala, pero diluviaba. Ahí nos ves a los cuatro con el Francés agobiados cambiando la rueda y empapándonos, diciendo que no íbamos a llegar a la prueba de sonido. Llegamos calados a la prueba. David después se fue a su casa a ducharse, pero nosotros nos quedamos. Nuestro amigo Blas le trajo desde su casa. Nuestros amigos prepararon unas palmeras hechas a mano para decorar el escenario. Lo hicieron con lo que pillaron, maderas y cartones que encontraron por ahí, las pintaron y las adecentaron. Se pasaron el día anterior haciendo todo eso en casa y luego colocaron las palmeras para decorar el escenario.

JAVI. Lo de las palmeras venía de nuestra tradición de irnos muchas vacaciones de Semana Santa a Benidorm. Nos daba por ponernos camisas de palmeras de estilo tropical. En Benidorm lo pasábamos de puta madre. Una vez acabamos en el calabozo durante una borrachera por mear en la calle, en un callejón, porque estábamos a reventar de la cerveza que habíamos bebido. Nos vio un policía, llegó un furgón, nos metieron a todos y nos llevaron a un calabozo con rejas y todo. Ahí estábamos toda la panda del Parque, Marcial, mi hermano, Blas y Chicho, un amigo que estaba en primero de Derecho que les montó el pollo diciendo que era abogado y que se les iba a caer el pelo. Casi se lleva dos bofetones. Lo dejaron todo el día ahí. A nosotros nos soltaron de madrugada, pero él no salió hasta el día siguiente por tocarles los cojones. Les cogimos un cariño enorme a las palmeras, eso les inspiró para el día del concierto, pensaron incluso en ir cada uno con su camisa de palmeras.

DAVID. *Llegué en mi Exorcito al concierto con mi amigo Blas. En-*
tramos por la puerta principal, el portero nos paró y no nos quería
dejar pasar. Estaba tan hecho polvo que entré al camerino, me
tumbé en una especie de camita tipo sofá que había y me quedé
frito; no había dormido nada en toda la noche. Cuando me des-
perté eran como las nueve y media.

De pronto me despierto y empiezo a escuchar una bulla terri-
ble. Me levanto, me acerco hasta la zona del escenario y veo el
sitio petado hasta arriba, la gente gritando enloquecida. Dije:
«¡Hostia, aquí la vamos a liar!».

Recuerdo que había quedado con mi novia en la puerta, afue-
ra, la iban a acercar sus padres. Habíamos quedado en que yo la
recogía en la puerta y entraría conmigo. Se había colgado el «No
hay billetes» como en los toros. Recogerla fue una odisea, casi me
arrancan la camisa las niñas tirándome del pelo. Más que cola, lo
que había era una aglomeración en torno a las puertas.

El Astoria era un teatro, era un antiguo cine reconvertido en
sala con varias puertas delante de las cuales había una multitud
intentando entrar. En la sala cabrían como mucho dos mil perso-
nas. Era la primera vez en mi vida que me pasaba una cosa así,
porque salí a recoger a mi novia pasando entre el público, como
siempre hacía. Aquello que hacíamos en Rock-Ola, cuando le de-
cías al de al lado: «Oye, déjame pasar que tengo que subir al
escenario a tocar», ya era historia. Apenas pudimos llegar hasta
los camerinos, la gente me cogía, las niñas histéricas, mi novia
decía: «Pero ¿esto qué es?».

Cuando salimos el flipe fue total, todo el mundo cantaba todo
el disco nuevo a coro. En ese momento pensé: «¡Coño! Aquí está
pasando algo importante». Antes miraba al público y siempre
veía a la pandilla, a mis primos, pero de repente miraba una sala
atestada de gente que no conocía de nada. Fue el despegue, ese
verano hicimos más de sesenta conciertos. El 1 de junio de 1985
fue el primer día del resto de nuestras vidas.

Curvas, baches y bares

Los amigos del Parque también se dieron cuenta en el Astoria de que aquella era una fecha histórica para sus colegas. «A estos tíos les acaba de cambiar la vida», se repetían Marcial, Blas, el Pez, Fernando, Charly y toda la pandilla. Sin embargo, la fama no iba a borrar la «G» de gamberros ni la «A» de amistad. Los amigos seguirían ahí y estarían presentes en muchas giras y muchas risas.

JAVI. Estábamos en el Rowland un viernes a las diez de la noche y me acordé de un premio que nos habían dado en una discoteca de Azuqueca de Henares. Del grupo solo estaba Dani, el resto eran amigos nuestros del Parque. Arrancamos cuatro coches para allá. A Dani y a mí nos multaron, nos paró la Guardia Civil por no hacer bien un stop. Los de la discoteca no contaban con que fuéramos. En la puerta nos preguntaron quiénes éramos y dijimos que los Hombres G, dos de estos cabrones se hicieron pasar por Rafa y por David, porque todavía no nos conocían mucho físicamente.

El dueño llamó a la mujer para que nos llevara una hamburguesa de su casa. Nos invitaron a copas y salimos a recibir el premio, armamos un cachondeo tremendo y la gente se lo pasó de puta madre. Imagino que cuando empezaron a vernos después por la tele pensarían que algo no cuadraba ahí [risas].

Otra vez nos dieron un premio en Castilla y León cuando Aznar era presidente de la comunidad autónoma. Allí fueron en representación nuestra mi hermano Ferdi y Charly, el hermano de Dani, pero fue porque nosotros no pudimos ir.

Los Hombres G hicieron ¡boom! Pedro Caballero no daba crédito a lo que estaba pasando. Se disparó la demanda y firmó sesenta y cinco bolos en un santiamén. Entre ellos, una reveladora curiosidad: el 16 de agosto, dos meses y medio después, se iban a invertir los papeles en la Morasol Costa de El Campello. Los Elegantes serían los teloneros de los Hombres G.

La primera gira de Hombres G se puso en marcha. De la noche a la mañana los cuatro amigos supieron lo que era la vida en la carretera, a veces tensa y sin parar de llover, como reflejó David Summers en la canción que recogió dicha experiencia. La carretera los llevó por toda España. Las palizas de kilómetros eran en ocasiones enormes, ya que no se tenía en cuenta la proximidad geográfica a la hora de aceptar fechas. Cada parada era un nuevo descubrimiento, cada concierto un nuevo motivo de asombro. En Mijas, Málaga, los teloneros fueron Gabinete Caligari, algo impresionante en esa vorágine de acontecimientos. Jaime Urrutia y su banda eran un grupo sagrado al que admiraban y tenían en la más alta consideración.

La histeria colectiva de las fans empezó a ser un denominador común en todas sus presentaciones. El fenómeno fan resurgió en España de la mano de Hombres G de una manera inusitada y sensiblemente más fuerte de lo que lo había hecho años atrás con otros artistas.

La primera gira de su historia como tal empezó el 7 de julio en la ciudad de Burgos, y tras un total de sesenta y cinco fechas, acabó el 8 de diciembre en la localidad andaluza de Fuengirola, donde para celebrar el cierre de gira cogieron un pedo de esos de los que hacen afición. En cuanto a los percances, tuvieron que suspender una actuación por un generador quemado en Manzanares (Ciudad Real) y sufrieron una intoxicación provocada por el agua que bebieron en un bar de carretera y que les afectó cuando llegaron a Piedrabuena, también en la provincia de Ciudad Real, aunque al final pudieron celebrar el concierto. En Bilbao les sorprendió una tromba de agua y el escenario acabó invadido por el público para resguardarse de la lluvia. Era una continua novedad y un continuo anecdotario.

DAVID. *Todo era nuevo para nosotros. Si había un bolo en Vigo, era la primera vez que íbamos a Galicia; si íbamos a Barcelona, lo mismo, y en Murcia lo mismo. No nos creíamos lo que nos estaba pasando. Lo petábamos en todos los sitios, plazas de toros, pabellones o locales como Pachá en Madrid o Studio 54 en Barcelona. En el Astoria todavía teníamos el chip de que todos los conciertos eran fiestas, no teníamos el concepto de gira, eso llegó después. Seguí haciendo el repertorio de los shows igual, se lo comentaba a los chicos, veíamos las canciones que íbamos a tocar y el orden y lo decidíamos antes de tocar. Cogía un folio en blanco, lo anotaba, le daba una copia a cada uno y listo. Ahora es igual, pero nos lo curramos un poco más.*

JAVI. *Muchas veces quedábamos en el Rowland y ahí nos recogía la furgoneta. Nos echábamos a la carretera a recorrer kilómetros sin cansancio, por edad e ilusión, lo que nos echaran. A la furgoneta le quitábamos el trucaje que tenía para que no corriese mucho. A finales de agosto, en Ibiza, tocamos con un grupo extranjero, Opus, los del Live is life. Salimos nosotros primero y, como siempre, todo el mundo enloquecido bailando, cantando y disfrutando. Luego salieron ellos, que tenían solo ese éxito y cometieron el error de cantarlo nada más salir, por lo que la mitad del público se piró, demostrando que habían ido por nosotros.*

El concierto estaba organizado por Los 40 y se celebró en el hipódromo de Santa Eulalia. Lo emitieron en Radio Ibiza, fue de los primeros que se retransmitieron por Los 40. Para nosotros fue muy bueno, porque todo el mundo se dio cuenta de que habíamos tenido más éxito nosotros que aquel grupo internacional.

DANI. *¿Cuál era la clave de aquel éxito fulminante? Ni nosotros lo sabíamos. Por momentos me preocupaba que se pudiera asociar el hecho de que éramos unos cachondos con el de no querer tocar bien o hacer las cosas bien, porque éramos cachondos pero responsables. Teníamos buenas canciones y éramos normales, eso* *llamaba la atención en una época en la que todo el mundo se disfrazaba en el escenario.*

RAFA. Al final hicimos buenas migas con Martín el Francés, lo puteábamos lo justo [risas]. Pedro Caballero tampoco se libró de las bromas. En Málaga paró a echar gasolina y le metimos un piedrolo impresionante en el coche mientras repostaba. Martín era un pedazo de pan. Bebía como un cosaco, pero a la hora de trabajar era el primero en su puesto. En ese primer tour hacía de chófer, de mánager, de todo. Cobraba y ponía el dinero en el salpicadero del vehículo. A veces veías ahí un fajo enorme de billetes.

Un día le pedí que parara para orinar. Paró en un bar de un pueblo. Cuando salí del bar vi a dos niñas, una llevaba una carpeta de Hombres G como aquellas que sacaba la revista Súper Pop. Le pregunté si le molaban. No me reconoció y me contestó altiva, creyendo que le estaba vacilando: «Sí, me gustan, ¿qué pasa?». «Que son una mierda», le dije. «Y tú, un gilipollas y un imbécil», respondió. Iba a decirle quién era, pero teníamos prisa y volví a la furgoneta descojonándome y feliz. Esa era una fan incondicional para toda la vida.

En esa primera gira pudimos comprobar lo agotadora que puede llegar a ser la carretera. Volvíamos de una ciudad, hacíamos escala en Madrid, la furgoneta nos dejaba en el Parque de las Avenidas; a veces Nano, el del Rowland, nos prestaba su casa para descansar entre viaje y viaje y dejábamos las cosas en el bar.

Antes de finalizar la gira de 1985, el 24 de octubre se organizó en la sala Pachá la fiesta de entrega del disco de oro, que recibieron de manos del director de *Los 40 Principales* y jefe de programas musicales de la Cadena SER, Rafael Revert. Tocaron con la sala a reventar, aforo completo de dos mil personas dentro y otras dos mil en la puerta gritando sin poder entrar. Habían pasado de pensar en tirar la toalla en octubre de 1984 a recibir un disco de oro en octubre de 1985 como producto musical más vendido en España. Diego Manrique dejó constancia del hecho en una doble página en el suplemento dominical del diario *El País*:

> Nacieron cuando el mundo estaba descubriendo a The Beatles: sus canciones despiertan hoy idénticos ardores entre las adolescentes españolas. Su éxito ha sido una de las pocas notas alegres en un año fatal para la industria discográfica: llevan vendidas ya doscientas mil copias de su primer disco, una cifra extraordinaria para un grupo que era desconocido a principios de 1985. [...] En otro país los Hombres G ya serían pasto de sociólogos curiosos, aquí sin embargo se han encontrado mayormente con ataques y desprecio.*

* Diego A. Manrique, *El País Semanal*.

7

España tiene
un marcapasos

Siento un golpe en el pecho
Yo solo quería besarle
Ha salido el marcapasos
Entre vísceras y sangre
Mírale qué ojitos tiene
Es idéntico a su padre.

DAVID SUMMERS,
Marta tiene un marcapasos

En la doble página anterior: concierto del Tívoli Park en Fuengirola, Málaga, en 1986, donde la banda hacía dos pases, uno de tarde y otro de noche.

En la emisión del programa Tocata *de noviembre de 1985 David Summers había anunciado que el siguiente disco de Hombres G iba a ser «exactamente igual que el primero, sin ningún tipo de línea, solamente la nuestra, va a ser de cachondeo igual que el primero y esperemos que tenga el mismo éxito».* Se equivocaba. No iba a tener el mismo éxito, sino mucho más. En 1986 los Hombres G consolidaron y aumentaron su fama con su segundo álbum,* La cagaste... Burt Lancaster. *España entera bailó al ritmo del marcapasos de Marta. La gira fue maratoniana, la Hombresgmanía del fenómeno fan se desbordó, condicionando la vida de los cuatro integrantes del grupo, sobre todo la de David.*

MIS AMIGOS ESTÁN AQUÍ

El servicio militar podría haber sido un escollo en el despegue del grupo. Fue algo que truncó carreras, como la de los Pecos, y que Rafa vivió en su etapa con Plástico. David y Javi fueron excedentes de cupo. Dani logró esquivarlo por un problema de espalda que le declaró no apto y Rafa ya lo había

---

* *Tocata*, TVE, 6 de noviembre de 1985.

hecho. Problema resuelto, todo el viento soplaba a favor de los Hombres G. Rafa fue el único que se encontró con un viento en contra.

En aquella época tenía pareja, una chica que había conocido en Piedralaves, un pueblo de Ávila, donde había llegado para tocar con una orquesta llamada Venecia en el verano de 1984. Con ellos recorrió verbenas populares cargando y descargando equipos. Rafa era la estrella de aquella orquesta. Un año después, el 1 de agosto de 1985, regresó al pueblo como miembro de Hombres G. Rafa ya no cantaba *Lobo-hombre en París* de La Unión o *El Pistolero* de Pistones. En aquel regreso pudo tocar con satisfacción las canciones de su propio grupo.

En ese corto intervalo de tiempo su relación fue a más, se casó y compró una vivienda, pero el matrimonio fracasó y eso le afectó anímicamente. Su familia y sus amigos se convirtieron en una verdadera piña que lo arropó y lo sacó adelante. La crisis anímica del guitarrista afectó a la grabación del segundo disco, hubo que tener paciencia y posponer alguna sesión hasta que poco a poco lo superó.

Este episodio fortaleció los lazos de amistad del grupo, demostrando que ahí estaban todos a una, a las duras y a las maduras. David compuso la canción *Mis amigos* para dedicársela, de parte de todo el círculo de amistades, a su amigo Rafa. El tema se publicaría dentro del tercer álbum *Estamos locos... ¿o qué?* Apareció una dedicatoria especial en los agradecimientos del disco.

> *Y si no me encuentro bien,*
> *mis amigos están aquí.*
> *Y si yo siento que el sentido voy a perder,*
> *mis amigos sabrán qué hacer.**

* David Summers, *Mis amigos.*

RAFA. Estuve un año casado. Después de separarme anduve de un lado a otro muy jodido y fue muy grato ver cómo en momentos así tus amigos te apoyan. Me emocionó mucho, porque lo estaba pasando un poco mal. Me propusieron cantarla, pero preferí que lo hiciera David. Ellos son mis amigos de verdad, se portaron de puta madre.

DAVID. Rafa es un pedazo de pan que se merece lo mejor del mundo. Su enorme corazón, su carácter extrovertido y la inmadurez de aquellos años le hacían presa fácil de la gente sin escrúpulos. Cuando se separó, después de darse cuenta del tipo de mujer con la que se había casado, nosotros le apoyamos en todo. Antes que un grupo, éramos y somos amigos.

LA CLAVASTE, BURT LANCASTER

Nada más arrancar 1986, concretamente el domingo 19 de enero, el grupo estrenó el año con un concierto en *El gran musical* de la Cadena SER en Madrid, un evento en el que, además, les entregaron un disco de platino por sus enormes ventas. Su primer disco, *Hombres G*, llegó a certificar trescientas mil copias en España.*

El gran musical llegaba cada domingo en directo a mediodía, fiel a su cita con los oyentes desde que en los años sesenta lo crearan el entonces locutor Tomás Martín Blanco y su productor, Rafael Revert. Revert inauguró después el programa *Los 40 Principales* en Radio Madrid y fue su director desde 1966 hasta 1992.

* Lista de discos más vendidos certificada por Promusicae y SGAE.

Pepe Domingo Castaño tomó el relevo de Martín Blanco, después vinieron Pepe Cañaveras, José Antonio Abellán y Fernandisco, sin olvidar las intervenciones del carismático Joaquín Luqui y sus *gingles* publicitarios. El programa se cerraba con una actuación en directo.

Era muy rentable para la cadena por los patrocinadores que lograba captar gracias a su millonaria audiencia y para los artistas por el tremendo escaparate que suponía. El debut de Hombres G en este espacio tuvo lugar en un concierto organizado por Radio Madrid en la sala Carabel. Las entradas se agotaron en un tiempo récord, y desde las cuatro de la madrugada ya había personas haciendo fila para un programa que no empezaba hasta las doce del mediodía.

Fue un triunfo rotundo, con un público totalmente entregado, que se repitió exactamente igual poco después en Palma de Mallorca. Este fue el momento de la confirmación del fenómeno fan en torno al grupo. Aquel día llegaron a asustarse por el tumulto que se organizó en la sala. Temieron por la seguridad del público.

Le siguieron otras dos actuaciones en sendos conciertos en directo en otro mítico programa de los años ochenta, *La bola de cristal,* de Televisión Española. Desde su creación en octubre de 1984 hasta su desaparición en 1988 dejó una banda sonora inolvidable recogida en los treinta temas de *Las canciones de La bola de cristal ¿Qué tiene esta bola?,* disponible en plataformas como Spotify, en la que Hombres G interpreta el tema *Hoy es un nuevo día,* compartiendo el recopilatorio con el *Abracadabra* de Alaska; *La bola de cristal,* de Santiago Auserón; *Va por la ciudad,* de Loquillo y Los Trogloditas; *Es muy normal,* de Burning; *Alumbakata,* de Objetivo Birmania y la recordada *Canción de los electroduendes,* entre otros.

Al mismo tiempo, Twins empezó a crecer e incorporó a un jefe de promoción, Ricardo de la Morena, que debutó con Hombres G en el segundo disco, grabado nuevamente en los estudios TRAK entre el lunes 3 y el lunes 24 de febrero de 1986. La selección de temas fue fácil, la despensa musical de David Summers estaba todavía repleta de grandes canciones a las que se unieron las surgidas en la onda expansiva del éxito del primer disco y la primera gira, entre ellas *Visite nuestro bar*, un homenaje al Rowland del Parque de las Avenidas, y *La carretera*, una gran balada del David más romántico contando la rutina de una gira lejos de su pareja.

Los cuatro singles fueron número uno, dos de ellos son viejas canciones recicladas: *Marta tiene un marcapasos*, y *El ataque de las chicas cocodrilo*, tema readaptado con una letra nueva en forma de simpático homenaje a las fans que se volcaron con el grupo. Los otros dos fueron *Visite nuestro bar* y *Te quiero*.

DAVID. Para el primer disco no tuve que componer nada, pero para el segundo sí estuve trabajando por primera vez en la casa de mi madre en Santa Olalla, donde iba todas las Navidades. Ahí le di forma a Rita la Cantaora, retoqué algunas canciones viejas, como Indiana, y las nuevas que había hecho durante la gira, como La carretera. A partir de ese fin de año la finca de mi madre en Huelva iba a ser testigo de infinidad de horas de trabajo, y allí nacieron canciones muy conocidas.

Este segundo disco se hizo sin tanta prisa como el primero y en él se mantuvo a Paco Trinidad como productor. Esta vez invirtieron veintiún días de trabajo en el estudio TRAK, de nuevo con la colaboración de Piti, el magnífico bajista, arreglista y amigo que había sustituido a David en el primer disco.

Las diez canciones elegidas fueron: *Visite nuestro bar, Indiana, En la playa, Un par de palabras, Te quiero, Marta tiene* un marcapasos, *El ataque de las chicas cocodrilo*, *Él es... Rita la Cantaora*, *Dos imanes* y *La carretera*. *Te quiero* y *En la playa* fueron las dos primeras en grabarse.

El grupo también grabó otro de sus temas más primitivos, *Me cago en tu prima*, con su título original, y *Tomasa me persigue*, pero decidieron dejarlas fuera, *Tomasa me persigue* se usó como cara B del single *Marta tiene un marcapasos*. El 21 de marzo se metieron de nuevo en TRAK para hacer una nueva versión de *Nassau*, *La cagaste... Burt Lancaster* y *El gran Eloy*. Estos tres temas fueron producidos por Carlos Narea para el disco de grandes éxitos que completaba el primer contrato firmado con Paco Martín y que publicó Producciones Twins-Nueva Lente en 1986 con una edición en vinilo y casete.

De los tres temas grabados, *El gran Eloy* quedó fuera e incluyeron *La cagaste... Burt Lancaster* y *Nassau*, cuya nueva versión era diferente a las dos anteriores. *Nassau* ya había sido grabada el año anterior en el máster del primer disco, pero se quedó fuera del elepé, solo fue incluida en la cara B del primer single en vinilo, *Devuélveme a mi chica*, hecho que convierte a ese single en una preciada pieza de coleccionistas.

Twins también publicó una edición especial de los grandes éxitos en un vinilo serigrafiado, otra joya para los coleccionistas, en la que por una cara aparecía una foto a color del cuarteto estampada y por la otra, el logo con el escudo de Hombres G en amarillo sobre fondo verde con la misma tonalidad usada en la portada del segundo álbum. Incluía ocho temas, cuatro del primero y cuatro del segundo, prácticamente los singles que habían arrasado en todas las listas: *Devuélveme a mi chica*, *Venezia*, *Dejad que las niñas se acerquen a mí*, *Hace un año*, *Marta tiene un marcapasos*, *Te quiero*, *Visite nuestro bar* e *Indiana*.

El 7 de febrero de 1986 el diario *Ya* les dedicaba un amplio reportaje donde aseguraba que a pesar de tener un solo disco y tan poco tiempo en escena eran el mayor fenómeno colectivo del pop español después de Tequila. En 1985, vender cien mil copias o más de un álbum era muy difícil en España. Los discos de platino eran coto vedado de artistas como Julio Iglesias o Rocío Jurado. Las multinacionales elevaron a esos altares a algunos grupos de pop-rock. Mecano registraba ventas en España en los años ochenta que superaban el millón de copias, como sucedió con *Descanso dominical,* publicado en 1988 por BMG-Ariola,* o las seiscientas mil que logró *Entre el cielo y el suelo* en 1986, en su debut con dicho sello tras dejar CBS.

El impacto social de los Hombres G invitaba a pensar que habrían podido pulverizar esas cifras de haber fichado por una de las varias multinacionales que quisieron hacerse con ellos en 1986, pero se mantuvieron fieles a su pequeña compañía, con la que dieron en el clavo con su segundo álbum, que rompió un récord de demanda previa, tal como recordaba Paco Martín en 2002 para el documental *Los Beatles Latinos.*

La cagaste... Burt Lancaster salió al mercado en la primavera de 1986, cuando su antecesor era todavía un éxito después de cuarenta y seis semanas manteniéndose en las listas de superventas y, según los datos de Paco Martín, había rebasado el medio millón de copias vendidas.** La portada cambió el rosa del fondo por el verde, pero conservó el concepto con una foto de Lancaster en *El halcón y la flecha.* Lo mismo sucedió con el diseño de las portadas de los singles.

---

* Lista de discos más vendidos certificada por Promusicae y SGAE.

** Javier León Herrera, *Sufre mamón, la banda sonora de nuestra juventud.*

Antes de publicarse, el disco tenía pedidos en firme que lo convertían casi en disco de platino. Alcanzó el número uno de ventas nada más salir. Si bien las cifras no fueron reportadas y no aparecen en la lista oficial certificada de Promusicae y la SGAE, Paco Martín aseguró que en pocas semanas el disco dobló la cantidad de la preventa en ventas.* Burt Lancaster clavó la flecha en toda la diana.

DANI. Es muy difícil que pueda aparecer en las listas de ventas oficiales todo lo que vendimos, porque Twins era una compañía pequeña y Paco además tenía un problema muy grande de distribución. En ese sentido era difícil competir por ejemplo con artistas como Mecano, que era un grupo muy vendedor también y que contó con toda la maquinaria de CBS primero y de Ariola después. No es una queja, porque fue algo que nosotros elegimos. Vendimos un mogollón y debe haber muchos discos vendidos sin computar.

Nuestra intuición, apoyada en la experiencia de tantos años dentro de la industria y ver el comportamiento del mercado, es que pudimos vender tres veces más. Cuando nosotros regresamos en 2002, Los singles llevaba vendidos un millón y medio de discos, esos sí son datos reales y auditados de Warner. En estos quince años ha podido vender fácilmente otro millón. En resumidas cuentas, es difícil saber con exactitud los discos que hemos podido vender a lo largo de nuestra carrera, pero el acumulado es de varios millones, eso es indudable.

El primer single del segundo disco, *Marta tiene un marcapasos*, siguió los pasos de *Venezia* y se colocó como número uno en todas las radios nacionales. La canción se hizo tan pegadiza y popular en todo el país que España entera parecía

---

* *Ibidem.*

tener un marcapasos. Fue la canción del verano. Por entonces, *Visite nuestro bar* y los «guapos del barrio» de *El ataque de
las chicas cocodrilo* también lograrían colocarse en todo lo alto
como singles en las listas de éxito radiofónicas. Con motivo
de la última gira, *Resurrección*, David recordaba que este disco
se ha convertido en el álbum que mayor número de canciones
ha aportado a los conciertos a lo largo de su trayectoria.

*DAVID. La cagaste... Burt Lancaster es otro éxito rotundo, porque
hay canciones muy buenas que no tuvieron cabida en el primer
disco. Fue tal el éxito que mi padre alucinaba y decía que lo so-
brepasaba en ganancias por derechos de autor. Es un discazo,
insuperable, hasta el punto de que hoy en día en los conciertos
cantamos casi todas las canciones que lo componen. Una vez leí
en internet que una revista francesa de rock, Rock & Folk, había
elegido este disco como el mejor disco de pop-rock en español de
la historia. Me hizo una ilusión acojonante.*

*Hubo otro tema que también quisimos meter pero que se que-
dó fuera, El último tren, muy parecido en la historia y de la misma
época de Dos imanes, que sí entró. La piden mogollón en los conciertos, pero no la hemos tocado nunca. Se puede escuchar en
Spotify, la incluimos en 30 años y un día.*

*Dos imanes es mi historia, una historia contada dentro del
Parque. Cada vez que la canto, cierro los ojos y me veo allí, en
ese bar con mis amigos, es empezar a sonar y mi cabeza se va
al Rowland. Indiana era un tema anterior a cuando se publicó
en 1986. Recuerdo que en esa época Julián, el batería de Siniestro Total, andaba siempre con un sombrero como el de Indiana
Jones. Vivía en Vigo, pero hice amistad con ellos porque yo era
muy fan de Siniestro Total y muchas veces me lo encontraba en las
oficinas de DRO y nos poníamos a charlar, o cuando tocaban en
Madrid iba a verlos y después pasaba por el camerino a tomar
una cerveza con ellos. Siempre iba con su abrigo de cuero y su
sombrero marrón oscuro.*

Cuando empecé a escribir la canción puse otra cosa, me acuerdo perfectamente porque tenía la letra original. Normalmente las conservo todas, pero esta en concreto se la regalé en un marco a un amigo que le gustaba mucho Indiana. En la letra original decía: «Yo sé que me pones los cuernos con el hijo de Alain Delon, guarra». Después de darle vueltas a la letra, lo de la cazadora de cuero me llevó a Indiana Jones, e Indiana me llevó a pensar en Julián y así acabó la cosa, tal como el público la conoce, pero desde luego esa letra es otra de esas locuras mías surrealistas sin ninguna inspiración en hechos reales.

Dani y yo compartíamos habitación y aprovechábamos para trabajar en las canciones. Componía en los hoteles, en los autobuses, en casa, en todas partes, estaba siempre componiendo. Visite nuestro bar la hicimos en la gira. Dani estaba ensayando con la guitarra en una prueba de sonido y me llamó la atención: «¡Dani, coño, con eso hacemos una canción!». Algo parecido me había pasado como dos años antes con Rafa, un día que estaba él ensayando unos acordes en la guitarra, me fijé en lo que estaba haciendo y a partir de ahí nació lo que luego sería El ataque de las chicas cocodrilo, que con el tiempo se ha convertido en otra de nuestras canciones insignia. Cuando la rescatamos para el segundo disco modifiqué la letra original para convertirla en esa especie de homenaje a las fans.

RAFA. La canción de las chicas cocodrilo nació a raíz de un día que David escuchó unos acordes que yo estaba haciendo en la guitarra, era algo de Hold the line, la canción de Toto, pero con un ritmo más rápido. Él se fijó en eso y me lo comentó: «Rafa, mola, podemos hacer un tema con eso». Y así fue.

JAVI. Yo todavía me acordaba de que un año antes decía que me conformaba con vender mil discos, eso da una idea del nivel de flipe en el que estábamos. La canción que canto, Rita la Cantaora, es una coña típica de las nuestras basada en un cuento que le contaba de pequeño a mi hermano mayor cuando estaba peleado con él y no quería dejarle dormir. Le decía que existía un tal Eusebio que era electricista y se convertía en hombre-mona; en la canción, el hombre-mona era Rita [risas]. Yo imaginaba que los hombres-mona debían ser abominables, mucho peor que los hombres-lobo, porque mi hermano se acojonaba. David tenía una música y la adaptó para hacer la letra contando esa historia de terror.

Marta tiene un marcapasos fue un pelotazo. Había gente que decía que estaba escrita después de que David se hubiera comido un tripi, que era un vacile fruto del LSD. Nosotros nos descojonábamos cuando leíamos o escuchábamos esas memeces.

DAVID. A nosotros no nos hacían falta tripis ni pollas para echar nuestra imaginación a volar. Si soy sincero, nunca logré recordar en qué estaría pensando cuando hice esa letra. Toda la vida la atribuyeron a que me había inspirado en mi novia porque se llamaba así, cuando ni siquiera la conocía en aquel momento. Usé el nombre de Marta porque me venía bien para dar dos golpes al pronunciar las dos sílabas de la palabra; fue Marta como pudo haber sido Nadia o Ana. Lo del marcapasos vino porque mi padre estaba en aquellos días haciendo chistes sobre la Pasionaria, que tenía un marcapasos. Por otra parte, en 1979 se estrenó la primera película de Alien, con aquella escena impactante del bicho que salía del pecho. Ambas cosas se fundieron en mi mente, imaginando cómo podía salir un marcapasos, es un cúmulo de ideas mezcladas en plan surrealista. Es una de las canciones más tontas que he hecho en mi vida haciendo excepción a la pauta que seguía de escribir una historia. Lo último que imaginé fue que en el siglo XXI se iba a usar hasta para tonos de móvil.

«AQUÍ HAY MÁS GENTE QUE EN LA GUERRA»

El 1 de marzo empezó la gira de 1986 en Galicia, una gira maratoniana que acabó en el otoño de ese mismo año y en la que hubo fechas muy destacadas. El 15 de marzo actuaron en la localidad aragonesa de Fraga y al día siguiente madrugaron para llegar a Valencia por la mañana a una nueva edición de *El gran musical* de la Cadena SER en la ciudad del Turia, en plenas Fallas. Los precedentes en Valencia hablaban de conciertos en Fallas con aforos de unas quince mil o veinte mil personas en función del artista. Luis Merino, director de *Los 40 Mediterráneo* en Valencia, intuyó que Hombres G podía atraer a más gente y pidió permiso al Ayuntamiento de Valencia para organizar el concierto en el antiguo cauce natural del río Turia. Ese lugar permitía congregar a un número muy grande de personas si la demanda se disparaba y, al mismo tiempo, nunca daba la sensación de vacío en caso contrario.

La entrada era gratuita, y el clima soleado y primaveral tan característico de la capital valenciana siempre acompañaba en este tipo de eventos al aire libre. El resultado fue que el 16 de marzo de 1986 se celebró uno de los más grandes y multitudinarios conciertos de la historia del pop-rock nacional que se han celebrado jamás en España.

RAFA. Llegamos muertos, con la cara destrozada, alrededor de las diez de la mañana. Fuimos directos a supervisar el lugar. En el backstage nos vieron dos niños a Javi y a mí, recuerdo el comentario: «Menuda pinta llevan para ser pijos». Yo me descojonaba, sobre todo por la poca gracia que le hizo a Javi: «Vaya niños más gilipollas», contestó. Javi no llevaba muy bien aquello de que nos etiquetaran como pijos, un tío al que le va el rollo Harley Davidson y Jack Daniels. Se crispaba enseguida, quería salir al escenario como si fuera de AC/DC. David se lo decía: «Javi, déjalo estar, por mucho que te vistas igual que AC/DC y te quieras com-

prar la misma batería de ellos, cuando digas uno, dos, tres y
sueltes el primer baquetazo va a sonar Sufre mamón, no Highway
to hell».

JAVI. *Lo tengo en una cinta que grabó mi hermana de la retransmi-*
sión que hizo la SER. Solo de escuchar cuando nos presentan y el
rugido de todo aquel gentío te haces una idea de lo que fue aque-
llo. Nos decían que ni la policía local se aclaraba. Los responsa-
bles de la radio pidieron a la policía que calculasen cuánta gente
podía haber metida ahí. En principio dijeron que cien mil, pero
más tarde había quien hablaba de ciento cincuenta mil. Es que no
cabía un alfiler, veías gente por todos lados, en el cauce, en las
barandillas, en las calles de alrededor. Lo acojonante es que nos
pusieron de teloneros a Christopher Cross, que tenía un huevo de
premios Grammy el tío, y a Gabinete Caligari.

Aquel día hacía un calor que te morías y veníamos reventa-
dos, pero cuando empezamos a ver todo ese gentío nos vinimos
arriba. Estábamos esperando y no hacía más que ver llegar gente
y más gente, mirabas al frente y no paraba de llegar más y más
peña. Yo miré aquello y les dije a los demás: «¡Esto es la hostia,
aquí hay más gente que en la guerra! Vamos, ¡ni dos veces Wem-
bley o Maracaná!». Imagínate el concierto de Freddie Mercury y
Queen en Wembley, resultaba que los Hombres G ¡metimos el
doble de gente en Valencia!

Aquello quedó como un hito en la historia de la música
pop-rock española. Luis Vaquero reconoció en 2002, durante
la elaboración de la primera biografía del grupo, que aquel
concierto fue un acontecimiento sin precedentes que hizo
historia en la ciudad y en la cadena para la que trabajaba:

Nosotros procurábamos organizar estos eventos en lugares en los que el artista podía tener más éxito, pero con
Hombres G daba lo mismo si lo hacías en Madrid, en Va-

lencia, en Barcelona o en Sevilla, donde se hiciera, se llenaba, y con horas de colas para entrar. Valencia era una ciudad más progre en esa época de lo que podía ser Madrid, había reticencias a hacerlo allí porque creían que era peor plaza para un grupo tan pop como en ese momento era Hombres G, pero Luis Merino, que dirigía Los 40, pensó que sí podían funcionar y pidió colaboración al ayuntamiento para conducir El gran musical en el cauce del Turia. Intuyó que Hombres G era capaz de meter hasta doscientas mil personas y desde luego no se equivocó.

Hacía un calor tremendo, pero no cabía un alfiler, era una imagen impresionante. Hasta entonces el mayor evento de El gran musical había sido el del Parque de Atracciones de Montjuic con los Pecos después del terrible accidente en el que murió una fan de quince años, pero este lo superó de largo. Si Valencia era el hueso más duro de roer, nos imaginábamos lo que sería en el resto de España: lo que fueron, uno número uno incontestable.*

Puerta grande en el coliseo del barrio

Dentro de la maratoniana gira del 86 hubo una cita inolvidable: la primera de muchas en la plaza de toros de Las Ventas, donde se consagraban tanto las figuras del toreo como las estrellas de la música. Para ellos era la plaza del barrio, por la cercanía del coliseo de la calle Alcalá con el Parque de las Avenidas. Hay muchos artistas que tardan años y muchos discos en atreverse tan siquiera a presentarse en Las Ventas, cuya capacidad de aproximadamente veinte mil personas eran palabras mayores tanto en los años ochenta como hoy

* Javier León Herrera, *Sufre mamón, la banda sonora de nuestra juventud.*

en día, superando sensiblemente el aforo del WiZink Center (Palacio de Deportes de la Comunidad de Madrid).

La euforia que provocó el *boom* del segundo disco, unido a lo que había sido el primero, animó a Pedro Caballero y a Paco Martín a aceptar el reto y programar para el 11 de julio el primer concierto de Hombres G en el coso madrileño, escenario que volvería a ser protagonista en los inicios de la segunda etapa.

El matrimonio Ventas-Hombres G es feliz y cuenta en su historial con memorables noches de *sold out* a lo largo de su carrera, destacando esta primera de 1986, la del regreso en 2003 y la del aniversario en 2015. Cuando se anunció el concierto no faltó el ruido de sables de los agoreros soldados de la envidia, acusándolos de arrogantes y osados por aspirar a llenar el templo sagrado del directo, augurando un pinchazo. Paco Martín lo recordó en 2002:

> Decían que iba a ser un fracaso, que Las Ventas era un lugar reservado para grandes acontecimientos. Todo el mundo nos dijo que estábamos locos, que era imposible llenarlo, que nadie lo había hecho, que mucha gente había fracasado, pero se equivocaron por completo. Fue un gran acontecimiento.
>
> Las entradas se agotaron a los cuatro días de ponerse a la venta. Tuvimos un margen de diez días, pero estaba convencido de que si hubiéramos puesto otra fecha también habríamos llenado. A pesar del precio y de la hora, se llenó completamente.
>
> Desde las ocho, el ambiente alrededor de la plaza era el de las grandes tardes, nadie se lo quiso perder, ahí estaban ejecutivos, artistas y periodistas. Honorable Sociedad arrancó el concierto como teloneros. Hombres G hizo cuatro bises.*

* Documental *Los Beatles Latinos*.

DAVID. *El éxito fue acojonante. En 1986 hicimos ciento treinta y ocho conciertos, ese año fue la hostia. Tocábamos en sitios con muchísima gente. Recuerdo plazas de toros a reventar, como la de Albacete el 30 de agosto con Séptimo Sello de teloneros. Al año siguiente hicimos también la Monumental de Barcelona, donde actuamos dos días seguidos. Fue uno de esos conciertos que se te quedan grabados para siempre, apoteósico, con un montón de niñas desmayadas, gente con lipotimia, una locura. El titular de La Vanguardia del día siguiente hablaba de quinientas desmayadas en el concierto de Hombres G, con una foto de una niña a la que sacaban en camilla. Hacía tanto calor que los de seguridad echaban agua a la gente con las mangueras de apagar fuegos. La plaza estaba a rebosar y no dejaban de pedir un bis detrás de otro.*

RAFA. *En Barcelona hicimos tantos bises que nos quedamos sin canciones. Propuse hacer un tema de Tequila, la gente estaba entregada y nosotros igual. Cuando arrancamos el Rock and Roll de Tequila, Javi entró cruzado, no había manera de seguirlo. Nos paramos de golpe y él, sin cortarse un pelo, cogió el micrófono, contó un chiste y dijo que se le había ido la olla. Lo volvimos a intentar y se volvió a equivocar, volvimos a parar, y la gente yo creo que se pensaba que estaba hecho aposta y se descojonaba. El tema de Tequila no salió, pero la gente sí salió de allí feliz de la vida. Empezamos a tener una etiqueta positiva de que con nosotros había buen rollo y la gente se lo pasaba de puta madre en los conciertos, así que no era nada raro que este tipo de anécdotas la peña se las tomara a cachondeo.*

JAVI. *No sé qué me pasó ese día. Todos se me quedaron mirando como diciendo: «¿Qué coño hace este imbécil?». Tuve que parar otra vez, un desastre total. Cachondeo aparte, me jodió sobre todo porque para mí era bastante emotivo tocar una canción de Tequila, era como hacerles un pequeño homenaje y me salió como el culo. De aquel día recuerdo también a Séptimo Sello, que toca-*

ron antes y casi la lían. El cabrón de Regino sacó una bandera del Atleti mientras cantaba Todos los paletos fuera de Madrid. Allí volaban los mecheros y de todo, la peña encabronada hasta tal punto que yo decía: «Cuando salgamos nosotros nos matan». Pero fue salir David y decir: «Buenas noches, Barcelona», y todo el mundo se volcó con nosotros.

Aquel día, antes de salir del hotel, habían advertido en recepción para cuando regresáramos que no dejaran entrar a las niñas, porque eso se iba a llenar de tías. Efectivamente así fue, regresamos y había un mogollón impresionante. Entonces no sé a quién se le ocurrió organizar una fiesta, cogimos las botellas de todas las habitaciones y pedimos a uno de nuestros amigos que invitara a las fans, pero claro, como se había dado orden de que no las dejaran pasar, el de recepción se negaba. Así que tuvo que bajar la misma persona que había prohibido el acceso a levantar la prohibición. El tío del hotel alucinaba. Al final subieron y lo pasamos de puta madre cantando, bailando y dando botes, pero eran fiestas sanas, no eran fiestas pesadas.

¿DÓNDE HAY QUE FIRMAR?

Antes de la aparición del segundo álbum, el grupo empezó a ser cortejado por las mismas multinacionales que un año atrás los habían despachado con unas sonoras calabazas. Las millonarias y seductoras ofertas que CBS, WEA o Ariola ponían sobre la mesa podían cambiarlo todo. Ningún ejecutivo ignoraba que estaba delante de un fenómeno en ventas, de una banda con un tremendo poder de convocatoria capaz de generar una locura colectiva que inevitablemente hacía recordar la histeria y los desmayos que The Beatles provocaban en sus conciertos.

CBS y WEA se pusieron en contacto con David Summers. Paco Martín sabía lo que había, aunque finalmente logró retener al grupo llegando a un acuerdo con Discos CBS S.A. para la distribución:

> Yo terminaba el contrato y ellos estaban en lo más alto, eran el grupo más popular. Tenían ofertas millonarias de todas las compañías de discos y renovaron conmigo por nada. La mayoría tiende a olvidar lo que has hecho por ellos al principio, pero ellos no lo olvidaron nunca, estuvieron conmigo hasta que vendí Twins. Las decisiones finales las tomábamos de manera conjunta, éramos una gran familia, jamás me dejaron colgado. Nunca trabajé con gente tan honesta como ellos.*

DANI. Antes de grabar el tercer disco fuimos a su despacho una mañana y le dijimos que teníamos ofertas, que nos hiciera una nueva contraoferta para renovar el contrato. En ese momento pensó que hasta ahí llegaba la cosa, seguramente esa noche no pegaría ojo, consciente de que CBS, WEA, Ariola y todo el mundo nos estaba tirando los tejos.

Nos reunimos los cuatro con él y nos propuso subirnos los royalties del 8 al 10 por ciento. Nos dijo que él no podía hacernos una oferta igual. Él solo podía apelar al sentimentalismo, a que nos grabó cuando nadie quería saber nada de nosotros, que tuvo que hipotecar su casa para hacer los discos, que ni siquiera había ganado dinero porque decía que todo lo tenía que reinvertir y que no sería justo que lo dejáramos en la estacada, cosa que él sabía que era lo normal en este tipo de situaciones, el pez grande siempre se come al chico, pero lo que él no sabía es que en realidad no nos habíamos sentado a negociar con nadie, porque estábamos cómodos en Twins.

---

* Javier León Herrera, *Sufre mamón, la banda sonora de nuestra juventud.*

No fue una actitud chulesca hacia las multinacionales por su rechazo anterior, lo que ocurrió es que valoramos el hecho de ser como una familia, del trato que teníamos, de ver que nos había ido muy bien con Twins, habían apostado por nosotros y no veíamos razón para cambiar de compañía por mucho dinero que nos pusieran encima de la mesa. Así que cuando estábamos grabando el segundo disco renovamos el contrato con Paco por tres discos originales más.

Es la renovación de ese segundo contrato con Twins en la que se nos ve en una foto. Lo único que conseguimos fue que Paco nos subiera las ganancias del 8 al 10 por ciento. Si hubiéramos tenido la experiencia que tenemos ahora, en lugar de ese porcentaje nos habríamos hecho dueños de la compañía y el 10 por ciento se lo habríamos dado a él [risas]. No habría sido ninguna exageración, porque el 90 por ciento de los ingresos de la compañía los generábamos nosotros, pero en el fondo seguíamos siendo esos cuatro chavales de buen corazón que lo único que querían era pasarlo bien y hacer discos.

DAVID. En aquella reunión se hizo un silencio tenso, pero nosotros ya teníamos la decisión tomada. Creo que le vacilamos un poco para ver lo nervioso que se ponía. Nos miramos entre nosotros y yo dije: «Paco, déjame la copia del nuevo contrato, ¿dónde hay que firmar?». Firmamos todos lo que, aparte de nuestro nuevo contrato, fue su seguro de vida. Sin Hombres G, Twins era inviable. Actuábamos más por lo que nos decía nuestro corazón que por dinero o cualquier otro criterio.

Paco no iba a llegar en la vida ni a acercarse a la oferta de las multinacionales, y él lo sabía. Dudábamos también de la libertad que pudiéramos tener en una compañía grande, nos preocupaba que nos cortaran el poder de decisión. En Twins hacíamos lo que nos salía de los cojones. Hemos sido siempre un grupo de amigos, una gran familia. Éramos conscientes de que íbamos a vender menos porque el poder de distribución y *de marketing era mucho menor, pero estábamos a gusto y éramos felices.*

LAS CHICAS COCODRILO

La *Hombresgmanía*, vocablo con el que algunos medios bautizaron el fenómeno fan en torno al grupo, digno de toda clase de estudios y análisis sociológicos, nació prácticamente con el *boom* del verano de 1985 y creció sin parar, superando con creces lo que había sucedido con artistas como los Pecos o los casos más efímeros y prefabricados de Pedro Marín e Iván.

El grupo acaparó en esa primera etapa una enorme colección de portadas y pósteres en publicaciones dirigidas al fenómeno fan, entre las que destacaba la popular y paradigmática revista *Súper Pop*.

La vida de los componentes del grupo cambió de repente. Empezaron a tener dificultades para ir tranquilamente por la calle o acceder a lugares llenos de gente. En la puerta del domicilio de David Summers en la calle Piquer de Madrid había como mínimo treinta o cuarenta chicas esperando siempre en la puerta. De repente empezaron a llegar cartas. No entendía cómo podían enterarse las fans de su dirección.

A veces quería eludirlas para ir a cualquier lado con el coche, pero cuando aparecía por la puerta del garaje se le echaban encima. Tuvo que cambiar sus números de teléfono más de tres veces ante la avalancha de llamadas que desesperaban tanto a David como a su padre.

Al principio les pareció gracioso, David contestaba como siempre, muy educado, y atendía a sus fans, pero la cosa se fue desbordando. Cuando había amigos suyos en casa les pedía que contestaran ellos, y alguno intentaba ligar por teléfono.

Llegó un momento en que la situación se hizo insostenible. El teléfono sonaba cada dos minutos, de día, de noche y de madrugada: «Llaman a mi casa y luego no hablan, solo se oyen risas y tengo que colgar», decía textualmente la letra de *El ataque de las chicas cocodrilo* que fue la inspiración de la famosa viñeta publicada por Summers en *ABC*: «No, aquí no vive ningún Hombre G». Eran el grupo más popular de España.

Las chicas cocodrilo salían por todos lados. Muchas de ellas acudían al Rowland cuando sabían que podían estar allí, en fechas señaladas como Nochevieja. Entonces, en el bar no cabía un alfiler. Las niñas estaban felices solo de verlos. Los clubes de fans proliferaron por toda España, como después ocurriría en América. Twins creó un departamento para recibir y atender todas las cartas de las fans. Cada semana se recibían miles de telegramas que llegaban cuando cumplían años, no solo ellos, sino también sus familiares, padres y hermanos.

David era el más asediado. Virginia, una adolescente de
Zaragoza, le escribió más de doscientas cartas numeradas y
pensaba seguir hasta cumplir su sueño de conquistarlo. Algunas llegaron a preocuparle, porque amenazaban con suici-
darse si no conseguían conocer a sus ídolos, y las cartas llegaban manchadas de sangre como advertencia de que iban en
serio. Otras venían con la firma de los padres autorizando a
que su hija tuviera una relación con el cantante de los Hombres G.

En A Coruña, una niña se desvaneció en cuanto tuvo
ocasión de saludar a David. Los sanitarios de Cruz Roja le
dieron algo de beber y la reanimaron; entonces volvió a verse
frente a frente con él y volvió a desmayarse. Hasta un guardia
civil les pidió que le firmaran en el tricornio. En unos grandes almacenes hubo que suspender una firma de discos por
la aglomeración de gente, los empleados se asustaron ante el
temor de que pudiera ocurrir una desgracia.

En los hoteles era otra locura. Las fans se colaban y aparecían
por todos lados. A veces con la complicidad de las propias
madres, que se hacían pasar por familiares de los integrantes
del grupo para burlar la seguridad. En algunos hoteles había
que contratar seguridad extra. Cerraban con llave los ascen-
sores, subían a la última planta y desde allí hacían barridas
en busca de fans para sacarlas. Las más avispadas lograban
colarse en las habitaciones. A veces, en esas barridas sacaban cincuenta chicas desde la novena planta hacia abajo. En
una ocasión encontraron a una joven de dieciséis años metida dentro del armario del cuarto de David.

DAVID. *Aprendí a vivir con todo eso, con paciencia y saber estar.*
Nunca hemos negado un autógrafo o una foto. Las fans son en-
cantadoras y es verdad, les estamos muy agradecidos, pero te

mentiría si no te dijera que era bastante molesto que el teléfono de casa no dejara de sonar, a veces llamadas a las cuatro de la mañana que despertaban a tu familia entera. Yo les decía a las chicas: «Si me queréis tanto, dejadme vivir, dormir, respirar». A mi padre le decían por la calle: «Señor Summers, encantado de conocerle, soy admirador suyo». A mí me veían y exclamaban: «¡Aaarrrggg!».

Me asustaba, porque yo soy muy tímido. La gente me dice: «¿Cómo vas a ser tímido? En tu trabajo no puedes ser tímido». Pues lo soy, y hay muchos artistas como yo que lo son y salir al escenario es una especie de terapia para vencer esa timidez intrínseca que tenemos.

Recuerdo que me decía mi madre en Santa Olalla, en Huelva: «Vamos a las fiestas». Yo le decía que no podía, cosa que ella no entendía. Yo me quedaba tranquilamente viendo la televisión y no pasaba nada. Es que yo no podía ir a las fiestas, no podía ir a una feria, ni a El Corte Inglés, ni a un cine de estreno, ni a ningún sitio donde hubiera más de veinte personas, porque la popularidad era tan asfixiante que si lo hacía se armaba el pollo.

Una vez tuvimos que salir huyendo literalmente de la plaza Mayor de Madrid perseguidos por una nube de fans. Otra vez permanecimos sitiados en los vestuarios del estadio de fútbol de La Rosaleda, en Málaga, esperando a la policía porque no podíamos salir, fue para otro Gran musical de la SER. Teníamos que salir camuflados de los sitios, en los coches de la policía o en ambulancias.

Además, no todo era cariño; igual te salía un tío por la ventana y te decía: «¡Maricón, gilipollas!». Y pensabas: «¿Qué coño he hecho yo para tener que aguantar esa hostilidad?». Un día fuimos Dani y yo con nuestras chicas al cine y fue imposible. Se armó un alboroto en la cola que tuvimos que dar media vuelta porque creíamos que se iba a originar un altercado.

Decidí no ir a ningún sitio público. Ni siquiera al cine, por mucho que me gustara. Si iba a una discoteca con mi novia no *podía estar ni un segundo haciendo lo que hace la gente normal, porque me pasaba todo el rato firmando autógrafos. Nosotros siempre hemos tenido mucho respeto por nuestros admiradores, somos incapaces de decir que no a una foto o un autógrafo, pero es que era imposible, así que para no vernos en esa situación de generar tumultos y complicarnos la vida, preferíamos no salir. Hay una célebre frase de Ray Charles que se me venía mucho a la mente: «Yo no he querido nunca ser famoso, yo solo he querido ser genial». El acoso era molesto en ocasiones, pero gracias a Dios tuvimos la templanza de llevarlo lo mejor que pudimos sin volvernos locos ni gilipollas integrales como nos podría haber pasado.*

Luis Vaquero destacaba que Hombres G había reavivado el fenómeno fan con más fuerza de lo que lo habían hecho en los sesenta Los Brincos y el Dúo Dinámico o en los setenta los Pecos. Las imágenes que ellos generaban recordaban mucho a lo que pasaba con The Beatles y sus enardecidas seguidoras:

El seguimiento que tenían era masivo, he visto cómo cortaban la Gran Vía de Madrid. Había chicas que les seguían a todas partes, se convirtieron en un fenómeno internacional en América Latina y sobre todo en México, donde arrasaron, pero ellos nunca dejaron de ser ellos mismos, no perdieron la cabeza jamás, lo que no es fácil. Son de los pocos amigos que he logrado conservar en este negocio, y cuando nos vemos lo pasamos fantástico recordando esos momentos maravillosos que vivimos dentro y fuera de España.*

* Documental *Los Beatles Latinos.*

En el año 2002, la periodista y presentadora Beatriz Pécker, quien estuvo al frente de los programas *Música golfa* y
Rockopop en TVE, recordó lo que era vivir intensamente la
pasión de las fans:

> Hasta llegar ellos lo había visto en algún artista extran-
> jero, pero con ellos era tremendo. En *Rockopop* solíamos
> tener gente en plató, había días con más público y otros
> con menos, dependiendo del artista, pero cuando iban
> ellos era incontrolable, había que limitar las plazas porque
> ya no se podía más. Teníamos que redoblar la seguridad
> por las avalanchas de personas que querían verlos en el
> estudio. Era increíble, era salir y firmar ochenta mil autó-
> grafos, pendientes de todo el que se acercaba.*

Otra prestigiosa y veterana periodista musical como Pilar
Tabares recordaba, con motivo del regreso del grupo en 2002,
lo que había sido Hombres G en los ochenta. El rostro de
Pilar se hizo popular al formar parte del jurado de la primera
e histórica edición de *Operación Triunfo* de TVE en el año 2000,
de la que salieron artistas como David Bisbal o David Busta-
mante. También estuvo al frente del área de musicales y entretenimiento de TVE y de programas tan populares como *Grand
Prix*, *Noche de fiesta* o *El precio justo*.

> El fenómeno fan con ellos era como con los Beatles,
> una auténtica locura. Nunca he sido muy fan ni de volver-
> me loca por nadie, pero sí recuerdo que cuando venían a la
> revista o a los programas era un delirio colectivo. Todo el
> mundo coleccionaba los cromos, era una movida impresio-
> nante, las chicas gritaban en todos los sitios. Cada vez que

* *Ibidem.*

les traíamos a un programa se formaban unas escenas impresionantes de todas las chicas esperando en la puerta.*

Consuelo Rodríguez, madre de David, conservaba en casa una pequeña reseña que había recortado de un periódico. El texto era muy corto, pero recogía una anécdota muy reveladora de la dimensión de la *Hombresgmanía*:

> Hablando de ídolos de la juventud, el pasado sábado, en el programa *Campeones* de Pepe Domingo Castaño de la Cadena SER, donde los oyentes eligen a través del ya popular Sermómetro a su favorito entre dos cantantes o grupos que se enfrentan a través de las ondas, hubo una sorpresa histórica, sociológicamente estudiable. Competían en este singular duelo los Beatles y Hombres G. ¿A que no adivinan quién ganó? Pues sí, David Summers y compañía derrotaron a Paul McCartney y sus amigos de Liverpool por 2.202 votos contra 2.176. Mucha atención a este grupo madrileño que ha puesto el «No hay billetes» en casi todas las salas donde ha actuado este verano y que se merece un especial en televisión.**

LA SOMBRA ERRANTE DE CAÍN

Los Hombres G se divertían, vivían en su nube, para ellos todo lo que les estaba ocurriendo era como un juego desenfadado y simpático, como podía verse en las entrevistas que les hacían para radio, prensa o televisión. Basta ver el desenfado y el cachondeo de los vídeos que hicieron para Televi-

---

  * *Ibidem.*
  ** Alberto de Pablos, *ABC.*

sión Española de las canciones *Marta tiene un marcapasos* o *Visite nuestro bar.* En este último aparecían en una localización que imitaba el salón de un *western.*

Sin embargo, la diversión y el éxito de los Hombres G molestaba a mucha gente. Decía el poeta cubano José Martí que la humanidad se dividía en dos tipos de personas: aquellas que aman e intentan construir, frente a las que odian y destruyen. España, ese trozo de planeta por el que cruza errante la sombra de Caín, que diría Antonio Machado, es el trozo de planeta en el que se castiga el éxito masivo de la gente sencilla y donde la envidia es tan genuina como el cante jondo.

Reza un proverbio popular que las grandes obras las sueñan los genios locos, las ejecutan los luchadores natos, las disfrutan los felices cuerdos y las critican los inútiles crónicos, tal como recordaba Paco Martín:

> El problema es que en este país no se perdona el éxito masivo. Ellos tuvieron un éxito rápido, contundente y tan masivo que mucha crítica especializada no tolera, por eso fue tan injusta con ellos. No sabían qué hacer para desacreditarlos, que si eran blandos, que si eran niños de papá, que si eran pijos, y esta última falsa leyenda fue la que más daño hizo, porque hubo gente que se la creyó.*

Los Hombres G merecieron varios premios, por ventas y poder de convocatoria, que les fueron negados, a veces de manera escandalosa. El dueño de Twins fue testigo de todo:

> Acudimos a los Ícaro convencidos de que lo iban a ganar. Nadie, con todo respeto para los nominados, había

---

* Javier León Herrera, *Sufre mamón, la banda sonora de nuestra juventud.*

conseguido el éxito de Hombres G ese año. Se me acercó
David un tanto preocupado y me dijo: «Paco, vámonos,
que veo una mano negra en todo». Así fue, el premio le
fue concedido a Mercedes Ferrer entre los abucheos y co-
mentarios jocosos del público y la palabra «tongo-tongo».*

No aceptaron nunca el éxito de Hombres G, que pasó
de ser un grupo punk a un conjunto normal que gustaba
a millones de personas. Los agravios comparativos eran
muy dolorosos. Por ejemplo, un año le dieron un premio
a Duncan Dhu, que igual se lo merecían, son muy amigos,
de hecho, pero Duncan Dhu había vendido en aquel momento menos que Hombres G, que había superado ya las
quinientas mil copias y eran los que tenían que ganar ese
premio. Luego, cuando ibas a América era todo lo contrario. América tiene una cosa buena que no tenemos en España, y es que no existe ese maltrato deliberado al artista
cuando triunfa, tú tienes un éxito en América y te lo reco-
nocerán toda la vida. Yo lo sentía mucho por ellos. Son tan
buenas personas y tenían ese talante que no les afectaba
en exceso, me afectaba más a mí.**

Beatriz Pécker observó aquella triste campaña en primera fila desde su puesto como presentadora:

Triunfaron a lo bestia. No vendiendo unos cuantos
discos más, triunfaron vendiendo muchísimos discos más,
y empezaron a decir que eran pijos blandos. Desgraciada-
mente España es un país donde el triunfo se lleva fatal.
A los críticos les gustaban más los grupos para minorías, y
cuando esos productos para minorías se convertían en

---

*   Paco Martín, *Así son Hombres G.*
** Documental *Los Beatles Latinos.*

productos para mayorías entonces empezaron enseguida las críticas. No les gustaba que ellos iban a su aire, y eso también enconó un poco las críticas.*

DAVID. *La etiqueta de grupo pijo a mí siempre me hizo mucha gracia, por momentos me parecía hasta patético. Probablemente la intención última era hacernos daño, tan típico de la puta envidia de este país. El cartel de pijos nos lo pusieron aquellos a los que les jodía que estábamos triunfando a raíz de la salida en 1986 del disco* La cagaste... Burt Lancaster. *Los pijos de Madrid hicieron de él su disco bandera, todas las niñas pijas se volvieron locas con ese disco, nosotros lo sabíamos, nuestros amigos nos lo decían, pero nos parecía bien. Que le gustes a los pijos no te hace pijo, del mismo modo que si le gustas a los chinos no por eso eres chino.*

No solo fueron las niñas pijas, fue todo el mundo. Tú no llenas un estadio de punkis ni de pijos, llenas una sala, como puede ser La Riviera o el Rock-Ola, pero un estadio o una plaza de toros lo llenas cuando tienes un éxito mayoritario. Y eso lo llena la gente normal. Para los punkis, los que van vestidos normales ya son pijos. Nosotros somos de familias de clase media, normales, ni punkis, ni pijos, ni heavies, ni tribus urbanas, ni nada de esas gilipolleces.

Entiendo que tienes quince años y puedes ser punk, como nosotros lo fuimos, o cualquier otra cosa, a esa edad es normal, eres vulnerable, cualquier cosa te da vueltas en la cabeza y se entiende, pero llega un momento en que te haces mayor y le dejas de dar importancia a esas cosas. Eso nos pasó a nosotros. Enseguida abandonamos el punk y desde entonces hemos sido gente normal, ya te digo, una cosa normal. Por eso, ese rollo de que éramos pijos llegó un momento que ya dije «paso», era la envidia

* Documental *Los Beatles Latinos.*

que corroe el alma. No hemos sido pijos ni nos hemos vestido como pijos jamás, sobre todo Javi, que antes tiene pinta de motero que de pijo.

DANI. Hemos alucinado mucho con estas injusticias. Por ejemplo, en la vida nos han dado un Ondas. Lo digo sin rencor, pero sí con tristeza, porque en este país no somos capaces de sacarnos de encima el sectarismo tan terrible que hay. Hemos visto darle un Ondas a gente que acababa de llegar, con apenas un disco, y nosotros con todo lo que hemos hecho no han sido capaces de darnos ni uno, y eso que nunca nos posicionamos en ningún lado. A Javi le jodía que lo quisieran etiquetar de pijo siendo un rockero convencido, o a Rafa, que siempre fue un tío humilde que no hizo jamás ostentación alguna. Pero también nos acusaron de lo contrario, hubo quien nos tachó de rojos cuando publicamos la canción de ¿Por qué no ser amigos? porque decía «nunca estoy de acuerdo con los que quien gobernar, que se metan sus mentiras por donde les puedan caber» y fue compuesta cuando gobernaba Aznar.

JAVI. Yo no he sido pijo ni de rebote, ni rojo, ni facha ni nada en mi vida, y sí, me mosqueaba mucho esa etiqueta. No sé qué clase de mente retorcida, amargada y calenturienta puede llegar a acusarte de facha porque decían que el padre del cantante del grupo era de derechas, cosa que tampoco era cierta. David nos contó mil veces que a su padre lo acusaban de rojo en la época de Franco.

RAFA. Era la mayor gilipollez que podías oír, imagínate en mi caso además, mis padres han sido trabajadores de toda la vida, hemos sido una familia humilde de un pueblo de Toledo, no hemos sido pijos en la vida, pero era lo que había, somos un país chungo para muchas cosas y la envidia es una de ellas.

Después de entender que no merecía la pena amargarse la vida y desgastarse en batallas inútiles, decidieron aplicar el viejo refranero y hacer oídos sordos a palabras necias. «Tengo enemigos que hace tiempo mandé a la mierda», escribió David Summers elocuentemente en la letra de *Tengo una chica*.

8

Alfombra roja para el jersey amarillo

Me había jurado que nunca iba a llorar
escuchando cada palabra que no quiero escuchar.
Desgarrándome, suplicándote,
intentando hacerte recordar,
pero tú solo dices «voy a colgar».

DAVID SUMMERS,
Temblando

En la doble página anterior: el grupo en 1987 a bordo de un tractor en la finca de Juan y Medio, donde se realizó la sesión de fotos de ambiente granjero para el tercer disco, cuyo título original estaba relacionado inicialmente con el ganado porcino.

La fama del grupo estaba en todo lo alto y dos objetivos aparecieron en el horizonte: el cine y América. 1987 dejó para la historia el estreno de la película Sufre mamón, que colapsó la Gran Vía, y la publicación del tercer álbum, cuyo título aludía en cierto modo a la locura y el frenesí con el que se estaban sucediendo los acontecimientos. Una locura que, sin embargo, no afectaba a la esencia del núcleo de amigos, que no solo no se perdió sino que se reforzó y ganó nuevos miembros. La necesidad de agregar profesionales a la carrera de la banda provocó la incorporación de nuevas personas que con el tiempo acabaron ligando sus propias historias de vida a la de Hombres G.

La familia G

La familia G fue creciendo al ritmo del éxito del grupo desde 1986. Dos músicos y arreglistas brillantes se unieron a la carrera musical de la banda madrileña: el teclista José Carlos Parada, que fue bautizado para el resto de su vida tras su ingreso en la familia G como Jason Paradise, y Juan Muro, un acreditado saxofonista, que pasó por la pila bautismal de la imaginación de Javi, Rafa y compañía para ser más conocido como Juanito Piscinas. Ambos se mantienen dentro del *staff* a día de hoy.

Junto a ellos, la empresa fichó al *backliner* Francis el Capitán, antiguo componente de Estación Victoria, y a Paul Adrians, un técnico de sonido británico presente en todas las giras que había trabajado en los setenta con The Rubettes, el grupo londinense que hizo famoso el *Sugar baby love*. José Luis Alegre, Josito para el grupo, fue el técnico de luces que comenzó en los primeros años y estuvo un tiempo más en el regreso de 2002. El técnico de monitores Toño Castro fue otro de los profesionales que se unió a la familia desde el principio y también volvió en 2002.

En el verano de 1986 se incorporó Antonio Rodríguez, más conocido como Esquimal o Esqui. Antonio había conocido a Hombres G en el concierto de Rock-Ola de 1984. Hubo química entre ellos y se hicieron amigos. Unos meses después, la empresa de seguridad para la que trabajaba fue contratada por Pedro Caballero para la primera gira del grupo en 1985.

El imparable crecimiento del fenómeno fan y las situaciones embarazosas que generaban aconsejaban incorporarlo en exclusiva. Solo falta en su currículo junto a Hombres G el primer viaje a América, después hizo todos en la primera etapa de la banda, y en la segunda etapa pasaría a ser el omnipresente y polivalente *road manager*. Esqui tiene su propia historia de vida:

> Al principio recuerdo solo al Francés, que era el mánager, el técnico, el cobrador, todo. Me puso el nombre de Guardián do Vento. Solíamos pedir una planta en el hotel para estar más comunicados, y luego resultaba que todas las fiestas eran en mi habitación, no sé por qué. Les puse una contraseña para llamar a la puerta, la persona que no llamara con esa contraseña no era de nuestro rollo.
>
> Tenía que velar por ellos. Mi trabajo y el de mis compañeros era un poco cuidarles, por lo de las fans. Vi una

locura de las niñas hacia ellos que no se veía en otros grupos españoles con los que giré, en España y en América
más todavía. Con el tiempo pasamos a ser guardaespaldas
y asistentes personales, y al cabo de los años, de tanto viajar a todos lados y tanto convivir, la amistad creció mucho.

Ellos son unas personas excepcionales, poca gente en
el medio hay que se tire tanto el rollo con los técnicos,
camioneros y resto del personal. Solo lo vi también con
Los Secretos. Para ellos somos lo primero, una cosa muy
bonita y muy humana, por eso somos una familia. Si les
invitan a lo que sea dicen que para ir deben invitar también al resto del personal.*

*JAVI. Esqui estaba en la seguridad de la tele cuando hicimos los
programas. Fui yo personalmente a hablar con su jefe cuando
le propusimos que se viniera de gira con nosotros, porque tenía un
contrato en televisión. El jefe se tiró el rollo, arregló el contrato, se
vino y no volvió jamás a la tele. Esqui empezó su labor en la seguridad del grupo, y después fue jefe de seguridad hasta que nos
separamos. Cuando regresamos se unió como* road manager. *Es
una persona excepcional, puedes contar con él para lo que sea,
y por encima de todo es un gran amigo.*

*RAFA. Esqui es un fenómeno como persona, pero además me pon-
go en su piel y el trabajo que hace es inmenso. Sobre su espalda
cae todo, y por esa enorme amistad y categoría humana que tiene
se hace cargo de cosas a veces que ni le corresponden. Para mí
es un amigo de toda la vida, me reconforta tenerlo cerca y me da
tranquilidad, es un seguro de vida como profesional.*

---

* Javier León Herrera, *Sufre mamón, la banda sonora de nuestra ju-*
ventud.

JAVI. *Paradise es un poco retraído, pero es un fenómeno; es un actorazo, tiene un potencial enorme en un escenario, si se pone a hacer un monólogo lo peta. A la vez es muy humilde, no le gusta figurar, tiene buen carácter, es fácil convivir con él. Solamente lo he visto cabreado cuando se meten con su Atleti. Desde que se unió a nosotros en el 87 ha estado casi siempre, faltó solo en el 92, en nuestra última gira, cuando se fue a vivir a Estados Unidos, que llevamos a Larry García, y de ahora solo ha faltado una vez, en un festival en el que participábamos en el estadio olímpico de Los Ángeles que no pudo venir por algún problema con su visado y en su lugar fue Basi, el teclista de toda la vida de Antonio Vega, que tocó con David en solitario y es primo de nuestro amigo el Pez del Parque de las Avenidas.*

Jason solo ha tocado con nosotros. Él trabajaba con Mecano, haciéndole arreglos a Nacho Cano. Lo llamaron para irse con Alaska de gira en el 86 y Nacho Cano le dijo que no se fuera con esa gente. Después lo llamó Pedro Caballero para que se viniese con nosotros y entonces Nacho le dijo: «Ah, sí, con esos sí, vete, que te lo vas a pasar de puta madre».

Juanito es otro fenómeno y un musicazo. Cuando volvimos en la gira de 2002 él estaba haciendo los arreglos de la serie Cuéntame. Lo presionaron hasta el punto de que a la mitad de la gira se fue, pero no lo quisimos sustituir, estuvimos varios años sin saxo hasta que volvió.

RAFA. *Paradise es un crack, es el que más tiempo ha estado con nosotros. Le adoro, es como mi hermano pequeño, como un peluche, muy buen músico y muy buena persona, tranquilo y discreto. Él siempre quiso estar solo con nosotros, no aceptaba que le recomendáramos a otros artistas si nosotros no girábamos, decía que prefería esperar. Hace poco me enteré de que hizo un disco con La Unión y aceptó una oferta de Nacho Cano para irse a currar a Nueva York cuando nosotros empezamos a flojear en los noventa.*

Siempre me contaba que cuando se fue a vivir a Nueva York estuvo dos años sin sacar las cosas de la maleta, porque no sabía si se iba a quedar. Cuando pasó ese tiempo y vio que sí, entonces abrió la maleta. Juan Muro es un genio, nos ha dado mucho, lo quiero un montón. Disfruto muchísimo con él en los conciertos, ambos somos los solistas del espectáculo y me gusta estar cerca de él. El tiempo que estuvimos sin él lo eché mucho de menos, pero no metimos a nadie en su lugar, solamente en los teclados cuando se fue Jason a vivir a Estados Unidos con Nacho Cano cogimos a otro chaval muy majo, Larry García, que estuvo con nosotros una o dos giras en la parte final de la primera etapa. Hicimos un anuncio para un casting de teclistas y nos quedamos con él.

DAVID. Paradise no había hecho nada durante el tiempo que estuvimos separados, él no ha tocado en toda su vida con otra gente, salvo alguna rara excepción. No ha sido músico, ha sido músico de los Hombres G. Me acuerdo que estaba currando en algo de informática, es un crack para eso, y cuando volvimos, cogimos y nos lo llevamos de golpe y porrazo un mes y medio a México. No solo es un gran músico, es uno de los mejores seres humanos que he conocido en mi vida.

De toda la familia son varios los que se mantienen trabajando con la banda, como Paradise, Juanito, Esqui y Francis, y otros que se han unido en el camino de esta segunda etapa, como es el caso del *backliner* Javier Boullosa, más conocido como Bullo o Bullito. En 2002, aprovechando la publicación de *Peligrosamente juntos*, el grupo hizo una mención a todos aquellos que habían formado parte de la familia G desde su formación, dando las gracias «a todos los músicos que han colaborado con nosotros a lo largo de estos años», y a continuación los citaban por orden alfabético: Alberto Gallo «Piti», Ángel «Reverendo» Muñoz, Antonio Moltó, Antonio Moreno,

Antonio Vega, Ánye Bao, Basilio Martí, Carlos Narea, Colin Farley, Fernando Illán, Javier Paixariño, José Carlos Parada, José Luis Medrano, Juan Muro, Juanjo Ramos, Larry García, Luis Carlos Esteban, Lulo Pérez, Marcelo Fuentes, Mariano Lozano, Mikel Erentxun, Nigel Walker, Ollie Harsall, Pete Thomas, Ricardo Marín, Sergio Castillo y Tino Di Giraldo.

Al lado aparecía otra lista de «productores, arreglistas, colaboradores y amigos» en la que se enumeraba a David Bonilla, Esquimal, Eugenio Muñoz, Francis Muñoz, Jacobo Aguirre, Joaquín Torres, Jorge «el Príncipe», José María Rosillo, Juan y Medio, Martín Riviere, Paco Martín, Paco Trinidad y Ricardo de la Morena.

HOMBRES G PRODUCCIONES CINEMATOGRÁFICAS

Manuel Summers no tardó en darse cuenta de que el tostón que las fans de su hijo daban en el teléfono de su casa iba a dar para algo más que para una viñeta en *ABC*. La idea de hacer una película contando la historia de Hombres G le andaba rondando la mente. En los sesenta había ideado proyectos con Los Brincos y Los Bravos que no se concretaron. Este correría mejor suerte. Lo habló con su hijo, que le transmitió la ilusión del grupo por poder hacerlo. Ellos habían participado como extras en la última película que había dirigido, *Me hace falta un bigote*. Hubo una comida clave que Paco Martín recordaba:

Yo también lo tenía en mente y lo hicimos en sociedad. Soy accionista, pero tengo también un pequeño papel donde me interpreto a mí mismo, lo puse como condición para entrar como Twins con Pedro Caballero. Manolo no se opuso, aunque luego fue un desastre. Estuvimos toda la noche en una comisaría para una toma que tengo de veinte segundos, hicimos ochenta tomas con un frío de muerte. Me agarrotaba y no me salía. Manolo estaba desesperado conmigo, tenía que decir: «Buenas noches, ¿están aquí los Hombres G?», y en el doblaje salió otra cosa. Estuvimos de acuerdo en que los chicos tenían que ser parte de la producción y en solicitar una subvención. Summers dijo que se encargaba de eso con Fernando Méndez-Leite, que estaba al frente del Instituto de la Cinematografía y de las Artes Audiovisuales.*

Un asesor fiscal solicitó el certificado de negatividad de la sociedad Hombres G Producciones Cinematográficas S.A., de la que eran accionistas los Hombres G, Manuel Summers con Paco Lara y su productora y la compañía Twins con Paco Martín y Pedro Caballero. Aprobaron una inversión de ochenta millones de pesetas para la producción de *Sufre mamón*, la primera película que iba a protagonizar el grupo con un guion en el que se mezclaban aspectos autobiográficos con ficción. El presupuesto se disparaba a los ciento catorce millones, pero el Ministerio de Cultura aprobó la subvención de la mitad del mismo.

Con el antecedente del binomio Beatles-Richard Lester, se puso en marcha la maquinaria de filmación Hombres G-Summers. Con apenas una semana de descanso tras la maratoniana gira del 86, el grupo dedicó los meses de octubre y noviembre al rodaje.

En el proyecto había varios miembros de la familia Summers: el ayudante de dirección era Manolín Summers, hermano mayor de David; el antagonista era Gerardo Ortega, un primo sevillano al que tuvieron que doblar porque su acento y su tono no se adaptaban al papel del niño pijo; el papel de

* Javier León Herrera, *Sufre mamón, la banda sonora de nuestra juventud.*

Pepe Punk lo interpretó otro primo, Curro Summers; la protagonista femenina era Marta Madruga, novia de David por aquel entonces, con la que luego se casó; el guion corrió a cargo de Manuel Summers y de sus hermanos Paco y Tomás; la mayoría de los pequeños papeles fueron a parar a diversos amigos, y los extras eran gente del Parque de las Avenidas, de la facultad y de la sierra a los que se pagaban dos mil pesetas por escena.

La película se rodó en Madrid, en localizaciones reales como el bar Rowland. Para recrear el colegio Menesiano y el Santa Cristina se rodó en el colegio San Ramón y San Antonio y el Claret de Madrid. Una parte del rodaje se realizó en Ibiza.

DAVID. Los diálogos en la primera película tuvieron que ser doblados completamente porque estaba llena de tacos. Nos estudiábamos los diálogos, pero como nos interpretábamos a nosotros mismos, a la hora de rodar el guion se iba a tomar por culo y decíamos cualquier cosa que nos salía. Mi padre alucinaba con que después de haber hecho diecinueve películas era la primera vez que le pedían autógrafos. Las fans aguantaban pacientes a acabar cada escena para que les firmáramos.

ESTAMOS LOCOS... ¿O QUÉ?

Aprovechando las Navidades de 1986, David se marchó como todos los años a pasar esas fechas a la casa de su madre al norte de la sierra de Huelva, a setenta kilómetros de Sevilla, cerca de Santa Olalla del Cala. El año no había dado un solo respiro. Algunas voces sugerían esperar para un tercer disco, el ramillete de canciones de los dos primeros álbumes aguantaba con inercia sobrada y de ahí se podía sacar la banda sonora de *Sufre mamón*. Sin embargo, se optó por programar un nuevo disco para el que se necesitaban canciones que serían promocionadas en la banda sonora de la película. Eso significaba que David no tendría descanso. Debía componer diez canciones válidas para el disco en poco más de una semana.

DAVID. En 1986 no tuvimos tiempo ni para respirar, una locura, las fechas se fueron amontonando y tenía diez días para componer un disco nuevo. Me metí en la casa de mi madre, donde me sentía como Robinson Crusoe, nadie me molestaba. Tenía un cuarto en la parte de abajo de la casa, todo blanco, con dos camas, una mesilla de noche, una silla antigua de enea y ni un solo cuadro en la pared. Nada con lo que distraerme. Me metía allí a las diez de la mañana, subía para comer y bajaba para quedarme hasta las diez de la noche. Si daban algún partido en la televisión paraba a las siete y media, subía, veía el fútbol y aprovechaba para descansar.

Rellenaba una hoja con una melodía. Escribía la letra rápidamente, me fluía con una facilidad asombrosa. Pasaba hoja, una nueva hoja en blanco, a por otra canción. Mi única ayuda eran la guitarra y el cuaderno. Usaba el lomo de la guitarra como mesa. Me aferré tanto a esa metodología que llegué a pensar que si no trabajaba de ese modo no me saldrían las cosas. Había días que me llegaban a salir hasta cinco temas.

Mi madre era mi mejor ayudante, porque sabía que no quería que nadie me molestase y lo cumplía a rajatabla. Guardaba un silencio absoluto que se prolongaba durante horas y me permitía evadir la cabeza del mundanal ruido y centrarme en las creaciones.

La única que no hice allí fue Temblando, que la compuse estando en el estudio, en Manchester, de un ataque de cuernos que me dio porque mi novia me dijo que había salido con la novia de Dani y que habían conocido a unos tíos. Aquella conversación por teléfono fue terrible, me puse con la guitarra y me salió. Decidimos grabarla de una vez solo con un piano por tenerla ahí y luego mirar si meterle instrumentación y si la dejábamos o no.

El tercer álbum, *Estamos locos... ¿o qué?*, se grabó entre los meses de febrero y marzo de 1987 en el Yellow 2 Studios y el Strawberry Studios de Stockport, Manchester, un estudio legendario donde 10cc grabó *I'm not in love*. El productor fue el chileno Carlos Narea, avalado por trabajos como el *Rock&Ríos* de Miguel Ríos. Después, algunas voces de David y las mezclas se hicieron en los AIR Studios de Londres. Era la primera vez que pisaban estos afamados estudios londinenses. Estuvieron casi un mes y medio en Inglaterra. El disco fue mezclado en la primera semana de marzo.

DANI. Decidimos hacerlo fuera porque en España había una presión asfixiante. De todos modos siempre he pensado que ese año debimos esperar. El tercer disco fue demasiado anticipado, nosotros éramos una máquina de hacer dinero y lo que querían era seguir metiendo la chicha para seguir sacando chorizo. Twins necesitaba ingresos, y si nosotros no sacábamos disco ellos prácticamente se quedaban sin ingresos, por eso se forzó la máquina tanto con el tercero como con el cuarto. Si hubiéramos parado ese año habríamos estado menos agobiados. Si el tercer y el cuarto disco hubieran sido uno solo habría sido un discazo enorme, como pasó con Voy a pasármelo bien, *que fue un pelotazo, mucho más que los dos anteriores. Pero bueno, eso ya nadie lo puede cambiar y al final estamos todos igual de orgullosos de lo que hicimos.*

RAFA. Buscamos estar más tranquilos y nos fuimos a Manchester, donde otra cosa no, pero tranquilidad teníamos toda la que queríamos y más. David hizo diez temas nuevos acojonantes, Paco Martín flipaba, decía que no se podía creer que hubiera hecho eso en diez días. Los temas eran buenísimos. Es verdad que muchos discos como este se hicieron un poco rápido, y si nos hubiéramos dado más espacio se les podría haber sacado mejor sonido y mejor producción a las canciones, pero por otro lado las canciones tenían, y tienen todavía, tanta fuerza que las puedes tocar en el barrio con una guitarra y estarán igual de bien que entonces. En el fondo la gente no se fijaba en cómo sonaba una trompeta en una canción y no se preguntaba si habría sonado mejor si hubiéramos metido un saxo en lugar de la trompeta. Ahora es distinto, nos tomamos nuestro tiempo, nuestra madurez como músicos nos conduce a hacer solamente cosas de mucha calidad y que merezcan mucho la pena.

JAVI. En ciertos momentos sí había un ambiente de sentir cierta precipitación, era una sensación de que se hacía todo con prisa. Además, Inglaterra no me traía a mí demasiados buenos recuerdos. Alquilamos una casa en las afueras de la ciudad, en Stockport. Manchester y toda su área metropolitana, ya se sabe, es una ciudad industrial, no muy bonita que digamos, pero no íbamos a hacer turismo. Ahí estuvimos conviviendo más de un mes. Íbamos de la casa al estudio y del estudio a la casa. Eran el Yellow 2 y el Strawberry en Stockport.

Lo que llevábamos fatal era el clima, ese cielo gris permanente. Entre eso y que no nos convencía lo primero que grabamos, estábamos al borde de la depresión, nos dejamos crecer la barba y teníamos una pinta casi de hippies. Carlos Narea se dio cuenta, nos hizo afeitarnos y nos mandó a dar una vuelta por Manchester, pero lo que más nos animó fue la visita que nos hicieron en la última semana que estuvimos en Londres nuestros amigos, entre otros Juan y Medio, Nano de Rowland y Charly Mezquita.

Las canciones seleccionadas para la cara A fueron *Una mujer de bandera*, *Solo me faltas tú*, *Mis amigos*, *Solo otra vez* y la primera balada, *Huellas en la bajamar*. La cara B la abre el ritmo de *No, no, no*, a la que siguen *En mi coche* y la que se eligió como primer sencillo, la bomba que quería emular los efectos de los polvos pica-pica en otra surrealista historia titulada *Y cayó la bomba (fétida)*; *¿Qué te he hecho yo?* y la inmortal *Temblando* cerraban el disco. La mayoría de ellas aparecieron en la banda sonora de *Sufre mamón*.

DAVID. Al final decidimos meter Temblando tal cual, con esa grabación de piano, porque íbamos apurados de tiempo y porque nos pareció que quedaba muy bonita así. Cuando fuimos a Londres a acabar el disco en AIR Studios, un día llegó Paul McCartney y se asomó. Me dijeron que era acojonante, porque él jamás iba por allí a pesar de que el estudio era suyo, es socio con George Martin.

A George le conocimos después, cuando volvimos en el 89. Es uno de los mejores productores que jamás hayamos conocido, un genio, un tipo creativo capaz de tocar el piano, de hacer arreglos, de lo que sea. Por allí había mucha gente conocida que vimos, como Mark Knopfler, los Housemartins o INXS. Lo de Paul McCartney fue un momento, abrió la puerta mientras yo trabajaba e hizo así como un gesto de decir perdón por interrumpir. Para mí eso fue mágico, me quedé como en shock, y eso le dio magia a Temblando, que es uno de los momentos más especiales en los conciertos de Hombres G: está todo el mundo como en éxtasis cuando las luces se apagan y encienden las linternas de los móviles. Antes hacían lo mismo con una especie de antorchas. Recuerdo la plaza de toros de Guadalajara, en México, abarrotada con miles de antorchitas. Ha habido versiones muy bonitas, como la de Álex Ubago en el disco tributo o la de las hermanas Ha*Ash del acústico de la playa. Se ha convertido en uno de los clásicos de nuestros conciertos y tiene una anécdota muy curiosa. Alguien la grabó en los ochenta en plan pirata en un casete durante un concierto en España y se la llevó a Colombia, de modo que fue a parar a la radio de allí y la canción estuvo número uno varios meses en versión pirata, porque allí todavía no se había lanzado.

JAVI. Para las fotos del concepto del disco yo sugerí que fuéramos a la finca de Juan y Medio a las afueras de Madrid un fin de sema-

na con un fotógrafo. Entre la cerveza y algún que otro porro seguro que nos inspirábamos. Aquello era un ambiente granjero, estábamos rodeados de campo y animales y nos hicimos fotos con los cerdos, en los graneros con fardos de paja y herramientas de labranza. Hubo reticencias con lo del cerdito, pero como las decisiones las tomábamos nosotros, el cerdito a doble portada se quedó.

DAVID. La ocurrencia del cerdo fue porque el título del disco iba a ser «10 temas sobre ganado porcino», que era un libro aburridísimo que tenía mi padre en la mesilla de noche para quedarse dormido, de ahí la idea de la portada del cerdo, por eso nos fuimos a la granja a hacer unas fotos que iban de la mano del concepto porcino del disco. Lo que sucedió fue que al tratarse de canciones de amor, nos avisaron de que alguien a lo mejor podría ofenderse, tal vez no entendieran la ocurrencia surrealista que queríamos hacer. El propio Paco Martín se acojonó por si se tergiversaba y se liaba, así que optamos por cambiarlo a Estamos locos... ¿o qué?, que era una expresión que usaba mucho un amigo mío de Sevilla, Fernando, que cada vez que llegaba lo decía para saludar y reflejaba también el punto de locura que llevábamos encima.

El rollo fue que cuando cambiamos el título, la portada ya estaba hecha, y las fotos interiores también, por eso en el single de la bomba fétida salimos en un pajar, y claro, la gente dijo: «¿Qué coño tiene que ver todo esto con el disco?» [risas]. Por eso la portada nunca se entendió muy bien, porque al cambiar el título dejó de tener sentido. Se justificaba solo en el hecho de que nos movíamos mucho en una línea surrealista y así lo tomaron.

Por culpa de unos problemas en el proceso de manufacturación, el disco se retrasó un mes hasta que por fin vio la luz en abril de 1987. Se presentó en sociedad en la discoteca Oh! Madrid, donde se dieron cita mucha prensa, muchos famosos y el alcalde de Madrid, Juan Barranco.

El disco arrancó igual que su antecesor, como disco de platino con cien mil ejemplares vendidos en reservas antes de salir al mercado. Trajo consigo otra novedad, que fue el estreno de Hombres G en el campo de los videoclips. La cara A y la cara B del álbum, *Una mujer de bandera* y *No, no, no* se convirtieron en los dos primeros vídeos oficiales que hicieron de la mano de Curro Summers, primo del cantante, y Manolín Summers, su hermano, encargados de realizar el guion y la dirección de un material de promoción de mucho valor para las televisiones.

En 1987 se publicó en España el maxi single *Master Mix,* con temas en versión disco de sus dos primeros elepés. Bajo el sello Jump, con licencia cortesía de Twins y la colaboración de Porsche España, el disco pretendía, según rezaba su contraportada, ser «el tributo a un grupo español que ha roto barreras con su inconfundible estilo». Los *disc jockey* Mike Platinas y Javier Ussía fueron los encargados de realizar las mezclas. Platinas fue campeón de España de DJ's en 1987 y representó a España en varios certámenes internacionales.

En la cara A se incluían dos temas, el primero es el *Master Mix Mega G-Mix,* con un remix de *Visite nuestro bar, Vuelve a mí, En la playa, Él es… Rita la Cantaora, Venezia, Indiana, Lawrence de Arabia, Devuélveme a mi chica* y *Marta tiene un marcapasos.* El segundo es un *Slow Mix* con *La carretera, No lloraré, Sin ti, Te quiero* y *Un par de palabras.* En la cara B, un *Mix* de casi veinte minutos con *En la playa, Visite nuestro bar, Él es… Rita la Cantaora, Indiana, Venezia, Devuélveme a mi chica, Marta tiene un marcapasos* en versión normal y a capela. El *Master Mix* se publicaría posteriormente en todos los mercados de América Latina en los que el grupo triunfó.

OYE, YA TE DIGO, UNA COSA NADA NORMAL

El crítico Alberto Vila escribió sobre el caos y la locura colectiva que había visto en el cine Rialto (hoy teatro Rialto) de la Gran Vía, colapsada y «con escenas que solamente podemos comparar con los Beatles durante sus conciertos y salidas públicas».

Fue en la tarde noche del lunes 15 de junio de 1987, día del estreno de la película en Madrid de manera simultánea con otras ciudades. Un gran cartel con un dibujo realizado por Gallego & Rey en el que se veían cuatro caricaturas de los miembros del grupo con un gran corazón atravesado por el bajo de David anunciaba el estreno.

El número 54 de la Gran Vía, donde se ubica el edificio Rialto, que había sido testigo justo treinta años atrás del estreno de *El último cuplé* de Sara Montiel, recibía aquel día a cuatro adolescentes que llegaban a la *premier* a bordo de un Hispano Suiza descapotable de 1907, un coche antiguo que pertenecía a Manuel Summers, cubierto completamente de globos, en el que también viajaban el director y un mono que se asomaba por la ventanilla.

Nada más llegar se asustaron ante la multitud. La vía quedó cortada al tráfico y se precisaron refuerzos policiales. Rodeados por miembros de seguridad, lograron abrirse paso y fueron conducidos a una sala. Un grupo de fans que se quedaron sin poder entrar rompieron los cristales de una de las puertas.

DAVID. Las pelis son un reflejo de lo que éramos en aquel momento. Es muy fácil hacer de ti mismo, dices las cosas como tú las dices, piensas como tú piensas. Por eso cuando me decían que en las pelis no lo hacía mal y que podría ser actor yo contestaba que habría que haberme visto interpretando el papel de un tipo que no tuviera nada que ver conmigo.

*Luego, lo del estreno era acojonante, las niñas estaban enlo-
quecidas, pitaban y ponían a Marta a parir, como luego pusieron a
Paloma. Es como si vas a ver* El silencio de los corderos *y te pones
a gritarle «hijo de puta» a Anthony Hopkins toda la película. Tuvimos que protegerla, porque nos daba miedo que alguna pudiera
hacerle algo. Su personaje es más mala en la peli que en la realidad, ella no me puso los cuernos, me dejó y se fue con otro. En la
peli sufro mucho, soy el prota, pero soy el idiota al que le ponen
los cuernos una y otra vez. Me pregunto a veces cómo permití que
mi padre me diese el papel de gilipollas en las pelis [risas].*

*DANI. Decía un portero que solo había visto una cosa parecida en
ese cine cuando Sara Montiel estrenó* El último cuplé *en 1957, que
un señor mayor también había roto los cristales como pasó ese día.
Fue una pasada, la Gran Vía cortada, tuvimos que subir al tejado
para saludar. No hubo manera de escuchar la película. Aquello
fue como un concierto en directo, la gente se subía en las butacas,
encendían mecheros, se ponía a cantar las canciones y a gritar.
Nos tuvieron a los cuatro metidos en un cuartito pequeñito porque
no podíamos salir, nos asomábamos y el cine se ponía como loco.*

Esquimal recordaba los estrenos de las dos películas en
Madrid como dos de los días más complicados de toda su
carrera al lado de los Hombres G:

En España fue la primera vez, que yo recuerde, que
tuvieron que ir los antidisturbios a un estreno. Había como
seis mil niñas intentando entrar al cine. A Rafa lo metí
agarrado del brazo como si fuera un balón de rugby. Lo
peor fue meter a sus novias. A Marta Madruga le decían:
«¡Zorra, te vamos a matar!». Era una locura.*

* Javier León Herrera, *Sufre mamón, la banda sonora de nuestra juventud.*

Al día siguiente del estreno de la película partieron hacia Málaga, donde tenían programada una actuación. El articulista Alfonso Ussía encabezaba con el siguiente párrafo su columna diaria, que tituló *Los Hombres G*:

> Cuando llegué a la sala de cine donde se estrenaba la última película de Manolo Summers, *Sufre mamón*, sentí que algunos años se liberaban de mis hombros y me llevaban por unos segundos a mis tiempos adolescentes. Para entrar en el cine era necesario e imprescindible superar una barrera humana compacta compuesta por esperanzadas quinceañeras pacientes que se arremolinaban en espera de la llegada de los Hombres G, los protagonistas de la película y de la noche. Ahí estaba, manifestándose espontáneamente con toda su importancia, un indiscutible fenómeno social de la juventud de hoy. Tiempo atrás, espectáculos como el de la pasada noche solo lo provocaban los Beatles. [...] ¿Por qué los jóvenes se sienten identificados con los Hombres G? En mi opinión, por su normalidad. Fuera del escenario o la tarima, David y compañía forman un conjunto de personas absolutamente normales, ajenas a las excentricidades y los divismos al uso. Hasta una cierta timidez asombrada se refleja en sus rostros cuando advierten que su sola presencia tiene fuerza suficiente y probada para armar un lío.*

Los estrenos en otras grandes capitales, como Barcelona y Bilbao, generaron el mismo tipo de escenas. En la capital vasca tuvieron que entrar por la puerta de atrás del cine Izaro para evitar a la multitud que les esperaba afuera y que una vez dentro intentaron abalanzarse sobre el escenario cuando el grupo hizo acto de presencia.

* Alfonso Ussía, *ABC*.

El evento se realizó aprovechando el concierto en una abarrotada plaza de Vista Alegre, y a las preguntas de los periodistas, sorprendidos una vez más por el fervor y los desmayos de las fans, volvieron a responder como lo solían hacer cuando les sacaban ese tema. «Creo que ni siquiera somos guapos como para provocar esa avalancha de niñas que siempre hay detrás de nosotros», le dijo David Summers al diario *Deia* con motivo del enésimo caos provocado. Una respuesta sincera que reflejaba lo que pensaban.

Queda claro también en la primera estrofa de una de sus canciones más célebres: «Nunca hemos sido los guapos del barrio, siempre hemos sido una cosa normal». Las pasiones que levantaban a su paso no tenían desde luego nada de normal.

ESPAÑA A SUS PIES

En el momento de organizar la gira del 87 se pensó en hacer quince fechas especiales de macroconciertos con una superproducción al estilo de las grandes bandas norteamericanas en cuanto al montaje de sonido y visual. Era exclusivamente para plazas de toros, estadios de fútbol o recintos de capacidad superior a las diez mil personas.

Una famosa cadena de grandes almacenes se interesó en patrocinar la gira y llegó a un acuerdo que incluía un anuncio para televisión que el grupo grabó prestando su imagen. No obstante, la oficina de *management* de Hombres G cometió un grave error al no atar el acuerdo en un contrato por escrito.

Unos días antes de iniciar la gira se produjo un desencuentro entre la oficina del grupo y los ejecutivos de El Corte Inglés, que se negaban a pagar un dinero extra por la producción del anuncio. El hecho de que el anuncio incluyera la promoción de las fechas de la gira era una compensación que el patrocinador estimaba suficiente.

El mánager no dio su brazo a torcer y el acuerdo se rompió a muy pocos días de comenzar la gira. La cartelería estaba colocada y la mayoría de las entradas vendidas. Cancelar la gira era impensable, a pesar de que significaría un mal negocio debido al alto coste de la infraestructura contratada, que incluía un servicio exclusivo de restaurante para todo el personal. Asumieron las consecuencias y la gira salió adelante. Cuando acabaron esos quince compromisos, siguió su curso normal hasta consumar más de cien presentaciones. Este grave error dejó sentenciado a Pedro Caballero como mánager del grupo.

El concierto en el estadio de Riazor de A Coruña fue uno de los más apoteósicos. Siempre había decenas de desmayos y la tensión subía muchos enteros durante las presentaciones, pero aquel día fue especialmente crítico para la seguridad del espectáculo, que se vio literalmente desbordada.

Los miembros de la Cruz Roja no dieron abasto con la cantidad de adolescentes indispuestas. Abandonaron el estadio escoltados por la policía y por grupos de fans que corrían enloquecidas por la carretera detrás del autobús.

La Voz de Galicia publicó en portada una foto de uno de los miembros de seguridad con una chica desmayada en brazos y un titular elocuente que aludía al furor que provocaban quienes el periódico había bautizado como «Los Beatles españoles».

España estaba a sus pies. Aproximadamente un millón de personas vieron a los Hombres G en directo en 1987. Hubo días de dos galas diarias, por la mañana atendieron *El gran*

musical de la SER en Melilla y por la tarde estaban de regreso
en avión a Málaga para hacer la plaza de toros. Otra plaza, la
de Santander, se llenó todos los años que acudieron. Cada
vez que terminaban un show en la capital cántabra firmaban
el contrato para el año siguiente.

Fue el único grupo español invitado a *Ibiza '92*, un evento creado para promover los grandes acontecimientos que
iban a tener lugar en España cinco años más tarde. Allí coincidieron con el director de cine Roman Polansky, Freddie Mercury y Montserrat Caballé, que presentaron el tema de Barcelona 92, Spandau Ballet, Chris Rea o Duran Duran. En Gijón
tuvieron otro lleno hasta la bandera en la plaza de toros y
fueron invitados al Festival de Cine de Gijón, donde armaron
un revuelo en la rueda de prensa para promocionar la película en la playa de San Lorenzo acompañados de Manuel
Summers.

LOS CHICOS DE LOS KARTS

Las giras de los primeros años estuvieron repletas de momentos únicos, muchas veces acompañados de sus amigos de
toda la vida, que siempre que podían se apuntaban y se metían en el coche dispuestos a echar una mano en lo que pudieran y liarla en cuanto se daba la ocasión.

Uno de los más íntimos y carismáticos amigos del Parque, Marcial López, recordaba que «aquellos años fueron increíbles, de salida diaria, de juerga todas las noches; entonces
el cuerpo lo aguantaba todo. Javi estaba en todas, David era
un poco más reservado, Dani dependía de cómo le pillase el
día y Rafa igual. David y Dani solían compartir habitación.
Me acuerdo de una juerga a la que vino Manolín, el hermano
de David, que se le parece un huevo. Las tías le confundían,
se le acercaban y le preguntaban si era David, y él, con el

pedo que llevaba, decía que sí, entonces le pedían un autógrafo, y les firmaba, pero de la castaña que llevaba firmaba como Manolo, con su nombre. Nos partíamos de la risa. Nos reímos mucho, fue un tiempo maravilloso y la gente estaba loca con ellos, no he visto un grupo que despertara tantas pasiones».

JAVI. *Los karts se pusieron de moda y nosotros nos picamos muchísimo, estábamos de giras y pendientes de dónde había pista para parar. Una vez nos detuvimos en Zaragoza, en la Venta de los Caballos, en el kilómetro 311 de la carretera de Madrid, que era uno de los mejores restaurantes de España. Tenía una pista de karts de la hostia. Pues allí que nos fuimos con los técnicos y con todo el mundo flipando. Hasta hacíamos campeonatos.*

Mi amigo Marcial le metió a David un castañazo en Zaragoza que casi le parte la pierna. Pillamos tanto pique que cada vez que íbamos a una ciudad, lo primero que hacíamos era preguntar si había circuito de karts. Si pedían doscientas mil pelas por alquilarlo las pagábamos y listo. A veces forzábamos la ruta y nos desviábamos para pasar por allí y dejábamos de comer por ir a los karts.

DANI. *Algunas veces, viajando en el autobús o en la furgoneta nos paraba la Guardia Civil. Eran paradas de rutina para revisar el tacógrafo o cosas así. Salía Martin y se enrollaba, decía que iba con los Hombres G. El guardia en un momento dado podía haber dicho «y a mí qué coño me importan los Hombres G, venga, documentación», pero no, se ve que les molábamos y al final acababan pidiéndonos autógrafos.*

RAFA. *Recuerdo un concierto en Fuengirola que estaba lloviendo y decían que no se tenía que hacer porque nos podíamos electrocutar. No sé cómo lo resolvieron, pero lo hicimos. Luego, a pesar de la amenaza de lluvia, alquilaron unos buggies, y después del concierto nos fuimos de cachondeo con los coches por la ciudad, por las aceras con los amigos locos del Parque, un cachondeo que te morías.*

Recuerdo que en el hotel donde estuvimos aquel día había una bulla enorme con todo el grupo de amigos y David los echó de la habitación y se quedó componiendo porque estaba haciendo una canción. Fue cuando compuso La carretera.

Otro concierto en Manresa fue muy curioso. Para empezar, David la cagó y dijo: «¡Buenas noches, Tarrasa!». En otra ocasión fuimos todos a un restaurante muy bueno, chófer incluido, porque a nosotros siempre nos ha gustado darle el mismo trato al staff que el que nos dan a nosotros. Aquel era un sitio de puta madre, con un montón de estrellas Michelin. Había un piano acojonante y Paradise, el del teclado, no hacía más que mirarlo ensimismado. Le preguntamos al maître si podía tocar y dijo que por supuesto. Se puso a tocar Zorba el griego y armó tal show que toda la gente al final acabó aplaudiendo.

EL PRECIO DE LA FAMA

La fama y el éxito siempre tienen sus contrapuntos. La envidia, la intolerancia y el incivismo asomaban de vez en cuando en cualquier parada del camino, como en Andújar, provincia de Jaén, donde salieron al escenario en medio de un clima hostil con una lluvia de piedras. Los novios de las fans no habían encajado bien que primero les llamaran «paletos» y después sus novias gritaran como locas. Lo de los paletos corrió por cuenta de Séptimo Sello, que solían actuar como teloneros. Regino Carreira se vestía de cura para cantar una canción que se hizo muy popular, amada y odiada según desde dónde se mirara: *Todos los paletos fuera de Madrid*. En más de una ocasión, lo que hicieron fue caldear el ambiente de más.

RAFA. *No todo eran anécdotas agradables, sufríamos a los tíos que nos tenían manía. En Ciudad Real, una vez iban a apedrearnos, no sé cómo hicieron los de seguridad que al final no pasó nada, les dieron unas pelillas y los pusieron a controlar el escenario. En Villarrubia de los Ojos, cerca de Puerto Lápice, la consigna era tirarnos al pilón. Menudo pollo se armó, queríamos levantar acta si nos tiraban para suspender el concierto. Los camerinos estaban en el ayuntamiento y para llegar al escenario debías pasar por la fuente a la que nos querían tirar. Hicimos prueba de sonido y llamamos a la Guardia Civil, porque además había botellas de cristal, y decía el tío que no pasaba nada. Nosotros le hicimos ver que aquello era un arma. Al final no pasó nada, menos mal; salimos y nos los metimos en el bolsillo.*

JAVI. *Nos pusieron vigilantes de seguridad, o sea guardaespaldas, y eso para nosotros era la hostia. Pero menos mal, porque en Sueca (Valencia) un grupo de skins quisieron reventarnos el bolo. En Baza, en la provincia de Granada, el show duró cuarenta y cinco segundos, justo el tiempo que tardó una pedrada en darle a Dani casi en la sien. El concierto quedó suspendido. En Oviedo también hubo una movida tremenda, una de las peores que tuvimos en esos años. Un bolo previsto en la plaza, un lugar precioso cerca de la catedral. Nos sacaron en furgones policiales para llevarnos al hotel porque unos salvajes nos reventaron el concierto.*

RAFA. *Lo de Oviedo fue muy fuerte. Tuvimos que traer gente extra de seguridad desde Madrid. Desde que llegamos al hotel el día anterior vimos en el periódico que había cierta preocupación porque bandas de punkis y heavies se estaban organizando y amenazaban con reventar el concierto de Hombres G. Decía que ya le habían hecho algo parecido a La Unión. El concierto era popular, eran las fiestas de allí en septiembre.*

Lo que hicimos fue buscar un notario de guardia, porque era fin de semana. El hombre se presentó con su hija, que era fan nuestra. Nada más llegar al camerino y ver el pampaneo que había nos temimos lo peor. Habían formado una especie de cinturón de heavies y punkis delante del escenario. Salimos con la idea de ir a una guerra, me parece que es el concierto que más me he movido en mi vida.

En cuanto salimos empezaron a tirarnos de todo, candados, pilas, mecheros... En la segunda canción, uno de los objetos que lanzaron impactó en la hija del notario, y el hombre ahí mismo paró el concierto. Se armó un pollo impresionante, aquello parecía una batalla campal, recuerdo ver gente ensangrentada. El titular del periódico del día siguiente decía: «Veinte punkis reventaron el concierto de los Hombres G ante un servicio del orden ineficaz». Hemos vuelto mogollón de veces a Oviedo después y todavía de vez en cuando hay algún periodista que saca el tema.

La prensa asturiana lo recordó en un titular con motivo de un concierto en septiembre de 2012, justo veinticinco años después:

La bomba fue, prácticamente, la única canción que sonó aquel 21 de septiembre de 1987 en el escenario de la plaza de la Catedral. Los Hombres G estuvieron a punto de batir algún tipo de récord cuando se vieron obligados a abandonar el escenario ante la lluvia de «objetos contundentes» después de solo nueve minutos de actuación. Las crónicas de la época citaban entre el público a punkis, heavies y rockers como sospechosos de haber provocado el ataque. David Summers se quejaba: «Eran veinte asesinos con navajas y no vimos ni un policía».*

* *La Nueva España.*

El ritmo de trabajo era intenso en el autobús que había sustituido a la vieja furgoneta y que un día reventó el techo en Tarragona, en la entrada a un Parador de turismo, en una especie de puerta de piedra por la que accedían los vehículos. Estuvo unos días fuera de servicio y debieron sustituirlo por otro. David leyó a bordo la biografía de Frank Sinatra y se reía cuando comprobaba que también a él lo ponían a parir por triunfar.

La envidia era universal, pero ellos seguían sufriendo las consecuencias de la genuinamente española. Un malintencionado periodista vasco divulgó unas falsas declaraciones poniendo en boca de David Summers auténticas barbaridades. La reacción fue contundente, se hizo un comunicado desmintiendo la difamación y se procedió a demandar a aquel individuo. Era la cara amarga del precio de la fama en España. Era el momento de abrir las fronteras.

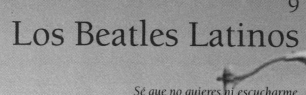

9

Los Beatles Latinos

Sé que no quieres ni escucharme
Sé que ya todo terminó
Y yo no quiero hablarte
Quiero escribirte una canción.

DAVID SUMMERS,
Un par de palabras

En la doble página anterior: Hombres G en la ciudad de Los Angeles durante la grabación del anuncio de la marca de cigarrillos Montana, fruto de la enorme popularidad alcanzada en América.

América supuso otro punto de inflexión, otro antes y después en la carrera de Hombres G. La trayectoria del grupo en América fue similar a la española, pero tuvo sus propios matices. Su música fue abriéndoles paso país a país. Fue en el continente americano donde se les bautizó con el apodo de «Los Beatles Latinos» desde el primer desmadre de fans enloquecidas y desmayadas por docenas vivido en octubre de 1987 en la ciudad de Lima. Era difícil imaginar que el delirio y el éxito cosechados en España se pudieran superar, pero así fue. La irrupción de la banda en la corriente denominada «Rock en español» en América Latina fue más explosiva de lo que lo fue en España. Al otro lado del Atlántico el éxito no vino acompañado de corrientes críticas tachándolos de blandos y pijos, sino todo lo contrario. Su música y su lenguaje fueron censurados como transgresores y subversivos. Aquel halo de sabor a lo prohibido puso los cimientos de una numerosa y sólida legión de fans leales e incondicionales.

EL NUEVO MUNDO

Paco Martín sabía por su conocimiento de la industria que en América Latina solo vendían Julio Iglesias, Joan Manuel Serrat, José Luis Perales, Raphael, Rocío Jurado, Rocío Dúrcal y demás vacas sagradas de las grandes compañías. No obstante, su instinto le decía que con Hombres G podía pasar algo, por eso mandó sus discos junto a un dosier de lo que representaba el grupo en España a las principales compañías. La respuesta positiva le llegó a través del A&R de CBS en Madrid. El presidente de CBS Perú, Augusto Sarriá, estaba entusiasmado con la idea de lanzar al grupo, convencido de que haría historia, y así se lo transmitió a Paco Martín vía telefónica y se lo repitió una vez que este tomó un avión y se reunió con él en su despacho de Lima:

> Cuando estoy a punto de abandonar esta idea, surge una pequeña esperanza. Me llama por teléfono Rafael Arbero, director artístico de CBS, pidiéndome los discos del grupo, ya que su compañía en Perú había mostrado interés. Semanas más tarde recibo una llamada de Augusto Sarriá en la que me dijo: «Te aseguro que en un corto plazo de tiempo Hombres G va a ser el grupo más importante de América Latina». Fue una persona decisiva en el éxito del grupo en América.*

Paco Martín cerró un acuerdo con CBS Perú, adonde había llegado con un billete de ida a ver qué pasaba. De ahí prosiguió su viaje a Miami y Nueva York con dinero prestado a cuenta del contrato porque no disponía de recursos para continuar su periplo. En Estados Unidos se reunió con Daldo Romano, cantante y empresario colombiano afincado en Norteamérica y con muchos contactos en la industria. Lo nombró representante de Twins en América y logró una cita en la sede de CBS en la ciudad de los rascacielos para ampliar el acuerdo de distribución.

---

* Paco Martín, *Así son Hombres G.*

De este modo se consiguió que no solo fuera Perú, sino que el negocio se extendió al resto del mercado de América Latina incluido México, el gigante de la región del entretenimiento en español. Paco se comprometió en aquella reunión a buscar fechas en la apretadísima agenda de la banda para viajar y hacer promoción en el continente. Daldo Romano se movió para que el grupo se presentara y fuera reconocido en los premios Bravo, un excelente escaparate que se iba a celebrar en el mes de mayo en la ciudad de Miami.

La CBS, mediante sus sellos CBS, Columbia y Epic, lanzó primero al grupo en Perú, México, Chile, Argentina y los tres territorios vecinos de Colombia, Venezuela y Ecuador, que comparten los colores de su bandera para recordar que un día fueron, junto a Panamá, uno solo, lo que el congreso de Angostura bautizó como la Gran Colombia.* Posteriormente lo haría en Centroamérica también.

En Perú se lanzaron los dos primeros álbumes originales, aunque con unos pequeños cambios. Sin embargo, la estrategia comercial para el lanzamiento en Colombia, Venezuela, Ecuador y México fue distinta, refundiendo los dos primeros discos en un solo elepé bajo el título genérico de *Un par de palabras*, con cuatro canciones del primero (*Venezia*, *Hace un año*, *Devuélveme a mi chica* y *No te puedo besar*; y seis del segundo (*Visite nuestro bar*, *Indiana*, *Un par de palabras*, *Te quiero*, *Marta tiene un marcapasos* y *El ataque de las chicas cocodrilo*).

---

* La Gran Colombia fue creada en 1819 en la ciudad de Angostura con la unión de las entidades administrativas del Virreinato de la Nueva Granada, la Capitanía General de Venezuela, el Gobierno de Quito y el Gobierno de Guayaquil en una sola nación bajo el nombre de República de Colombia. Se fracturó diez años después dando lugar a los territorios de Panamá, Colombia, Venezuela y Ecuador.

Se usó por primera vez una fotografía del grupo para una carátula. *Un par de palabras* se puso a la venta también en Chile, Argentina y Estados Unidos, esta última edición la más escasa y difícil de conseguir para los coleccionistas. En Costa Rica no se distribuyó, aunque sí usó esa portada en 1988 para poner a la venta el *Master Mix*. Lo que se hizo fue introducir al grupo con un disco recopilatorio de los tres primeros elepés usando la carátula del cerdito.

Augusto Sarriá acertó de pleno. En cuanto los temas del primer álbum empezaron a emitirse por radio, Perú entero sufrió una especie de convulsión musical. El Canal 33 se volcó con la difusión de las canciones y en muy poco tiempo el disco alcanzó unas ventas de cincuenta mil ejemplares en un mercado que no solía pasar de las cinco mil copias para un número uno.

El éxito fue tan impactante que CBS decidió no esperar y sacó también a la venta el segundo álbum, que se equiparó rápidamente en ventas con el primero con un comportamiento casi matemático: todo el que compró el primero fue a por el segundo. Ante la intensidad de la fiebre que se desató en el país, la dirección del Canal 33 decidió enviar un equipo a España para hacer un reportaje. La periodista peruana les informó de lo que estaba pasando. Estaban encantados, pero en ese momento no sospechaban la dimensión real del éxito de su música en la cuna del antiguo Imperio inca.

SOBREVOLANDO AMÉRICA CON VISADO EXPRÉS

El grupo fue nominado en tres categorías e invitado a participar en la gala de los Premios Bravo de la música que se celebraban en Miami, al sur de Florida, en la primavera de 1987. Estos premios fueron los antecesores de los Grammy Latinos, que echaron a andar en el año 2000. Era un excelente escaparate televisado por la OTI para todo el continente.

Hombres G iba a cantar y a dar a conocer para este nuevo gran mercado su éxito *Devuélveme a mi chica*. La anécdota se produjo cuando todavía no habían salido de Madrid. Un par de días antes alguien preguntó si tenían visado para entrar en Estados Unidos. El único que lo tenía era Dani. Rafa, David y Javi se dirigieron rápidamente a la embajada norteamericana de la calle Serrano de Madrid para conseguir su visa.

Cometieron el error de decir que iban a recoger un premio y a tocar una canción, lo que anulaba su condición de turistas y exigía trámites de un visado de trabajo, más lento y complicado. Un incidente similar le ocurrió a David en Ceuta, cuando lo retuvieron en la península por culpa de un documento. Tuvo que atravesar el Estrecho en una lancha y llegó justo a tiempo.

DANI. Nos dijeron de un día para otro que nos iban a dar un premio en Miami y que teníamos que volar. Era como los Latin Grammy de ahora y en la organización estaba Daldo Romano, la persona con la que Paco logró un acuerdo para impulsarnos en América. Yo tenía el visado porque llevaba viajando desde los tres años a Estados Unidos, había ido con mi padre en diciembre de 1985, cuando me compró la guitarra Rickenbacker para grabar el segundo disco, pero estos no. Mientras intentaban solucionarlo viajé con Paco, por si no llegaban a tiempo que al menos estuviera yo. Nos fuimos el martes 12 de mayo de 1987. Coincidí en el viaje de ida con Luis Cobos. Recuerdo que me decía que intuía que en el futuro habría un ordenador enorme, un gran servidor en el que estaría centralizada toda la música para poder descargarla y escucharla, y era 1987, fue un completo visionario.

Nos alojamos en el Palm Bay Suite Hotel en Biscayne Bay con unas impresionantes vistas de la bahía y una enorme cama king size. El viernes estaba solo en el vestíbulo cuando me encontré con Chayanne, que todavía no era muy conocido. Me dijo que había oído algo de nosotros y le conté que estaba esperando a ver si llegaban mis compañeros, que llegaron con el tiempo justo para la gala gracias a que obtuvieron un visado exprés para estar siete días en el país.

Fuimos a buscarlos en una limusina al aeropuerto; venían hechos polvo, pero al ver el glamour y el catering del vehículo junto a la pinta del personal de seguridad que nos habían puesto, unos enormes agentes de dos metros con el típico pinganillo en el oído, pronto empezaron a espabilarse del flipe que llevábamos camino de la gala, que fue en el hotel Intercontinental. Ahí estaban Julio Iglesias y Gloria Estefan, y nosotros con pantalones tejanos, zapatillas y camiseta mezclados con los esmóquines de la farándula. ¿Qué coño hacíamos nosotros allí, en mitad de todo aquel lujo, en un sitio donde no nos conocía ni Dios? Es lo que pensábamos. Al final lo pasamos bien, nos dieron el premio al grupo revelación del año en lengua hispana.

De ahí fuimos a Nueva York, que fue cuando nos hicimos las fotos en el Empire State con la típica foto con la manzana arriba que se usó para el Master Mix.

JAVI. Aprovechamos el viaje para conocer Nueva York, pero fue muy fuerte. Camino del Hard Rock Café nos tuvimos que echar al suelo por un tiroteo. ¡Joder con América! Íbamos por la acera y hubo un tiroteo. Un poli nos tiró al suelo, empezó a disparar y le dio a un chiquillo negro en la pierna en nuestras propias narices. Luego nos quedamos cuatro horas atrapados en un ascensor en un rascacielos, a Paco le dio un ataque de claustrofobia, a los veinte minutos estábamos en calzones. Fue un momento jodido, colgados en un piso 44 con un agobio que te morías. Éramos seis personas y faltaba el aire, Paco casi se muere.

«BIENVENIDOS A PERÚ.» UN RECIBIMIENTO HISTÓRICO

Paco Martín se presentó un día en el hotel antes de un concierto y comunicó al grupo que se iban a hacer las Américas, como los toreros en el otoño. No era solo promoción, había conciertos programados en Perú, Venezuela, Ecuador y Colombia y se estaba trabajando para el lanzamiento en México.

El 1 de octubre de 1987 fue la fecha elegida para viajar a Perú. Eso significaba que los Hombres G solo iban a disponer de una semana escasa tras el final de la gira española para tramitar la documentación e intentar descansar algo.

Martín viajó a Lima el 24 de septiembre, con una semana de antelación. Allí le esperaba el promotor de la gira y director del Canal 33 Televisión y Radio 1160 FM, Branny Zavala. El 1 de octubre despegaron ellos a bordo de una aeronave DC-10 de la compañía Iberia que hizo escala en Puerto Rico y Guayaquil. La escala boricua se alargó tres horas, con desalojo del avión incluido por una amenaza de bomba que acabó en falsa alarma:

> Lo que vivimos en Perú no hay palabras que lo puedan describir. El día que ellos llegaron al aeropuerto había más de veinte mil personas esperando. El estadio en Lima estaba los dos días a reventar, algo insólito en un país donde el precio de una entrada para un concierto equivalía al sueldo de un salario mínimo. Musicalmente hablando, creo que ha sido el acontecimiento más grande de la historia de Perú. Ahí fue donde empezamos a oír en los telediarios nacionales que eran los Beatles Latinos. Después vino Venezuela, Colombia, Ecuador, México... Algo tremendo. Hablamos al volver a Madrid con gente de *Informe Semanal* de TVE para que hicieran un reportaje de todo lo que había pasado, les dije que se habían producido incluso muertos en Ecuador por la locura en torno al grupo, pero nadie se interesó, no tuvo reflejo en la prensa española, era algo muy frustrante.*

* Paco Martín. Documental *Los Beatles Latinos*.

DAVID. Un día nos dice Paco que querían que fuéramos a tocar a Perú. «¿A Perú? Joder, ¿y a cuento de qué?» Que el disco estaba gustando mucho y que nos querían, pero lo recibimos con la misma extrañeza como si ahora me dicen que quieren que vayamos a tocar al Nepal. Fue increíble, veintidós horas con varias escalas, hechos polvo. Cuando llegamos al aeropuerto Jorge Chávez de Lima resulta que había una multitud de miles de personas que rompieron las vallas de protección de la pista del aeropuerto y entraron en tromba como si fuera una revolución. Las azafatas iban de un lado a otro, nerviosas. Se escuchó una orden para no abrir las puertas y nos preguntamos qué coño pasaba.

Nos quedamos flipados, no sabíamos que fuera por nosotros, nos acojonamos un poco hasta que vimos los carteles. Uno de estos dijo de cachondeo que a lo mejor es que iba el Papa en primera y por eso había ido medio Perú a recibirlo. Llegaron unos tíos y nos metieron en unos coches negros, parecía que nos estaban secuestrando. Alguien nos había dicho que tuviéramos cuidado porque nos podían secuestrar, y yo dije: «¡Joder, pues nada más llegar!».

De pronto un tío dice: «Soy José Carlos, vuestro jefe de seguridad, vais a estar con nosotros todo el tiempo mientras estéis en Perú, ahora vamos al hotel, luego a la rueda de prensa». Eran tíos armados hasta los dientes. Flipamos bastante, miles de personas por todos lados, en la puerta del hotel, en la puerta de la radio, en la prueba de sonido... Me recordaba lo que había visto de los Beatles. Íbamos por la calle y nos perseguía una multitud de mil niñas. Hicimos un concierto para cincuenta mil personas, fue la primera vez que vimos un público enorme pagando por vernos. Nunca nos hemos sentido como si fuésemos estrellas del rock, pero nos trataban como si fuéramos U2.

JAVI. Nos fuimos a buscarnos la vida esa primera vez con un par de pelotas, no teníamos mánager ni nada, fue en el ínterin entre que salió Pedro Caballero y llegó Manolo Sánchez con su empresa Olimac. Entonces solo estaba Martín el Francés para los conciertos y para todo. A mí me hacía ilusión ir a Perú y a Argentina por lo de mi familia.

El avión se quedó parado, sin avanzar. El piloto empezó a dar explicaciones de que había mucha gente en la pista. «¡Coño!, será costumbre aquí de la gente pasear por las pistas de los aeropuertos, ¡yo qué sé!» Estábamos tan lejos de casa que uno no sabía. Empezamos a ver policías corriendo con la porra en la mano, pegando hostias a diestro y siniestro. Pensamos que era una manifestación o una huelga de empleados del aeropuerto. Imagínate la sorpresa cuando vimos que era por nuestra culpa.

RAFA. Nosotros teníamos cierta curiosidad por ver qué estaba pasando en Perú, pero no nos hacíamos ni una idea aproximada de lo que vimos al llegar allí. Pensábamos que íbamos a hacer bolos en lugares pequeños, como lo que hacíamos en Madrid al principio. Cuando nos dijeron que íbamos a tocar en un estadio de fútbol nos quedamos bastante sorprendidos.

Yo me puse las gafas para ver qué coño estaba pasando. Había una multitud desaforada que al parecer había roto las vallas de seguridad del aeropuerto y se había metido en la pista, por eso los pilotos habían detenido el avión y se armó el revuelo entre la tripulación. Nosotros, como unos gilipollas, tardamos en reaccionar y darnos cuenta de que todo aquel desmadre era por nosotros. Solo lo tuve claro cuando vi una pancarta que decía «Bienvenidos Hombres G». Enseguida les señalé a los demás, y todos mirando a ver quién alucinaba más. No habíamos tenido un recibimiento así en la vida, lo que pasó aquel día en el aeropuerto de Lima es de las escenas que jamás podré olvidar.

DANI. Yo tenía un gripazo, iba con fiebre, no tenía el cuerpo para bromas ni sobresaltos, pasé un viajecito horrible. Íbamos en la cola del avión, nada de business. Viajábamos con los técnicos, los músicos y demás miembros del grupo armando cachondeo. Al frente de la expedición estaban Martín, como road manager, y

Fernando de Gracia como jefe de seguridad. Nos dijeron: «Ojo, chavales, porque ahí afuera dicen que hay veinte mil personas por lo menos, todas enloquecidas». Nos informaron de que nos iban a sacar por la parte de atrás cuando hubiera salido todo el pasaje y nos iban a meter en coches blindados negros con los cristales ahumados, y de ahí echando leches al hotel, sin pasar por inmigración, aduana ni nada.

Cuando salimos del avión y vimos todas las pancartas y la enorme multitud no dábamos crédito. Al descender las escalerillas nos abordaron unos reporteros de televisión y radio para conseguir nuestras primeras palabras. Llegar a los coches fue una odisea, porque la gente esquivaba el cordón de seguridad. A David y a mí nos metieron en un coche y a Rafa y a Javi en otro. Ellos, Juanito y Paradise, en otro. Eran unos Mercedes negros tipo limusina, parecíamos la comitiva de un jefe de Estado y la gente gritando sin parar. Nos hacían sentir como estrellas del rock internacional. Fuimos directos a una emisora de radio.

RAFA. Cuando íbamos en el coche y veíamos a la peña en las aceras saludando decíamos de cachondeo que parecía la comitiva de los reyes de España. Al llegar a la radio había tal mogollón de niñas con aspecto de colegialas que la policía no daba abasto para contenerlas y poder entrar al edificio, se nos echaban encima de los coches, gritaban y nos piropeaban. Hasta Paradise salió hecho polvo, le destrozaron la camisa, se quedó lívido, y mira que ya estaba acostumbrado a ver fans en España, pero aquello la verdad es que era otro nivel. Tuvimos que salir a saludar desde el balcón de la radio porque no paraban de vitorearnos como a auténticas estrellas del rock.

JAVI. De ahí por fin nos llevaron al hotel Libertador. Estábamos reventados y con un jet lag de puta madre. Recuerdo que venía con nosotros un enviado de Radio España, Raúl Marchán, y el tío no sabía cómo contar a sus oyentes lo que estaba viviendo. Él decía que había sido lo más fuerte que había visto en su vida y que le parecía acojonante que en España no tuviera la repercusión que merecía, porque desde la llegada de los Beatles a Estados Unidos no había visto nada igual, con la diferencia de que lo de los Beatles lo vio por televisión y lo nuestro lo vivió en persona. Y eso no era todo, porque al día siguiente era el concierto. Teníamos dos fechas, con cincuenta mil personas cada una en el Estadio Nacional, a reventar dos días seguidos.

DAVID. La putada fue el susto que nos llevamos con los equipos. El Francés nos dijo que los equipos con los instrumentos se habían quedado en Puerto Rico por un error de la compañía aérea y que ni de coña llegaban a tiempo para el primer concierto. Nos los tuvo que prestar una orquesta local; eran instrumentos muy humildes, pero yo dije que si había cien mil personas esperando para vernos tocar, tocaríamos aunque fuera con botes de detergente. Nos advirtieron de que solo tenían un par de baquetas para la batería, cuando Javi estaba acostumbrado a destrozar varios pares.

DANI. Tuvimos que pedirle favores a uno de los músicos del hotel, porque no teníamos ni cables. Martín me dio un cable para empezar la actuación, pero era de un metro y el micrófono lo tenía a cuatro metros, no llegaba, necesitaba uno de seis metros, así que Martín se puso a soldar cables para que yo pudiera llegar.

RAFA. La seguridad que teníamos era acojonante. Teníamos la planta 11 del hotel acorazada para nosotros y la suite para poder hacer alguna fiesta, porque no podíamos salir a ningún lado del tumulto que se montaba. Disponíamos de dos guardias de seguridad por cada uno de nosotros que no nos dejaban ni un momento. Yo salía y les decía: «Os podéis ir si queréis». Me daba cosa verlos tantas horas ahí clavados, pero ellos respondían que no podían, que tenían órdenes estrictas del señor Balbi de no dejarnos ni un minuto. Para los desplazamientos a los conciertos nos *metían en furgonetas blindadas como esas que usan los bancos para transportar dinero, con las ventanitas pequeñas.*

Óscar Balbi era un experto coordinador de seguridad peruano, citado por Mario Vargas Llosa en sus memorias como encargado de su propia seguridad. Estuvo al frente de todo el dispositivo a bordo de un todoterreno rojo que él mismo conducía, abriéndose paso por las calles de Lima, cortando el tráfico cuando era preciso o metiéndose por zonas peatonales.

JAVI. Balbi era un espectáculo, el tío. Una vez se cruzó un Volkswagen blanco y el copiloto se bajó con la pistola y empezó a dar golpes con ella para que el otro se marchara. Era un flipe detrás de otro. En la puerta del hotel teníamos un grupo de unas trescientas fans que hacían guardia permanentemente. Se llevaban sus propios sacos de dormir para pernoctar, y montaron en los alrededores del hotel Libertador, en un campo de golf adyacente, una especie de campamento de día y noche. Nos enteramos de que muchas de las chicas habían abandonado sus casas sin permiso de los padres, que denunciaron su desaparición, de ahí que se viera a policías foto en mano acompañados por adultos buscando entre las acampadas a sus hijas desaparecidas. Un show, era ver para creer.

DAVID. Una vez me levanté al baño en mitad de la noche y me asomé a la ventana. Solía hacerlo porque me impresionaba ver que seguían ahí abajo. Esa vez, más que impresionado lo que me llevé fue un susto de cojones al ver a una niña en la repisa, que debía haber escalado literalmente planta por planta aprovechando las repisas del edificio y estaba ahí, en la ventana. Me quedé pasmado. Lo primero que hice fue darle la mano, acojonado por la altura, porque podía matarse. No tendría más de catorce años, quería que le firmara, llevaba hasta un boli en la boca, así que le di el autógrafo en calzoncillos y llamé a seguridad para que la acompañaran. Cuando se fue me quedé a cuadros y acojonado,

Invitación e imágenes del concierto de la sala Astoria el 1 de junio de 1985, el que fue en realidad el primer día del resto de sus vidas. En la foto de arriba se aprecia, junto a Rafa, una de las palmeras del decorado que los amigos del Parque montaron para la ocasión.

Diferentes momentos de la frustrada grabación del primer disco en Cuarzo. Javi aparece al frente de la batería que compraron con el dinero obtenido en el Bwana; la bautizó como «Angelines» y con ella hizo toda la primera gira del 85.

Bromeando en el «Papá Pitufo», el coche de Dani, camino a una entrevista de promo de los singles de Lollipop. Aquel fue el día que Javi cantó *Venezia* con voz de tenor, lo cual inspiró el intro de la versión posterior con Twins.

Boletín de prensa del primer disco con un texto surrealista de David Summers y fotos de la infancia: Javi de romano, David con un tricornio, Dani comiendo y Rafa en un caballito.

HOMBRES-G

Los HOMBRES-G no son, para nada un grupo musical. No son ni siquiera modernos. No saben nada de música actual, ni de moda actual, y no se le ocurra preguntarles nada de eso ahora porque seguramente estarán con la resaca de ayer, que fue domingo.

Yo soy uno de los HOMBRES-G. Soy el único HOMBRE-G que no bebe demasiado alcohol. Por eso me han tocado a mí (como siempre) hacer esta especie de biografía, y la verdad es que creo que me va a ser un poco difícil, porque, créanme, hay tan poco que contar...

Pero, en fin, que quieres que te diga. Nosotros no nos hemos unidos para hacer música; siempre hemos estado unidos. DANNY, JAVI y yo (DAVID) somos amigos de toda la vida, pero de toda la vida, toda la vida. No creáis que es una exageración.

Nos conocimos en la clase de «Recuperación» a la que íbamos en el colegio porque siempre nos suspendían a los tres. Me acuerdo de que de pequeños tocábamos en la sierra con unas guitarras de juguete y una batería hecha con botes de detergente y cacharros, muchos cacharros viejos. Hacíamos versiones de los Beatles y de algún otro moderno de aquella época. Fue una infancia feliz.

A RAFA ya le conocíamos más tarde. Cuando se hizo mayor, aprendió a tocar la guitarra él solo, sin ayuda de nadie, y nació en un bonito pueblo de la provincia de Ciudad Real rodeado de fresas y rellenos. También anduvo en ZOMBIES, LAS CHINAS y varios grupos de casco antiguo, que para mí fue la mejor época popo de ajo. Yo le conocí en la TV haciendo un play-back en «Aplauso» y todos juntos formamos HOMBRES-G. Aunque le conocemos desde hace menos tiempo, le queremos igual que a nosotros mismos.

Habíamos grabado dos single en otra compañía, un maxi, hemos tocado varias veces por ahí, y ahora queremos tocar otra vez. Escucha este disco, que ya que os lo regalan... Nosotros hemos intentado que sea bueno, y creemos que lo es. Un abrazo.

DAVID SUMMERS
MADRID. MARZO 85

PRODUCCIONES **twins** s. a.

Arriba, Ricardo de la Morena, de pie, y Paco Martín, sentado junto a los chicos, celebran la renovación del contrato en una imagen que fue distribuida con fines promocionales.

Derecha, en los estudios TRAK durante la grabación del primer disco, Dani a los teclados.

Abajo, invitación para la presentación del primer álbum, *Hombres G*.

¡LA CAGASTE BURT LANCASTER!

PRODUCCIONES
twins s. a.

CHueca
VALVERDE14

Producciones Twins y la Sala Chueca, te invitan a la presentación del primer L.P. de HOMBRES G que tendrá lugar en la Sala Chueca (Valverde, 14), a partir de las 11,00 de la noche, el día 11 de Marzo de 1985

Management Rock-Conexion
(Pedro Caballero)

Madrid, Marzo 1985

© Producciones Twins

Su manera de vestir normal y corriente, como se aprecia en las primeras sesiones de fotos promocionales de Twins, acabó por conquistar a toda España.

Conforme el grupo hizo «boom», el fenómeno fan se desató en torno a la banda; una auténtica locura que se repetía en cada concierto y tal como reflejaba la revista *Súper Pop,* una referencia de la época.

David Summers durante una sesión de fotos y entrevistas en Ibiza.

Javi cantando durante El Gran Musical de Valencia en marzo de 1986, una de las actuaciones más multitudinarias de la historia del pop-rock español.

Rafa y Dani compartiendo habitación en Fuengirola.

Actuación en el Tívoli de Fuengirola en el primer pase de la tarde.

HUELLAS EN LA BAJAMAR (D. Summers)

Ya te has cansado de reír
has terminado tu cigarrillo y lo tienes que pisar
para apagarlo...
Bien, no quiero que hablemos más
nuestro amor se ha terminado
Sólo queda una ceniza que al rozar...
Se mezclará con el viento
y llenará el firmamento
y las estrellas a su paso se mancharán
y una concha que va al mar y otra más, y otra más...
Se han borrado nuestras huellas en la bajamar

Hey, ya se puede respirar
el otoño seco y frío y tú con quién estarás
no lo sé y...
qué más da... ya no hay una flor
todo ha desaparecido el jazmín que se enredó
en tus cabellos...
Se lo ha llevado el viento
mar adentro, mar adentro
y en el cielo una nube se formará
Se han borrado nuestras huellas en la bajamar... y

Quiero estar contigo una vez más, tengo miedo y frío en la bajamar
ya se hace de noche y tú no estás...
y te llamo a gritos en el mar, y una ola me lleva en tu lugar
y sólo la luna... me ve llorar..

Se han borrado nuestras huellas en la bajamar.

Monte Emilata ?
canela.

Nai 86
22-Dic. 86

En las Navidades de 1986, David Summers tuvo que apresurarse para componer las canciones del tercer disco. *Huellas en la bajamar* fue creada, como se aprecia de su puño y letra, el 22 de diciembre.

Durante la grabación en los estudios Yellow 2, en Manchester, vemos a Carlos Narea, el productor, fumando un cigarrillo junto a Javi y Dani.

Rafa, David y Javi en el piso de Manchester que compartieron durante un mes en 1987.

Los chicos de los karts, de izquierda a derecha: Martín el Francés, con bigote; Tito, hombre de seguridad del grupo en Cataluña; Javi Molina; Josito Alegre, técnico de luces; Esquimal y, detrás, José Carlos Parada.

Durante sus días en Londres con motivo de la grabación de *Estamos locos... ¿o qué?*, como unos turistas más, posando junto a la estatua de Winston Churchill.

El grupo en los estudios de Manchester con las camisetas del Manchester United.

En el Yellow 2, Dani probando la guitarra sentado sobre la funda, con Javi al fondo en la batería. Abajo, David posando.

Las giras eran auténticas maratones en los años ochenta, con miles de kilómetros acumulados a bordo de la furgoneta y los autobuses.

Los conciertos se contaban por llenos y siempre había momentos para las bromas, como se aprecia en la pinta de la pose de Rafa y Javi, quienes compartían habitación.

El debut en el mundo del cine supuso un éxito rotundo. Se hicieron diferentes carteles promocionales con fotogramas de la película. Una parte se rodó en Ibiza, donde, como se aprecia en la tercera imagen, el ambiente era muy distendido.

Los chicos en su segundo largometraje, *Suéltate el pelo*, caracterizados para pasar inadvertidos ante los malos de la película.

La llegada de Hombres G a América dio otra dimensión aún mayor al fenómeno y a su carrera. Dos imágenes de su primer viaje a Perú: David posando delante del avión Antonov en el que se desplazaron para la gira, y la banda en la cima del Huayna Picchu, en la ciudadela de Machu Picchu, una de las siete maravillas del mundo moderno.

Rafa y José Carlos Parada a bordo del bus plateado durante la gira de México de 1989.

La *Hombresgmanía* y el fenómeno fan se desató en América con igual e incluso mayor furor que en España. Sus desplazamientos estaban siempre rodeados de grandes medidas de seguridad. La banda arrasó, fue portada y foco de los medios, y sus ventas millonarias se tradujeron en varios discos de oro, platino y diamante.

Dani, David y Javi con sus amigos mexicanos en El Tenampa, en la plaza Garibaldi, el día, según David Summers, «del mayor pedo de toda mi vida».

En el centro, David y Rafa con Josito Alegre, el técnico de luces y Juan Muro. Abajo, los chicos junto a una niña mexicana en el Zócalo de la Ciudad de México.

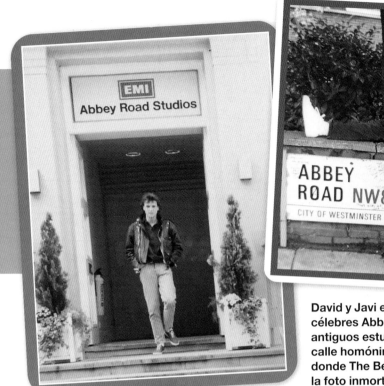

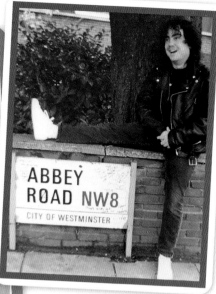

David y Javi en la puerta de los célebres Abbey Road Studios, antiguos estudios EMI, en la calle homónima de Londres, donde The Beatles se hicieron la foto inmortal en el paso de cebra. Grabar en el estudio de la banda de Liverpool fue otro sueño cumplido en la carrera de Hombres G.

Hombres G junto a Martín Fabián, locutor de radio y una de las personas clave del éxito arrollador de la banda en México.

Dani, David y Javi con Juan y Medio y el ingeniero y productor británico Nigel Walker, quien debutó con la banda en *Voy a pasármelo bien* y produjo *Esta es tu vida*, experiencias positivas que le animaron a mudarse a España.

Grabación de *Voy a pasármelo bien* en los estudios Torres Sonido en Parquelagos, Madrid. Como se observa, la banda hacía honor al título de su disco disfrutando cada momento de su carrera y de sus vidas.

Rodaje del videoclip de *Voy a pasármelo bien* en la casa de David Summers de la calle Piquer de Madrid. Las imágenes hablan por sí solas.

David en su «pequeño universo», el cuarto de su domicilio, el refugio donde acudía siempre en busca de inspiración.

Rafa sostenido con un arnés ataviado como un ángel mientras David, Javi y Dani observan vestidos de Reyes Magos en el programa *Rockopop* de TVE.

Con la banda desanimada y a punto de parar, Rafa felicitó las Navidades de 1992 a sus amigos y compañeros de grupo con esta fotografía y un emotivo y nostálgico texto.

David con su padre, el cineasta y humorista Manuel Summers, el día de su boda. La enfermedad y posterior fallecimiento de Summers supuso un fuerte golpe anímico para David y coincidió con el final de la primera etapa del grupo.

Imagen promocional de *Esta es tu vida*, el disco blanco de Hombres G que significó el gran punto de inflexión tras su aparición en el otoño de 1990.

© Mario Larrode

Con la llegada de los noventa la banda mostró progresivamente evolución y madurez, palpable en su música y en su imagen.

En 1993 la banda paró por el agotamiento sufrido tras siete años intensos. Perdieron la alegría, la ilusión y su esencia, y supieron hacer la pausa a tiempo. Imágenes de la grabación de *Historia del bikini* en los estudios La Nave, propiedad por entonces de David y Dani, que evocan perfectamente aquel momento.

pensando en la que estábamos armando, una locura hasta el punto de que eran capaces de arriesgar la vida por lograr un autógrafo. Esa era una tremenda responsabilidad.

El mismo día de su debut ofrecieron una conferencia de prensa en la que recibieron de manos del presidente de CBS Perú, Augusto Sarriá, un doble disco de platino por las ventas logradas en el país, lo cual suponía un hito para la industria discográfica peruana.

El primer concierto fue impresionante. Salió adelante con los instrumentos prestados. La apoteosis en el escenario peruano llegó al final, cuando Rafa salió con una enorme bandera peruana y empezó a interpretar *El cóndor pasa* con su guitarra.

El segundo día sus instrumentos habían llegado. Después de la capital, tuvieron tres actuaciones más en Piura, Chiclayo y Trujillo. Para los desplazamientos usaron un avión Antonov, una aeronave de transporte de carga de fabricación soviética que les alquiló el ejército peruano y que hasta les dejaban pilotar a ellos en modo seguro.

Para llegar a los recintos usaban una furgoneta blindada de ventanas diminutas de las que se usan para el traslado de dinero, joyas y valores. Cualquier seguridad era poca, porque Perú estaba literalmente convulsionado esa semana con su presencia. Tal fue la fuerza, que se debió improvisar un concierto más de despedida en el colegio San Agustín de Lima, en el que tuvieron como teloneros al grupo peruano Imágenes. Un periodista local resumió telegráficamente toda aquella aventura:

> Llega el avión. Las colegialas saltan la reja y entran a la pista. Una jalonea de la camisa a David, el que canta. Perros policías. Gritos... Salen los G. Otra vez el Mercedes negro. Guardaespaldas. Policías tira palo. Impresión memorable: la mano de una colegiala sobre el elegante techo

negro del carro. La vara de un policía cae sobre sus dedos en cámara lenta. El techo suena pum, los dedos crac. Las primeras desmayadas. 9.22: Empiezan a tirar los primeros calzones al escenario... Todo el estadio canta. El que más salta se llama Rafael... *Sufre mamón.* Varazos a los de la primera fila. Un guardia de asalto tararea *Indiana Jones*...*

UN SAXO EN EL HUAYNA PICCHU

Branny Zavala invitó al grupo a conocer el destino turístico más importante de Perú y aprovechar al mismo tiempo para hacer un reportaje de televisión con ellos recorriendo las calles de Cuzco y ascendiendo al Huayna Picchu, en la ciudadela de Machu Picchu. Era un viaje para admirar en todo su esplendor la ciudad perdida de los incas que sobrevivió a la conquista. Machu Picchu fue declarado Santuario Histórico Peruano en 1981 y es Patrimonio de la Humanidad de la Unesco desde 1983. El 7 de julio de 2007 fue declarada una de las nuevas siete maravillas del mundo moderno.

RAFA. Me quedé impactado con Perú y con Machu Picchu en particular. En Cuzco tuvimos que sortear el mal de altura, ahí te dan el té de coca y hay oxígeno en los hoteles. Ves a la gente mayor mascando la hoja de coca con la mejilla deformada de tanto mascar, ya que mezclan la hoja con la cal para sacar la saliva. Gente que apenas come pero que están todo el día con energía gracias a la hoja de coca. Observabas a personas de unos setenta años con los dientes podridos, pero con una gran vitalidad. Cogimos el tren que lleva de Cuzco a Aguas Calientes, que es el pequeño pueblo que está a un paso de Machu Picchu. Es espectacular cómo se

* Jaime Bedoya, revista *Caretas.*

va metiendo el tren en el cañón del río Urubamba. Solo se puede llegar allí por tren o andando en el camino inca por las montañas.

JAVI. Al llegar a Cuzco vimos niños jugando al fútbol y pensamos que no sería para tanto lo del mal de altura, pero después de comer, cuando fuimos a subir a las habitaciones del hotel casi nos ahogamos. Sí se nota la altura, la ciudad está a tres mil cuatrocientos metros sobre el nivel del mar. Nos aconsejaron no comer mucho el primer día y no hicimos ni puto caso. Nos impactó, estuvimos en la ciudad, en algunas ruinas cercanas del Valle Sagrado de los Incas y en Machu Picchu. Nos hicimos un huevo de fotos en las ruinas de la ciudadela y por todos lados.

Por la noche nos llevaron a un restaurante en Cuzco, y entre la altitud y el pisco ese que tienen allí, que se te sube a la cabeza que te cagas, monté el espectáculo bailando. Me dieron una vela de un baile típico de allí y empecé a moverme como un poseso, ni sé cómo no le pegué fuego al traje de la bailarina que bailaba conmigo. La que casi me pega fuego fue ella a mí cuando le devolví el cirio, me lo puso detrás del culo, una cosa muy rara, siguiendo mis movimientos, y llegó un momento en que la llama prendió en el vaquero, justo en semejante parte. Menos mal que enseguida lo apagó, si no, no sé yo. Ni que decir tiene la gracia que hubiera sido si se me escapa un pedo con semejante flama ahí.

DAVID. Machu Picchu es una pasada, yo recomiendo a todo el mundo que lo conozca porque se va a quedar gratamente impresionado. Llegar a la ciudadela es muy fácil desde el pueblo, hay autobuses que suben constantemente por una carretera que va serpenteando la montaña con unas vistas preciosas. Además, la altitud de la ciudadela no es tanta como en Cuzco, son mil metros menos y se nota. Una vez allí tienes dos opciones: si estás en forma y no sufres de vértigo, subir a la montaña de Machu Picchu o a la de Huayna Picchu, que es el pico que sale en todas las postales y donde estos locos se empeñaron en subir con un equipo de *televisión del Canal 33 que grabó toda la travesía. Yo me cansé mucho y cuando me preguntaron arriba dije que ni se me ocurriría volver a intentarlo, y tenía veintitrés años, imagínate ahora.*

DANI. Nada más llegar nos dieron un mate de coca de los que toman los nativos. Recuerdo que venía en el avión con nosotros hasta Cuzco la esposa de François Mitterrand y se tomó dos mates. La subidita al Huayna Picchu fue tela, no me extraña que muy pocos turistas se atrevan. Tuvimos que parar un montón de veces, algunos lo llevaban mejor que otros. Hay tramos del camino, siempre en subida, donde se estrecha mucho, se pega a la montaña y ves abajo un vacío de vértigo. Poco a poco y dosificando el esfuerzo alcanzamos la cima. Arriba del todo nos hicimos una foto y nos hicieron la entrevista. Desde luego, la vista es impresionante. Regresamos esa misma noche a Cuzco, no hicimos noche en el pueblito que hay abajo ni en el hotel de la ciudadela. Visitamos más ruinas cercanas, nos hicimos fotos con las llamas y compramos algunas artesanías. Yo le regalé una de esas pulseritas que llevábamos siempre a una amiga nativa que hice mientras visitábamos el lugar.

RAFA. Paradise y yo éramos los más atrevidos. En la cima de la montaña, Juanito Piscinas, que se había llevado el saxo, había que echarle cojones, se puso a tocar El cóndor pasa con una camisa amarilla de lunares negros que llevaba. Debajo de una de las piedras dejamos algunas piezas del backstage con la promesa de ir a recogerlas algún día, pero todavía no hemos vuelto, y quién sabe, con sesenta años no se sube igual que con veintisiete.

En todo lo alto nos hicieron una entrevista para el canal. Después, en el descenso, Paradise y yo fuimos los primeros en llegar. En la zona de entrada a la ciudadela, donde paran los autobuses, nos dimos cuenta de que había llegado un grupo de adolescentes y pensé: «¡Madre mía!, la que se va a liar si nos reconocen», pero como estábamos sucios, con las gafas y yo llevaba mi sombrero

de ala corta tipo gángster, era difícil que me reconocieran. El pro-
blema es que Paradise llevaba una camiseta con un rótulo enorme
que decía: «Hombres G Perú 1987».

ECUADOR, LA EMBAJADORA Y LOS HUEVOS DE JUANITO

Los Hombres G viajaron de Perú a Chile a hacer algo de promoción y de ahí a Ecuador, donde dieron dos nuevos conciertos. Argentina quedó descartado, para disgusto de Javi y sus
raíces rosarinas. En Argentina se distribuyó el primer álbum
del grupo de la mano del sello Raviol Records, y más tarde
CBS lanzó *Un par de palabras* e incluso un segundo recopilatorio que incluía canciones de los tres primeros álbumes.

Paco Martín recordaba en 2002 que desistieron de abrirse paso en Argentina debido a la popularidad de Soda Stereo,
el grupo local del recordado Gustavo Cerati, que estaba muy
fuerte en aquellos años en su país. Curiosamente, años después entablarían una sólida amistad con otra banda legendaria argentina, Enanitos Verdes. Aun con el éxito de *Huevos*
Revueltos, el grupo cree a día de hoy que es demasiado tarde
para intentar popularizar su música en el mercado argentino,
aunque nunca se sabe:

> CBS fue la que recomendó no ir a Argentina. Decían que
> Soda Stereo había fomentado un clima de rivalidad musical
> entre España y Argentina, que no hablaban bien de Hom-
> bres G, que habían generado un ambiente adverso y que si
> iban y lo intentaban se tomarían la llegada de Hombres G
> como una cuestión patriótica y los rechazarían en favor de
> los suyos. Así que lo pensaron bien y se decidió no ir.*

---

* Paco Martín, documental *Los Beatles Latinos*.

Los conciertos de Quito y Guayaquil, con un aforo de
asistencia acumulado entre ambos de ochenta mil personas,
fueron otro quebradero de cabeza para Fernando, el coordinador de seguridad. Debido a las aglomeraciones hubo que
lamentar varios heridos y fallecidos, algo que afectó a la moral del grupo.

DAVID. Coincidimos con los Ilegales, que tocaban antes que nosotros, en el concierto de Quito en un sitio que se llamaba La Chorre-
ra, que era como una especie de anfiteatro en una explanada rodeada de montañas. Ellos llevaban de road manager a Pepe, el
que fue portero del Rock-Ola, un pieza de mucho cuidado. Allí se
montó una que no se puede la gente hacer una idea. Había un
pollo enorme armado en el país. En esos momentos era un país
muy conservador, de profundo arraigo católico, y a nosotros nos
veían como la encarnación del diablo porque decíamos «mamón»
y «marica». Salió el obispo de Quito a decir en televisión que era
una vergüenza que llevaran a grupos como nosotros a tocar allí.
Lo que consiguieron fue el efecto contrario, recuerdo ver aquello
lleno de gente, miles y miles de personas.
      Si lo nuestro les parecía fuerte, lo de los Ilegales imagínate.
Ellos tenían terminantemente prohibido cantar una canción que se
llamaba Eres una puta, pero no lo bastante. Nosotros estábamos
detrás, viendo su concierto, cuando de pronto Jorge, el cantante,
dice: «Bueno, ahora íbamos a tocar una canción que sabemos que
os gusta mucho, pero nos la han prohibido, así que en su lugar vamos a tocar La hormiga Titina». Nos descojonamos. Empieza a re-
citar: «La hormiga Titina, camina, camina...», y a continuación arrancan las guitarras y suelta: «Eres una puta...». La gente enloquecida
y el ejército, que estaba allí preparado por si pasaba algo, irrum-
pió de golpe con veinte soldados en el escenario comandados por
un coronel con gorra y sable y detuvieron a los Ilegales allí mismo.
      En el altercado, Pepe, el de Rock-Ola, se metió por medio, le
metió una hostia al coronel y acabó en la cárcel. Estuvo unos días

encerrado, porque les preguntábamos a estos después y nos decían que estaban mirando a ver cómo lo podían sacar. Tardamos una hora en salir, hasta que se arregló todo ese rollo.

Aquello era muy salvaje, veías a gente haciendo hogueras, tías que subían al escenario a morrearte, tíos que subían a bailar. Lo peor de todo fue que cuando ya habíamos acabado el concierto y nos íbamos, sentimos que una de las gradas supletorias portátiles que habían colocado se desplomó y toda la gente que estaba arriba cayó sobre la que estaba abajo y hubo que lamentar víctimas. Nos quedamos sobrecogidos.

Pero es que en el concierto de Guayaquil, donde tocamos al día siguiente, en el estadio de fútbol, metimos a cincuenta mil personas y volvió a haber muertos, esta vez en reyertas y tanganas. Me acuerdo de estar cantando Las chicas cocodrilo y ver en el pasillo que había entre la valla y el escenario a camilleros pasando constantemente con tíos hechos polvo. Es una imagen que tengo grabada en la memoria. Uno llevaba una camisa blanca y la tenía manchada de sangre, era un continuo desfile de heridos y en el público se veía una lluvia de botellas de un lado a otro. Todo eso nos dejó también bastante impactados.

RAFA. En Guayaquil el escenario estaba en medio del campo de fútbol en lugar de en el lateral. Aquello era un caos, la gente encendía los vasos de cerveza como si fueran antorchas e intentaban avanzar desde las localidades más baratas para estar más cerca. Cuando salimos habían hecho un cordón policial. No había vallas, los policías sostenían una cuerda alrededor del escenario para que la gente no pasara, pero de tanto empujar acabaron pasando por encima de los policías y metiéndose en avalancha debajo del escenario para empezar a subir. La policía tuvo que subir al escenario a cortar el concierto. Rehicieron el cordón y así pudimos acabar y volver a los vestuarios, fue de película.

En Ecuador nos invitaron a comer una vez en casa del embajador. Su hija era cantante, yo la conocía de España de hacía *años, cantaba heavy. Llegamos y estaba ella con su madre, el embajador no estaba. Tenían un comedor grande, con armaduras y una mesa enorme. Fuimos los cuatro con Martín, Paradise y Juanito Muro. Un mayordomo nos sacó una tortilla española, la más mala que he comido en mi vida. Juanito estaba a mi lado, sentado a una mesa antigua, parecía medieval. Estábamos muertos de hambre, porque a la tortilla no había quien le metiera mano. Nos pusieron unos huevos al plato, pero nadie quería comer hasta que no empezara la señora embajadora. Y ella dale que te dale al palique, embobada con nosotros, que si estoy encantada de que estéis aquí, que si tal... Y Juanito no hacía más que mirar los huevos, traspellado del hambre. Y nosotros: «No, señora, gracias a usted por la invitación, y a su hija que es un encanto». Y ella sigue que sigue: «Oye, David, tu padre es Manolo Summers, ¿verdad?». Así por lo menos veinte minutos sin parar de cascar. Nosotros desesperados, ¡no íbamos a empezar nunca a comer! Hasta que Juan Muro no aguantó más y va y suelta: «Señora, ¿no le importa que empecemos? Es que se me van a enfriar los huevos...» [risas]. Nos queríamos morir de la vergüenza. Menos mal que ella reaccionó rápido: «¡Ay, sí, claro, perdonad! Es que estoy tan emocionada». Yo creo que ni lo pilló de la emoción.*

Los «Doors» españoles en Venezuela

La tarjeta de visita del grupo en Venezuela la resumió a la perfección un periodista local al afirmar en la presentación ante los medios que Hombres G provocaba el mismo número de desmayos que en su día él había visto a The Beatles y a Menudo. Venezuela, junto con Perú, eran los dos países donde en esos primeros momentos el grupo gozaba de más popularidad. Fueron recibidos una vez más en olor de multitudes. Lograron rápidamente superar las cincuenta mil copias vendidas, y nada más llegar a Caracas la CBS organizó una rueda de prensa en la que se les entregó el disco de oro. Cerraron tres fechas: en la plaza de toros Maestranza César Girón de Maracay, el 30 de octubre de 1987, y dos más los días siguientes, sábado y domingo, en el Poliedro de Caracas, con capacidad para unos doce mil espectadores. Todas ellas fueron *sold out*. El *Diario de Caracas* organizó una visita al periódico:

> Su llegada no pasó inadvertida. Un nutrido grupo de jóvenes se aglomeró a la entrada y los quiso acompañar hasta la redacción. La presencia en Venezuela desata alguna controversia. Desde algunos foros de opinión se les compara con el grupo norteamericano The Doors, aduciendo a la provocación de unas letras que califican en algunos sectores de groseras. Ellos explican que «nuestras letras son blandas en España». Han tenido inconvenientes para poder grabar un especial en el *Sábado Sensacional*, el programa estrella de la televisión venezolana. Será el especial que tendrá más horas de trabajo en la historia, porque todas sus canciones son muy «floridas». [...] El especial saldrá bien «coladito» en virtud del vocabulario tan «especial» de los «nenes».*

JAVI. En Caracas nos fuimos a un piso que nos alquilaron porque decían que en el hotel se quejaban por la gente que se juntaba allí, las fans se colaban y se ponían a llamar a todas las habitaciones a ver si estábamos, se armaba mucho ruido y eso era molesto para los otros huéspedes.

RAFA. El día que llegamos, los encargados de seguridad bajaban con dos niñas histéricas. Fui un momento con David a su cuarto para recoger algo y de pronto nos encontramos a dos tías metidas en el

---

* *Diario de Caracas*, noviembre de 1987.

armario. El director del hotel armó un pollo, decía que había mucha gente en las habitaciones y por eso tuvimos que trasladarnos.

DANI. El piso era muy amplio y acogedor. El único problema era que no muy lejos estaban algunos suburbios y en mitad de la noche te despertabas oyendo disparos. La diferencia de estar en el hotel a aquel piso es que nos daba por pensar más a ver qué broma podíamos gastar. Salimos de fiesta en Caracas. Teníamos un amigo, Efraín, un fotógrafo, y un día de regreso al piso medio pedos Rafa se curró una broma que nos acojonó y nos descojonó a partes iguales, aunque a Javi no le hizo ni puta gracia, casi le da algo. Javi abría las puertas de los baños en los aeropuertos con los pies o con el codo para, según él, no pillar los microbios de la persona que estuvo antes. Pensaba que habían tocado el pomo o el picaporte después de haberse tocado los huevos. Tiraba de la cadena con los pies y si le pedíamos prestada una cuchilla de afeitar decía: «Por tu seguridad no te la dejo, es decir, por tu seguridad y por la mía».

RAFA. Había una piña natural enorme en la mesa que nos tomábamos con un poquito de vodka. Usábamos una jeringuilla para inyectar el vodka o el ron a la fruta, como nos habían enseñado nuestros amigos venezolanos. En esa época había una obsesión con el sida acojonante, y precisamente Javi estaba soltándole un sermón hipocondríaco a David, que decía que había pillado algo porque le dolía el estómago, o que le había picado un bicho. Me escondí la jeringuilla en la mano y con la otra cogí un palillo. Esperé y cuando vi la ocasión le pinché un poco con el palillo. Cuando se dio cuenta, le enseñé la jeringuilla en la mano y le dije: «Javi, corta el rollo ya, tú no estás enfermo, pero ahora sí vas a estarlo». «¿Estás loco? ¡Gilipollas! ¡Me acaba de matar este enano loco!» «Pero, coño, Javi, que está limpia», decía yo descojonado, y este: «¿Limpia? ¡Y una mierda, me voy a morir, joder!». David se quedó pálido: «Joder, Rafa, te has pasado». Yo seguí riéndome hasta que tuve que confesar lo que había pasado, porque si no me mata. Me dejó de hablar varios días.

JAVI. Casi lo mato aquel día, porque esa era la época del sida a tope. En realidad no soy hipocondríaco, de hecho soy el que menos ha pisado la consulta del médico de los cuatro, más bien con el paso del tiempo el que se ha vuelto el hipocondríaco del grupo es Rafa [risas]. Lo de no tocar los baños con las manos lo sigo haciendo, pero en sitios públicos como los baños de los aeropuertos y las estaciones y en los restaurantes, y a partir de ahora con todo este rollo del virus lo voy a hacer con más razón todavía.

DAVID. Aparte de todo el cachondeo y la intensidad con la que vivíamos en plena juventud, para nuestras vidas y para nuestra carrera aquel primer viaje a América Latina fue muy importante. Nos marcó mucho la hospitalidad de aquellas gentes, el afecto que nos dispensaron, la calidez de su carácter, la otra forma de usar nuestro idioma, los lazos comunes con nuestros antepasados, la historia de esos lugares plenos de contrastes y la riqueza de la mezcla de culturas y del mestizaje. Y otra cosa que nos hacía alucinar, de hecho lo sigue haciendo a día de hoy, era que tú cogías los titulares de los periódicos de esos países y no hacían más que repetir que éramos los Beatles del rock en español, o los Beatles Latinos.

Salvando las distancias, sí había paralelismos, como por ejemplo la histeria de las fans. A los Beatles siempre los tendré en un altar en mi vida, cambiaron la música y la cultura del mundo entero. Nosotros cambiamos un mundo más pequeño donde también, y eso es quizá otro paralelismo, creamos un puñado de canciones bonitas e imperecederas. Entiendo la comparación, seguro que los envidiosos no, pero desde luego eran palabras mayores como para no producir cierto rubor cada vez que nos comparaban con ellos.

En la ciudad de Valencia, en el estado de Carabobo, tocaron en la plaza de toros que estaba llena a reventar, pero tenía una restricción: no dejaban al público pasar al albero. Cuando el ambiente se caldeó, la gente se saltó la prohibición y pasó a la arena. Los chicos estaban a lo suyo, tocando, y de pronto empezaron a escocerles los ojos. No eran polvos pica-pica, eran los antidisturbios lanzando gases lacrimógenos para disuadir al público y hacer que regresara a las gradas. Un policía lleno de galones subió al escenario con una pistola plateada. Cogió un micrófono ante la mirada atónita de los artistas y dijo: «El concierto se suspende». La tensión fue enorme mientras se le explicaba que era algo normal en un concierto de rock. Al final se avino a razones y el concierto pudo acabar. Eran quebraderos de cabeza constantes para la seguridad.

En Colombia tenían otra buena oferta para tocar y estaba previsto hacerlo, pero tras lo ocurrido en Ecuador llegaron en noviembre a Bogotá solo para tareas promocionales, con idea de preparar las giras de los años posteriores en ese país con mayor garantía de seguridad.

Cinco países tuvieron canciones de Hombres G en el número uno de sus listas radiofónicas y de ventas: Perú, Colombia, Venezuela, Ecuador y México, que fue la última escala promocional de aquel viaje a finales de 1987. Todos ellos los han recorrido varias veces en grandes giras desde entonces hasta hoy.

Hablar de Hombres G en América es hablar sin reparos de un grupo que marcó historia, que revolucionó la música pop-rock en español marcando una tendencia con canciones eternas que han influido en millones de personas. Fueron un punto de inflexión en la corriente del llamado «Rock en español». Por ello, el paralelismo latino con The Beatles es pertinente.

Paco Martín decía que musicalmente la comparación era inviable, pero que hablar de los Beatles Latinos como se hablaba en América era algo legítimo debido a su impacto como fenómeno social. Las imágenes de la banda de Liverpool en Estados Unidos eran las mismas que las que los Hombres G generaban en América Latina. El cantante Mikel Erentxun señaló en 2002 que lo entendía perfectamente:

> Tuvieron más repercusión en América y mejores críticas, allí eran casi una banda subversiva de pop-rock y en España se les acusaba al mismo tiempo de ñoños. Tuvieron un éxito increíble y aún lo tienen. El público latino es más fiel y cuida más a los artistas que el español.*

* Documental *Los Beatles Latinos*.

10

Una vida de película

Yo no tengo nadie sobre quien escribir,
nadie que se enfade y nadie con quien discutir.
No tengo a nadie con quien intentar sobrevivir.
No tengo con quien bailar descalzos por Madrid.

DAVID SUMMERS,
Si no te tengo a ti

En la doble página anterior: Rafa, Dani, Javi y David bromeando en El Campello, Alicante, imitando una de las primeras fotos promocionales del grupo realizada por Twins en 1985.

Nada más arrancar 1988, la inercia frenética de la agenda de Hombres G se reactivó con tres importantes objetivos: un nuevo proyecto cinematográfico, un nuevo disco y una gira a ambos lados del Atlántico. Los tres volverían a ser éxitos rotundos: Suéltate el pelo en taquilla, Agitar antes de usar en ventas e innumerables sold out en España y América. Seguían instalados en la cresta de la ola. Su vida era de película y de inmensos contrastes que iban del Madrid bullicioso de los bares con los colegas, al Pacífico mexicano, dispuestos a lanzarse en paracaídas, y de allí a los Andes colombianos jugándose la vida en interminables carreteras escarpadas. Era un no parar de emociones, autógrafos, conciertos, desmayos, autobuses y aviones.

¿QUÉ COÑO HARÉ YO EN LAS BAHAMAS?

Antes de regresar a Madrid procedentes de México, David, Dani, Rafa y Javi hicieron escala en Miami a finales de 1987 para grabar un programa de televisión y comprobar el éxito que en el sur de Florida tenía *Matar a Castro*. De ahí hicieron otra pequeña escapada a la Gran Manzana para hacer algo de turismo en las frías calles del invierno neoyorquino.

DANI. El regreso lo hicimos en el Jumbo de Iberia Nueva York-Madrid, pero casi lo perdemos. Se nos hizo tarde, llegamos al aeropuerto con el tiempo justo, faltaba muy poco para que saliera el vuelo. Íbamos tan justos que decidimos que yo me encargaba de los billetes mientras ellos iban delante corriendo para avisar en la puerta de embarque. En todo el ajetreo, Rafa me dio un macuto de cuero que llevaba y salieron corriendo por el pasillo hacia el avión.

Tramité los billetes y me dirigí al avión; se dispararon todas las alarmas cuando pasé el escáner y el policía, que parecía un armario de dos metros, me pegó una voz y me ordenó que abriera las mochilas. En la de Rafa había un pedazo de machete enorme parecido al de Rambo, y dos puñales más que le habían regalado en Perú. Me quedé blanco, me quería morir. Le metí un rollo al tío diciéndole que mi padre era jefe de flota de Iberia, que los cuchillos eran de un amigo medio despistado que era la primera vez que viajaba en avión y había olvidado meterlos en la maleta. Total, que no sé cómo le conté todo eso pero el tío me miró y me dijo que me acompañaba al avión con los tres machetes en la mano. Cuando llegamos, entré en la cabina a buscar a Rafa y le dije: «Ahí afuera tienes a un amigo que te está esperando para tirarte de las orejas por un regalito que has metido en la mochila». Ahí mismo reaccionó: «¡Hostias, se me había olvidado!». Cuando salió, el policía le pegó la bronca y además le dijo que se los iba a quedar. Menos mal que el tío se tiró el rollo, si me hubiera pasado ahora voy derecho a Guantánamo [risas].

Al llegar a Madrid grabaron el *Especial fin de año* de TVE. Después, por fin, tras dos años y medio sin tregua, gozaron de un pequeño descanso en Navidad. Sin las premuras del disco anterior, aprovechando las vacaciones navideñas y en mitad del sosiego de su rincón en la casa onubense de su madre, David Summers compuso algunas de las canciones que formarían parte del cuarto disco de estudio de los Hombres G. Cuando le enseñó a su padre las fotografías de la modelo que pensaban usar en el montaje de la portada, Summers hizo gala de su fino humor en el comentario que soltó tras admirar la belleza de la chica: «Agitar antes de usar». El álbum ya tenía título.

La banda volvió a confiar en el chileno Carlos Narea para hacerse cargo de la producción. Entre enero y febrero se metieron en el estudio de Torres Sonido (Parquelagos) de Madrid. Cada presupuesto superaba al anterior con el claro objetivo de lograr un mejor sonido. La música de Hombres G sonaba cada vez mejor y se atisbaba una primera evolución, que sería mucho más notoria al año siguiente.

El disco se publicó el 24 de mayo de 1988, y el primer sencillo elegido fue el medio tiempo *Si no te tengo a ti*, una apuesta romántica lejos del ritmo, el cachondeo y el desenfado de los pica-pica, las bombas fétidas y los marcapasos. Con el paso de los años se ha convertido en otro de los clásicos inmortales de los Hombres G que ha tenido magníficas versiones, como el dueto acústico con Ana Torroja en el álbum *En la playa* o la más rockera de La Tercera República en el disco del tributo. La canción le surgió a David de manera espontánea en el descanso de un ensayo en el local, se quedó probando con el bajo y enseguida empezó a fluir y a tener muy claro el camino por donde debía finalizarse.

La saturación de trabajo coincidiendo con el rodaje de la segunda película les impidió hacer un videoclip de las canciones del álbum. De hecho, la presentación en Madrid fue metida con calzador en la agenda, una semana después del regreso de Acapulco y previo paso por Barcelona para rematar unas escenas del rodaje.

El disco arrancó algo más lento que sus antecesores, pero acabó siendo otro superventas y la canción se colocó número uno en la radio a las puertas del verano. Al mes de su salida acreditaba ciento setenta y cinco mil copias vendidas en España.

Agitar antes de usar abre su cara A con *Tengo una chica*, uno de los éxitos de la banda sonora de *Suéltate el pelo*, a la que le siguen dos viejas canciones rescatadas de los tiempos gamberros, como el *Me cago en tu amiga* de los directos de la época aberrante que evolucionó al *No aguanto a tu prima* que el gran público conoció en 1988, y *Nassau*, otro tema habitual de los directos desde 1983.

El ocurrente reclamo del *¿Qué coño haré yo en las Bahamas?* se publicó en este álbum en versión ska en el estribillo. Era la cuarta versión de la canción y la primera vez que se incluía en el repertorio de un disco original. Pronto se convirtió en otra de las imprescindibles de los grandes éxitos de siempre, con ese sello tan característico de contar pequeñas historias con un ramalazo surrealista, a veces sarcástico, y siempre con un gancho que encendía el interruptor de la imaginación de David Summers.

DAVID. La letra de Nassau la hice distraído en la facultad. Estaba todo el rato tocándome los huevos en clase y me ponía a escribir las letras de las canciones. La coña de la canción era por el coñazo de los limones del Caribe.

Las chicas Fa fueron el primer *topless* en la televisión española, que se iba sacudiendo poco a poco el veto tradicional de la censura previa a la democracia. Fa es una marca de la multinacional alemana Henkel. En uno de los anuncios más famosos que todos los españoles recuerdan de los años ochenta, una chica corría por una playa mientras se iba despojando de un pareo. La chica del anuncio que David reclamaba diciendo que «no estaba por allí» era la que anunciaba una nueva gama de productos de aseo llamada Limones del Caribe.

Si no te tengo a ti y la balada *Viernes* completan la cara A del disco. En la B está *Suéltate el pelo*, el rock and roll de insinuaciones eróticas que invitaba a quitarse el sujetador a continuación y que ha llenado de ropa interior femenina los escenarios cada vez que suena en directo. Forma parte del repertorio imprescindible del grupo. Le siguen *Será esta noche*, *He recuperado mi cabello*, *La madre de Ana* y un instrumental de *Viernes*.

JAVI. He perdido la cuenta de los sujetadores que caen sobre el escenario cada vez que suena Suéltate el pelo. *En los ochenta era una locura, daba para poner una tienda de lencería. Ahora son menos, pero todavía caen; sin ir más lejos, en uno de nuestros últimos conciertos me puse de sombrero uno de los que nos tiraron en el Arena de la Ciudad de México. Todo está bien si la gente se divierte y se ríe un rato.*

DAVID. Grabamos Nassau *por primera vez en una maqueta en su versión más punk, que es la que aparecería después en* Peligrosamente juntos. *Cuando la volvimos a grabar en el máster en 1985 no nos convenció esa versión y la dejamos fuera del primer elepé, pero quisimos meterla en la cara B del single para convertirla en una rareza para quien lo comprara. Después la grabamos una tercera vez para el disco de éxitos del 86, y en* Agitar antes de usar *la volvimos a grabar para meterla en el disco con una versión distinta, que es la que sale en la segunda película. La que tocamos en la actualidad en directo es una mezcla de la última y la primera de la maqueta original que tanto nos gustaba. Tiene las armonías de la última, pero un poquito más salvaje, como la primera. Es de las pocas canciones que no llevan claqueta.*

LOS CLAVADOS DEL PACÍFICO Y LOS MACARRAS DE ALCALÁ

El gran éxito de taquilla de *Sufre mamón* animó a Summers a repetir la fórmula. Se trabajó un nuevo guion en el que dejó de lado la biografía del grupo para meterse de lleno en la ficción y tener en cuenta la nueva realidad del mercado latinoamericano. Se introdujeron personajes y localizaciones de México, con una figura en ciernes como era la cantante, actriz y presentadora regiomontana Tatiana, para favorecer la penetración comercial del film en tierras aztecas. Tatiana era ya un personaje muy popular, con cuatro discos grabados a pesar de su corta edad; tenía diecinueve años cuando rodó la película.

En la nueva historia lo único real eran algunos de los actores: Paco Martín volvió a hacer de Paco Martín como director general de Twins; Ricardo de la Morena hizo de jefe de promoción y Rafa, Javi, Dani y David hicieron otra vez de ellos mismos. La banda sonora se surtiría del nuevo disco. Los Hombres G salieron del estudio de grabación para irse directos al set de rodaje en el mes de marzo, sin un hueco en la agenda para ninguna otra cosa.

La segunda entrega cinematográfica, cuyo título tentativo original era *La cagaste... Burt Lancaster*, nació con polémica. Los Hombres G, Manolo Summers y todo el equipo de producción protagonizaron una protesta en las puertas del Ministerio de Cultura porque, a diferencia de lo que había sucedido con *Sufre mamón*, esta vez les denegaron la subvención. El eterno sectarismo de pura raza hispana también hizo parada en la estación de los Hombres G.

Montaron una puesta en escena con una especie de entierro figurado, con ataúd y coronas de flores. El muerto era el cine. «No sé qué es lo que tiene mi cine que tanto molesta a la gente. Sigo sin entender nada y prefiero no decir lo que entiendo», declaró Summers a la prensa allí reunida.

Las fans se sumaron a la protesta. Él veía un agravio comparativo que achacaba a cuestiones políticas. Solía bromear diciendo que entendía no ser santo de la devoción del PSOE, pero que él no había matado a Lorca. En el franquismo le había pasado todo lo contrario, cuando dibujaba en las revistas *Hermano Lobo* y *La Codorniz* le acusaban de rojo. Un día se enfrentó con gran valentía en las puertas de su propio domicilio con unos guerrilleros de Cristo Rey que fueron a increparle e intentaron agredirle.

DAVID. Mi padre nunca fue de derechas, pero tampoco fue rojo, no podía ni ver a los comunistas. Mi padre fue un hombre de pensamiento liberal muy moderno, podías hablar con él de cualquier cosa. Él fue director de Hermano Lobo y todavía no entiendo cómo no cerró la censura esa revista, yo tengo la colección en casa y flipas con la caña que le daba al régimen. Siempre recuerdo que me decía que si yo era buena persona en teoría debería ser de izquierdas, porque predicaban unos valores muy bonitos de igualdad y solidaridad; el problema, decía él, es que los políticos que dicen representar a la izquierda son unos impresentables. Me recordaba la célebre frase de Gandhi, cuando decía que le gustaba mucho el Cristo de los cristianos, lo que no le gustaba eran los cristianos que no se parecían en nada a su Cristo.

La película siguió adelante a pesar de no contar con la ayuda oficial. El presupuesto ascendía a ciento treinta millones de pesetas. Hombres G Producciones S.A. esperaba compensar esa falta de ingresos con el apoyo del mercado de América Latina. El rodaje fue un calco del anterior, con cientos de fans que esperaban pacientemente sus autógrafos, fotos y una sonrisa que nunca se les negaba a pesar del cansancio visible en el rostro de sus ídolos.

La producción fue más compleja que la anterior. Debían cortar calles de Madrid a las siete de la mañana para filmar persecuciones. Se convocó al público para llenar salas como Jácara, en Madrid, donde se grabaron algunas canciones en directo. La respuesta fue tan masiva que muchas personas se quedaron fuera sin poder entrar después de rebosar el aforo. Se aprovechó un concierto en el auditorio del Parque de

Atracciones de Madrid, que tenía mucha más capacidad, para concentrar a un mayor número de personas.

Se produjo una curiosa anécdota el día que debían rodar la escena de una ambulancia cayendo al lago en la Casa de Campo. En la ambulancia iba el especialista Alain Petit. Un coche debía impulsarla por una rampa para que se precipitara al agua. El problema fue que la impulsó antes de que se diera la orden de rodar, por lo que las cámaras no estaban preparadas. Cuando se dieron cuenta todo el mundo echó a correr, pero solo una cámara pudo filmar la escena. La ambulancia quedó hecha polvo y no se podía volver a rodar. El cabreo de Summers fue espectacular.

El lugar elegido para las localizaciones en México fue la costa del Pacífico en el puerto de Acapulco (Guerrero) y de Puerto Vallarta (Jalisco). Para recibirlos, la revista quincenal *Notitas Musicales*, una de las más populares del país azteca, les dedicó su portada el 1 de abril de 1988, subrayando que Hombres G acumulaba ya seis éxitos radiofónicos que coreaba el país entero y citaba *Marta tiene un marcapasos, No, no, no, El ataque de las chicas cocodrilo, Una mujer de bandera, Venezia* y *Devuélveme a mi chica*.

El rodaje en México tuvo lugar en el mes de mayo, y el aeropuerto de Acapulco se colapsó a su llegada con otro recibimiento que volvió a generar alusiones a los Beatles Latinos en la prensa mexicana.

La proyección comercial de *La cagaste... Burt Lancaster* en México empezó a plantear dudas sobre la conveniencia del título. *Sufre mamón* tuvo que ser retitulada para su estreno en las salas de cine aztecas, donde fue presentada con el título de *Devuélveme a mi chica*. La amenaza legal de una posible demanda de Burton Stephen Lancaster, el actor norteamericano ganador de un Oscar por *El fuego y la palabra* (*Elmer Gantry*), acabó de disipar cualquier duda sobre la película, que pasó a titularse *Suéltate el pelo*. La oficina de Burt Lancaster reclamaba una compensación económica por el uso de la imagen que lógicamente estaba fuera de presupuesto.

Las cintas debieron ser dobladas para adaptar los diálogos a las peculiaridades del idioma de cada país.

RAFA. A mí me impresionaron mucho los clavados, que son los saltos que hacen los nativos de Acapulco desde una roca al mar. Los tíos se lanzan desde una zona de acantilados muy pintoresca que llaman La Quebrada, en un pequeño entrante que hace el océano. No es lo mismo verlo en televisión que verlo allí, la altura es considerable y hay que echarle mucho valor para lanzarse así al agua, porque deben ser exactos y precisos con el lugar donde se lanzan y con el estado de la marea. Un solo fallo puede ser mortal. Yo no me lanzaba ni de coña, pero sí tuvimos los huevos de saltar en un paracaídas. En Acapulco nos enrollábamos con todo el mundo, hasta me hice amigo de un delfín.

Para los extras de las películas en España siempre se recurría a los amigos del Parque, y algunos de los más íntimos fueron a su vez los que se dedicaron a buscar localizaciones y figurantes. Le dieron la responsabilidad del casting a dos de ellos, Blas y Marcial, junto a Jorge el Príncipe.

Para una de las escenas de *Suéltate el pelo* que se desarrollaba en la cárcel de Alcalá-Meco necesitaban ciento veinte extras, y lo primero que les dijeron fue que se olvidaran de su panda de amigotes, que aparecían de extras en todos lados y sus caras estaban ya muy vistas, y porque además ninguno de ellos tenía cara de delincuente. Debían buscar gente que pareciera la peor escoria que habían visto en sus vidas.

Se fueron a buscarlos entre una tribu urbana que odiaba a muerte a los Hombres G, un grupo de macarras heavies de

Alcalá de Henares con pinta de acabar de salir de Alcalá-Meco. Aquella negociación fue una odisea que recordaba Marcial, uno de los *partner in crime* de las juergas de toda la vida
que estaba al frente del casting:

> Nos fuimos Jorge y yo a preguntar al más colgado que
> vimos que dónde se reunía la peña allí. Cuando llega-
> mos y vimos al personal me dije: «¡Chungo! Aquí lo que
> nos van a dar son dos hostias en cuanto les mencionemos
> a los Hombres G». Empezamos a soltarles el rollo y empe-
> zaron a preguntar, no tuvimos más remedio que decir que
> era para una película de los Hombres G, y casi nos man-
> dan a la mierda directamente. Decían que no lo hacían ni
> de coña, pero cuando se enteraron de que les dábamos dos
> mil quinientas pesetas, cerveza y bocata, se lo pensaron
> mejor. El que hablaba más macarra de todos, como si es-
> tuviera fumado perdido, preguntaba si podía llevar a sus
> primos también. Cuando asomaron en el set de rodaje y
> empezaron a vocear diciendo que cuándo les iban a pagar,
> todo el mundo se acojonó solo de oírlos con ese acento
> que te cagabas. Manolo Summers y Paco Lara nos felicita-
> ron: «¡Coño! Sí tienen pinta de malos, sí».

El Coliseum se suelta el pelo

El 11 de julio de 1988, una vez finalizada su primera gira
mexicana, los Hombres G se subieron de nuevo a un avión
para regresar a tiempo a España para el estreno de la película
en Madrid, que tendría lugar dos días después. El personal
del cine Coliseum de la Gran Vía presentía que se iba a repetir la historia que el año anterior habían vivido sus colegas y
vecinos del Rialto, y no se equivocaron.

Los compromisos americanos del grupo impidieron que

el evento fuera un mes antes, como se pretendía. El miércoles 13 de julio de 1988 se vivieron escenas calcadas a las vivi-
das en junio de 1987. En previsión del colapso de la vía pública y de los problemas que la aglomeración de las
enfervorizadas fans pudiera ocasionar, los antidisturbios hicieron acto de presencia en las inmediaciones del teatro.

Se volvió a cortar al tráfico por la multitud que desborda-
ba las aceras. Las niñas gritaban, había nerviosismo, histeria
y carreras. La diana de los gritos tenía otro objetivo y los in-
sultos de las fans no eran para Marta Madruga, sino para la
actriz Paloma San Millán, la nueva «zorra» cuya impiedad se
cebaba en la ficción con un cándido David.

En la alfombra roja de la premier, Summers aprovechó la
presencia de los medios para mandar otro recado a los responsables del Ministerio de Cultura, a los que acusó de sectarismo: «No nos dieron la subvención simple y llanamente
porque no les dio la gana, ya que cumplíamos de sobra los
requisitos; es más, *Sufre mamón*, que sí fue subvencionada,
fue la película más taquillera en España en 1987. *Suéltate el
pelo* es muy divertida y está encaminada, al igual que su an-
tecesora, a entretener a los cientos de miles de seguidores
de Hombres G, no hay que darle más vueltas a no ser que se
quiera atacar a la gente con mala leche, que es algo a lo que
estamos muy acostumbrados en este país. Ellos, en lugar de
subvencionar películas divertidas que entretienen a la gente,
prefieren pagar por cosas aburridas que hacen sus amigos».

Después del estreno, el grupo se metió de lleno en otra
extensa gira, *Será esta noche*, por grandes recintos a lo largo y
ancho de la geografía española durante el verano de 1988.
Contaron con el patrocinio de Coca-Cola, firma para la que
grabaron un anuncio con la canción *Suéltate el pelo*. En julio
atendieron también un compromiso en el Poliedro de Caracas.

De la sierra a los Andes colombianos

Martín el Francés tuvo que hacer de todo desde que se subió a bordo del barco de los Hombres G. No era un hombre especialmente ambicioso, por lo que vio como una bendición el crecimiento de la empresa y la incorporación de nuevas personas tras prescindir de los servicios del hombre que lo había colocado ahí, que no era otro que Pedro Caballero.

Caballero se desligó hasta quedar tan solo como administrador de Hombres G Producciones Cinematográficas, la empresa a través de la cual se producían las películas. El Francés siguió un tiempo haciendo funciones más propias de mánager. Tras la salida de Rock Conexión del *management*, la banda acudió a la agencia Olimac de Manolo Sánchez, quien llevó a artistas como Camilo Sesto (Olimac es Camilo leído al revés) o Luz Casal. En la contraportada de *Agitar antes de usar* aparece la empresa Olimac Impulso S.A. como referente para las contrataciones en sustitución de Rock Conexión.

En mitad de ese proceso de cambios, un personaje de su círculo de amistades fue cobrando protagonismo hasta el punto de ser invitado a unirse al *staff* sin un rol definido en un principio. Fue así como Juan José Bautista Martín, el popular presentador Juan y Medio, dejó de lado su carrera de Derecho para enrolarse en una aventura que consolidó una amistad que perdura sólida con el paso de los años.

Juan y Medio formaba parte del grupo de amigos del Parque de las Avenidas. El nexo que lo llevó a la familia G fue Inmaculada, la que entonces era su novia, que era hermana de María del Mar, expareja de Javi, quien lo introdujo en el grupo. Juan jugaba en el equipo de fútbol de los Amotosierras del Parque de las Avenidas. Un familiar suyo le dijo en una ocasión que más que Juan era como Juan y un medio, por lo alto que era, y desde entonces pasó a ser conocido por ese nombre.

Abogado de profesión, ya les había echado una mano algunas veces, colaboró en las películas y entabló gran amistad con Manuel Summers, de quien aprendió mucho sobre el mundo del cine y la televisión, en el que más tarde triunfaría. Fue a verlos actuar a bordo de su motocicleta desde que comenzaron a girar en 1985. Un día se desvió por Albacete desde Almería para verlos en Cuenca, donde tenían un bolo y donde se hicieron unas fotos en las famosas casas colgadas:

> Me impresionó ver una plaza de toros llena y ellos en medio del escenario, y que luego tuvieran esa misma sencillez, bondad y trato humano que tenían los cuatro. Me acuerdo que me dedicaron el concierto, me hizo mucha ilusión. Colaboré con ellos en las pelis, pero era en plan de amigos, hasta que un día David me dijo: «Tú te vas a venir con nosotros en serio, eres grande, Juan, impones y vales para cuidarnos y como organizador de todo». Ya tenía mi título de abogado, me había pagado la carrera trabajando como agente de seguros, pero acepté y casi se desmayan en casa cuando dije que en lugar de buscar trabajo en lo mío me iba con ellos de guardaespaldas a uno de los países con peor fama de violento en esa época como era Colombia.*

Juan y Medio se incorporó al equipo de trabajo en funciones de seguridad en el viaje a Colombia de 1988. El grupo hizo grandes conciertos en Bogotá ese año; uno fue dentro del denominado Concierto de Conciertos, un evento que se celebró en el estadio Nemesio Camacho El Campín el 17 de septiembre de 1988, y que pretendía reivindicar la voz afable del pueblo colombiano frente a una década marcada por la violencia del cartel de Medellín de Pablo Escobar y por el

---

* Javier León Herrera, *Sufre mamón, la banda sonora de nuestra juventud.*

fracaso de los procesos de paz con la guerrilla propuestos por el gobierno de Belisario Betancur.

Este concierto marcó un hito en los comienzos del movimiento llamado «Rock en español» en América Latina.* Los otros grandes conciertos, en solitario, fueron en la plaza de toros Santamaría de la capital colombiana. Hombres G giró por Sudamérica en el último trimestre de 1988. Después de la gira *Será esta noche* que los tuvo recorriendo por cuarto año consecutivo toda la geografía española, en septiembre echaron mano nuevamente de los pasaportes y pusieron rumbo a Venezuela, Colombia, Ecuador y Perú. En este último país la CBS tuvo que parar los pies a un émulo que bajo el poco disimulado nombre de «Hombres H» había empezado a hacer versiones de sus canciones más importantes. Juan y Medio tenía frescos recuerdos de la odisea que suponían los viajes por aquellas tierras americanas:

> Me acuerdo de la plaza de toros de Bogotá a rebosar con toda la gente absolutamente histérica y yo acojonado porque no había nada ni nadie que protegiese a los chicos desde el trayecto de camerinos al escenario. Había que hacerlo por el callejón con un público en estado de trance, podía pasar cualquier cosa. Tuvimos que hacer tiempo en toriles, en el estiércol y el suelo guarro de la mierda de los toros, ellos con las toallas y los músicos con un estado de nervios enorme. Salimos, y eso era un griterío inmenso, todo el mundo cantaba a la vez. Era una dimensión desconocida para mí.
>
> Así era todo el rato en América, fuésemos donde fuésemos, brutal. Y los desplazamientos por el interior fueron

* Con el patrocinio de la Alcaldía Mayor de Bogotá y Coca-Cola, contó con la participación de Hombres G (España), Pasaporte y Compañía Ilimitada (Colombia), Yordano y Franco de Vita (Venezuela), Océano (Panamá), Timbiriche (México), Los Prisioneros (Chile) y Los Toreros Muertos (España).

una continua odisea, durmiendo como podíamos en los sillones de escay de un autobús destartalado. Atravesábamos zonas de selva durante toda la noche para dar un concierto, rezando para que no pasara nada ni fuéramos a meternos sin querer en la zona roja de la guerrilla. Igual me costaba pegar ojo porque iba todo el rato acojonado, allí se conduce con la ley del más fuerte, no hay casi carreteras de doble carril, y en las pocas que hay no se respeta la velocidad, se adelanta por donde se quiere, en fin, un desastre, y por si fuera poco estaban las lluvias torrenciales y los derrumbes de tierra en las laderas tan escarpadas de muchas partes de Colombia, que son plenos Andes.

De pronto venía un derrumbe y desaparecía la carretera. El conductor decía: «Toca bajarse, cojan sus equipajes y sus instrumentos que yo intentaré ver si puedo pasar», eso en mitad de la madrugada. Y ahí tenías al grupo musical más popular de España y de medio continente pie en tierra en medio del barrizal, nos veías con los teclados en mano por un sitio, las guitarras por otro y el conductor solo y con la puerta abierta por si tenía que tirarse si no lograba pasar y el autobús se le iba. Verlo para contarlo.

El tío consiguió pasar, nosotros estábamos esperándolo al otro lado con unos caretos de sueño y hechos polvo impresionantes. Volvíamos a cargar, subíamos y seguíamos la marcha. Otro día vimos que se había caído un camión en mitad de la carretera. Iba cargado de marranos, y veías a un montón de gente corriendo detrás de los cerdos con todo el tráfico parado en un paraje con un barranco de quinientos metros de caída, veías ese camión como un punto en la inmensidad verde, y tú ahí parado en la soledad más absoluta viendo cómo de cada árbol salía un colombiano con un marrano. En lo que se dice décimas de segundo, nos quedamos solos los heridos del camión y nosotros, el conductor se piró.

Otra vez tuvieron que viajar ellos cuatro completamente solos porque no encontramos pasajes para hacer un vuelo de Bogotá a Ciudad de México para actuar en el programa *Siempre en domingo* de Raúl Velasco, que por fin había accedido a sacarlos tras censurarlos. Pillamos un carguero de seis plazas, dos para la tripulación y ellos cuatro. El avión iba cargado hasta los topes y así tuvieron que atravesar toda Centroamérica de sur a norte.

En la gira de 1989 recuerdo a Carlos Vives en el hotel con los chicos rodando una secuencia para la telenovela *Loca pasión* que se emitía esa semana por la televisión de allí y en la que apareció el grupo. Ellos le echaban una mano en la ficción a Carlos Vives para recuperar un amor. Eso les servía de promo.

En la entrada y salida de Vives al hotel con nosotros fuimos escoltados por una brigada especial de la policía con ametralladoras pesadas; ellos iban en esas furgonetas descubiertas, «trocas con redilas» las llaman en América, de pronto se adelantaban, bajaban y cortaban el tráfico para que pasáramos nosotros, y a veces usaban escuadrones a caballo para contener a la gente. Nuestra seguridad era espectacular, más digna de un jefe de Estado que de un grupo musical.

En otra ocasión nos sorprendió un tiroteo en una discoteca en el que hubo heridos. Nosotros allí, alucinando, pero es que dijimos de irnos cuando pasó y llegó el camarero a cobrarnos. Nos quedamos perplejos, pero el tío dijo que el hecho de que hubiera habido un tiroteo no nos eximía da pagar la cuenta. Me acuerdo que le contesté: «Claro, ¿un tiroteo? No tiene mayor importancia, bah, qué tontería, estamos vivos de milagro, casi nos matan pero la cosa son tantos pesos».

En Colombia, como en todos los países, las fans se subían por las paredes hasta un sexto piso si hacía falta, sobornaban a los camareros, te las encontrabas en los armarios. Había gente fija acampada frente a los hoteles, vivían allí, se establecían turnos. Yo a ellos cuando salíamos a cualquier compromiso les prohibía que llevaran colgantes, bolis, gafas o cualquier prenda que pudiese dar lugar a que alguien metiese una mano por una ventana de la furgoneta. Tenía que ser así, porque yo veía furgonetas manchadas de sangre de agarrarse con las uñas a las ventanas. El chófer a veces se ponía nervioso, le tenía que tranquilizar porque me daba miedo que la liara si pegaba un acelerón y atropellaba a alguien.

En Bogotá hubo un tipo que iba retransmitiendo por la radio las calles por las que pasábamos, y la gente se asomaba, tiraba trocitos de papel, sonaban los cláxones, se abrían en las avenidas para dejarnos pasar, y como la furgoneta tenía una especie de cúpula nos parecía aquello como un tour del Papamóvil. Yo alucinaba, parecía que hubiéramos inventado la penicilina.

Llegó un momento en el que pasé de encargarme de la seguridad a ser responsable de casi todo. Recuerdo un día que estábamos en Panamá, en el ático de un embajador que nos había invitado, y Martín el Francés me sugirió que podía ayudarlo en las funciones de _tour manager_, que él prefería estar más tranquilo. Pocas veces un jefe se quita de en medio para que te pongas tú, pero esa era en esencia la sugerencia que el Francés me hizo y acabó pasando, con el visto bueno del grupo.

En algunos países de Sudamérica como Colombia nos exigían hacer conciertos benéficos. Se hacían con muy pocos medios, sin equipo de música para amplificar; estos eventos solían hacerse en cárceles de mujeres, colegios de huérfanos o simplemente barrios deprimidos, como fue nuestro caso, donde hubo que conectarse en unas condiciones muy precarias. Tuvieron que tocar en una pista de baloncesto en el suburbio más deprimido que te puedas imaginar del sur de Bogotá. Traían una línea de luz, se enchufaba aquello y se hacía el concierto. Llevábamos en el vehículo las guitarras, la batería y un amplificador indispensable. Empezábamos a tocar por la mañana y salía gente de las chabolas hasta que se juntaba una multitud impresionante, eso sí muy respetuosa, nadie pisaba la pista, felices de no pagar y ver al grupo. A ellos les motivaba mucho tocar para la gente más humilde y luego se hacían miles de fotos.

Veías gente de toda condición por muchos países que se sabían las canciones, gente con el hatillo de ropa en la cabeza, con aspecto indígena, se hablaban entre ellos de modo que era muy difícil entenderlos. Gente que dudo que tuvieran una televisión o un equipo de música en casa, pero los veías en los bares o las salas de fiesta cómo hacían de las canciones parte de su acervo cultural. Entonces es cuando las canciones dejan de ser tuyas y pasan a ser de la gente.

Nos invitaban a fiestas, a bodas, y las orquestas tocaban canciones de Hombres G. En ese punto entendías que estabas en otro continente, en una ciudad olvidada de Dios y en un patio cualquiera sonaba *Venezia*. ¡Era la leche! Me ponía a pensar en eso y me jodía que un fenómeno tan tremendo como el que suponían ellos en América no tuviera repercusión en España, no había constancia de ello. Recuerdo oírlos decir cuando volvieron del primer viaje a finales de 1987 que había mucha gente que les odiaba, que solo querían destruirlos y por eso ignoraban lo que hacían y eran minusvalorados como si fueran niñatos. Cuando lo vi con mis propios ojos, después volvió a pasar, y a mí me daba mucha rabia.*

La prensa local de cada país sí que fue dejando joyas en la hemeroteca que dan fe de aquellos momentos mágicos. «Al llegar arriba se apagaron las luces y por un instante los Hombres G no vieron nada, solo oyeron un rugido atronador, como si el

* Javier León Herrera, *Sufre mamón, la banda sonora de nuestra juventud*.

río Medellín, que corre mansamente junto a La Macarena, se hubiera desbordado», escribía el periodista paisa Juan Carlos Pérez el domingo 20 de noviembre de 1988 para describir la apoteosis de la presentación del grupo en la plaza de toros de Medellín en una crónica que tituló «Se liberó el rugido del rock».

Aquel día actuó también el grupo chileno Los Prisioneros. El concierto había tenido lugar el viernes 18 de noviembre. De ahí continuaron recorriendo el Eje Cafetero con la actuación del sábado 19 en Armenia y el domingo 20 en el estadio de Pereira. Los días 23, 24 y 25 se presentaban en Bogotá y el domingo 27 en Cali. En junio de 1989 y en el último trimestre de 1991, Hombres G repetiría gira por las mismas principales ciudades de Colombia.

JAVI. Éramos conscientes de que el éxito que tuvimos en Latinoamérica no se conocía en España, no sabría decir si por culpa de la gente que tenía que haber metido más caña con eso a la prensa, haber notificado, haberse filmado más cosas, grabado vídeos, conciertos, etc. No sé, nosotros no hacíamos nada de eso, por no tener yo no tengo ni recuerdos personales, no hay un álbum de fotos particular, no llevaba mi cámara de fotos ni de vídeo, ni a nadie para que diese testimonio de aquello. No era como ahora, que cualquiera va a tocar a cualquier país y se llevan ahí a la corte celestial de todas las emisoras o bombardean con las redes sociales y el YouTube; entonces no nos preocupábamos de eso ni teníamos la infraestructura para que alguien se preocupara, porque ni siquiera pensábamos en ello.

DAVID. Lo de América fue muy fuerte, y aunque no les dio la gana hacerse eco, en España era igual. En aquel momento éramos los que más vendíamos, con diferencia con el segundo. Lo que pasa es que España es como Texas, en América todo es enorme. Si un grupo tiene éxito tiene un éxito enorme, pero me parece injusto decir que en América tuvimos más éxito que en España porque las cifras no se pueden comparar en términos absolutos. En España tuvimos el mismo éxito que pudimos tener allí en nuestra primera etapa.

11
A la salud de México

Yo lo que quiero
es que tú bailes junto a mí
y te sueltes el pelo
y luego si quieres
el sujetador.

DAVID SUMMERS,
Suéltate el pelo

En la doble página anterior: los Hombres G en el célebre monumento del Ángel de la Independencia de México en el Paseo de la Reforma de la Ciudad de México.

El triunfo de Hombres G en tierras aztecas le dio otra dimensión
a su carrera. Desde entonces hasta hoy el idilio entre Hombres G
y México es una historia de afecto y admiración recíprocas, sin
riesgo alguno a equivocarnos al afirmar que México profesa una
lealtad y un cariño al grupo como si de un conjunto local más se
tratase, y ellos han hecho a su vez de México su segunda bande-
ra, con giras y viajes constantes. Fue en México donde aterriza-
ron para escenificar su regreso de 2002 y donde se lanzó el disco
Peligrosamente juntos. En sus tragos de cerveza siempre hay
un brindis con el famoso estribillo de su canción: a la salud de
México.

SUFRE RAMÓN

La primera vez que los Hombres G aterrizaron en Ciudad de
México fue en noviembre de 1987 tras un vuelo complicado
con muchísimas turbulencias en mitad de una tormenta que
provocó el pánico del pasaje. Era la escala final con fines promocionales de su primera gira americana, que había comenzado en Perú.

México es el mercado más importante en la industria del
entretenimiento en español. La compañía CBS no solo lanzó

el álbum *Un par de palabras* para introducir al grupo, sino que hizo también un gran trabajo promocional con la presentación en la capital azteca en una rueda de prensa multitudinaria y con una cargada agenda que comenzaba a las ocho de la mañana y concluía a las once de la noche. No tardaron mucho en conseguir el disco de oro.

La gran acogida y la repercusión mediática que tuvo hizo que a finales de 1987 se publicara en México el *Master Mix* que incluía los éxitos de Hombres G en versión disco con canciones que no se habían distribuido todavía en el país azteca, como *Vuelve a mí*, *Lawrence de Arabia*, *La carretera*, *Sin ti*, *En la playa* y *Él es... Rita la Cantaora*. Es un disco de colección que no es fácil de conseguir.

En 1988 se editó otro álbum en edición para coleccionistas con las canciones de los dos primeros discos excluidas del elepé *Un par de palabras*. Ahí estaban *Vuelve a mí*, *Matar a Castro*, *Dos imanes*, *No lloraré*, *En la playa*, *Él es... Rita la Cantaora*, *La carretera*, *Sin ti* y dos temas que sí se habían incluido ya en aquel disco de lanzamiento en México: *Te quiero* y *No te puedo besar*. La portada era idéntica a la de su primer disco.

México ofrecía una competencia muy dura. Era la época de Timbiriche, de un Luis Miguel arrollador con su debut en WEA de la mano de Juan Carlos Calderón y de un Juan Gabriel intocable. Las compañías discográficas comenzaron a idear una estrategia que impulsara la música de las bandas de pop-rock en español y así nació el movimiento Rock en tu idioma o Rock en español, al abrigo del cual se impulsaban bandas de rock como El Tri de Álex Lora, que en 1988 grabó su primer álbum en vivo, y otra formación mexicana de Guadalajara (Jalisco) llamada Sombrero Verde, que se rebautizó con el nombre de Maná tras firmar con PolyGram un contrato del que saldría en 1987 su primer álbum titulado *Maná*, y su primer single, *Robot*.

Otros grupos españoles como los Ilegales, que llegaron a tocar con ellos, o Toreros Muertos, también hicieron sus Américas. Dentro de esa nueva corriente, CBS decidió apostar fuerte por Hombres G, y su primer sencillo fue una vez más *Devuélveme a mi chica*, que al igual que había sucedido en Venezuela, levantó una polvareda aún mayor en México, donde la connotación de la palabra «mamón» es muchísimo más grosera y malsonante que en ningún otro país y está terminantemente prohibida en cualquier medio de comunicación o canal de entretenimiento.

Algunas emisoras de radio se negaron a difundir la canción y otras accedieron con la condición de activar un pitido sobre las veces que se repetían las palabras «mamón» y «marica». La presentaban con el eufemismo de *Sufre Ramón*. Esta controversia acabó siendo la espoleta que aceleró el *boom* de Hombres G en México, gracias a la curiosidad y el revuelo que generó, tal como reconoció Paco Martín:

> Eso benefició al grupo, decían que usaban un lenguaje sucio y el que no estuviese permitido en emisoras de radio y televisión despertó la curiosidad por lo prohibido y acabaron siendo el estandarte del movimiento musical Rock en español. En México fue distinto a Perú, fue más pausado si se quiere, no fue llegar y tener ya esas multitudes entregadas como había sucedido en Lima, pero con el tiempo superó el calado social por encima de cualquier otro país americano. David siguió triunfando en solitario y los discos de Hombres G se siguieron vendiendo aun estando ellos separados.*

* Javier León Herrera, *Sufre mamón, la banda sonora de nuestra juventud.*

DANI. Al principio no nos creíamos que en las emisoras le metieran un pitido a la canción, creíamos que era una coña, hasta que
fuimos a una entrevista y dice el tío: «Bueno, y ahora vamos a escuchar el single». Lo tenía en cinta, y justo cuando llegaba el «sufre» vemos que hace piii. Nos quedamos mirándonos sin saber si
descojonarnos o qué hacer.

RAFA. Los de la discográfica daban un poco el coñazo diciendo
lo que se comentaba en el país, que si las palabras sonaban fuertes, que si no nos querían sacar en Televisa, etc. Una de las veces
que llegamos al aeropuerto y fueron a recogernos, Javi les gastó
una broma para que se dieran cuenta de que tú puedes decir una
palabra que para otro país sea muy fuerte pero tú no la dices con
la intención de ser grosero ni ofender a nadie. Pasamos por la
puerta de una panadería y le pregunta al ejecutivo: «¿Qué es eso
de ahí?». El tipo respondió que una panadería, que era un sitio
donde hacían y vendían pan que estaba abierto todo el día. Y va
Javi y le suelta: «¿Ah, sí? Pues ojo si vas a mi barrio, porque allí
"panadería" es una palabra muy fuerte, es un sitio con luces rojas
donde abren solo por las noches y dentro hay chicas medio en
pelotas que si les pagas se acuestan contigo». Casi nos descojonamos, el tío puso cara como de decir: «¡Coño! No lo sabía...».
Luego le explicó la verdad [risas].

JAVI. Cuando giramos en Sudamérica por primera vez la gente de
la industria nos hablaba de México como un país muy difícil, pero
que si entrábamos en el mercado mexicano sería la bomba, porque
era un país y un mercado mucho más grandes. Yo me había hecho la idea de que era difícil, y cuando pisamos allí por primera
vez y vi el panorama creí que era una cosa imposible. Desde luego, como profeta no me habría ganado la vida.

DAVID. Nosotros estábamos bastante alucinados con el pollo
que se montó, hasta ese momento no teníamos ni puta idea de

*que pudiera ser tan ofensiva la letra. Sin embargo, desde el pri-
mer momento tuve una buena corazonada con México, algo me
decía que allí la íbamos a romper. Después del primer viaje y la
primera entrevista que nos hicieron nos dimos cuenta de que allí
todavía no nos conocía ni Dios. Entonces Javi, que siempre ha
sido el más pesimista, me dijo que lo teníamos crudo y que no
íbamos a vender ni cinco discos. Dani también estaba escéptico
y me decía que lo veía muy difícil, pero yo les contesté que no
me preguntaran por qué, porque no lo sabía, pero que estaba
convencido de que íbamos a vender un millón de discos. Al año
siguiente nos dieron el primer disco de diamante en México por
vender más de un millón de copias. Visto con la perspectiva de
hoy me quedé corto: hemos vendido mucho más de un millón
de discos.*

MÉXICO NO SE RAJA

Un joven locutor que apenas comenzaba se atrevió a emitir la
canción sin la censura del pitido. Martín Fabián trabajaba en
Radio AU de Monterrey y se hizo popular entre sus compañeros de profesión y oyentes de todo el país por ser el primero
en atreverse a poner la música de Hombres G sin temor a ser
despedido por su jefe. Se convirtió en una persona clave en el
éxito del grupo en México. Periodistas musicales como Moi-
sés Castañeda y las emisoras *underground* se le unieron rápidamente. Martín se mudó a Guadalajara en 1989 de la mano
de Pepe Garza, hizo una gran carrera en la radio mexicana y
siempre apoyó a la banda. Fue testigo en Tampico del segundo concierto de Hombres G en su país y conserva con cariño
una fotografía de aquel día que compartió en sus redes.

En las discotecas la canción sonaba más de una vez por
sesión. Lo que hacían los DJ era bajar el volumen al empezar
el estribillo. Después del «sufre» silenciaban los altavoces

para que el público se desahogara a capela con un grito unánime y desgarrado: «¡mamóóónnn!», todo un presagio de lo que podría llegar a ser en un Auditorio Nacional lleno a reventar con diez mil personas coreándolo al unísono.

Esa premonición no tardaría en ser una realidad. La gira no se haría esperar, 1988 se convirtió en el año en que Hombres G conquistó desde los escenarios el corazón de los mexicanos para siempre. Millones de jóvenes los convirtieron en abanderados de la música pop-rock en español. Las acusaciones de groseros fueron apagándose y aparecieron clubs de fans (como el célebre Estamos locos ¿o qué? de Monterrey en 1987) y un público que se moría de ganas por verlos. A finales de 1987 sus sencillos empezaron a escalar posiciones en los top mexicanos, y poco a poco se encaramaron a los primeros puestos de las listas de éxito.

Antes de la gira presentaron en tierras aztecas *Estamos locos... ¿o qué?* En ese momento, en la lista del Top 50 de los temas más populares del país *Devuélveme a mi chica* ocupaba el número uno, *El ataque de las chicas cocodrilo* estaba en el undécimo puesto y *Marta tiene un marcapasos* en el decimocuarto, con competencia tan insigne como la de Luis Miguel, Julio Iglesias, Ana Gabriel, Daniela Romo, Miguel Bosé, Timbiriche, Emmanuel o Juan Gabriel. México lanzó también ese mismo año el álbum *Agitar antes de usar*.

El saludo a las familias mexicanas

El todopoderoso y popular *Siempre en domingo* de Televisa, conducido y dirigido por el ya desaparecido Raúl Velasco, programa que era capaz de catapultar o hundir la carrera de cualquier artista, vetó en primera instancia al grupo. En el primer viaje promocional que hicieron no lograron el espacio. No estaba dispuesto a ser el altavoz de «cuatro chavos* diciendo groserías y cantando letras subversivas». Pocos meses después cedió, más por la fuerza popular que adquirió el grupo que por las presiones de la multinacional que lo manejaba, y no tuvo más remedio que rendirse, tal como recordaba en 2002:

> Nos invadieron con llamadas y cartas al programa para que los lleváramos. Yo me debía al público, si el público lo quería, lo tendría, así que nos pusimos en contacto con la disquera para buscar la fecha. Todo el mundo hablaba en ese entonces que la música en español de ese tipo de grupos estaba sufriendo una tremenda convulsión y que esos cuates eran comparados con los Beatles por la gran cantidad de fans que arrastraban, así es que los llevamos a *Siempre en domingo* y nos dimos cuenta de que no eran ningunos groseros, eran unos chavos muy sencillos.**

El popular presentador pudo comprobar personalmente que David Summers no era Marilyn Manson ni los Hombres G eran The Doors, pero aun así decidió curarse en salud cuando los presentó por primera vez en el programa: «Les voy a presentar a un grupo español. Antes que nada quisiera pedirles perdón a las familias mexicanas por el lenguaje que ellos utilizan. Pero sepan ustedes que es un grupo de mucho éxito entre la juventud y por eso se lo hemos traído aquí a todos ustedes».

Nada más salir al escenario, un público enloquecido acompañó cada una de las canciones en medio de una algarabía increíble. David también tomó la palabra: «Que sepan ustedes que es para nosotros todo un orgullo estar tocando en

---

* Término coloquial usado en México para referirse a los chicos jóvenes.

** Javier León Herrera, *Sufre mamón, la banda sonora de nuestra juventud.*

un país tan hermoso como es México, reciban de nuestra parte un cordial saludo todas las familias mexicanas».

Fue su primera vez en *Siempre en domingo*, un programa que significó un antes y un después en el arrollador éxito del grupo en México, del mismo modo que, siguiendo el paralelismo *beatle*, el cuarteto de Liverpool arrasó en Estados Unidos después de presentarse en vivo en el show de Ed Sullivan en otro domingo, el 9 de febrero de 1964, justo diecisiete días antes de que David Summers viniera a este mundo.

En aquella época, los programas eran muy conservadores, pero Velasco era lo bastante inteligente como para tomar la decisión más sabia. Con el paso del tiempo la relación se fue afianzando hasta el punto de que en una ocasión invitó a David a cenar en Acapulco.

Grabaron en una sola sesión cuatro canciones, que luego el programa usó para programas diferentes. La gente, acostumbrada a la rigidez y el nerviosismo de los artistas entrevistados por Raúl Velasco, se quedó sorprendida por el desparpajo y la sencillez demostradas.

JAVI. El hombre tardó lo suyo en llevarnos. Nos presentó casi como lavándose las manos, diciendo: «¡Hala!, que sea lo que Dios quiera». Todo eso en mitad de un griterío con el plató lleno de pancartas. Parecía que se iba a caer aquello. Nosotros salimos, cantamos nuestras canciones, el tío debió de estar mordiéndose las uñas durante toda la noche pensando en la que se podía liar, pero al final se dio cuenta de que no pasó nada malo, fuimos muchas otras veces a su programa y a muchos otros.

DAVID. Así eran las presentaciones, avisando a las familias mexicanas que estuvieran preparadas para lo que se les venía encima. Luego estuvimos más veces en Siempre en domingo y le tomé un especial afecto a Raúl. En esa primera ocasión, por suerte comprobamos que las familias mexicanas eran mucho más tolerantes

de lo que él o la gente pensaba, y con Hombres G logramos ha-
cernos un huequito en el corazón de esas familias. Nadie se es-
candalizó ni se rasgó las vestiduras por lo que decíamos, al con-
trario, las fans venían con los padres y los padres nos adoraban
también, no tenían una imagen grosera de nosotros.

Otra de las importantes apariciones televisivas tuvo lugar en el programa de Verónica Castro en víspera de una actuación en la sala Premier de la Ciudad de México. Verónica
no disimuló que le caían bastante bien. La entrevista fluyó
desde el principio, dejando claro el complemento entre sus
diferentes personalidades. La célebre actriz, cantante y presentadora, madre a su vez del cantante Cristian Castro, se
dio cuenta de que cuando había que pensar fríamente y actuar con cabeza, ahí estaba Dani; cuando había que improvisar con una ocurrencia divertida y un gran sentido del humor, ahí estaba Javi; cuando había que derrochar simpatía,
bondad, cariño e ingenio, ahí estaba siempre Rafa; y cuando
había que aportar la genialidad y el análisis, ahí estaba David, quien dejó constancia además de algo muy curioso: en
México había gente que «americanizaba» su nombre pro-
nunciándolo en inglés. Cuatro vagones imprescindibles del
tren de los Hombres G.

MÉXICO LINDO Y QUERIDO

El 30 de mayo de 1988 aterrizaron en el aeropuerto internacional de Ciudad de México. Tenían descanso absoluto al día
siguiente y el 1 de junio harían una presentación ante los
medios de comunicación para hablar de la película nueva,
del disco y, sobre todo, de la primera gira, que les iba a llevar
a diversos lugares del país, que arrancó el 3 de junio en Poza
Rica y en Tampico al día siguiente con más de diez mil gar-

gantas disfrutando. Esa sería la media de espectadores de todos los conciertos de la gira.

La gira acabó en la plaza de toros de México el 9 de julio, después de veintiuna actuaciones repartidas en plazas de toros, campos de béisbol y dos estadios: el Centenario de Cuernavaca y el de Querétaro, donde actuaron el 16 de julio, un lugar inolvidable para los aficionados al fútbol españoles en general y los del Real Madrid en particular, como eran Dani Mezquita y David Summers. Tocar en el mismo estadio en el que Emilio Butragueño marcó cuatro goles a Dinamarca en el Mundial 86 era una pasada. Una reportera y un fotógrafo de la revista *Ritmo* les siguieron en ambos conciertos:

> Cuernavaca, al igual que Querétaro, también se contagió de la *Hombresgmanía*. La emoción siempre estuvo presente en el estadio Centenario haciendo bailar hasta al más fresa de los asistentes. Los ensayos eran desde temprano y aquí sucedió algo muy chistoso. La fanaticada estaba desde temprana hora esperándolos... ¡pero en entero orden! Entre risas, bromas, rascar de guitarras, incluso breves juegos de fútbol, ¡ah!, porque eso sí, cuando el lugar donde actuaban era un estadio, y Cuernavaca los invitó a la diversión, todos se escaparon a cascarear un rato. David fue el portero oficial, mientras que los demás felices de la vida corrían como delanteros. Pudimos observar cómo las chicas, con la ilusión pintada en el rostro, únicamente se conformaban con observarlos sin el afán de asediarlos. En fin, no cabe duda de que esa magia que envuelve cada concierto de los Hombres G es capaz de causar verdadero entusiasmo en los jóvenes, los mismos que dan rienda suelta a sus pies hasta hacer del espectáculo toda una discoteca.*

* *Ritmo*, 1989.

RAFA. *Tanto en España como en México o donde nos pille, siempre hemos sido muy futboleros y nos da por echar partidillos entre nosotros, incluso hemos patrocinado como Hombres G varios años al Periso C.F., un equipo de Madrid de categorías inferiores. Yo lo he sido siempre, afición que heredé de mi padre. Hice mis pinitos cuando era muy joven en el Pegaso, lo que pasa es que era muy rockero, no me adapté y lo dejé. Recuerdo una pachanga en Andorra con Sopa de Cabra. Estábamos ensayando y cuando acabamos de hacer la prueba echamos un partidazo en un campo de hierba.*

Siempre hemos tenido nuestros piques, porque David y Dani son vikingos y yo del Atleti a morir. Javi siempre decía que era del Betis con tal de llevar la contraria.

Todo iba muy rápido, con todo lo conseguido en España y en México en esos momentos. Todo lo que nos pasaba era como un regalo nuevo que nos venía. En México pasó igual. Sufre mamón arrasaba por donde iba. Seis meses después de publicarse la canción estábamos haciendo una gira por todo el país y dándonos cuenta de por qué dicen eso de «México lindo y querido», descubrimos un país fascinante y de puta madre, lleno de contrastes y gente maravillosa.

Después del concierto en el estadio de fútbol de Cuernavaca, en los primeros días de julio, fuimos a Oaxaca, la tierra del mezcal, y tocamos en el auditorio Guelaguetza lleno con diez mil personas. Nos presentaron a una viejecita que era chamán, la que estuvo con John Lennon cuando se comió el tío un peyote, un hongo alucinógeno muy potente que toman en México. Nosotros pasamos de eso, lo más que caía entre los técnicos y el personal eran porros de marihuana, «mota», como la llaman allí. En Oaxaca pillaron una que le decían de punto rojo. De ahí volvimos a Ciudad de México a un compromiso en televisión y luego fuimos a Acapulco con dos o tres días libres. Armamos una farra terrible con unas amigas. Terminamos tocando en la plaza de toros de México, que fue otra pasada.

El 10 de junio tocaron en el estadio de béisbol de Saltillo. Martín el Francés les comunicó que habían recibido una invitación del gobernador del estado de Coahuila para cenar en un restaurante que iban a cerrar para ellos. No había problema, pero el gobernador debía saber que la única condición era que tenía que ir todo el equipo, que lo consultara, porque eran quince personas en total. Había sucedido igual en España, en Badajoz, cuando el gobernador civil los invitó a su finca. El gobernador aceptó y allí cayeron todos. En la cena estaban las hijas del mandatario y su esposa.

DANI. Cuando llegamos, íbamos medio cocidos porque era mi cumple y habíamos estado bebiendo. El lugar era muy largo, pero muy estrecho a la vez. A Paul el Inglés le dio por subirse y caminar encima de la mesa con las botas camperas y la gente lo miraba alucinada, tenía un pedo impresionante. Las hijas del gobernador se quedaron flipadas y un poco asustadas. De pronto yo dije: «Oye, tíos, que hoy es mi cumpleaños», y hala, todos a brindar. Yo tenía la costumbre de agitar las botellas de cerveza y empezar a rociar a todo el mundo como hacen los pilotos de la Fórmula 1 con el champán. Paul me siguió el juego y empezamos una especie de guerra de cervezas y lo mismo daba que estuvieran la esposa y las hijas del gobernador. Rafa se metió debajo de la mesa y ahí se encontró a una de las hijas del gobernador con apenas trece años, todo el maquillaje corrido por la cerveza y riéndose: «Ustedes están locos de remate», fue lo que le dijo mientras se descojonaba.

RAFA. El 23 de junio fuimos a San Luis Potosí para tocar en el auditorio de la Universidad Tangamanga, un centro muy importante donde va gente exclusiva y con dinero. Al llegar los universitarios fueron a saludarnos diciéndonos que ellos nos habían contratado para tocar. Eran casi los dueños de la ciudad. Flipamos al ver que había adolescentes con mejores armas que la policía.

Contaron que un día habían encarcelado al jefe y los demás se fueron a por él, lo sacaron y metieron a los policías dentro del calabozo. Parece que hasta el presidente tuvo que pedir explicaciones al gobernador de aquel rollo y que se armó un pollo terrible, porque el gobernador era padre de uno de ellos y le cayó una bronca tremenda al hombre.

Esa gente estaba encargada de nuestra seguridad, fueron a recogernos al hotel, chavales de dieciocho años armados con pistolas y escopetas que se identificaban como miembros de la seguridad del evento. «No se preocupen, nosotros les hacemos la seguridad», decían.

Nos metieron en sus camionetas, esas enormes vans que se ven allí tipo Suburban. Aquel día fue otro llenazo, el auditorio de la universidad tenía una capacidad para quince mil personas y estaba a reventar. Al acabar, escuchamos unos disparos cuando estábamos en los vestuarios que hacían de camerinos y nos asustamos, pero resultó que no pasaba nada, solo que algunos de los que nos tenían que cuidar se emborracharon y, como era típico en ellos cuando se ponían ciegos, empezaron a dar tiros al aire.

Por allí nos dijeron que los muchachos los tenían bien puestos, Luis Miguel había suspendido un concierto por alguna razón un año o dos antes y los potosinos le pararon el camión y lo cosieron a balazos por fuera, pero sin intención de herir a nadie, decían, solo para protestar, aunque sabían que el cantante seguramente no viajaría ahí.

Voy a emborracharme en su honor

Cuando llegaron el 30 de mayo, listos para la primera gira mexicana de su historia, el grupo se alojó en el Crowne Plaza del paseo de la Reforma de Ciudad de México. Para Esquimal fue un verdadero quebradero de cabeza como responsable de la seguridad desde el día que llegaron escoltados por policías federales en camionetas de cristales oscuros.

Su temor era que no sabía realmente a qué se iba a enfrentar. Cada vez que salían o entraban era tremendo. El locutor de la Cadena SER Luis Vaquero los acompañó a México para comprobar si era verdad todo aquello que contaban que estaba pasando en América y estaba siendo ignorado en España. Comprobó con sus propios ojos que era incluso más de lo que sospechaba. El hotel estaba literalmente tomado por las fans por dentro y por fuera. Al margen de las de la calle, en las habitaciones había unas colas a veces imposibles de calcular de gente que quería conocerlos, hacerse una foto, etc.

El director del hotel acabó suplicándoles que no acudieran a la discoteca a tomar un trago como solían hacer, porque cuando bajaban un ejército de cientos de niñas querían pasar y se formaba un auténtico caos. Vaquero entendió entonces lo de los Beatles Latinos:

Aquel viaje a México fue de los más divertidos e impactantes que he visto yo a un artista fuera de España. Desde el momento que aterrizas y ves el gentío, te das cuenta de que lo de México era lo de España duplicado o triplicado. Lo del hotel, no he visto nada igual en mi vida, había una cola inmensa en las habitaciones de ellos para verles y saludarles, pero no diez niñas, más de doscientas por lo menos. Eso era el pan nuestro de cada día.

Vivimos momentos muy bonitos, uno de ellos en la plaza Garibaldi, con Paco Martín y dos amigos de México que nos llevaron a escuchar mariachi y tomar tequila después de un concierto. David y Dani no se quisieron venir, preguntamos a Javi y a Rafa y dijeron que tampoco. No entendía nada, qué raro. Todo eso era muy extraño, porque se apuntaban a un bombardeo. Nos fuimos sin ellos, llegamos allí, de cantina en cantina, tequila va, cerveza viene. Llegamos a un sitio donde cantaba Pedro Fernández.

Después de tres horas empecé a entender por qué no se habían querido venir. Yo, que normalmente no bebo, me ves en la foto que hicimos con un careto de pedo con los papeles perdidos completamente. Para colmo, no encontraban el coche que nos había llevado y yo veía que nos quedábamos allí en unas circunstancias muy malas. Ni me acuerdo de cómo llegamos al hotel. Al día siguiente bajamos a desayunar y cuando llegaron ellos les dije: «Qué listos sois, nos dejasteis a los tres pardillos solos para emborracharnos». Al día siguiente tenían otro concierto, con más razón no fueron, porque sabían lo que les podía pasar en Garibaldi.*

JAVI. *Nosotros ya estábamos vacunados de la plaza Garibaldi de la primera vez que fuimos con unos tíos a los que acabábamos de conocer, Eduardo y el golfo de su hermano Fernando. Eduardo estaba casado con una amiga de la ex de David y por ahí vino la cosa. En mitad de aquella borrachera inolvidable me acuerdo de quitarle el revólver a un mariachi y subirme a una mesa cantando rancheras y el tío voceando para que le devolviera la pistola. Cómo sería la cogorza que desde entonces no he vuelto por allí. Cuando alguna vez alguien ha dicho de ir, nos hemos escaqueado.*

DAVID. *Fue el día que conocí a un gran amigo mexicano, Eduardo. Él era pareja de una amiga de mi exmujer y aprovechando que estábamos allí ella me pidió el favor de que lo saludara. Se*

* Javier León Herrera, *Sufre mamón, la banda sonora de nuestra juventud.*

presentó en el hotel y le pedí a Javi y a Dani que me acompañaran para tomarnos una cerveza. Cuando me lo encontré, estaba con su hermano Fernando. Los saludamos, los tíos muy simpáticos, y nos dijeron que por qué no nos íbamos por ahí a tomar unas «chelas», como ellos dicen. No queríamos, le dije que al día siguiente nos levantaban a las seis de la mañana para hacer promo, pero insistieron tanto con la promesa de regresar pronto que aceptamos y a regañadientes nos metimos en el coche.

Nos llevaron primero a cenar a un Carlos'n Charli's. Después de cenar queríamos regresar al hotel, pero insistieron en ir a tomar «la última» a la plaza Garibaldi, al famoso bar El Tenampa. Aquello fue la perdición, empezamos a darle al tequila y yo me acojoné. Vi a Fernando que empezó a echárselo de un trago sin parar, y pensé: «Este tío en treinta minutos está muerto». No me equivoqué mucho, una de las veces que fui al baño lo vi allí tirado hecho polvo, inconsciente. Cuando regresé a la mesa le dije a Eduardo que su hermano estaba muerto en el baño, para que fuéramos a por él. Hizo un gesto, como echando otro tequila y dando a entender que ya se le pasaría.

Seguimos soplando a un ritmo más bajo, pero aun así es imposible no emborracharse. Empezamos a perder los papeles muy deprisa, brindando, cantando, dándonos abrazos y besos con vivas a México y a nuestros amigos mexicanos. Javi se subió encima de la mesa y se puso a cantar todas las rancheras con los mariachis.

No es que fuera la mayor borrachera de México, es que creo que ha sido la mayor borrachera de toda mi vida. Salimos de allí a cuatro patas. Recuerdo que había un tío de esos que te ponía los «toques» con dos polos conectados a una batería eléctrica para ver si se te pasaba la borrachera, y era muy gracioso porque nos tomábamos todos de la mano, de modo que el de un extremo cogía un polo y el del otro extremo el otro y el calambrazo pasaba por todos al mismo tiempo. Recuerdo que le dije a mi

amigo Eduardo: «Dale más, dale más», y el tío venga a darle to-
quecitos a la cosa esa hasta que llegó un momento que dijimos:
«¡Coño! Aquí nos vamos a freír electrocutados como en la silla
eléctrica».

Fue tal el desmadre y el descojone que de la risa nos caímos
todos al suelo. Volvimos al hotel con ese pedazo de pedo encima
sobre las cuatro y media de la madrugada y teníamos que levan-
tarnos una hora y media después. En cuanto me metí en la cama
me entró un mal rollo enorme, todo me daba vueltas, y salí disparado al baño a echar la pota.

Cuando por fin me pude quedar tumbado empezó a sonar el
despertador. Me fui a la ducha borracho todavía. Volví a vomitar
en la ducha, una cosa tipo Jim Morrison total. Cuando nos recogieron, Dani no estaba, no pudo con su vida. Íbamos Javi y yo
muertos, con las gafas de sol puestas y la piel de color gris. Rafa
iba fresco como una rosa, se había acostado temprano y no había salido ni había bebido nada. Nos metimos desde primera
hora hasta las ocho de la tarde de radios. No quiero ni pensar las
barbaridades que pudimos llegar a decir aquel día con la resaca
a cuestas.

El sol es tan caliente en Monterrey

Monterrey es la capital del estado de Nuevo León, en el no-
reste de México, en la Sierra Madre Oriental. Es la tercera
área metropolitana más poblada del país, después de la capital y Guadalajara, y gracias a su fuerte actividad industrial es
la segunda ciudad mexicana más pujante y está entre las diez
ciudades más ricas de América Latina. La separan más de no-
vecientos kilómetros de Ciudad de México y su clima semi-
desértico provoca en verano una canícula bajo un sol de justicia que bien pudo inspirar parte de la letra de la canción
que los Hombres G le dedicaron a México.

Monterrey fue desde el lanzamiento del grupo una de sus plazas más fieles, y allí fue el último concierto con *sold out* el 14 de marzo de 2020 antes de suspender la gira *Resurrección* y tener que regresar a España a causa de la pandemia del Covid-19. Monterrey estará para siempre presente en la memoria de quienes vivieron el fervor regiomontano desde el principio, como bien recordaba Juan y Medio:

En Monterrey era imposible salir del hotel. La ciudad entera estaba esperando la llegada de los Hombres G. Asistir a las emisoras de radio era un suplicio agotador, no sabías lo que podía pasar, y luego era llegar a la plaza de toros, con esas gradas tan verticales, con miles de personas, y ver aquello así y tener que hacer no uno, sino varios conciertos para atender la demanda.

En el hotel era un caos, hasta los padres iban con las niñas y me decían: «Juan, no sea malo y déjeme ver a David», encima diciendo que habían hecho no sé cuántos kilómetros para llegar ahí; me partía el alma. La gente se desmayaba en las colas, en los conciertos antes de comenzar, entre la emoción y los cuarenta y dos grados de temperatura con una humedad absurda, imagínate. Nosotros nos acojonábamos porque no veíamos ambulancias suficientes. Ya me pasó una vez en Barcelona, tener que habilitar salas enteras de la plaza de toros para atender las lipotimias y las bajadas de tensión que provocaban los ataques de histeria. En esos momentos lo pasábamos muy mal.

La plaza de toros Monumental Lorenzo Garza fue techada en la década de los setenta y tenía un aforo de quince mil personas, que podía ser mayor si se daba acceso al público a la arena. Esquimal no olvidará jamás los tres días seguidos que el grupo llenó aquella plaza:

El primer día me vi negro para sacarlos de allí en el autobús. El segundo tuve que esconderlos en una ambulancia y el tercer día en un coche de la policía. Era un caos tremendo. Llegué a perder hasta seis kilos del estrés, flipando de decir dónde me había metido. Los coches nos perseguían por las calles, como en las películas. En Monterrey veías a niñas que la noche de antes habías visto en el concierto de Ciudad de México. Yo me imaginaba que iban y volvían en avión, porque en coche no les daba tiempo, está muy lejos. Era impresionante.

En el resto de la gira nos pasaba de todo, nos invitaba a cenar gente importante, como gobernadores o empresarios muy ricos. Con ellos eran unas risas constantes, interrumpían el protocolo a cada momento. A Dani le pusimos el mote del Fuguilla. Preparaba todo el dispositivo para entrar o salir de los hoteles, hacíamos un rombo con ellos en el centro, entrábamos después de que nos habían dado patadas y puñetazos y de repente veía a Dani en recepción: «¡Hostia! ¿Cómo has entrado?». A mí me desesperaba.*

DAVID. *Monterrey fue una locura enorme y había tal alboroto que el griterío del público se comía literalmente el sonido y era imposible escucharnos entre nosotros, hasta el punto de que perdíamos la sincronización de los instrumentos. Esas cosas las había leído sobre algunos conciertos de los Beatles, como el del Shea Stadium en Queens. Javi era el que abría cuando arrancábamos, yo le miraba y veía que estaba dándole fuerte a la batería, pero no oía absolutamente nada. Francis el backliner nos pegaba unos gritos de la hostia: «¡David, el bajo, el bajo, coño, que subas el bajo!».*

* Javier León Herrera, *Sufre mamón, la banda sonora de nuestra juventud.*

Pero no le oía hasta que se acercaba a un metro sin dejar de vocear, entonces lo oía. Monterrey es otro de los sitios que siempre
se ha entregado con nosotros.

DANI. Hemos podido hacer yo qué sé, mil conciertos, pero siempre hay unos pocos que se te quedan grabados para siempre,
sean buenos o malos. El de Monterrey es uno de esos que no se te
olvidan, piensas que no te puede pasar nada mejor. Fue una cosa
acojonante la histeria que había al salir al escenario, el griterío,
no se oía nada de nada, solo gritos, y además no veía nada por
todos los flashes que había, todo el mundo con cámaras de fotos.
Miraba a David como diciendo «qué coño hacemos», me quedaba con cara de decir «arrancamos o qué pasa», y resulta que Javi
ya había comenzado a pegar baquetazos. Aquello era un estruen-
do terrible, los gritos del público sonaban más que la música.

En Monterrey era muy fuerte. De hecho, en aquella ocasión
hubo que abrir otra fecha por la gran cantidad de personas que
se quedaron fuera y la plaza de toros se volvió a llenar, y de nuevo se quedó mucha gente fuera y de nuevo lo volvimos a hacer
por tercera vez.

JAVI. Yo alucinaba cuando nos decían que la gente hacía cola
desde por la mañana con aquel solazo y siempre todo el mundo
estaba de buen humor y era amable, me encantaba cada vez que
escuchaba el «ahorita mismo», o el «¿qué onda?», ese mismo que
se escucha antes del inicio de la canción de México.

La gente se quedaba en la calle porque no cabía, empezaba
el concierto y seguían en la calle. Había casi el mismo número de
personas fuera que dentro de la plaza. Nos insistieron para tocar
al día siguiente. Lo hicimos y pasó lo mismo. Entonces no podíamos repetir porque teníamos otra fecha en otro sitio, pero buscamos un hueco y regresamos al cabo de seis días y otra vez se llenó hasta arriba la plaza y otra vez se quedó la gente fuera en la
calle.

*En Monterrey en particular y en México en general nos sentía-
mos fenomenal y nos seguimos sintiendo así, México es una prioridad para nosotros a la hora de programar las giras y los eventos. Es un país y una gente fascinante y lo sentimos como nuestro.
Brindaremos siempre a la salud de México.*

AMOR ETERNO

La revista musical azteca *Notitas Musicales* preparó una edición especial para el 1 de septiembre de 1988 con motivo de
su treinta y tres aniversario. Era una portada con tinta meta-
lizada plateada en edición de lujo dedicada a Hombres G.

Bendiciendo al Señor un año más por prestarnos vida
con buena salud iniciamos las celebraciones del treinta y
tres aniversario de *Notitas Musicales* con nuestra tradicional Edición de Plata dedicada básicamente a los artistas
extranjeros de habla hispana. En esta ocasión, y como los
artistas foráneos más destacados de los últimos trescientos sesenta y cinco días, es de absoluta justicia el haber
puesto en nuestra portada al grupo español Hombres G,
quienes en ese lapso de tiempo han llevado las riendas de
la popularidad en México entre la juventud que está disfrutando de una segunda época dorada del Rock n Roll.*

El triunfo incontestable de la banda mereció en aquellos
años los elogios de compañeros de profesión y de la prensa
que tanto echaban de menos en su propio país. Juan y Medio
recordaba varios ejemplos:

* *Notitas Musicales.*

Nos llegaban mensajes de muchas personalidades, artistas o gente del medio encantada con las canciones y el buen rollo de los Hombres G, reconociendo que las escuchaban, las ponían en sus fiestas o simplemente los admiraban. Te hablo de gente como Julio Iglesias, Luis Miguel, Roberto Carlos, Ricky Martin, que hacía poco que había salido de Menudo, el boxeador Julio César Chávez, que es un dios en México, que fue con su hijo a conocerlos y que además daba la casualidad de que era un tío que David admiraba mucho por su afición al boxeo; Franco de Vita, Charly García, intelectuales y vips de todo tipo, gente que no tenía ningún tipo de reparo o aprensión por reconocer simplemente que les gustaba la música del grupo y lo que decían. Conocieron en persona a Julio, ellos lo admiraban mucho, fue muy amable y les dio muchos ánimos por lo que estaban haciendo.*

DAVID. *Desde los primeros viajes y la primera gira, México nos conquistó y nos atrapó por completo. México tiene un poder de seducción difícil de explicar para quien no se ha mezclado con ellos, con su comida, su música, su cultura, su idiosincrasia. Sentimos un amor eterno hacia México y sentíamos entonces unas ganas enormes por agradecer todo lo que estábamos viviendo. De ahí nació la idea con Dani de hacer una canción a México arrancando con aquel recuerdo de la cafetería del hotel Crowne Plaza, cuando, mientras desayunaba, observaba a aquellos norteamericanos bigardos con bermudas extravagantes que se disponían a engullir unos platos enormes de huevos, beicon y frijoles.*

Queremos mucho a México y a toda América, Perú, Colombia, Ecuador, Centroamérica, Estados Unidos... No puedo vivir sin

* Javier León Herrera, *Sufre mamón, la banda sonora de nuestra juventud.*

ellos, me dan la vida, para mí es importantísimo hacer una maleta enorme, largarme y estar allí dos meses de un lado para otro. Es una tierra tan distinta a mi casa, tan especial, tan bonita, y lo hemos pasado tan bien allí que es una necesidad ir todos los años a América a tocar.

Una vez, hablando con Joaquín Sabina me decía: «Tú y yo somos artistas enamorados de América, hay otros artistas que no encuentran ese feeling *que transmite esa tierra, nosotros sí queremos mucho a esa gente».*

Con la sonrisa puesta

12

Hoy me he levantado dando un salto mortal,
he echado un par de huevos a mi sartén,
dando volteretas he llegado al baño,
me he duchado y he despilfarrado el gel.
Porque hoy, algo me dice…
Que voy a pasármelo bien.

DAVID SUMMERS,
Voy a pasármelo bien

En la doble página anterior: el grupo y la «familia G» en 1989, sinónimo de buen rollo y trabajo en equipo, con el famoso presentador Juan y Medio entonces representante de Hombres G.

El último año de los ochenta fue el año de transición de Hombres G hacia la madurez. La icónica y sobria imagen de la portada de Voy a pasármelo bien *supuso un punto de inflexión, nada que ver con la imagen juvenil de las fotos desenfadadas y policromadas anteriores. Se dieron un respiro y dejaron de lado cualquier cosa que no tuviera que ver con la música para centrarse en el nuevo disco. Su evolución musical no los alejó de su esencia como generadores de buen rollo en esta nueva etapa. El título del álbum hablaba por sí solo, era la canción ideal para abrir el espectáculo con una gran inyección de energía. El millón largo de personas que asistieron en 1989 a los casi noventa conciertos repartidos entre España y América lo pasaron de puta madre y llegaron a casa con la sonrisa puesta. Esa es la razón de ser, la razón para continuar: hacer feliz a la gente dando un salto mortal.*

EL FIN DEL PRINCIPIO

Hombres G seguía en todo lo alto cuando Paco Martín decidió vender Twins a DRO. El contrato vigente abarcaba *Estamos locos… ¿o qué?*, *Agitar antes de usar* y el que estaba por salir, *Voy a pasármelo bien*, que sería finalmente editado por el Grupo DRO. Paco incluyó en el acuerdo quedarse en calidad de director artístico de la compañía, pero duró muy poco tiempo. Se marchó después de haber ganado mucho dinero con Hombres G y fundó un nuevo sello al que llamó Pasión, con el que grabó a Extremoduro, el disco *No me iré mañana* de Antonio Vega y Los Rodríguez entre otros. En junio de 2020 le contó al periodista Carlos Marcos sus tormentos de los años posteriores:

> Se hizo millonario con su discográfica independiente y se arruinó al invertir en otra. Enrique Urquijo le prestó dinero para que remontase. Volvió a ganar millones, y otra vez llegaron los números rojos. Esta vez fue Joaquín Sabina el que salió al rescate. [...] «Me acuerdo de que un mes no tenía para pagar a los empleados de Pasión. Enrique se enteró y me prestó cuatro millones de pesetas. [...] La ruina no me la causó la droga. Yo tomaba menos de lo que la gente pensaba. Controlaba bastante.»*

La adquisición en 1989 de Producciones Twins convirtió al que desde entonces pasó a denominarse Grupo DRO en el sello independiente más grande de la historia de la industria musical española. A los Hombres G les quedaba un disco en el momento de la operación. El grupo hizo un nuevo contrato con DRO que incluía el disco pendiente del anterior y lo extendió por tres discos más. Este contrato sería subrogado y validado con Warner Music International tras adueñarse más tarde del gran catálogo de los sellos DRO, GASA y Twins. El cambio de compañía coincidió con una encrucijada en la carrera de la banda, que daba por amortizada su primera etapa tras los cuatro primeros discos y buscaba con el quinto nuevos caminos musicales para seguir.

* *El País.*

DANI. Saúl Tagarro, presidente de Warner Music España, tenía en WEA a La Unión, Miguel Bosé y un Alejandro Sanz que empezaba. Las grandes compañías decidieron comprar a las pequeñas para poder tener catálogo local y llegar al mercado al que no podían llegar. Pasó con independientes internacionales como Island, Virgin, Creation y Factory. Warner compró el Grupo DRO, que comprendía los tres sellos, DRO, GASA y Twins, que por cierto hacían mucho cachondeo con eso, porque lo leías corrido y parecía que decía «drogas a Twins». Eran dos compañías de funcionamiento autónomo pero que gozaban de una distribución y otros servicios comunes. DRO conservó su idiosincrasia, pero se vio potenciada por el poder de una multinacional como Warner. Nuestro contrato pasó a tener vigencia con ellos.

RAFA. Éramos un poco más adultos, yo de hecho iba a cumplir veintinueve años y estaba a un paso de los treinta. Teníamos detrás de nosotros a millones de seguidores a ambos lados del Atlántico que estaban muy pendientes de nuestros movimientos, por lo tanto debíamos tomar las decisiones correctas para no defraudarlos, pero al mismo tiempo no dejar de ser nosotros mismos. Habíamos tenido cuatro años muy intensos, bajo una presión enorme, con una responsabilidad muy grande, y todo eso nos hizo madurar y sentarnos a pensar con calma los pasos a seguir.

JAVI. No íbamos a perder nuestro espíritu de buen rollo y todo eso, pero sí queríamos reducir el estrés y la marcha que llevábamos, porque desde que arrancamos en el verano de 1985 habíamos entrado en una espiral frenética que pudimos aguantar gracias a nuestra juventud, pero era agotador, y cuando se dio el cambio de discográfica nos planteamos qué hacer. Había división de opiniones, pero salimos adelante gracias a los fuertes lazos de amistad que nos unían, que al final han sido los grandes cimientos que han hecho posible la continuidad del grupo hasta nuestros días.

DAVID. Descartamos por mayoría hacer otra peli y decidimos con-
centrar todas nuestras fuerzas en el quinto disco, y se notó, porque
es uno de los mejores discos que hemos hecho, un discazo. Como
sucede en muchas otras bandas que logran llegar hasta aquí, el
quinto o el sexto álbum denota la evolución hacia la madurez.

En ese último año me pasé muchas horas de mi tiempo libre
escuchando a los Beatles, sobre todo los discos de su segunda
etapa. En el estudio de Londres estábamos fascinados hablando
con músicos que en su día habían grabado con ellos. Yo sentía
que en eso sí había un cierto paralelismo, en lo que nos estaba
pasando a nosotros, como una evolución natural de las cosas.

Tomé muy en cuenta los sabios consejos de mi padre, que me
aconsejaba pero jamás intervino en las letras de las canciones,
como insinuó algún gilipollas de esos que teníamos siempre en con-
tra. Me aconsejó que aminoráramos el ritmo, que todo había ido
demasiado deprisa en esos cuatro años y el mundo no se iba a
acabar mañana. Tanto estrés nubla la mente y la podíamos cagar.
Debíamos ser más sensatos. Los cuatro estuvimos de acuerdo en
que la mejor decisión era seguir siendo nosotros mismos por enci-
ma de todo.

Hoy me he levantado dando un salto mortal

David Summers acudió como cada año a buscar la inspiración en la quietud de la casa de su madre en Huelva, para
retocar y madurar las ideas acumuladas durante las agotadoras giras del año anterior e intentar plasmar en las partituras
las sensaciones que fue cargando en su maleta, las ganas de
evolucionar hacia cosas nuevas.

El fruto de aquella nueva inspiración contó con la contribución de Dani Mezquita con sus respectivos créditos en los
temas *Chico tienes que cuidarte* y *México*, y la de Juan Muro
en el homenaje que le quisieron rendir a su ciudad, un émulo

a ritmo de swing del *New York, New York* de Frank Sinatra, titulado *Madrid, Madrid*.

Son tres de las diez nuevas canciones que formarían parte del quinto álbum, *Voy a pasármelo bien*, grabado en los estudios Torres Sonido y Eurosonic de Madrid y los AIR Studios de Londres. El disco tuvo un presupuesto quince veces superior al de su primer disco y dos productores, y fue la primera vez que el grupo se implicó en tareas de producción gracias a la experiencia acumulada y al hecho de que en el disco anterior hubo detalles que no les acabaron de convencer.

Durante la producción de *Agitar antes de usar*, y debido a que estaban ocupados en el rodaje de la segunda película, no le pudieron dedicar el tiempo que habrían deseado y esto era algo que querían enmendar en este quinto álbum, en el que sí se concentraron al cien por cien con innumerables horas de trabajo cuyo resultado final sí fue de su total agrado. Desde entonces, su implicación en la producción de los discos ha sido algo habitual en su carrera.

En este disco se incorporó Nigel Walker como ingeniero de sonido de la mano de Carlos Narea. Walker es un profesional muy exigente que fue discípulo del legendario productor de The Beatles, George Martin, e inició precisamente su carrera dentro de la música en los estudios AIR (acrónimo de Associated Independent Recording, nombre de la compañía fundada por George Martin en 1965 con su socio John Burgess), donde participó en la producción del disco *The Beatles at the Hollywood Bowl* y trabajó durante muchos años con artistas internacionales consagrados de la talla de Pink Floyd, Paul McCartney, Mick Jagger, Elton John, Bob Dylan o Dire Straits entre otros.

Su currículum español arrancó en 1988, cuando Carlos Narea le propuso viajar a Madrid para trabajar en la producción del disco en directo *80-88* que Nacha Pop grabó como despedida de la formación en la discoteca Jácara Plató. Después del excelente trabajo realizado llegó su participación en *Voy a pasármelo bien,* y en 1990 sería el productor de *Esta es tu vida.*

A raíz de los trabajos con Hombres G, Nigel Walker fue ampliando sus relaciones con artistas españoles y acabó tomando la decisión de quedarse a vivir en España, donde ha desarrollado una gran carrera desde finales de los noventa y sobre todo en el siglo XXI. Numerosos discos de enorme éxito de artistas como Hombres G, David Summers, La Oreja de Van Gogh, Estopa, Los Rodríguez, Enanitos Verdes, Los Secretos, M Clan, Pereza, Coti y El Canto del Loco, entre otros, llevan su firma.

Aquellos días en Londres acumularon muchas emociones en un ambiente muy exclusivo que mostraba la huella indeleble de The Beatles a través de su trato con personas como George Martin o su paso por rincones emblemáticos.

Hombres G introdujo un recurso de cuerdas para algunas canciones con la Orquesta Sinfónica de Londres, que se grabó en los míticos estudios de Abbey Road, donde The Beatles realizaron casi todos sus discos. Su magia estaba presente en cada uno de los rincones. En 1970, los EMI Studios fueron rebautizados con el nombre de la calle londinense en la que están ubicados, inmortalizada en la famosa fotografía de la banda cruzando el paso de peatones que está justo enfrente de los estudios, imagen que por supuesto los Hombres G quisieron emular aprovechando aquellas jornadas de trabajo. Mark Knopfler, el líder de Dire Straits, coincidió con los chicos en los AIR Studios de Londres y se mostró gratamente sorprendido con el *Madrid, Madrid.* Entre los músicos estaban los habituales, Juan Muro en el saxo y José Carlos Parada en los teclados, a los que se unieron Sergio Castillo, Fernando Illán, Bosco da Silva, Santiago Reyes y José Antonio Romero. Juan Muro evocaba aquel proceso de una manera muy grata.

Recuerdo a los chicos muy ilusionados cuando decían que les gustaría trabajar con una orquesta sinfónica. Hice los arreglos y nos fuimos a grabar la cuerda a Londres, con la London Simphony Orchestra, al estudio en el que grababan los Beatles. Cuando estábamos trabajando en Londres aquello era acojonante; de pronto te veías en un lado a Mark Knopfler, en otro a Josep Carreras, en otro a Elton John y en otro a Hombres G, cada uno grabando en un estudio diferente.*

DANI. A mí me hizo una ilusión enorme. Con quince años me enteré de que podían visitarse los estudios donde habían grabado los Beatles. Los abrieron durante dos meses y se agotaron las entradas. Tuve la suerte de conseguir una y me fui a Londres a verlos. Te enseñaban los estudios, te sentaban y te decían: «Este fue el teclado que utilizó John Lennon para grabar», o te ponían vídeos con maquetas. Cuando fuimos a grabar la cuerda de Voy a pasármelo bien, Esta tarde y Dulce Belén, y nos dijo el productor que nos íbamos a los estudios de EMI de Abbey Road, me dije: «¡Coño! Y qué casualidad que es además el estudio 2, el que se usa para grabar y en el que yo había estado embobado diez años atrás». Estaba igual, es de esos momentos que dices: «¡Joder! Gracias a la música y a Hombres G puedo grabar aquí». Era alucinante.

El disco se cortó en el estudio Tape One de Londres. Antes de escuchar el ritmo de la percusión y los primeros compases de *Voy a pasármelo bien*, tema que abre la cara A, el álbum permite escuchar una breve intro a capela de Pablo Botella, sobrino de David Summers. El niño canta un fragmento de

---

* Javier León Herrera, *Sufre mamón, la banda sonora de nuestra juventud.*

Devuélveme a mi chica acompañado a la guitarra por su tío
que precede a los primeros baquetazos de Javi Molina. Tras
cinco años de carrera y con cuatro discos originales de estudio en el mercado era la primera vez que una de las canciones daba título a un elepé. *Un par de palabras* ya lo había
hecho anteriormente, pero en realidad era un disco que mezclaba temas de los dos primeros trabajos del grupo para lan-
zarlos en algunos países de América.

Aquel disco rompió también la línea de portadas sin fotografías de la banda, que se mantuvo en España hasta este
quinto trabajo. El contraste entre la fotografía del elepé que
CBS lanzó en América en 1987 y la que aparece en la portada
del disco de 1989 es obvio. La sobriedad del blanco y negro
evoca un aire *beatle* en las fotografías de Mario Larrode, imágenes que con el tiempo pasarían a ser icónicas. Las veríamos
también en la carátula de la caja de lujo recopilatoria de sus
singles que Warner editó en 2002 y son las que ilustran la
portada de esta biografía autorizada.

Fue una sesión de fotos muy cuidada. Esta fue la portada
más trabajada y que más tiempo requirió de todas. La idea en
un principio giraba en torno al sugerente dibujo que acabó
siendo carátula del single *Voy a pasármelo bien*, una escena
de una pareja en un coche descapotable donde ambos son-
ríen mientras él tiene colocada una mano sobre un pecho de
ella, muy en la línea de los primeros discos, sin embargo al
final se optó por otro concepto que reflejase la evolución de
la banda. Antes de decidirse por el diseño final se barajó otra
posibilidad, en este caso inspirada en una imagen de Dustin
Hoffman. Se fotografiaron los cuatro con el torso desnudo y
unas lupas que aumentaban sus discretos bíceps.

El disco lanzó tres sencillos que se convirtieron en éxitos
rotundos: *Chico tienes que cuidarte, Voy a pasármelo bien* y *Te
necesito*. Las tres canciones pertenecen a la cara A del disco.
Dos de esos grandes *hits* llegaron de la mano de dos videoclips

inolvidables. El primero se ambientó en una consulta médica con unas singulares enfermeras que recomendaban a los crápulas que había que frenar un poco los desfases, que el cuerpo no estaba para tanto trote. La canción fue concebida como una parodia ante el aluvión de productos *light* de la época que invitaban a todo el mundo a cuidarse. En él participó el recordado humorista onubense Pedro Reyes, a quien unía una gran amistad con los Hombres G. El tema se encaramó rápidamente a las primeras posiciones de las listas de éxito radiofónicas.

El segundo vídeo escenificaba el desmadre de una fiesta surrealista que empezaba con los cuatros protagonistas en pijama y metidos en una cama y acababa con el grupo y los invitados bañándose vestidos dentro de una piscina cerrada después de una rocambolesca guerra de tartazos mientras sonaba la proclama musical de coger un pedo de los que hacen historia. Se rodó en la casa de la calle Piquer donde vivía David con su padre. Tuvieron que pedir un permiso a la comunidad para poder usar la piscina interior.

América y México están presentes en las letras del disco, compuesto en buena parte durante las giras americanas. Optimismo, madurez y frescura se dan la mano en un trabajo lleno de contrastes sensitivos y musicales, paisajísticos y emocionales. *Te necesito* es una declaración de amor dentro de una reflexión íntima en soledad de un joven que a sus veinticinco años ha madurado a pasos agigantados: «Siempre quieres parecerte a tantas cosas que no eres. [...] He generado tanto odio, tanto odio y tanto amor, que a veces creo volverme loco viendo cómo sale el sol dentro de esta habitación. [...] El techo es tan alto y tan fría la pared y tengo tanto miedo de perderme o desaparecer».

La cara A se completa con *El último baile* y *Aprender a caer*. La cara B la abre *Madrid, Madrid*, a la que le siguen *Esta tarde, México,* la potencia de la percusión y las guitarras de *Tú me gustas,* que recordaba al fuerte sonido de los californianos The Knack, otro grupo pop-rock y new wave al que en su momento compararon con The Beatles y que diez años atrás habían inmortalizado su famoso *My Sharona.* Cerraba el disco la balada *Dulce Belén,* dedicada a una de sus amigas del Parque de toda la vida que había fallecido trágicamente a una edad muy temprana en un accidente de tráfico.

DAVID. Era una chica que a mí me caía muy bien, era diferente, desinhibida, graciosa, muy maja, y me dio mucha tristeza cuando murió, no debía de tener más de veinte años. Me impresionó muchísimo, fue una de las primeras veces que me enfrentaba a una tragedia personal tan grande y por eso quise dedicarle la canción.

Los compromisos adquiridos previamente para una gira por Colombia les impidieron estar presentes en el lanzamiento y presentación del disco en junio de 1989. Por ello, la compañía decidió organizar con posterioridad una convocatoria de prensa donde de paso se les hizo entrega de un disco de diamante que acreditaba haber superado en España el millón de copias vendidas. A la crítica le sorprendió el nuevo trabajo y la mezcla de sonidos que van desde el rock and roll más clásico a la *big band*, pasando por guiños a la bossa nova y las baladas clásicas. El reconocido periodista musical Alberto Vila afirmaba rotundamente que se trataba de la obra maestra que cerraba la mejor década de toda la historia en la música pop-rock en España:

La década de los ochenta se despide dentro de unos pocos meses con un panorama español bastante claro. La música pop-rock domina en España con unos cuantos grupos que mandan en las listas de éxitos y marcan las pautas a seguir en un futuro inmediato. En este pelotón de elegidos figuran destacados los Hombres G, el cuarteto más vendedor de la década, un grupo que elepé a elepé ha ido consolidando su posición yendo cada año a más, realizando una impecable carrera de éxitos. El quinto y nuevo álbum del grupo se titula *Voy a pasármelo bien* y marca un definitivo viraje en su evolución con excelentes canciones, más variadas que nunca, y una atmósfera en general que lo convierte en el mejor trabajo de su carrera y en un disco inevitablemente destinado a batir las marcas que el propio grupo había impuesto. [...] La gran evolución experimentada por la música de Hombres G es comparable a la de otros míticos grupos del pop-rock internacional que con el quinto y sexto álbum efectuaban un giro discográfico definitivo coincidiendo con una madurez creativa indiscutible.*

Sé que tengo algunos enemigos

El genial Camilo José Cela pronunciaba una de sus tantas frases lapidarias cuando se le preguntaba sobre algunas críticas acerca de las cosas que hacía o decía: «Si te empiezas a preocupar de lo que dicen de ti los demás, estás perdido». El grupo había aprendido a convivir con la enorme injusticia del trato que recibía en España, donde su éxito internacional era silenciado y su carrera musical seguía siendo marginada, menospreciada y ninguneada en determinados medios de comunicación y foros controlados por los gurús de la progresía. Era algo realmente insólito y muy frustrante, pero no eran los únicos que sufrían en sus carnes la infamia de la envidia nacional.

* *El Gran Musical.*

En Miami observaban con una extraordinaria perpleji-
dad el trato que en España se dispensaba al cantante que más
estaba haciendo en el mundo por la música en español y por
la difusión de la marca España a nivel internacional, que no
era otro que Julio Iglesias. Las críticas nunca provocaron peleas serias entre ellos, pero sí acabaron por generar ciertos
debates en el sentido de si, más allá de la inevitable mala
baba de algunos, no estarían cometiendo fallos de orienta-
ción que pudiera llevarlos por un camino equivocado.

El camino que querían seguir era el de una banda de
pop-rock, y por eso, coincidiendo con el final de la década
de los ochenta y el comienzo de los noventa, sus declaraciones y su música apuntaban hacia una clara evolución que
empezaba a ser reconocida:

> Con apreciables mejoras en sonido, arreglos e inter-
> pretación, el cuarteto ha limado algunos de los aspectos
> más ñoños de su música a costa de hacerse más permea-
> ble a las referencias. Ecos de los Beatles en canciones como
> *Te necesito* y *Esta tarde*, y de los Cars en *El último baile*;
> introducción en ritmos como el swing (*Madrid, Madrid*),
> la bossa nova (*Aprender a caer*) y el reggae (*Chico tienes
> que cuidarte*) y recuerdos al estilo de Eric Clapton (*Méxi-
> co*) o de Nacha Pop (*Tú me gustas*).*

Una prueba más de que la misma música que en América
se calificaba de subversiva, en España a algunos les parecía
ñoña. Ser conscientes de haber hecho un gran disco espoleó
el dolor subyacente acumulado de tantos años soportando
injusticias y el grupo se quejó públicamente del trato que
recibía y de tener que acudir a veces a ciertas entrevistas casi

---

* Nacho Sáenz de Tejada, *El País*, 1989.

pidiendo perdón. La revista *El Gran Musical* recogía un titular muy revelador: «Queremos callar a los envidiosos», y dentro del texto del reportaje que firmaba Alberto Vila se leía lo siguiente, en palabras de David Summers:

> España es un país de envidiosos con mucha mala gente suelta. Algunos no soportan que los Hombres G tengan éxito como grupo y nos hacen un boicot constante. Es la misma mentalidad de los que al ver un coche bonito aparcado en la calle van y lo arañan con ánimo de hacer daño porque sí. No soportan que nadie tenga lo que ellos no tienen. Creo que es la postura típica de muchos «entendidillos» que nos subestiman con mucha mala leche. Son los mismos que escuchan el tema *Te dejé marchar* de Luz Casal sin saber que lo hemos escrito Dani y yo y dicen que es un pedazo de canción. Después, al enterarse del dato, muestran primero su sorpresa y luego empiezan a poner peros. Son bastante ridículos y cada vez nos da más igual que exista gente así.*

Sin querer, habían caído en la trampa. Mostrar vulnerabilidad ante esas continuas campañas negativas era encajar un gol en contra a sabiendas de que eso no iba a solucionar nada. Habría sido más recomendable seguir como hasta entonces, hacerle caso a Cela y empuñar la falta de aprecio como mejor arma contra aquellos desprecios. A Cela y a Cervantes: «Ladran, Sancho, señal que cabalgamos».

La clave era, como escribió Confucio, perseverar respetándose a ellos mismos y a su esencia para así acabar obteniendo el respeto de los demás. Como hubiera firmado Oscar Wilde, era espantoso que hablaran así de mal y de injustamente de ellos, pero peor habría sido que no hablaran.

---

* *El Gran Musical.*

El paso de los años ha ido poniendo a cada uno en su sitio. El tiempo dictó sentencia. Los treinta y siete años de carrera que Hombres G cumplía en 2020, avalados por su historial de discos y conciertos a ambos lados del Atlántico, imponen un respeto que ha acallado para siempre las voces mezquinas. La veteranía en sí es una garantía de respeto en cualquier profesión, tal como reivindicaba John Huston en los diálogos de la *Chinatown* de Roman Polansky, cuando dijo que los políticos, las prostitutas y los edificios se convertían en honorables si duraban mucho tiempo. Eso también es aplicable a las bandas de pop-rock. El respeto se les negó sistemáticamente desde algunos sectores en la primera etapa, pero se lo han ganado a pulso con el paso de los años.

Paco Martín volvió a referirse a ellos en 2015, coincidiendo con el treinta aniversario del primer elepé:

> Estuve hablando con ellos y les he dicho que después de treinta y tantos años lo más importante que tienen es el respeto de todo el mundo. Más allá de su éxito, todo el mundo les respeta; les pueden gustar más o les pueden gustar menos, pero les respetan. Hoy día posiblemente Hombres G es el grupo más respetado de España.*

Pocas bandas encontraremos en la historia musical española que hayan durado lo suficiente como para obtener una Medalla de Oro al Mérito en las Bellas Artes que debió levantar ampollas en la hemeroteca de aquellos pontífices de la excelencia que tantas toneladas de desprecio les arrojaron durante aquellos años, encubriendo una rancia envidia de pura cepa hispana con la coartada del debate de la calidad.

---

* Documental *Fue hace 30 años.*

No era un debate sobre la calidad, era un linchamiento a cuatro amigos que habían cometido el delito de triunfar por parte de quienes no ven nunca más allá de sus propios ombligos. ¿Quién se atreve a dudar de la calidad de canciones que traspasan décadas y siglos y han quedado para siempre en el acervo popular y en la banda sonora de la vida de millones de personas? El público es el verdadero juez, el que siempre tiene la razón. La calidad de cualquier creación debería estar forzosamente vinculada con su capacidad de generar felicidad y/o sensibilidad en las personas de manera espontánea, sin ninguna influencia ni manipulación: a mayor número de personas felices, mayor calidad; cualquier canción que te haga sentir, tiene calidad y cualidad, no todas tienen la cualidad de hacerte sentir, y nada tiene sentido en el arte si nada te hace sentir.

El público es feliz cuando consume libremente lo que le gusta y no lo que otros dicen que le debería gustar. El público fue siempre el más honesto y mejor crítico de los Hombres G.

JAVI. Nunca nos peleamos entre nosotros por eso, la amistad estaba por encima de todas esas cosas, pero nos jodía mucho, y por culpa del veneno que destilaban esos cabrones a veces teníamos fuertes discusiones. Me daba mucho por saco cosas como que por el hecho de que a los niños les molaba nuestra música decían que éramos un grupo infantil, hasta ese punto de mala gente te encontrabas. No parabas de preguntarte por qué coño somos así en este país, por qué tanto desprecio y tanta envidia y por qué teníamos la sensación de tener que estar demostrando algo constantemente cuando lo habíamos demostrado todo de sobra. Al final dijimos que no más agobios, que seguiríamos haciendo lo que nos saliera de los cojones, y demostramos que éramos capaces de hacer discos enormes.

DAVID. Estábamos marginados por la prensa y la cultura progre porque vendíamos millones de discos y teníamos fans, algo que cualquier grupo habría querido para sí. Era absurdo ver que mientras acaparábamos portadas de revistas en América, en España nos ignoraban hasta niveles patéticos. Recuerdo un ranking de Rolling Stone con los cien discos más importantes del rock en español y no apareció ni uno nuestro, acojonante.

A todo el mundo le jode que hablen mal de ti, pero yo creo que fueron muchos más los que hablaron bien, fueron más la parte positiva que la negativa, al menos en mi memoria se ha quedado lo positivo, no los mierdas que hablaron mal de nosotros por envidia. Cuando un artista está marcando a una generación y está haciendo algo realmente importante en la música siempre tendrá detractores. Es imposible que le gustes a todo el mundo, ni siquiera los grandes de verdad, como Frank Sinatra o los Beatles, le gustaban a todo el mundo y había gente que los ponía a parir.

Cowboys de medianoche

El tour para presentar las nuevas canciones arrancó en Colombia en el mes de junio y pasó por Barranquilla, Medellín, Bogotá, Pereira, Cartagena y Cali. Después continuó por toda España de julio a octubre, empezando en la localidad madrileña de Fuenlabrada y acabando en la malagueña de Fuengirola. Olimac promovió cuatro grandes conciertos en Madrid capital con la colaboración de *Los 40 Principales*, tres de ellos consecutivos, con llenos totales en un recinto de gran capacidad al aire libre como era el Auditorio del Parque de Atracciones de la Casa de Campo. El concierto del 12 de julio de 1989 fue grabado y emitido por Telemadrid y se puede ver en YouTube.

Sin descanso de por medio, la gira hizo las maletas en octubre rumbo a América. Viajaron de nuevo a México para un gran tour. *Voy a pasármelo bien* se presentó a los medios de comunicación mexicanos en un evento donde se les entregó un disco de diamante por haber superado ampliamente el millón de copias vendidas en ese país.

En 1989 se publicó el primer disco en formato CD en México con el sello CBS Columbia. Era un recopilatorio de los tres primeros álbumes, con una foto de la banda y el anagrama de *Estamos locos...¿o qué?* Un CD sin código de barras que es hoy en día una de las piezas más difíciles de conseguir por parte de los coleccionistas.

Las agotadoras jornadas de promoción en Ciudad de México incluían a veces hasta doce entrevistas en un solo día. Acababan exhaustos. Antes de meterse de lleno en la nueva serie de conciertos mexicanos viajaron a Los Ángeles, donde filmaron un *spot* publicitario para la marca de cigarrillos Montana, comercial que sería emitido en todos los países en los que el grupo era una auténtica referencia para la juventud.

Aprovechando aquel viaje a California dedicaron la mayor parte del tiempo a hacer turismo por los estudios Universal, el Paseo de la Fama de Hollywood, el Teatro Chino y otros lugares exclusivos de Beverly Hills. Desde su hotel en Sunset Boulevard se empezó a contemplar la posibilidad de incluir algunas ciudades de Estados Unidos en futuras giras.

Juan y Medio recordaba un hecho inaudito que volvía a demostrar el enorme calado del grupo entre el público mexicano. El avión que los llevó de regreso de Los Ángeles a Ciudad de México aterrizó en la capital azteca a las cinco de la mañana, y se sorprendieron muchísimo al encontrar a una legión de fans esperándolos. No podían creerlo, a esa hora no había nada abierto donde tomar algo mientras esperaban, pero ahí estaban para verlos dos minutos, lo que tardaron en bajarse del avión para montarse en otro vehículo.

Tenían por delante treinta y ocho presentaciones firmadas en estadios de fútbol, campos de béisbol, pabellones de deportes y grandes auditorios. La gira estaba organizada por la empresa Campo Nuevo, patrocinada por una reconocida firma de refrescos de cola, y se iba a convertir durante más de cuarenta días en un fantástico *road trip* a bordo de un autobús gris plateado al estilo del *Greenhow* de *Cowboy de medianoche* al que se subieron también los integrantes de Bon y Los Enemigos del Silencio, un grupo pop-rock mexicano que formaba parte del movimiento Rock en tu idioma y que actuaban como teloneros. El vehículo estaba tapizado por dentro en rojo y tenía camas especiales. Juan y Medio evocaba con agrado la inmensidad y la diversidad del territorio mexicano:

> Éramos un grupo de jóvenes viajando en medio de un desierto del estado de Sonora, con esos cactus enormes y rectas de decenas de kilómetros. Dentro del bus escuchabas a algunos tocando country, o una balada en la guitarra; era una sensación íntima y hermosa. Parábamos a reír y charlar, había tiempo para la confidencia y el cigarrillo, un café y estirar las piernas. Subíamos a una colina en lo alto del desierto con la luz de la tarde a ver el atardecer. La parte de atrás del bus tenía una cama enorme, echábamos unos colchones y allí íbamos durmiendo como podíamos, eran muchos kilómetros. Veías lo esencial de la vida, tener amigos, llevarte bien, trabajar en lo que te gusta. A veces nos mirábamos y no decíamos nada porque la mirada lo decía todo.*

RAFA. Fue una de esas giras de película que hemos hecho a lo largo de nuestra carrera. Les habíamos pedido un bus cómodo con vídeo y nevera porque íbamos a estar un mes viviendo ahí. Lo del vídeo y la nevera fue de comedia. Nos pusieron un autobús

---

* Javier León Herrera, *Sufre mamón, la banda sonora de nuestra juventud.*

plateado de peli americana. Con su mejor intención, llevaron una nevera de camping atada con un pulpo de esos elásticos para que no se cayera. Al entrar, el conductor nos anunció que atrás nos habían puesto la televisión y el vídeo. La tele iba encima del conductor tal como salió de fábrica, pero ellos con toda su buena intención la habían trasladado a unos asientos que había más atrás que miraban de espaldas, y encima colocaron el vídeo atado con otro pulpo, unas gomas y los cables de la batería que había detrás. Aquello era cutre a más no poder. Pusieron la peli que estaba de moda con la canción de Stevie Wonder para probarlo, y La mujer de rojo parecía la mujer de verde. Les dijimos que mejor lo quitaran y dejaran libre el asiento.

Una vez nos pararon los polis en mitad del desierto. Nos querían hacer bajar a todos para registrarnos, con un calor que podías freír un huevo en la carretera. Por suerte alguien lo arregló y nos dejaron seguir.

A bordo de aquel singular vehículo compuso David Summers la canción *Siempre huele a gasolina*. Embriagados por el olor, parte del personal, como Martín y Paul, mataban el tiempo a base de echar mano a una garrafa de cinco litros de tequila y una bolsa llena de marihuana que habían comprado a un arriero del camino.

Juan y Medio no probaba el alcohol ni fumaba, lo cual no le impedía estar continuamente animando el ambiente, gastando bromas e imitando todo tipo de acentos. Otro gran imitador era Javi, que amenizaba los viajes con parodias de ellos mismos, de The Beatles, Plácido Domingo o quien fuera. Las camas eran casi un adorno, porque casi nunca se dormía. El equipo estéreo sonaba sin parar. A veces era tal la evasión que el propio autobús parecía el destino en sí con esos tremendos recorridos.

Tanto la música como los silencios se convertían en un sonido mágico. De pronto se paraban en mitad de la nada, en un pequeño negocio abierto en medio del sol inmenso: «Joven, por favor, unas tecates con limón».

DANI. Una cosa es que vayas de turismo a Ciudad de México o a Cancún, y otra cosa distinta es que te metas en un autobús mil kilómetros diarios a la espalda, bajando a comer a los sitios populares, hablando con la gente, conociendo distintas ciudades y pueblos que nunca visitarías como turista. Fue una experiencia muy buena, casi dos meses inolvidables metidos en México, como dicen allí, fue algo a toda madre.

DAVID. Hubo lugares y noches inolvidables en aquella gira, que confirmaban y aumentaban lo que vivimos el año anterior. Fue una de las giras más importantes que hicimos en América, nos sentíamos como los Doors haciendo tres mil kilómetros sin parar, con un ambiente extraordinario. Llegábamos a los sitios y estaba atestado de gente, tocábamos en estadios con cuarenta mil personas, era impresionante. Hicimos como treinta ciudades. Llegábamos en ese autobús plateado precioso a los sitios y las niñas enloquecían; había un comité de recepción de unas trescientas niñas vestidas con camisetas de Hombres G, con pompones de animadoras al estilo de las famosas cheerleaders o «porristas», como se las conoce en México. Algunas repetían, debían ser niñas de familias acomodadas que disponían de recursos y se sabían la gira de memoria. Solían desplazarse con sus propios automóviles y se alojaban en nuestro mismo hotel. Pasábamos noches sin dormir, viajes enormes, conciertos inolvidables. Todos adelgazamos como seis kilos en la gira, pero lo pasamos muy bien.

RAFA. A Javi y a mí nos encantaba meternos en las cantinas y en las taquerías o los puestos que encontrábamos en mitad de la carretera a comer tacos y echarnos una chela, o sea, una cerveza. En algunos sitios hay unos puestos en la carretera que te venden unas micheladas enormes, con mil salsas, en recipientes de más de un litro, lo que allí llaman las «caguamas», que son como las litronas en España. Era acojonante, vivimos mil y una experiencias en esas carreteras y recorriendo el país. Era todo el rato así, risas y movidas, pero de buen rollo. Lo que más molaba eran las experiencias que compartíamos todos juntos como una piña de amigos, nosotros, Juanito Piscinas, Paradise, Juan y Medio, el Esqui, eso era impagable.

JAVI. En la capital acabamos una vez en Tepito por la curiosidad de conocer el barrio. Estábamos paseando tan tranquilos cuando pasaron unos tíos en un descapotable, empezaron a meterse con nosotros y nos acojonamos. De pronto, uno se dio cuenta y dijo: «¡Pos si es el baterista de los Hombres G, suban al carro, ándele, y pos lo que quieran, lo que se les ofrezca, chelas, mota!». Los tíos asustaban, tenían pinta de «cholos», como dicen en América, todos tatuados, armados con pistolas y con navajas, pero fueron majísimos, nos invitaron a comer y a tomar unas cervezas con ellos.

EL «CRIMEN» DEL AUDITORIO NACIONAL

En Ciudad de México, Hombres G tuvo que hacer tres conciertos en el emblemático Auditorio Nacional, y aun así dejaron gente afuera debido a la enorme demanda que había. La gran expectación despertada hizo que el evento fuera calificado como de máximo riesgo. El excesivo celo en las medidas de seguridad obligaba a todo el mundo a permanecer sentado por lo que ocurrió en una actuación de Menudo, que acabó con víctimas mortales. Este celo ocasionó problemas entre la seguridad pública, representada por el Cuerpo de Granaderos, y la privada del grupo.

Los granaderos eran unos agentes especializados en antidisturbios. Desaparecieron como tales el 5 de diciembre de 2018 tras arrastrar una fama de fuerza represiva desde los disturbios estudiantiles de octubre de 1968 en la plaza de las Tres Culturas de Tlatelolco, en Ciudad de México. Con ellos se las tuvo que ver Esquimal:

La movida en el Auditorio Nacional de Ciudad de México fue fuerte. En los pasillos habían colocado una guarnición de granaderos, soldados delante del escenario. Había una fila de casi veinte tíos uniformados a los que les habían mandado colocarse delante del escenario con sus pistolas, cascos y demás parafernalia que intimidaban al más pintado. Tuve que hablar con su comandante y decirle que delante del escenario no quería uniformes, y menos con armas, porque iban a intimidar a los artistas también. Después de discutir accedió y colocaron gente de paisano con el brazalete rojo. Aun así, generaba malestar tener una fila de tíos delante de la típica niña a la que su cuerpo le pedía levantarse y chillar, y cada vez que lo intentaba el policía se lo impedía.

En un momento dado, David dijo: «Todo el mundo arriba, todo el mundo cantando, esto no es un cine». Allí se montó un pollo terrible, las niñas quisieron saltar y las bajaban casi golpeándolas, eso me pareció terrible y me enfrenté a ellos. Apareció el comandante otra vez, pretendiendo suspender el concierto; decía que David había incitado a la subversión o algo así, que había dicho que aquello era un crimen. Yo le repliqué que eso era mentira, que había dicho «cine» y no «crimen», que estaba grabado. Me jugué que me metieran en la cárcel porque insistí en que David había dicho «cine», y que si cortaba la luz y suspendía el evento como pretendía el desorden público lo iba a generar él.

El tipo estaba histérico y no hacía más que decirles a los otros que yo me iba al «corralón» esa noche. Me tuve que esconder entre bastidores y esperar a ver si se le bajaban un poco los humos y dejar que siguiera discutiendo con Juan y Medio, que ya estaba girando con nosotros, también con el susto en el cuerpo, Martín el Francés y creo recordar que Manolo Sánchez también. Las canciones siguieron sonando y poco a poco el hombre se tranquilizó, acabó incluso pidiendo autógrafos a los muchachos.*

En esa ocasión se alojaron en el hotel Sevilla Palace de la capital. Se había convertido en una costumbre que la habitación del jefe de seguridad fuera el lugar de reunión. Un día se encontraban Esqui, Francis el Capitán, Juan Muro, Martín el Francés, José Carlos Parada, Javi Molina, David Summers y Paul Adrians. Martín decidió fumarse un canuto de marihuana y al rato sonó el teléfono. Esquimal lo recordaba como una de las inolvidables bromas de toda su vida:

> Contestó el Francés, no sé qué le dijeron, pero estaba por la labor de colgar y mandar a la mierda a quien fuera cuando de pronto dijo no sé qué cosa y que me pasaba el teléfono. El de recepción me comentó que el personal de seguridad del hotel le había dicho que había un fuerte olor a marihuana en la zona y que el olor procedía de mi habitación. Menudo marrón. Intenté convencerlo de que era un error, pero el tipo dijo que en ese caso no me importaría si subía la policía a comprobar que efectivamente era una equivocación. Le dije que claro, pero cogió el capullo del Martín, me quitó el teléfono y se volvió a poner él. Le repitieron lo mismo, que la policía iba a subir.
>
> Fue colgar y ponernos como locos a abrir las ventanas, echar mano de todos los desodorantes, Martín tiró la hierba al retrete, yo casi gasto mis frascos de Loewe. Lo flipante fue que le dijimos que hablaran con Juan y Medio,

---

* Javier León Herrera, *Sufre mamón, la banda sonora de nuestra juventud.*

que era el mánager, para aclarar el malentendido y me contestaron que estaba abajo retenido. ¿Retenido? Nos quedamos todos blancos. Juan no fumaba nada, ¿cómo lo habían podido retener a él? No entendíamos nada.

Después de unos minutos esperando, nerviosos y acojonados, con la desazón de saber qué coño le había pasado a Juan y Medio, decidí bajar a recepción. Cuando llego, veo a Juan y a Rafa descojonándose al ver el careto descompuesto con el que asomé. Ahí mismo me di cuenta de que era una broma de esas estilo *Inocente, inocente*, se ve que Juan ya iba ensayando, el cabrón. Estuve un día sin hablarle del susto que me hizo pasar.

DAVID. *Después del cachondeo recuerdo que empezamos a debatir con mucha intensidad sobre si la marihuana debería legalizarse como lo está en algunos países. Yo dije entonces lo mismo que ahora, que el alcohol es potencialmente más dañino que el cannabis y es legal. No entiendo que un político diga que se va a tomar unas copas con sus amigos los fines de semana y se vea como algo tan natural, y si dijera que se va a fumar unos porros se armaría la de Dios, no lo entiendo, cuando es mucho más peligroso que tome copas a que tome un té de marihuana, que es legal en muchos países con fines medicinales.*

Si se legalizara, tampoco es que la gente vaya a ir en masa a hacer colas para comprar, porque el alcohol es legal y mucha gente no lo compra ni lo prueba. Ya ha pasado en muchos países donde es legal. En Estados Unidos les ha reportado un ingreso a las arcas del Estado de miles de millones de dólares y se ve tan normal, tú puedes ir a una tienda en Las Vegas a fumar marihuana y pagar con tu tarjeta, como si vas a la tienda Apple, es acojonante. Acabará siendo legal en todos lados.

JAVI. *Nosotros podíamos pensar lo que fuera, pero aquel día en México nos llevamos un susto de cojones. Habría sido un escán-*

dalo si hubiera sido cierta la bromita y la policía hubiera requisado hierba en una reunión de los Hombres G, independientemente de quién se la fumara. Nos hubieran llevado de cabeza al
«corralón», como dicen ellos, y nos hubieran deportado [risas].

RAFA. Hoy en día el tema ha evolucionado mucho, ya se admiten
sin mayor reparo los usos medicinales de la marihuana, y esa
connotación negativa que tenía en los años ochenta no tiene razón de ser, acabará siendo legal. Hay gente que toma té de marihuana para las migrañas o para el tratamiento del cáncer. La sociedad se ha hecho un poco de lío con todo eso. Se ha
demostrado que el exceso de alcohol sí es un peligro para la salud púbica, puede causar accidentes y agresiones de violencia de
género, y nadie se atrevió nunca en España a prohibir ni a estig-
matizar el alcohol.

DANI. Aparte del cachondeo, aquellas giras nos daban también
para componer. En unas de esas surgió la canción Te dejé marchar que Luz Casal convirtió en un exitazo. Luz y nosotros compartíamos la misma oficina de management de Manolo Sánchez y
eso facilitaba este tipo de colaboraciones. Ese tema lo teníamos
desde hacía un tiempo guardado, lo íbamos a incluir en Agitar
antes de usar, pero a David le venía algo alto para su tono de
voz. Cuando Manolo nos lo pidió se lo pasamos, a ella le gustó y
fue un número uno. Durante aquella gira hice la música de una
canción que luego David completó poniéndole la letra y acabó
convirtiéndose en Esta es tu vida.

Centroamérica, el avión lechero y la «huida» de Panamá

El grupo hizo en esta gira del último trimestre de 1989 cinco
conciertos en Centroamérica, en cinco nuevos países en los

que se lanzó también su música: Honduras, Guatemala, El Salvador, Panamá y Costa Rica.

Guatemala fue la primera escala tras la exitosa e inolvidable gira mexicana. Llegaron allí después de varias vicisitudes. El avión que debía llevarles a Ciudad de Guatemala tuvo que volver a aterrizar nada más despegar porque el piloto se había llevado por delante el carrito con los equipajes que andaba por mitad de la pista de despegue, de modo que un viaje que suele durar un par de horas se convirtió en una pesada peripecia que alargó el desplazamiento casi un día entero.

Aquel avión que los llevó a recorrer y a conocer buena parte de Centroamérica era muy peculiar, era uno de esos conocidos popularmente como «lecheros», aeronaves que funcionan como si se tratara de un bus terrestre con diferentes paradas, y en cada aterrizaje bajaban y subían pasajeros. Este avión lechero los llevó con escalas a El Salvador, Honduras, Nicaragua, Costa Rica y Panamá.

La odisea del viaje a Guatemala no acabó ahí. Llegaron a Ciudad de Guatemala pero, igual que les pasó en Perú, el equipaje no apareció, ni maletas, ni instrumentos, ni nada. Tuvieron que comprarse ropa y reunirse con el promotor para intentar solucionar tanto contratiempo. Hicieron promoción en dos televisiones guatemaltecas con ropa recién comprada. Los instrumentos supuestamente estaban llegando, pero en América Latina el gerundio a veces es un futuro incierto.

La actuación de Hombres G estaba anunciada en el Estadio del Ejército. El promotor les informó de que Mecano había pasado por allí y había reunido a unas cinco mil personas, lo cual para ellos estaba bien. El precio para verlos a ellos era un poco más caro, y el hombre confesó con sinceridad que no sabía lo que se podían encontrar. Lo que se encontraron lo describió a la perfección Esquimal:

Mecano había estado y habían metido cinco mil personas. Hombres G vendió cuarenta mil entradas y lo declararon concierto de máximo riesgo. Había soldados con el gorro junglero, con granadas y con el Uzi, la metralleta israelí. El comandante me decía: «Usted no se preocupe que estos son la élite». Pues menos mal que eran la élite. Rafa salió con el mástil de la guitarra y ahí mismo las niñas lo cogieron y se lo llevaron para abajo. Me tuve que tirar literalmente sobre ellas para rescatarlo y subirlo al vehículo.*

DAVID. Había momentos en los que nos sentíamos como Indiana Jones esperando a ver cuál iba a ser la próxima aventura. En algunos de aquellos aeropuertos veías prácticamente una guerra, como en el de Managua, en Nicaragua, o en el de San Salvador, en El Salvador, que estaban llenos de tanques, helicópteros y cañones antiaéreos. Esos dos países estaban en estado de guerra y al poco de irnos lo estaría Panamá.

RAFA. Panamá fue el último destino antes de volver a Madrid. Allí nos recibieron otra vez como estrellas, con pancartas y la demás parafernalia que para nosotros ya era normal, no como la primera vez que llegamos a Lima que sí nos pilló de sorpresa. Nos dijeron que, en cuanto a música, en Panamá suele sonar todo lo que suena en la vecina Colombia, y allí nosotros lo estábamos petando, llevábamos veinticinco semanas en el número uno.

JAVI. Pudimos aprovechar el tiempo y acercarnos a ver el canal de Panamá, que es algo que impresiona bastante. Parecía que los barcos navegaban en mitad de la selva. Es impresionante ver todo el funcionamiento de las esclusas y ver in situ el prodigio de esa

---

* Javier León Herrera, *Sufre mamón, la banda sonora de nuestra juventud.*

obra de ingeniería que permite pasar de un océano a otro ahorrando una infinidad de tiempo a las embarcaciones.

DANI. Nos dijeron que la situación estaba algo tensa, que en nuestro concierto no podía ocurrir ningún tipo de incidente porque no estaba el horno para bollos. Soda Stereo había hecho algo que acabó muy mal, con la gente loca, y las autoridades habían advertido que si se producía otra movida parecida se acabarían los conciertos. Sin embargo, no tuvimos ningún problema, metimos diez mil personas aquel día en el centro de convenciones Atlapa, donde grabamos el concierto y la versión de El rey del rock and roll que usamos en el siguiente disco.

Le firmamos a Noriega, el presidente panameño, unos discos de vinilo para sus hijas y otros familiares. Nos llamó la atención que no hubieran ido ellas en persona a conocernos, pero después supimos que la familia del presidente estaba fuera porque era inminente la invasión por parte de Estados Unidos.

Al día siguiente nos advirtieron que debíamos abandonar rápido el país. Fletamos un Boeing 747 casi para nosotros solos para poder volver a tiempo a México. Allí tomamos el vuelo de regreso a España. Íbamos solos en el avión, nos pasamos a la cabina y hasta nos dejaron pilotar un rato. Armamos un cachondeo tremendo, en lugar de que las azafatas nos sirvieran a nosotros fue justo al revés.

Desde México volaron a España. La expedición llegó de regreso a Madrid vía Montreal y al llegar se enteraron de la invasión de Panamá por parte de las tropas estadounidenses, tal como recordaba el jefe de seguridad:

En Panamá nos asignaron la seguridad del presidente Manuel Antonio Noriega. Vino el jefe de seguridad al concierto con un montón de discos de las hijas del presidente para que se los firmasen. No sé por qué, pero tenía una extraña sensación, había un ambiente raro. Luego supe por qué, nos libramos por los pelos. Cuando aterrizamos en Madrid de regreso de esa gira, un par de días después, ya era casi Navidad, nos enteramos de que Estados Unidos había invadido Panamá. Nos entró un escalofrío, porque donde tocamos nosotros fue justo donde mataron al fotógrafo de *El País* Juantxu Rodríguez. Era un sitio en los bajos de un hotel donde cabía mucha gente. Lo mataron en la puerta. En ese hotel se alojaba la prensa extranjera durante aquellos días.*

Rafa volvió por Navidad al hogar familiar en el pueblo toledano de Noblejas. Le mostró a Manuela, su madre, las revistas americanas que llevaba en el equipaje para enseñarle el gran éxito del grupo en América, cimentado sobre todo en el valor de la amistad:

> Mis mejores amigos son todos estos —dijo [David] señalando a los demás Hombres G—. No hago ninguna distinción, igual que ellos tampoco la tienen para con los demás. Somos como una familia, nosotros y todo el equipo de gente que nos acompaña, somos una especie de ejemplo para los demás grupos de rock que tienen problemas o envidias. Van cinco años de mucho éxito en los que nos hemos llevado demasiado bien, nos queremos mucho. Nunca hemos tenido un problema gordo.**

* Estados Unidos invadió Panamá el 20 de diciembre de 1989, y el fotoperiodista Juantxu Rodríguez fue abatido por los disparos de un soldado estadounidense el 21 de diciembre de ese mismo año.

** *Eres.*

13

¿Por qué queremos aparentar tanta frialdad?

Hay algo aquí lleno de odio,
hay algo que funciona mal
y entre tú y yo
es posible que también haya algo que cambiar.

DANIEL MEZQUITA / DAVID SUMMERS,
Esta es tu vida

En la doble página anterior: Hombres G durante una entrevista para MTV realizada con motivo de su visita a Puerto Rico a principio de los noventa.

La evolución iniciada en 1989 encontró su plenitud en 1990. Rafa arrancó la década de los noventa cumpliendo treinta años, David y Javi llegaban a los veintiséis y Dani celebraría su veinticinco cumpleaños. No eran ningunos adolescentes. El guion de su vida de película entraba en un nuevo acto en el que, al margen de la culminación de la madurez musical que representa Esta es tu vida, se empezaron a producir una serie de acontecimientos de índole personal que contribuyeron sin querer al principio del fin de aquella primera, intensa y gloriosa época. El grupo que había conquistado el corazón de millones de americanos publicará su último disco del siglo XX precisamente en el año del V Centenario del Descubrimiento de América, el año de la Expo'92 y de las Olimpíadas de Barcelona'92. El pebetero olímpico se iluminó para el mundo entero con una antorcha lanzada en forma de flecha al mismo tiempo que la llama de los Hombres G se empezaba a apagar.

EL VECINDARIO DE LA FAMILIA G

El Rowland solía ser el lugar donde el grupo y sus amigos despedían el año con un gran brindis. Esta tradición simbolizaba varias cosas, pero especialmente dos. En primer lugar, que nunca perdieron el norte ni la humildad, nunca se les subió la fama a la cabeza, vistieron como siempre, actuaron con su espontaneidad habitual y alternaron con los amigos de toda la vida en el bar de siempre. Tenían dinero, ganado a pulso con su trabajo, pero eran los mismos muchachos que seis años atrás tuvieron que pedir un préstamo para poder comprar unos amplificadores.

En segundo lugar, que por encima de miembros de una banda de pop-rock que daba la bienvenida a los noventa con más de quinientos conciertos a sus espaldas, seguían siendo cuatro amigos, los mismos que un lustro atrás no tenían más ilusión que tener un disco de vinilo en la mano para enseñárselo a sus familias.

El Parque de las Avenidas era testigo de todos esos brindis, aunque ninguno de ellos fuera ya vecino del barrio. A finales de 1989, David, Dani y Javi se compraron al mismo tiempo sendos chalets en la localidad de Las Rozas, en la periferia noroeste de Madrid, para lo que tuvieron que invertir veinticinco millones de las antiguas pesetas, aproximadamente unos ciento cincuenta mil euros.

Eso quería decir que, además de compartir giras y miles de kilómetros, iban a ser vecinos y vivir puerta con puerta. Esta decisión supuso una vuelta de tuerca más en su vida en común. Por un lado tenía sus ventajas: David y Dani eran vecinos pared con pared, y cuando el primero trabajaba en una canción y requería al segundo solo tenía que llamarlo. Para algunos amigos esto era un arma de doble filo, porque después de tanta convivencia y del consiguiente desgaste que ello acarreaba, con tantas horas de palizas tremendas en las furgonetas, los autobuses y los hoteles, pensaban que quizá habría sido más conveniente que se hubieran dado un espacio para descansar también de ellos mismos.

Les entregaron las llaves en el verano de 1989, pero debido a sus compromisos no pudieron mudarse hasta el siguiente año. Estrenaron década y casa nueva al mismo tiempo. En 1990 David, Javi y Dani se convirtieron en vecinos de la urbanización Las Cabañas III, y Rafa, que tardó un poco más en decidirse, acabó comprando el suyo en la urbanización Las Brisas del Burgo. En lugar de vivir puerta con puerta como el resto, estaba a escasos cien metros.

Los chalets tenían trescientos metros habitables, un pequeño jardín y garaje. Podrían haber optado por algo más lujoso, pero a pesar de que habían ganado mucho dinero no eran dados a los caprichos y la ostentación. David se había comprado un Porsche porque era uno de los sueños de su vida, y Javi una moto Honda de gran cilindrada que era su propia ilusión, como buen motero aficionado a acudir a las concentraciones y a salir de ruta.

Dani fue el primero en instalarse definitivamente en el verano de 1990, lo cual facilitó sus desplazamientos a los cercanos estudios Kirios durante la grabación de *Esta es tu vida*. Hizo planes de boda con su novia Elena y fue colocando con gran ilusión todas las piezas de artesanía que había ido adquiriendo en los viajes de las giras para decorar su nuevo hogar. Sería el primero en dar el importante paso de casarse y formar su propia familia. Contrajo matrimonio el 7 de septiembre de 1990 en la iglesia de Navacerrada. Toda la familia G al completo se dio cita aquel día. Avanzada la madrugada y bastante achispados, los cuatro se subieron a un escenario e interpretaron *Te quiero*. Justo un año después, en septiembre de 1991, Javi siguió sus pasos y se casó en la iglesia de San Miguel de Las Rozas. El día de la boda hizo vestirse a sus compañeros con el mismo frac que él lucía. Javi fue padre de una preciosa niña, Eva.

Rafa seguía soltero y su alegría no fue por una boda, sino por un divorcio, ya que por esas fechas obtuvo la nulidad de su unión de 1984. Más adelante encontraría la estabilidad con su actual pareja, Cristina, con la que convive felizmente

y ha podido celebrar las bodas de plata después de veinticinco años. Rafa es padre de dos hijos varones, Rafael y Gabriel.

David se casó con Marta Madruga el 18 de enero de 1992
en el colegio Nuestra Señora de El Pilar de Madrid. El 8 de
marzo del año 2000 fue padre de dos mellizos, su hijo Daniel
Summers, que sigue sus pasos como compositor y músico, y
su hija Lucía.

Con el paso de los años, Dani, Javi y David se divorcia-
ron y rehicieron su vida sentimental junto a sus actuales parejas. Javi fue el primero que lo hizo, encontró la felicidad y
la estabilidad al lado de María José desde que empezaron su
relación en 1994. David encontró de nuevo el amor al lado
de Christine y Dani se volvió a casar con Andrea en el verano de 2019; allí estuvieron de nuevo reunidos los amigos de
toda la vida. Fue un entrañable reencuentro recordando viejos tiempos. Dani es un orgulloso padre de tres hijos, Pablo y
Lucía de su primer matrimonio, y Manuela, una hermosa
niña fruto de la unión con su actual esposa, Andrea.

TODOS PARA UNO Y UNO PARA TODOS

David Summers concedió una entrevista en su nueva casa de
Las Rozas para la que posó en una habitación sin amueblar.
Destacaba el valor de la humildad y la amistad como cimientos de un lustro de éxitos de Hombres G. Quisiera o no, era
el principal objetivo de las fans y de la prensa, y como consecuencia de ello empezó a serlo también de los ejecutivos, que
vislumbraban una carrera en solitario.

Como vocalista y compositor, mucha gente veía en él un
liderazgo que él mismo ha rechazado siempre. En su libro
Hoy me he levantado dando un salto mortal explicaba por qué
odia la palabra «líder» y huye de ella, destacando cada una de
las cualidades de sus amigos y compañeros de grupo como

partes de un todo indivisible. Hombres G es un paradigma de trabajo en equipo, cuatro mosqueteros del pop-rock que han enarbolado siempre en su escudo el lema de la famosa novela de Alejandro Dumas: «Todos para uno y uno para todos».

DAVID. Probablemente mucha gente me ve así porque he marcado de algún modo la manera en la que debíamos ser o presentarnos en un escenario cuidando todos los detalles, pero jamás lo hice de manera consciente o impositiva, nosotros hemos sido una piña siempre, y al margen de quién propusiera las cosas, las decisiones se tomaban y se toman en conjunto. Yo no me siento líder, somos amigos. Tenemos roles con distintas responsabilidades, lo que yo llamaba jerarquía entre iguales.

Mucha gente me sigue preguntando cómo después de tantos años seguimos juntos y cuál es la clave del éxito. Respondo siempre lo mismo: la amistad, la falta de egos y las canciones. Siempre he creído que las canciones son más importantes que los artistas, Only you es más importante que los Platters, y tener unos cuantos «only you» en tu vida profesional es para decir que tenemos en nuestras manos algo que afecta mucho al corazón de las personas y que debemos ser conscientes de ello para nunca perder ese poder.

Nosotros hacíamos canciones para divertirnos, para tocar en el bar de un amigo, y ves que esas canciones han llegado a rincones del planeta a los que nunca pensamos que iban a llegar. Es nuestro único patrimonio, tenemos muchas canciones muy bonitas, cuando llegas a acumular veinte canciones inmortales a lo largo de tu trayectoria en los años que quieras, de esas que no las cantas en un concierto y la gente se caga en tu puta madre, con esos veinte grandes clásicos tienes una carrera profesional. Con eso vas a triunfar, aunque metas otras nuevas, funcionen como funcionen, metiendo estas en el repertorio vas a triunfar.

Yo he ido marcando inconscientemente un poco ese concepto de apostar por las canciones bonitas y la sencillez, pero nunca

hemos tenido un mal rollo en el sentido de que ni yo ni nadie ha-
yamos querido tener un mayor afán de protagonismo ni nada de
eso. Somos amigos de verdad, y el valor de la amistad ha demos-
trado durante todos estos años estar por encima de cualquier ego,
cualquier envidia y cualquier otro interés. El grupo entiende los
roles de cada cual y todo eso nos beneficia.

David Summers habló del ensamblaje perfecto que existe en la banda cuando publicó en 2017 su ópera prima como escritor:

> Dani es el guitarrista rítmico del grupo, pero de puertas adentro ha tenido siempre una actuación más de discográfica, más organizada, más de marketing. Le encanta planificar y organizar, y eso nos permite cuadrarnos mucho y tener un inicio y un final de proyecto, por ejemplo, en la grabación de un disco. Javi es el Ringo del grupo. Quien siga a los Beatles un mínimo sabe que Ringo es un tío divertido, necesario para el grupo, fundamental, guasón y con mucha personalidad. [...] Javi es el tío cachondo, el batería loco, el mejor actor de los cuatro. [...]
>
> Rafa es nuestro guitarra solista. Su rol está claro; le da una vena más rockera y nos aporta esa humanidad tan grande que tiene, ese «todo está bien», siempre está conforme, siempre está feliz. [...]
>
> Yo soy el que hace las canciones, siempre he entendido que mi trabajo es hacer que la gente se lo pase de puta madre. Y no soy un *entertainer*, pero salgo al escenario y sé qué es lo que tengo que hacer, me transformo completamente, soy feliz y me pongo a hacer el gilipollas. En mi vida personal, busco los bares vacíos, las playas desiertas, el silencio, tengo un sentido del ridículo enorme. [...] Tenemos una relación basada en la confianza y ese es nuestro principal rasgo. Ese es el valor que

define la personalidad de Hombres G. Nos queremos y nos respetamos.*

EL DISCO BLANCO DE HOMBRES G

A The Beatles les sucedió algo parecido. En noviembre de 1968 publicaron su décimo disco de estudio, un doble álbum con canciones compuestas en su mayoría en la India titulado *The Beatles*, producido por George Martin, Chris Thomas, John Lennon y Paul McCartney. Un doble disco que sería conocido como el *white album* por parte de los seguidores del cuarteto de Liverpool debido a la sencillez de su carátula, blanca, sin una sola imagen ni más palabras que el nombre del grupo.

Desoyeron los consejos de Martin de eliminar las canciones más flojas y publicar un solo disco. Querían ser ellos mismos e hicieron lo que quisieron. La producción del disco estuvo rodeada de conflictos y acabó por convertirse en un icono de la madurez de la banda, ya cercana a la separación que tendría lugar dos años después.

El contraste entre la portada del disco blanco y la de su predecesor, *Sgt. Pepper's Lonely Hearts Club*, es tan notorio como el que hay entre la portada de la escena de *El profesor chiflado* de Hombres G y la de *Esta es tu vida*, con un gran fondo blanco solo adornado por el dibujo del ya desaparecido escultor y dibujante gallego Francisco Otero Besteiro, otro genio indiscutible y mejor amigo de Manuel Summers. Representa las cosas buenas y malas de la vida, y es en su conjunto una alegoría que pretende apoyar el mensaje pacifista del álbum.

---

* David Summers, *Hoy me he levantado dando un salto mortal*.

Desoyeron cualquier consejo comercial, a pesar de saber que el disco podría desubicar a muchos fans y no lograr las altas ventas de los anteriores, pero aun así hicieron el disco que querían hacer, «el discazo». Es el disco blanco de Hombres G y, al igual que sucedió con The Beatles, dos años después de su publicación se separarían.

Esta es tu vida era una continuación lógica en la declaración de intenciones del disco anterior. David Summers regresó a Madrid después de compartir como todos los años unos días con su madre en su refugio de Huelva, donde empezó a componer en función de las ideas que el grupo tenía para el nuevo disco. Llegaron a acumular un total de cuarenta nuevas canciones, entre las que tuvieron que hacer una exhaustiva selección.

Habían decidido tomarse un largo respiro, no girar en 1990 y planificar todo el trabajo de cara al segundo semestre del año. La única excepción la hicieron el 7 de marzo para tocar en un país en el que todavía no se habían estrenado en directo a pesar de tener una gran popularidad y un mercado interesante. De ese modo, aceptaron la invitación para participar en Puerto Rico en un evento llamado Encuentro Cumbre de Rock en Español en el que también estuvo La Unión, el grupo brasileño Roupa Nova y el argentino Charly García, quien solo pudo cantar tres temas por culpa de la lluvia que obligó a parar el festival.

El evento se celebró en un enorme estadio de béisbol en San Juan lleno hasta la bandera. Los vídeos que las televisiones realizaron a las afueras con testimonios de los asistentes no dejaban lugar a dudas de cuál era el grupo favorito. Todos respondieron: «Hombres G».

«En Puerto Rico fue un triunfo acojonante, era la primera vez que iban y arrasaron», recordaba Antonio Rodríguez.

Quisieron darse el tiempo para respirar, reflexionar, componer y programar. Es el primer disco que cuenta con todo ese tiempo para su producción y que se programa con vistas al otoño, huyendo por vez primera intencionadamente de la época estival. El presupuesto fue el mayor de todos, dieciocho millones de pesetas, unos ciento ocho mil euros.

El disco se grabó durante el verano de 1990, entre los meses de junio y agosto, en Madrid (Estudios Kirios, TRAK y Torres Sonido) y Londres (AIR Studios y CTS Studios). Se publicó a finales del verano. Contaron con colaboraciones muy especiales, como las del genial Antonio Vega (Nacha Pop), Mikel Erentxun, otro mago del pop y mitad de Duncan Dhu, o Fernando Illán (Rico).

Nigel Walker fue el productor, tras el excelente resultado de su trabajo en el disco anterior. Los Hombres G aparecieron como productores junto al saxofonista Juan Muro. La experiencia de *Voy a pasármelo bien* animó al grupo a perseverar en tareas de producción.

El vinilo contenía once canciones que en la versión CD se elevaron a catorce, al incluir las usadas para la cara B de los sencillos, que fueron *Esta es tu vida,* donde Dani y David comparten una vez más los créditos, *Rita, Estoy pintando tu sonrisa* y *La primavera,* un precioso tema con un arranque acústico para describir los olores primaverales.

Elegir el tema que daba nombre al álbum como primer sencillo fue un acto de valentía y personalidad. Era el menos comercial de los cuatro. Es un alegato pacifista y una dura crítica existencialista escrito en un contexto de grandes acontecimientos a nivel mundial, como la caída del muro de Berlín, la de Ceaucescu en Rumanía, los sucesos de la plaza de Tiananmén en Pekín y el principio del fin de la Unión Soviética.

La historia rugía, vertiendo sangre por medio planeta, y los Hombres G no quisieron quedarse al margen. Tenían algo que decir. El vídeo que realizó Manolo Summers es impactante, y hasta la fecha se proyecta en sus giras mientras suena la canción. Usa imágenes crueles para mostrar toda la crudeza que la letra invoca. En el vídeo hay una imagen de David de niño que rompe a llorar ante la maldad que impera por el mundo.

DAVID. Nosotros quisimos hacer como cuando los Beatles graba-ron el disco blanco, quisimos hacer un disco con dos cojones, muy especial, muy distinto a lo que habíamos hecho antes. Queríamos decirle a la gente que éramos capaces de hacer eso también si nos daba la gana, no estábamos encarcelados en los polvos pica-pica y las chicas cocodrilo. Si queríamos hacer un tema como Esta es tu vida *lo podíamos hacer, y de hecho lo hicimos. Impusimos nuestro deseo vital de hacerlo, de desarrollarnos como músicos y como personas, era lo que nos pedía el cuerpo y el alma. No pensába-mos en las circunstancias que pudieran presentarse en un futuro.*

Con él alcanzamos nuestra madurez musical, con letras más trascendentales y de mayor compromiso social, hablando de co-sas como la violencia en el planeta, una reflexión sobre la maldad y la frialdad entre los seres humanos que confirma una letra que rompe por completo con la mayoría de los que habían sido nues-tros éxitos.

Lo que ocurrió es que la gente no esperaba de Hombres G un disco tan denso, con tanta información, orquesta, letras más difíci-les. A la gente le costó entender que queríamos abrirnos, como ahora, que vemos la música como un océano enorme en el que vas encontrando tesoros; así es como tiene que ser la visión espa-cial de tu trabajo. No puedes decir: «Voy a hacer un rock'n'roll y no me saques del rock'n'roll»; no, yo quiero hacer lo que me dé la gana. Cada año nos sentimos de una manera y cada año nos expresamos musicalmente de una manera. Es lo que hay que ha-

cer. *En la elaboración de aquel disco hubo muchos estados de ánimo, porque nos tomamos más tiempo que nunca. Entre la composición de unas canciones y otras hubo un año de diferencia, temas que tardaron semanas en estar listos y otros que salieron en cinco minutos.*

JAVI. *Los cuatro estábamos de acuerdo en lo que queríamos hacer y lo hicimos. Si el quinto disco había sido un paso adelante este fue una zancada y la dimos a gusto. Las canciones salieron mejor del estudio a como habían entrado después de ensayarlas, todo lo contrario de lo que nos pasaba la mayoría de las veces. En el sexto trabajo nos centramos mucho en el disco. Lo curramos mucho con Juanito Muro y los productores, con unas maquetas de puta madre. De todo lo que habíamos hecho, era el que más podíamos llamar álbum ligado como parte de una unidad. Fue un gran disco y tenía grandes canciones, a mí me encanta la de* Tengo hambre, *que se refiere al apetito sexual, y* No grites mi nombre, *un temazo que le salió a David ahí mismo, en el estudio.*

Los nuevos tiempos dejaban al vinilo herido de muerte en favor del CD, de la misma manera que en el siglo XXI la música digital daría la puntilla al formato físico. Los Hombres G debutaron con *Esta es tu vida* en el formato del CD como disco original, lo cual permitió ampliar a catorce los temas del álbum, tres más que la versión elepé.

El rey del rock and roll fue grabado en directo el año anterior en Panamá. Completan la cara A *En la arena, Solo al llover,* tema compuesto entre David y Rafa, y *No grites mi nombre,* una postrera alusión a la que con el tiempo acabó por convertirse en esposa del tipo del Ford Fiesta blanco. La cara B del vinilo la completan *Tengo hambre, Si alguna vez* y *El tiempo no es mi amigo,* un rock de tintes nostálgicos donde se detienen por primera vez a reflexionar sobre el paso del tiempo. El CD añade el *Siempre huele a gasolina* salido del *road trip* de la gira mexicana, *Voy a hablar con él* y *Esta es tu vida II*, que es la versión instrumental del primer sencillo.

Fue el primer trabajo en el que Paco Martín no apareció por ningún lado. Su desvinculación de la banda fue definitiva debido a que poco después de publicarse *Voy a pasármelo bien* se desligó completamente del Grupo DRO, al que un año antes había vendido el sello Twins.

Los Hombres G crearon su propia editorial musical, Ediciones Mundo Naranja S.L., a partir de entonces titular de las canciones del grupo. La presentación ante los medios de comunicación nacionales del nuevo disco tuvo lugar en otoño.

El disco se estancó. Las ciento cincuenta mil copias eran unas ventas que en términos absolutos eran muy buenas en España, pero en términos relativos no. Comparadas con los trabajos anteriores suponían un notable descenso; solo respecto a *Voy a pasármelo bien* había vendido siete veces menos. La promoción en América incluyó por primera vez Estados Unidos, con la vista puesta en el importante mercado en español de dicho país. Las críticas fueron en líneas generales positivas.

La música del nuevo disco de Hombres G irrumpe en el silencio previo con una energía desusada para lanzar uno de sus textos mejor hilvanados y más comprometidos, con el que culminan el proceso de madurez iniciado en su disco anterior.*

Un disco que demuestra la madurez de una de nuestras bandas más veteranas. Con un sorprendente rock con arreglos de cuerda y metal que dejan tumbado a cualquiera. Una banda renovada con un sonido veterano. Enhorabuena.**

* *Ya.*
** *El Sol.*

El grupo despliega unas alas desconocidas en ellos hasta ahora, con música más enérgica, más rockera y más dura que hasta ahora. Continúan las composiciones de este LP con sus pasos seguros, sorprendentes y de calidad.*

Con este LP, el grupo que levantó el fenómeno de fans a cotas supersónicas se muestra musicalmente maduro, reposado. Es como si de alguna manera hubieran hecho un viaje al interior de sí mismos y hubieran explosionado con un sinfín de matices, de registros, de palabras, que nunca antes habían dicho, pero que tenían necesidad de decir. El álbum respira tranquilidad. Se nota especialmente que se ha trabajado sin prisas, sin nervios, intentando dar un producto terminado que tuviera un sentido en su conjunto.**

DAVID. No sé si logramos los niveles musicales esperados en aquel disco, adaptarse a los elementos sinfónicos no es fácil, por eso felicito de paso a los compañeros que han hecho obras maestras apoyándose en orquestas, como Los Secretos, por ejemplo. Nos dimos el lujo de volver a grabar con Gavyn Wright, el líder de la sección de cuerda de la Orquesta Sinfónica de Londres, canciones como El tiempo no es mi amigo *y* Esta es tu vida. *Esta canción no ha perdido vigencia, sigue siendo una de las habituales de nuestros conciertos, nos recuerda que por desgracia seguimos en un mundo demasiado hostil.*

Respecto a la grabación de las cuerdas, Juan y Medio narró un curioso episodio en el que a punto estuvieron de ser víctimas de un timo:

* *ABC.*
** *Superteen.*

Queríamos hacer la cuerda en los países del este de
Europa porque había un cuerpo del ejército checoslovaco
que tenía un estudio de grabación en Bratislava. Habíamos
escuchado un demo de una cuerda que nos habían enviado de allí y sonaba extraordinaria. Fuimos con Juanito
Muro, que era el arreglista y fue quien lo propuso. No sabemos que pasó, esos señores debían de tener algún tipo
de contencioso porque nos querían dejar tirados, nos trataron fatal. Nos exigían todo el pago por adelantado y a mí
me dio muy mala espina. No dije nada, llegué al hotel, nos
acostamos, me levanté el primero, pagué todas las cuentas
a un recepcionista somnoliento que no sospechó nada y
les desperté a todos a las cuatro de la mañana. Me preguntaba David si íbamos a grabar o qué coño pasaba. Les dije
que ni grabar ni nada, que íbamos a escaparnos de allí
rumbo a Viena echando leches por la frontera de Checos-
lovaquia.

Cuando estuvimos en Austria les expliqué que estaba
convencido de que esa gente se iba a quedar con el dinero
y no nos iban a dejar grabar. Entonces decidimos volver a
Madrid, pusimos una queja en la compañía y organizamos
todo para grabarla en Londres con Gavyn Wright, quien
estaba al frente de la sección de cuerda que había tocado
con los Beatles, un tío genial que iba descalzo y que tocaba
la cuerda en plan de maestros de pelo blanco. Te quedabas
muerto viéndolo y sabiendo que ese tipo había tocado con
Paul McCartney.*

* Javier León Herrera, *Sufre mamón, la banda sonora de nuestra ju-*
ventud.

EL LADO MÁS HUMANO

A pesar de su apretada agenda, siempre estuvieron dispuestos a ayudar en acciones de tipo humanitario, como en el caso de una fan muy especial de Toledo. El padre se había dirigido a las oficinas de Twins con una petición para su hija, enferma de cáncer y con poca esperanza de vida, cuya ilusión era conocer a sus grandes ídolos. La niña se desplazaba todos los días desde Toledo a Madrid para recibir tratamiento. La única condición que pusieron ellos fue la discreción, no querían prensa ni publicidad en este tipo de gestos. Le compraron un osito de peluche y la citaron con su padre en la sede de la compañía discográfica. Pasaron un buen rato acompañándola y, a pesar de la huella de la enfermedad, ella vivió unos momentos de felicidad que no tenían precio. Se animó incluso a cantar una canción con ellos. Poco después, en mitad de la gira por España en 1989, se enteraron por Juan y Medio de que había fallecido. Juan acompañó a la familia en el entierro y llevó personalmente las condolencias del grupo entero. «No fue un hecho aislado», recordaba en su día el popular presentador, que dio un testimonio muy parecido al de Esquimal a la hora de hablar del trato que dispensaban al resto del equipo de trabajo:

> Hubo muchos más casos de padres con hijos enfermos que se dirigían a nosotros y ellos siempre estaban dispuestos, con la única condición de que no trascendiese a los medios. Hay otra cosa que me gustaría destacar, porque se lo merecen y porque he tratado a muchísimos grupos y artistas y es algo que ni mucho menos todo el mundo hace. Me mal acostumbraron a tener un trato educado, a comer todos en el mismo sitio, a dormir todos en el mismo hotel. Les costaba mucho dinero el hecho de que viajara todo el mundo igual que ellos, pero lo exigían y se lo

quitaban de sus emolumentos. Cualquier técnico era uno más del grupo. Si teníamos día libre todos, íbamos todos juntos a los mercadillos. Así es como se hace piña y así lograron convertir a un grupo profesional en una familia, por eso no se me hizo nada raro que cuando regresaron fueran a buscarlos a todos.*

Mientras grababan el disco de *Esta es tu vida* los padres de la niña de Toledo se acercaron a los estudios Kirios en Madrid para agradecerles lo que habían hecho por su hija y les regalaron una espada toledana a cada uno con su nombre grabado en señal de agradecimiento. Quisieron dedicar el disco a la memoria de Ángeles, un hermoso nombre para otro ángel en el cielo.

En ángel precisamente se convertiría Rafa en el mes de diciembre, cuando fueron reclamados para una emisión especial navideña del programa *Rockopop*, presentado por Beatriz Pécker, que recordaba con cariño aquel día:

En el programa, cualquier favor que les pedimos nos lo hicieron. Si los llamábamos para un programa especial o si les pedíamos que se colgaran de un arnés, como hicieron en Navidad. Montamos una especie de Belén viviente, y les pedimos que ellos se convirtieran en los tres Reyes Magos y el cuarto en un ángel. David, Dani y Javi se vistieron de Reyes y al que hizo de ángel, Rafa, le colgamos encima de una recreación del gran portal de Belén en el que colaboró más gente, estaban Marta Sánchez, Cómplices y otros. Les dimos las gracias, porque no es nada raro que

---

* Documental *Los Beatles Latinos*.

cualquier otro artista en su posición no se prestara a eso. Ellos, sin embargo, estando como estaban en lo más alto, no pusieron ningún problema, con total naturalidad y sencillez se prestaron a que los disfrazáramos, subiéramos al ángel con el arnés, que tenía incluso cierto peligro porque podía caerse, y así salieron. Son encantadores, solo tengo buenas palabras, porque siempre me han parecido unas personas estupendas, sencillas y muy accesibles.*

Visite nuestros bares

El año 1990 había sido el primero desde la eclosión del grupo en el que no hubo gira, y 1991 sería el primero en el que no habría nuevo disco. Al tener más tiempo libre, cada uno aprovechó para realizar actividades por su cuenta. Javier Molina había decidido un tiempo antes invertir con su hermano Fernando y montar un bar, una idea que le rondaba por la cabeza y que pudo materializar cuando la intensidad de la agenda del grupo fue más suave. Consiguieron un local bastante espacioso en la calle Santa Hortensia, en el barrio de Prosperidad, donde inauguró el Pop'n'Roll, un lugar decorado al estilo de los Hard Rock que se convertiría en punto de referencia para muchos amigos, artistas y gente relacionada con el medio a lo largo de los años siguientes.

JAVI. Siempre tuve ganas de montar una discoteca, un pub o algo parecido, donde escuchar y tocar música. Cuando no estaba con el grupo me pasaba la vida metido en un bar, así que decidí que fuera en el mío propio. Se lo llegué a proponer a ellos

---

* Javier León Herrera, *Sufre mamón, la banda sonora de nuestra juventud.*

para entrar todos como socios, pero no lo vieron, cada uno por sus motivos, y nunca se quisieron meter, así que lo hice con mi hermano.

El bar cumplió treinta años en 2020 y por él han pasado cientos de fans a tomar un trago con la esperanza de tropezarse con alguno de sus ídolos. No fue el único que realizó inversiones en la hostelería. David Summers y Juan y Medio abrieron otro local, al que bautizaron como La Gavia, en el barrio castizo de Chamberí. Al margen de la hostelería, se involucraron como productores en proyectos de otros artistas, como el grupo Di que Sí, formación de un primo de David, Guillermo Summers. David puso la letra en cuatro canciones para un disco titulado *Sí*. Javi y Rafa produjeron a un grupo llamado Dr. Livingstone, Supongo con su álbum homónimo y el single *¡Eres más fea que un pulpo!* Más adelante aparecería *Se han apagado las luces*, otro single producido por Rafa y Juan Muro del álbum *Simplicisimus*.

RAFA. Estos dos discos los hicimos porque Luis Núñez era amigo mío, lo conocí en Cercedilla cuando yo empecé a ir a la sierra. Él tenía casa allí y nos hicimos muy amigos. Él estaba haciendo el grupo con Javi Torroja, el teclista hermano de Ana Torroja. Nos pidieron que lo produjéramos y me llevé a Javi y a Juan Muro de arreglista. Los tres somos productores de esos dos discos. Toqué la guitarra en un tema que se llama María trabaja en un bar.

EL PRINCIPIO DEL FIN

A pesar del receso en las ventas de *Esta es tu vida*, la popularidad del grupo seguía intacta, como demostraba el especial monográfico que les dedicaron en la revista *El Gran Musical* a principios de 1991, en el que se hacían eco de la promoción por Estados Unidos del año anterior y de las ganas del público español de volverlos a ver tras el paréntesis de 1990:

> Sus fans tienen tantas ganas de ver a Hombres G que estos han decidido adelantar la gira y convertirla no en una gira de verano, sino en una de primavera-verano, así que prepárate, porque en marzo Hombres G emprende un tour que va a ser apoteósico en la carrera del grupo. La más variada, madura y completa. Y no solo en España. Fuimos testigos en Los Ángeles del enorme clima que hay con Hombres G, de su altísimo grado de popularidad, confirmando lo que tú y yo sabemos: es el grupo en español que más discos vende en América, en la del centro y en la del sur, y ahora también en la del norte de habla hispana.*

En una entrevista para *El Gran Musical* ellos mismos confirmaron sus planes para 1991, con actuaciones en España en abril, mayo, julio, agosto y septiembre, y en América con una promoción en junio y conciertos en los meses de octubre y noviembre.

En abril de 1991 se lanzó en México *Esta es tu vida*, aunque el single elegido para presentar el álbum fue *Rita*. La canción no tardó mucho en auparse a los primeros puestos de las listas y el disco fue elogiado en el país azteca. *No grites mi nombre* fue el segundo sencillo. Antes de iniciar la promoción en México visitaron rápidamente Colombia y Guatemala. El 9 de junio volvieron a aterrizar en Ciudad de México tras año y medio de ausencia.

Hicieron una fuerte promo que incluyó programas como *Siempre en domingo* y *La Movida*, de nuevo con Verónica Castro, que en un tono muy distendido le preguntó a David que

---

* Joaquín Luqui, *El Gran Musical*.

quién era esa Rita tan importante en su vida, ya que era la segunda vez que aparecía ese nombre en un tema del grupo. Esta vez no hubo censura, nadie se alarmó por el hecho de que contara la historia imaginada de una prostituta de un bar de carretera.

La actriz sacó una amplia sonrisa al vocalista, una sonrisa que se vería truncada pocos días después con una noticia que se enmarca en el principio del fin de la primera etapa de Hombres G. Tras acabar la promo en México, el grupo voló a Miami el 17 de junio. Mientras descansaba en el hotel, David recibió una llamada extraña.

DAVID. Estaba comiendo en el restaurante del hotel, recuerdo que era como un jardín de aspecto tropical típico de los de por allí, cuando de pronto escuché que había una llamada para el señor Summers. En esa época no había móviles ni nada parecido. Me levanté buscando el teléfono en el vestíbulo y cuando me puse era mi tía Carmen, la hermana de mi padre. Me dijo que no me preocupara, pero que mi padre se había sentido mal y había tenido que ir a operarse de una obstrucción intestinal, pero que ya se había operado, que había ido todo bien y que no me asustara. No me dijo qué tenía por no preocuparme. Cuando llegué a Madrid me encontré con el pastel.

Todo se nubló de repente. En la vida hay días y noticias que nunca pueden olvidarse. Son días en los que de pronto, en una décima de segundo, el sol se esconde al tiempo que un escalofrío nos sacude y sobrecoge el alma. Algo se arruga dentro de nosotros con la certeza de saber que desde ese momento ya nada será igual.

Cuando David llegó a Madrid se enteró de que la intervención de su padre del 17 de junio de 1991 fue por un cáncer y el pronóstico no era bueno. Transcurrieron dos años casi exactos desde ese día hasta su adiós. En una intervención en el programa *Tan contentos* de Consuelo Berlanga en la naciente Antena 3 Televisión, la presentadora se sorprendió cuando preguntó a David Summers cómo iba todo y él le contestó: «Regular, vengo del hospital y mi padre está un poco fastidiadillo». La periodista se quedó perpleja, ya que ignoraba la noticia, y mandó un fuerte abrazo al afamado director. El semblante del cantante hablaba por sí solo.

A partir de ese segundo semestre ya nada sería igual para David, pero el grupo siguió con su agenda. En el verano de 1991 se volvieron a echar a la carretera para una amplia gira por España, con grandes actuaciones como la del ya desaparecido Parque de Atracciones de Montjuic, en Barcelona.

En el auditorio del parque Tierno Galván de Madrid actuaron con Antonio Vega en un concierto muy completo, con un buen juego de luces y montaje escénico. Javi se tomó unos días de vacaciones en septiembre para su boda y su luna de miel, tras la cual el grupo se embarcó para nuevos conciertos en América. En el último trimestre de 1991 regresaron a Colombia con la intención de recorrer lugares llenos de encanto y volver a sentir el calor de un público entregado después de haber estado una vez más en el popular programa de televisión *El show de Jimmy*.

Las canciones de Hombres G volvieron a recorrer ciudades calurosas de la costa y llenas de historia, como Barranquilla o Cartagena de Indias; la capital de Eje Cafetero, Pereira; la conocida como la sucursal del cielo, Santiago de Cali; y la capital antioqueña, Medellín, donde tuvieron algún problema logístico. Los apartamentos en los que se iban a alojar habían sido volados por unos problemas con los narcos. Tuvieron que hospedarse en un hotel en las afueras de la ciudad adonde les llevaban y les traían a bordo de un helicóptero. En esos años, la capital paisa era una auténtica locura, azotada por la violencia del cartel de Medellín hasta la muerte de Pablo Escobar en diciembre de 1993. Nada que ver con la

ciudad actual, la más moderna, próspera y pujante de Colombia. Y por supuesto la capital, Bogotá, enclavada en plena
cordillera oriental andina.

*JAVI. Eran tiempos en los que había casi toque de queda en Co-
lombia. Apenas se podía salir, el país andaba sumido en una ola
de violencia por la guerra que Pablo Escobar había declarado al
Estado. Rafa y yo compartíamos cuarto en los hoteles y siempre
estábamos acusándonos el uno al otro de roncar. Él se quejaba de
que cuando yo salía, llegaba cantando a pecho abierto como si
fuera Pavarotti.*

*Un día sí se asustó de verdad de un pedo que me cogí en el
hotel Tequendama de Bogotá. Aquello fue surrealista, típico de la
locura de aquellos años. Hubo un contratiempo con el concierto que
teníamos que dar, de modo que lo aplazaron unos días y nos quedamos en el hotel. Una noche, no me acuerdo ni cómo fue, hice
amistad con una gente que me llevó a dar una vuelta en unos coches
todoterreno y acabé en una de las comunas del sur de la ciudad,
que son un peligro que te cagas, tomando chupitos de guaro, el
aguardiente colombiano, con chavales la mayoría menores de
edad, con pañuelos en la cabeza, armados, que decían ser sicarios.*

*Me llevaron a la chabola del jefe de todos ellos. Cuando en-
tré, el tío preguntó con cara de mala hostia que quién era yo, y los
otros, que andaban alucinando conmigo porque era el batería del
grupo, le dijeron que yo era «uno de los Hombrecitos G». El otro
dijo: «Ah... ¡es un orgullo tenerlo acá!». Me invitó a un trago, cogió el fusil y se piró, porque decía que iba a hacer un «trabajito».
Yo, borracho perdido, no hacía más que decirme que qué cojones
hacía allí y miraba a ver quién me podía llevar al hotel de regreso. Acojonante.*

*Por supuesto, al final me dieron a mí una habitación indivi-
dual para que Rafa no se muriera un día del susto y me quedé feliz y contento de que nadie me diera el coñazo.*

De regreso a España actuaron en un macroconcierto celebrado en Las Palmas de Gran Canaria a favor del referéndum en el Sáhara, la antigua colonia africana española, en el que participaron grupos como Los Secretos, La Trampa o Celtas Cortos, y solistas como Sabina, Krahe o Aute.

«NUNCA VI A UN GRUPO PASAR ASÍ DE SU DISCO»

Las Navidades de 1991 fueron muy especiales en el entorno de David Summers. La enfermedad de su padre condicionó el estado anímico y los planes personales del vocalista, que adelantó su boda al mes de enero de 1992. En medio de todas esas circunstancias tenía que pensar en el nuevo disco y componer las nuevas canciones. La respuesta del público español en 1990 les hizo dudar a la hora de afrontar el séptimo álbum, que finalmente buscó la imagen y el sonido Hombres G en estado puro, con *riffs* de guitarra contundentes y letras más directas, dejando los solos al saxo alto y la guitarra. Se aparcaron las cuerdas, se suprimió la orquesta y se echó mano de los servicios del productor Colin Fairley, quien había trabajado con Tears For Fears, Elvis Costello o Nick Lowe.

En febrero de 1992 comenzó la grabación entre Lanave Studio y Estudios TRAK de Madrid. Los arreglos corrieron por cuenta de Juan Muro y del ya desaparecido Ángel Muñoz, conocido como Maestro Reverendo. Durante la grabación trabajaron con profesionalidad en su disco, pero se echaba en falta el *feeling* habitual entre ellos. Se había extendido una aparente frialdad sin más explicación lógica que cierto hastío tras tantos años.

Colin Fairley detectó que algo fallaba cuando le dijo un día a Dani: «Es la primera vez que veo a un grupo pasar tanto de lo que se está haciendo con su disco».

DAVID. Fue un disco muy especial, con una gran producción y emociones contrapuestas. Personalmente, a pesar de no pasar por mi mejor momento anímico, estaba muy mal por lo de mi padre, sí recuerdo haber estado al pie del cañón, como siempre; trabajé mucho en la producción y en las canciones, pero bueno, alguna razón tendría Colin para tener esa percepción. Lo que sí es verdad es que perdimos la capacidad de sorprender y nuestra esencia, y el público no lo entendió muy bien.

El orgullo de mamá se cuestionó también en México por la letra. Confiábamos mucho en esa canción porque era una letra que se salía de lo habitual. Se prestaba a la polémica, podría ser un poco ofensiva, pero si alguien se sentía aludido era su problema. El resto son muchas canciones de amor, Te echo de menos es como una carta de amor a la novia cuando te encuentras lejos de ella y te sientes deprimido. Las canciones no eran malas, pero nosotros no estábamos bien, sobre todo yo.

Un minuto nada más abriría el repertorio del CD *Historia del bikini* y fue elegida como sencillo. Le seguiría *Esto es el mar, Encima de ti, El orgullo de mamá, Tormenta contigo, El otro lado, Ella es una mujer, Los dos hemos caído, Si tú quieres, Blues del camarero* y *Te echo de menos. El orgullo de mamá* y el *Blues del camarero*, esta última en la voz de Javi Molina, son las dos piezas que se desmarcan del lirismo de su autor. La última es un homenaje a los camareros en general y al recién estrenado Pop'n'Roll en particular.

Para el diseño de la portada volvieron a los orígenes inspirados en el cine. Ellos concibieron la idea y F. J. Moragrega la diseñó a partir de imágenes de varias actrices del Hollywood de los años cuarenta tomadas del libro *The Bikini*, de Pedro Silmon. Para la portada se usó una fotografía perteneciente a la famosa colección de John Kobal.

En abril, las once canciones estaban listas para poner fecha al lanzamiento del disco, que sería presentado a los medios de comunicación el 20 de mayo de 1992 en un evento en el que se dieron cita compañeros del medio como un ya conocido Alejandro Sanz o el grupo Terapia Nacional. Alejandro acabó de copas con Rafa aquella noche.

El disco salió con una preventa superior a las cincuenta mil copias que lo hicieron disco de oro de partida, pero no llegaría a disco de platino, estancándose en las ochenta mil copias en España, el primero de los siete discos del grupo que no lo lograba. En ello influyó el desdén y la desgana que les llevó a rechazar buena parte de las convocatorias de prensa. La promoción fue pobre porque no querían acudir a la radio ni a la televisión. Esta ausencia fue cada vez mayor y generó los primeros rumores sobre una posible separación del grupo.

RAFA. La foto de la portada no tiene nada que ver con el contenido del disco. Llegamos a la conclusión de que las primeras portadas fueron originales y divertidas, transmitían buen humor y quisimos repetir eso, el problema era que nosotros no teníamos ese buen humor, estábamos aburridos, saturados y desmotivados.

EL ÚLTIMO BAILE

El año 1992 fue un gran año para Sevilla, pero fue muy triste para un sevillano ilustre. Tras la segunda operación a la que fue sometido, los médicos diagnosticaron que a Manuel Summers le quedaba como máximo un año de vida. «La enfermedad de Manolo influyó mucho en el final de Hombres G», recordaba Luis Vaquero al evocar la figura de aquel gran hombre de cuya amistad presumía:

> Nunca olvidaré una comida muy cargada de sentimientos con los chicos. Fue en la entrega de uno de sus

discos de platino, disco que poseo con todo orgullo. Creo que regalaron un par de ellos por amistad y uno me lo entregaron a mí. En aquella comida estuvo Manolo, fue poco antes de que partiera. Fue una comida muy emotiva. No cabe ninguna duda de que todo este triste eclipse de la vida de Manolo coincide con las horas bajas del grupo e influye de manera determinante en su separación. El nuevo y último disco que sacaron dejó claro que no eran los de siempre, faltaba ese impulso y esa vitalidad tan características de ellos.

La última gira y la producción del séptimo disco estuvieron marcados por aquella carga emocional. La gira de 1992 reflejó en directo todo lo que estaba pasando. El cansancio empezó a hacer mella, se echaba en falta la chispa de años anteriores. Hubo una excepción: el concierto que ofrecieron el 18 de junio en Sevilla con motivo de la Expo'92. La magnitud del evento, unido en el caso de David a que era la tierra de su padre, les inspiró para recuperar esa ilusión y esa energía que siempre les había caracterizado y que el hastío estaba consumiendo.

Aquella noche interpretaron por primera y única vez el tema *Te dejé marchar.* Era toda una señal, estaban dejando marchar al grupo. Después de aquel concierto vinieron los de Badajoz, Marbella, A Coruña, Valladolid, Barcelona y el del punto final, el 7 de noviembre de 1992 en Santa Coloma de Gramanet, un concierto al que asistió Loquillo, que luego se fue con Rafa a tomar unas copas. Fue el último concierto de la primera etapa del grupo, el último baile del siglo XX para Hombres G.

A finales de 1992 se lanzó en México *Historia del bikini* con *Un minuto nada más* como primer sencillo. El CD desplazó al vinilo, material en el que se imprimieron muy pocas copias. Los fans les esperaban para la visita promocional, pero ignoraban una circunstancia añadida al mal momento anímico de la banda.

La compañía que distribuía sus discos en América era Sony Music, que adquirió CBS en 1988. Sony tuvo conocimiento en 1992 de que estaba por cerrarse la adquisición del Grupo DRO por parte de Warner Music, operación que fue anunciada públicamente en los primeros días de enero de 1993, por lo que se generó un conflicto de intereses que acabó con el boicot de Sony a la promoción del disco.

Antes de perder los derechos de distribución, Sony Music puso en el mercado en 1992 otro CD recopilatorio titulado *Los mejores éxitos de Hombres G* con una foto de 1987 en Nueva York en la portada. La espera de los fans mexicanos duró exactamente diez años, el avión que debía llevarles a su grupo en 1992 acabó aterrizando en 2002.

14

Separados

Hay mucha gente en mi pasado.
Recuerdo lugares en los que he estado.
Sonrisas hipócritas y besos de amor
llevo enredados en mi corazón.

DAVID SUMMERS,
Esto es el mar

En la doble página anterior: David Summers en uno de sus numerosos conciertos en solitario durante los años noventa.

Los acontecimientos que se irán sucediendo a partir de 1993 consumarán la pausa indefinida de Hombres G. Sin una decisión explícita, con el mismo efecto de un silencio administrativo, el final de la primera etapa acabará imponiéndose poco a poco de manera implícita entre los cuatro amigos, consumando así la separación aunque nadie pronunciase jamás la palabra. El modo «pausa» por unos meses acabó siendo un descanso de diez años. Cada quien siguió con su vida por separado y David Summers se lanzó como solista de la mano de WEA. Sus conciertos en solitario le permitieron comprobar la inmortalidad de las canciones de Hombres G. El grupo no estaba, pero se le esperaba.

EL FINAL SILENTE

El 12 de junio de 1993 Manuel Summers dijo adiós a este mundo. David amaba y apreciaba mucho a su padre y estaba muy ligado a él, como quedó patente en todas las fases de su vida y su carrera. El mismo día que se redactaba este capítulo en el aniversario de su partida, él mismo subió a sus redes una emotiva frase acompañada de un corazón y una imagen del inolvidable Summers:

27 años sin ti. Imposible olvidarte. Te quiero, papá. *

Juntos compartieron los últimos momentos entre Madrid y la casa de la playa que el cineasta poseía en La Antilla, en Huelva. La languidez del alma de David Summers no cabía en un disco de los Hombres G, pero sí pudo verse reflejada en su debut en solitario. El vocalista tenía ofertas sobre la mesa desde hacía tiempo para intentarlo por separado y comunicó a sus compañeros que ese era el momento oportuno para hacerlo.

Mientras, en México el último disco seguía su camino. En 1993 se lanzó un nuevo single con la canción *Esto es el mar*. Los planes de la banda eran darse un tiempo para que David lanzara un disco en solitario y después retomar la actividad con un disco acústico en directo en 1995, de modo que se pudieran alternar los nuevos trabajos de Hombres G con los de David Summers en solitario.

El desgaste pesó más que las buenas intenciones, cosa que quedó patente en los ensayos a finales de 1992. Ninguno estaba a gusto, daba la sensación de ser algo forzado, lejos de la ilusión de antaño. Igual que sucedía en los matrimonios, los cuatro amigos entraron en una crisis de convivencia y dudas que el mal resultado de *Historia del bikini* agravó. Hombres G había perdido la ilusión y el sentido del humor, lo que equivalía a decir que había perdido su propia esencia. La continuidad era inviable. La primera etapa de los Hombres G estaba muy cerca de su punto final, algo que Juan y Medio vio con naturalidad:

Por un lado estaba lo de David, le afectó muchísimo la enfermedad de su padre y toda aquella evolución tan dura,

* Twitter oficial Davis Summers @DavidSummersHG.

porque Manolo era un hombre claro y directo tanto para lo bueno como para lo malo. Todos lo vivimos de un modo muy intenso, pero él especialmente sufrió mucho, fue un proceso lento y doloroso. Ya tenía ofertas para hacer un disco en solitario, y en aquel estado era lógico decidir que ese era el momento. Habían sido siete años seguidos de ser íntimos amigos, de los que acababan la gira y se iban juntos con las novias de viaje, descansaban juntos, jugaban al fútbol juntos, echaban la caña de mediodía juntos, se escapaban juntos a donde fuera: tres o cuatro días conmigo a Mojácar, o a Huelva con David, o a la sierra con la familia de Dani, o ahí mismo, a Moralzarzal, con Javi y su hermano, o con Rafa y su madre. Empezaron a casarse, a tener sus propios hogares y sus propias vidas, y eso produjo un distanciamiento que se sumó al desgaste de tantos años juntos. Todo empezó a pasar factura.*

Juan Muro fue otro de los testigos de aquel desgaste que acabó por poner punto y final a la etapa de los Hombres G en el siglo XX:

Fue un cúmulo de circunstancias, del mismo modo que se habían dado una serie de factores para que se juntaran y triunfaran en 1985, en 1993 sucedió igual pero para que se separaran. Por una parte, a David lo estaban ya tocando para que dejara el grupo y se convirtiera en solista. Todo lo que pasó aquel año fue convenciéndolo para dar ese paso. Por otro lado, las ventas habían bajado en España, aquellas medias impresionantes de medio millón de discos de los cinco primeros años y el subidón de *Voy a pasármelo bien* se vinieron abajo con *Esta es tu vida* y más

---

* Javier León Herrera, *Sufre mamón, la banda sonora de nuestra juventud.*

todavía con *Historia del bikini*. Ellos intuyeron que aquello podía acabar y empezaron a distanciarse y a probar otras cosas al margen de Hombres G: Javi empezó con su bar y a Dani le estaban ofreciendo un cargo importante dentro de la compañía de discos una vez que la compró Warner Music. No hubo un momento determinado ni una decisión explícita de parar, pero la fruta cayó madura del árbol.*

RAFA. Hicimos tantas cosas que llegó un momento que aquello se estaba gastando. Empezamos a mostrar signos de agotamiento. El público que nos iba siguiendo también empezó a cambiar, habían pasado casi diez años desde que arrancamos en 1982 buscándonos la vida. Era otra generación la que venía, que curiosamente se enganchó también pero después, cuando regresamos en la segunda etapa.

En 1993 nuestro público había crecido, se había casado, como nosotros, que habíamos pasado de tener conversaciones de cachondeo y muy picantes a hablar de cosas serias y profundas; ese era el peor síntoma. Nos retiramos y nos hicimos a un lado en un proceso natural. Había que dejar paso a los que venían empujando fuerte, nosotros necesitábamos descansar. Mi sensación entonces fue que en España había cierta saturación, pero en América no, allí se quedaron como diciendo: «¿Qué ha pasado aquí?». No entendieron cuando vieron que parábamos.

JAVI. El final de la primera etapa de Hombres G lo recuerdo un poco como que nos daba igual. No fue un final anunciado, fue por dejadez. Estábamos preparando en La Nave una especie de directo que íbamos a hacer, por hacer algo diferente. Lo íbamos a hacer con poca gente y en plan acústico, para grabarlo como disco. Cuando estábamos a pocos días llegó David al local y co-

* Javier León Herrera, *Sufre mamón, la banda sonora de nuestra juventud.*

SEPARADOS   371

mentó que no lo veía, que prefería aceptar en ese momento la oferta para hacer un disco en solitario, que anímicamente le apetecía. Nos pilló en un momento que estábamos muy cansados y él estaba muy jodido con lo de su padre. Le dijimos que enhorabuena y ánimo con su carrera en solitario. Hicimos una comida con Saúl Tagarro de Warner los cuatro y nuestro mánager Manolo Sánchez para hablar de todo ello. Nos decían que era darnos un respiro y supuestamente después retomaríamos el grupo para hacer el disco. Lo que yo entendí y sentí fue que ese respiro iba a ser de muchos meses, mucho tiempo, casi para siempre. Acabó siendo no para siempre, pero sí para diez años.

DANI. Poco a poco empezamos a desaparecer de la televisión y de la radio. No hubo un comunicado oficial, sino que desaparecimos progresivamente. Estábamos muy cansados de hacer lo mismo, ir al local de ensayo, preparar un disco, grabar, hacer promoción, hacer entrevistas, fotos... Ya nos aburría. La idea era hacer un disco unplugged en directo. Lo ensayamos pero no, no lo veíamos, estábamos totalmente desmotivados. David quería probar otras cosas, le ayudé todo lo que pude durante la preparación del disco haciéndole las maquetas, que grabamos en casa. Era un aliciente para seguir, hacer algo distinto.

Fui a Londres con él durante la grabación. Empezamos a grabar a finales de enero de 1994. En esos meses me hicieron ofertas para trabajar en la industria, tenía una muy buena de PolyGram. Estando en Londres me llamó Íñigo Zabala y me dijo que ni se me ocurriera irme a otra compañía, que tenía un puesto en Warner. Fue justo acabar el disco de David y acepté la oferta de Warner para incorporarme en marzo de 1994. Yo había dicho en México en la promoción de junio del 91 que éramos el cuadrado perfecto, si uno de los cuatro llegase a faltar no habría sustituto, que preferiríamos separarnos antes que reemplazarnos. El viaje de promoción que teníamos que hacer a México en 1992 se retrasó diez años.

DAVID. No hubo un motivo concreto, fue la consecuencia lógica de la sensación de hastío que teníamos y lo que no estábamos dispuestos era a perder nuestra dignidad. En cuanto llegaron los primeros síntomas de que la cosa podía caerse preferimos dejarlo y dejar un buen sabor de boca. No recuerdo lo de parar como una decisión mía, sino como un acuerdo de todos, queríamos hacer un grandes éxitos con nuevas canciones, tipo a lo que luego hicimos con Peligrosamente juntos, pero al final nos pudo el desgaste y lo desestimamos. El tiempo fue pasando y nos fuimos distanciando. Retirarnos cuando todavía estábamos en un buen momento fue una decisión acertada e influyó positivamente para volver después con éxito.

LA VIDA SIN HOMBRES G

Los años noventa siguieron su curso con una vida nueva para los miembros del grupo, una vida sin Hombres G después de publicar siete discos de estudio y haber realizado más de seiscientos conciertos a ambos lados del Atlántico, dos películas exitosas y un sinfín de apariciones en radio, prensa y televisión.

En vista de la situación, Warner decidió ejecutar su opción de editar un recopilatorio bajo el título comercial de *Los singles* antes de lanzar el disco de David Summers en solitario. No sería un grandes éxitos cualquiera. Decía Napoleón que una retirada a tiempo es una gran victoria, y este disco iba a empezar a darle la razón al célebre emperador al lograr por sí solo mantener viva la llama de la banda mientras sus cuatro miembros hacían vidas separadas.

El disco contiene los veinte sencillos por orden cronológico de aparición: *Devuélveme a mi chica, Venezia y Dejad que las niñas se acerquen a mí* de 1985; *Marta tiene un marcapasos, El ataque de las chicas cocodrilo, Te quiero, Visite nuestro bar* y

Nassau, esta última en la versión grabada en TRAK y no la posterior que apareció en el cuarto disco en 1988; *Una mujer de bandera* y *Temblando* de 1987; *Si no te tengo a ti* y *Suéltate el pelo* de 1988; *Chico, tienes que cuidarte*, *Voy a pasármelo bien* y *Te necesito* de 1989; *Esta es tu vida*, *Estoy pintando tu sonrisa*, *Rita* y *La primavera* de 1990, y por último *Un minuto nada más* de 1992. En 2006 se editó en España otra edición de *Los singles* abarcando hasta *Todo esto es muy extraño*, incluyendo *Indiana*, que fue cara B del single *Te quiero* en 1986, en lugar de la célebre balada. En México y Estados Unidos se comercializó con el título de *Los Singles 1985-2005*.

En esos años fueron apareciendo más recopilatorios en los que se recogían canciones del grupo. Un día, Íñigo Zabala le comentó a Dani la posibilidad de hacer otro recopilatorio de baladas, al ver lo bien que estaba funcionando *Los singles*. En 1996 DRO East West puso en el mercado *Las baladas*, otra recopilación de catorce canciones que incluyó *No lloraré*, *Sin ti*, *Un par de palabras*, *Te quiero*, *Huellas en la bajamar*, *Temblando*, *Si no te tengo a ti*, *Viernes*, *Te necesito*, *Aprender a caer*, *Esta tarde*, *Si alguna vez*, *La primavera* y *Tormenta contigo*. Los discos de Hombres G no pudieron descatalogarse en esos años debido a las continuas ventas que registraban.

DANI. Cuando decidimos sacar en DRO el recopilatorio de Las baladas me acordé de una serie de dibujos muy bonitos que el padre de David había hecho en los últimos años con parafina. En uno de ellos se veía a una pareja besándose y pensé que podría funcionar para la portada. Llamé a David y se lo pedí. Me mandó el original y ese fue el que usamos.

Desde 1993 empezamos a vernos menos. Javi y yo nos mudamos de Las Rozas a Madrid, queríamos tener la vida familiar que echábamos de menos. No existió un final oficial. No fue un final triste ni acabamos tirándonos los trastos a la cabeza, pero tampoco lo hicimos bien, porque no hubo un diálogo claro de lo

que íbamos a hacer en el futuro y todo se quedó en el aire, detalles que no se cerraron, el tiempo enfrió y distanció todo.

Conforme pasó el tiempo fuimos perdiendo más contacto.
Nos alejamos en todos los sentidos, incluido el físico, pues vivíamos en zonas distintas de Madrid. Con el que más contacto man-
tuve fue con Javi. Los años de separación los pasé en Warner.
Empecé como jefe de producto a trabajar con gente como Revólver, Alejandro Sanz, Miguel Bosé, La Unión y Presuntos Implica-
dos. En 1996, gracias a mi conocimiento del inglés, DRO East
West me dio la oportunidad de llevar el tema internacional del
sello Atlantic. Trabajé editando discos de gente que no era conocida todavía, como los Corrs, Jewel y Matchbox Twenty. Al final
me nombraron director de marketing de DRO.

JAVI. Nos alejamos mucho, pasamos de años de convivir las veinticuatro horas a hablar apenas dos veces al año. Mi vida en esos
años fue mi negocio. Cada uno tenía su vida y su trabajo y se enfrió la cosa. Con quien más contacto tuve fue con Dani, más esporádicamente con Rafa, y con David ninguno a raíz de un distanciamiento que tuvimos después de separarnos. Sabía de él por lo que
veía en los medios y lo que me contaban los amigos comunes.

Me dediqué por completo a mi bar, esa era mi vida, tan a
gusto y tan feliz. Estaba muy acomodado y me daba mucha pereza moverme de ahí. Venían artistas, músicos o técnicos que acababan de llegar de una gira e iban a tomarse una copa. Conforme
me lo contaban, yo decía para mis adentros que no me daba
ninguna envidia.

El bar siempre nos ha ido muy bien, organizamos conciertos
y hubo un tiempo que toqué los jueves y los viernes con unos amigos que hicimos un grupillo que se llamaba la Pop'n'Roll Band,
pero tampoco era una batería como tal, era un set muy raro con
dos acústicas. Tenía su mérito la cosa. El bar sigue funcionando
muy bien, acabamos de cumplir treinta años y mantiene los conciertos con grupos que van pasando por ahí.

RAFA. *Yo quise seguir adelante haciendo cosas relacionadas con la música, que es mi gran pasión y mi vida. Estuve trabajando en Bell Music, la empresa de promoción de Ricardo de la Morena, e hice campañas como la de Manolo Tena o Bertín Osborne. Lo pasé genial con Bertín. También trabajé de road manager con una agencia que se llamaba Brujas Tour.*

Esos años sin el grupo exploré como músico para componer y cantar, para expresarme con la guitarra. Cuando paramos, vi que era el momento de buscar mi propia música. Siempre he compuesto y lo sigo haciendo, pero no son temas de Hombres G. Me dediqué a buscar mi punto, aunque me llevara años, no tenía prisa.

Hice proyectos con mi hermano Felipe, que había sido bajista de Tequila y para mí es uno de los mejores músicos que conozco. Cuando estuvimos separados me junté con mi amigo Ernesto. Formamos un grupo de versiones en los noventa y tocábamos en bares con los colegas. Él tenía un local de ensayo y un estudio de grabación cojonudo en Boadilla, donde empezó gente como Dover.

Le comenté que quería hacer algo, buscar mi propia identidad musical, hacer un disco mío con músicos míos, ya que era y es la única manera en la que sé disfrutar y pasármelo bien. Era mi proyecto y no tenía prisa, no me servía la gente que sí la tenía. Ernesto lo entendió y estuvimos meses trabajando mano a mano para hacer Rafa&Co., lo llamamos así porque él prefería quedar en segundo plano. Lo hice con mi hermano Felipe, y ahí canto y toco la guitarra. Lo sacamos en plan independiente como Tea Records en 1996.

Cuando Hombres G volvió y estábamos funcionando a tope, el público de Hombres G, que es muy agradecido, lo descubrió a pesar de que no lo editamos para venderlo, no se hizo promoción ni nada. Me escribían de América pidiéndomelo, y gente que lo tenía para decirme que les molaba.

Le comenté a Ernesto que deberíamos sacar algunas copias, pero él me dijo que podíamos hacer algo mejor, sacar otro, porque había maquetas con ideas y temas que se habían quedado fuera. Saqué tiempo entre gira y gira y así fue como sacamos Rafa&Co., Caso cerrado.

Saltimbankins fue otra iniciativa reciente de los últimos años que hice como grupo con unos colegas y temas míos, es un gran disco con un gran sonido y bien producido, estoy muy satisfecho con él. Hay un dueto con la mexicana Gloria Aura, la que participó en el musical, en el tema Algo más de ti. Es tu voz es una canción muy bonita que le dediqué a mi hermano Felipe, mucha gente me felicitó por ella. La canción Gamberro se la escribí a mi hijo mayor, Rafael, y la de Gabriel (Eagle fly) a mi hijo menor, Gabriel. Los dos discos están en Spotify.

El beso y el perfume

David Summers comenzó en 1994 su carrera en solitario. Publicó cuatro discos de la mano de Warner Music con el sello WEA, uno de ellos en vivo, y realizó varias giras por España y América. Su primer álbum es una joya intimista y melancólica dedicado de manera explícita a la memoria de su padre.

Íñigo Zabala y José Luis de la Peña, conocido como El Chori, bajista en su día de Los Elegantes, director general y A&R respectivamente de Warner Music, aceptaron su propuesta para el lanzamiento en solitario. Invirtió mucho tiempo en acabar de componer y perfilar los temas. Llegó a escribir treinta canciones para quedarse con las diez que conformaron *David Summers*.

Tal como sucedió con el primer disco de Hombres G, para el álbum de debut eligió su propio nombre a modo de carta de presentación. La grabación se realizó entre los meses de enero y junio de 1994 en The River Studios, Snake Ranch Studios, TRAK y Quarzo. Sandy McLelland, con la ayuda de Ross Cullum, fue el productor. Sandy había trabajado con Paul McCartney, Enya y Miguel Bosé.

Alejandro Sanz atendió la llamada de David para colaborar en la guitarra en el tema *De vuelta a casa*. En el disco queda constancia de la colaboración de Dani y del afamado músico y compositor Juan Carlos Calderón. Una bellísima canción, *El beso y el perfume,* fue la elegida como sencillo. Completaban el álbum *El mundo grita, De vuelta a casa, Quiero que tú seas para mí, Ámame dos veces, Mi amor, 2.000 kilómetros, Donde ella lloró, Todo lo que puedo decir* y *Si me dejas,* una hermosa canción que David disfrazó bajo una supuesta historia de desamor pero que en realidad compuso pensando en su padre y en su inminente partida.

El disco salió a la venta en formato CD, casete y también en vinilo; de hecho, es el único trabajo de David Summers en solitario publicado en vinilo. En 2002 Warner aprovechó la coyuntura de la reagrupación de Hombres G para poner a la venta dos ediciones especiales en formato CD, una dentro de la serie comercial denominada *Archivo* y otra edición remasterizada limitada para coleccionistas que agregaba dos temas extra en vivo grabados en la casa del propio David en 1995: *Te quiero* y *Mi amor.*

David se convirtió en un cantautor introvertido, ajeno a las fiestas y la vida pública. Su presencia en eventos era limitada, salvo cuando la ocasión lo hacía imprescindible, como en la gala de entrega de los premios de la revista *Eres* del año 1994 en el Baby Rock de Ciudad de México, en la que coincidió con Luis Miguel, quien le deseó lo mejor para su incipiente carrera en solitario y le confesó ser un gran admirador de Hombres G y de su faceta como compositor. El Sol de México le comentó que estaría encantado de poderle grabar una canción, como había hecho la famosa cantante cubana María Conchita Alonso con *Es mejor que te vayas.*

David cambió su chalet de Las Rozas por una nueva vivienda en Madrid cerca del barrio donde creció y de la zona en la que vivió su adolescencia al lado de su padre. Empezó a

ver más cine, a leer, investigar, tantear estilos, culturas musicales, a enriquecerse constantemente. Tras su primer disco,
estuvo dos años en casa sin hacer nada.

Tres años después publicó *Perdido en el espacio*, menos
melancólico que el anterior, para el cual recuperó a Nigel
Walker. Con este disco, editado en formato CD y casete, decidió concentrar sus esfuerzos en América, donde la respuesta comercial del público era mejor que en España. En una
de aquellas presentaciones ante los medios confirmó la separación que muchos daban por sentada pero que nunca
se había hecho oficial. Cuatro años de silencio del grupo y
un segundo disco en solitario del vocalista eran síntomas
obvios y la pregunta era casi obligada en su primera rueda
de prensa:

Hombres G no se acabó por ninguna pelea ni ningún
mal rollo entre nosotros, al contrario. Hombres G se acabó
por cansancio, fueron años muy duros, muy saturados de
trabajo y muy intensos. De repente nuestras vidas personales cambiaron, crecimos, maduramos, a mí hasta se me
murió mi padre, algo que supuso un palo muy duro, y
para un grupo es muy difícil la continuidad, porque son
cuatro vidas distintas, cuatro trayectorias humanas diferentes, cuatro entornos personales distintos. Todo eso es
muy difícil de coordinar, no es lo mismo que cuando se
trata de un solista, una persona sola es más fácil que continúe incluso cuando hay cambios, pero en los grupos es
más complicado. Nunca dijimos ahora vamos a parar, pero
se veía que no estábamos a gusto juntos, parecía más bien
una rutina que forzábamos.

En directo desde el Metropolitan

En América el público se mantuvo fiel y los fans le arroparon de forma incondicional hasta extremos como el de una joven de Sinaloa, Letty, que decidió trasladarse a Ciudad de México solo por estar más cerca de su ídolo, al que seguía a todas partes. Cuando estaba en Acapulco, David se enteró de que ella había ido a verle, pero estaba durmiendo en la playa porque no tenía dinero. Entonces dio instrucciones para que la alojasen en un hotel por cuenta suya.

Otro reconocido seguidor, Jorge González, se desplazó en una ocasión hasta Los Ángeles para verlo actuar en el House of Blues de Sunset Boulevard y se llevó con él al concierto al cantante Morrisey, a quien conocía personalmente, para presentárselo. El cantante británico aseguró haber salido encantado de su espectáculo y le prometió que desde entonces iba a escuchar su música con atención.

Estaba claro que si había que elegir un país para hacer realidad el viejo proyecto de un disco en vivo que no se pudo dar con el grupo en la primera etapa ese iba a ser México, que le ofreció todo su apoyo para grabar *En directo desde el Metropolitan de México DF* en 1998, editado en formato de doble CD y doble casete. Warner hizo también una edición muy codiciada por los coleccionistas de un solo CD y un solo casete con una versión de *Temblando* con instrumentos, distinta a la habitual de piano y voz. En él se alternaron sus temas en solitario con los principales éxitos de los Hombres G. Así lo describió el periodista Fernando Martín:

> David Summers llenó en la presentación de su tercer álbum en solitario *En directo desde América*, en el que se dan la mano canciones de su nueva etapa como reposado cantautor sureño junto a algunos de sus grandes éxitos al frente del grupo de su juventud que llegó a ser mítico en el pop

español de los ochenta. Rodeado de un impresionante grupo de músicos curtidos en mil aventuras, ofreció una actuación seria, llena de convicción personal y gusto por una salida adulta a su talento como compositor e intérprete. Cierto es que resultaban más divertidos los fogonazos de recuerdo del pasado, pero también lo es que a fuerza de remachar en el clavo, Summers vuelve a disfrutar del éxito masivo gracias a temas como *Te necesito* o *La luna es mía*, en los que el romanticismo y la madurez han arrinconado las travesuras del gamberrismo adolescente del que hizo gala, ese que brilló en la fase final del concierto: *Sufre mamón*, *Marta tiene un marcapasos* o la definitiva *Venezia*, que va camino de convertirse en una referencia vital de una generación.*

DAVID. Hice el directo en México porque el público mexicano me dio un calor y un cariño que yo necesitaba. Cada vez que iba me trataban como si fuera Elton John, y tenía que agradecerles a esos fans el cariño y el respeto como artista que han tenido siempre al grupo y en aquellos años a mí en particular. Tuve el honor de tocar con músicos increíbles, como Anye Bao, Juanjo Ramos, John Parsons, Ricardo Marín, Basilio Martí, Pedro Andrea, Nando González y Tino di Geraldo, a los que una vez más quiero aprovechar para agradecer públicamente los maravillosos momentos vividos juntos.

A pesar del cariño del público americano y de su éxito, no era igual girar sin sus amigos. En su primera gira en solitario, a veces algunas lágrimas se deslizaban por su mejilla en la soledad de su habitación de hotel, pero, tal como cantaba Freddie Mercury, el show debía continuar. Donde no pudo hacerlo fue en La Habana. Cuando un promotor quiso contratar a David Summers para cantar en la capital cubana nadie

---

* *El País.*

reparó en un viejo asunto, pero en cuanto enviaron los pasaportes para obtener los correspondientes visados, las autoridades cubanas encontraron el nombre de David Summers Rodríguez en la lista de personas *non gratas*. Le denegaron el visado y el show tuvo que cancelarse. Habían pasado los años, pero Fidel Castro seguía sin entender la broma de la canción de 1985.

No pudo ser en Cuba, pero sí pudo ser en el país vecino, una asignatura que se había quedado pendiente en la primera etapa de Hombres G. El propio David confesó a la prensa española su emoción por tocar en Estados Unidos cuando presentó en Madrid el disco en directo.

> Esto es para mí un sueño surrealista, porque jamás podría haber pensado en una gira por Iberoamérica y Estados Unidos con cuarenta presentaciones y las veinte mejores canciones de mi carrera, algo que todo artista del pop y del rock ambiciona. Tocar en el House of Blues puede ser muy fuerte.*

En 2000 publicó *Basado en hechos reales* con Gonzalo de las Heras como productor y una gran canción como sencillo, *Diciembre*. La prensa, todavía ajena a que algo se estaba empezando a cocer para el regreso del grupo, le preguntó si, en su día, Hombres G no había perdido el control de la situación. David fue contundente en su respuesta a los periodistas:

> Perdimos el control totalmente, creo que se hizo un mal trabajo de marketing. La industria entonces era un tanto primitiva, no había gente tan preparada como ahora di-

---

* *ABC.*

rigiendo la carrera de los artistas y nosotros hacíamos lo que queríamos, no teníamos imagen, no teníamos que ver con ningún prototipo de artista, lo decidíamos absolutamente todo. Se nos escaparon cosas, nos dejamos avasallar por gente que se acercaba solo para sacar algo. Como nos lo pasábamos bien, tragábamos con todo.

Con el nuevo disco volvió a girar por diversos países americanos en 2001 y a saborear las satisfacciones que tanto costaba arrancar en España. Óscar García Blesa, su jefe de producto en WEA, fue testigo de ello:

> Viajaba con él a conciertos y acciones promocionales y teníamos mucho tiempo libre para escucharnos el uno al otro en taxis, coches de producción, camerinos, habitaciones de hotel y aeropuertos. En mayo de 2001 hablábamos en una humeante habitación de unos modestos apartamentos en Chicago poco después de que el público que abarrotaba el House of Blues hubiese despedido en pie entre interminables aplausos la actuación de David y su solvente banda de músicos. Parecía del todo imposible explicarse cómo un artista capaz de reventar escenarios de Chicago, Anaheim o México hubiese pasado completamente inadvertido una semana antes durante una firma de discos en un centro comercial de Zaragoza.*

DAVID. *Lo de España sí me afectó mucho en el arranque de mi carrera en solitario, creía que no era justo el ninguneo al que mucha gente me sometía y que seguía proscrito, pagando el pato de los ataques de aquellos que nos vilipendiaron sistemáticamente en la primera etapa del grupo. No obstante, tenía claro que no me*

* *EfeEme.com.*

iba a rendir ni iban a mermar mi personalidad. Era una lucha desde cero y en esos momentos estaba dispuesto a no tirar la toalla y convencido de ganar ese combate. Y lo estaba empezando a ganar. Recuerdo un evento que hice en la sala Kapital que me recordó por primera vez a los tiempos de Hombres G, con la sala a reventar y gente en la puerta sin poder pasar, fue una locura y yo flipé. Veía claramente que iba a ganar ese combate cuando surgió la posibilidad de volvernos a reunir.

2002 - 2020

15
Peligrosamente juntos

Noto que mi corazón no sé, no va,
que las miradas se caen y que muere el mar.
Tú y yo tenemos que hablar
porque ya se va acabando el aire entre nosotros
y lo noto.

DAVID SUMMERS,
Lo noto

En la doble página anterior: el grupo unido de nuevo en la sesión de fotos en Madrid en el otoño de 2001 para preparar el disco de regreso *Peligrosamente juntos*. (Foto Javier Salas / Warner Music.)

El regreso de Hombres G se gestó y se consumó a lo largo de 2001. América fue la verdadera artífice del sueño del reencuentro. México fue el país que hizo de locomotora, por su fuerte demanda. El enorme éxito de Lo noto *a principios de 2002 en ese país fue instantáneo y arrastró al resto de los países americanos. El grupo aterrizó en Ciudad de México el 24 de febrero de 2002, aclamado por una multitud de fans. Era solo cuestión de tiempo que ese viejo tren, renovado con canciones nuevas y estribillos inolvidables, volviera a rodar también otra vez por las vías españolas. La banda había vuelto para quedarse y ni ellos lo sabían. Su historia en el siglo XXI empezó a escribirse en un restaurante madrileño y todavía no ha escrito su último capítulo.*

México Top 10: Luis Miguel, Madonna, Maná ¡y Hombres G!

Los discos de Hombres G no se pudieron descatalogar porque seguían funcionando. Las canciones se habían convertido en clásicos del acervo cultural. Sonaban por igual en bodas, interpretadas por bandas de salón, en fiestas populares por orquestas rurales o en discotecas de moda pinchadas a cualquier hora. Internet calentó la caldera. Los clubes de fans dispersos por países como México, Colombia, Venezuela, Ecuador, Perú y la gran comunidad latina de Estados Unidos se comunicaron entre ellos y en la red empezaron a aparecer diversas páginas y foros de Hombres G moviendo contenidos, avivando la llama y favoreciendo las ventas.

Entre esas páginas estaba *Hombresg.net*, creada en 1998 por un fan mexicano afincado en Estados Unidos, Francisco Romero, en nombre del club de fans «Seguimos locos ¿y qué?». Estaba disponible incluso para las personas que no podían acceder a un ordenador. La web se podía ver a través del servicio *WebTV*, que daba acceso a través de una consola conectada mediante un módem a la televisión. Con el tiempo acabó siendo una referencia oficiosa con apoyo explícito del grupo. Hoy en día, todo el entorno de la web que maneja Francisco Romero y las redes sociales bajo el paraguas de *Hombresg.net* que coordina Pauli Villamarín tienen carácter oficial y cuentan con el visto bueno de la banda.

DANI. En México había muchísimo movimiento en el año 2000, cuando empezaban a proliferar las páginas web y los chats, a través de los cuales los clubes de fans mexicanos se comunicaban entre sí. Eso llamó la atención en la compañía. A principios de 2001 me llamó Mariano Pérez, presidente de Warner en México, el mismo que fue presidente de DRO cuando entré a trabajar. Estaba un poco alucinado porque cada viernes se publicaba una lista de los diez discos más vendidos en México y Los singles siempre aparecían ahí, junto a los más vendedores como Luis Miguel, Madonna o Maná. Pero Mariano en realidad no quería darme unos datos que ya conocía, sino preguntarme si había alguna posibilidad de reunirnos para hacer un concierto en México.

No sabía qué responderle, sabía que no sería fácil, estábamos muy desconectados y llevaba muchos años sin tocar en

*directo, yo solo lo hacía de vez en cuando en casa. Me costa-
ba hacerme a la idea de volver a los escenarios, ya no me veía
de músico, me veía de ejecutivo y además inmerso en un ritmo
de trabajo muy fuerte, cada dos meses me iba a Londres a reuniones.*

*David estaba en su carrera en solitario, Javi tenía su vida y
había un rollo entre ellos que debían arreglar. Del que no tuve
dudas fue de Rafa, sabía que él diría que sí, porque para tocar
se apunta a un bombardeo. Le prometí a Mariano que lo iba a
intentar. Hablé primero con David en agosto, lo tengo anotado
todavía en la agenda. Aquel día tenía a Tracy Champan en Madrid. Decidimos que debíamos hablar y convocamos la comida
del Thai Garden para arreglar las cosas que se debían arreglar
y ver si nos poníamos de acuerdo, en cuyo caso tendríamos que
organizarlo todo. Cuando revisé las agendas para refrescar la
memoria me quedé un poco flipado de cómo fui capaz de llevar
mi trabajo al mismo tiempo que todo lo que significó el regreso
del grupo, hasta que en 2005 no pude más.*

LA RECONCILIACIÓN DEL JARDÍN TAILANDÉS

Dani, David, Javi y Rafa se citaron en el restaurante Thai
Garden de la calle Jorge Juan de Madrid en un lluvioso viernes 14 de septiembre de 2001. Iba a ser la primera vez después de ocho años que volverían a estar los cuatro juntos.
En esa comida se sentaron las bases del regreso.

*JAVI. Durante esos años siempre habían surgido conversaciones
argumentando que en América seguía funcionando la cosa muy
bien, pero no le daba importancia, no tenía ganas ni tiempo. El
primero que me tanteó fue Esqui con una hipotética gira por México y mi contestación fue clara: para dar un solo paso primero
tenía que resolver mi problema personal con David. Después lle-*

gó Rafa otro día al bar a decirme lo mismo con los ojos llenos de lágrimas, emocionado, hablando de lo bonito que sería volver a tocar y dar caña, pero le dije lo mismo que al Esqui. Nosotros éramos un grupo de amigos antes que músicos, y si la amistad se había dañado por algo había que repararla. Fui el que más dudó cuando se planteó el regreso, aunque Dani me animó mucho para que diera el paso.

DAVID. Cuando surgió la posibilidad de volver, yo estaba en el mejor momento de mi carrera en solitario. Fueron años en los que, a pesar de haberlo pasado de puta madre, el resultado comercial no era el esperado, pero me lo curré mucho, luché, hice mucha radio, muchos conciertos, y empezaba a recoger los frutos justo con la entrada del nuevo siglo. En 2000 y 2001 hice conciertos grandes y cosas de artista importante. Un día me dijeron que Ocesa, la empresa encargada de organizar los shows en México, estaba tanteando la posibilidad de volver a reunir al grupo y hacer una gira de reencuentro. Francamente, al principio no lo veía y dije que no. Luego hablé con Dani y acabé reconsiderándolo.

La oferta era muy buena, había una expectación enorme y si el público quería, nosotros nos debemos primero al público, que aun con el grupo disuelto seguían creando clubes de fans. Algo estaba pasando, la gente no nos había olvidado y yo lo veía en mis conciertos, en los que mezclaba canciones de Hombres G con las mías.

Lo primero que dije era que antes de hacer nada tenía que solucionar mi tema personal con Javi, con el que llevaba años sin hablarme, y una vez solucionado ver cómo podríamos armar toda la estrategia y el plan de trabajo.

Nos reunimos todos en un restaurante tailandés. Fue emotivo, nos reencontramos y nos dimos un abrazo. Javi y yo nos distanciamos cuando nos separamos por una cuestión privada que no viene al caso. Hablamos, conseguimos arreglar ese marrón que veníamos arrastrando desde entonces y antes de reanudar el grupo retomamos la amistad que teníamos desde que éramos unos críos.

DANI. Reconozco que estaba un poco nervioso, porque no sabía lo que podría pasar. Luego todo fue muy bien. Primero nos pusimos todos al día de lo que habíamos hecho con nuestras vidas en esos años, estuvimos hablando de nuestras familias y después de la posibilidad de volver. Rafa dijo que sí, David que sí pero con la condición de hacerlo bien. Javi era el más reticente, pero al final aceptó. Él y David hablaron, arreglaron lo suyo y el regreso se puso en marcha porque eran muchas más las cosas que nos habían unido en la vida que las que nos habían separado. La decisión inicial fue hacer solo México. Lo que sucedió después vino arrastrado por la fuerza de los acontecimientos.

RAFA. Aquel día me ilusioné mucho con la posibilidad de volver a hacer lo que me gusta y a ocupar mi sitio en el mundo, que es el escenario. Estaba muy cansado de los trabajos que tenía, ser road manager es uno de los trabajos más duros y más desagradecidos de la industria. Tenía muchas ganas de que la cosa funcionara, porque en esas ocupaciones no me sentía realizado y estaban mal pagadas.

Cuando empezó a gestarse el regreso lo dejé todo para centrarme en la nueva etapa de Hombres G. Estaba en Ritmo y Compás en esos momentos, ellos habían hecho una discográfica y estuve llevando la promoción de los grupos. Hice amistad con ellos y por eso fuimos allí a ensayar al principio, cuando estaban en la calle Conde de Vilches. La sensación más fuerte fue ver que cuatro amigos de toda la vida habían pasado de estar todo el tiempo juntos a llevar años casi sin verse y de nuevo estaban otra vez juntos. Era una emoción muy grande, más que lo que pudiéramos hablar en esa comida se trataba de ver lo que sen-

tíamos en nuestros corazones, fue el reencuentro de cuatro amigos más que la reagrupación de cuatro músicos.

DAVID. En aquella comida dije que si lo hacíamos era para cu-
rrarlo bien y por lo menos hacer una gira, no merecía la pena
todo el esfuerzo que había que hacer para un solo bolo o dos.
Javi era un poco reacio porque él se había acostumbrado mucho
a la vida en su bar, Dani tenía su buen curro en DRO, Rafa era
el que más animado estaba y más quería, y yo tenía mis dudas
pero estaba decidido a hacerlo. Después de hablar y hablar, de
ver pros y contras, por fin nos pusimos de acuerdo en hacer una
gira importante, dijimos que adelante y nos organizamos para
ensayar. En esos momentos no sabíamos lo que iba a suceder.

DANI. Mariano me llamó aquella misma tarde para preguntarme
qué tal. Cuando le dije que todo había ido bien Warner se puso
en marcha, fuimos viendo cómo organizábamos el disco, las fechas de la presentación, promoción y gira y todos los detalles.
Yo me pedí unas pequeñas vacaciones para poder hacer los ensayos. Mis vacaciones de Navidad de 2001 se las dediqué al
proyecto.

DAVID. Los primeros ensayos fueron desalentadores, pensé que
no seríamos capaces, estábamos muy fuera de rodaje como grupo. Lo de Javi era muy preocupante, le costaba mucho recuperar
el manejo del instrumento, hasta el punto de que si no se ponía
las pilas seriamente aquello era imposible, pero se las puso.

JAVI. Cuando nos juntamos la primera vez a ensayar en Ritmo y
Compás sí es verdad que me costó al principio, pero no era yo
solo, todos nos tuvimos que poner las pilas porque se nos notaba
mucho la falta de rodaje, ninguno estábamos para tirar cohetes
[risas]. No se podía comparar lo que había hecho en mi bar
durante algún tiempo con lo que te exiges para tocar en plan

profesional, así que me encerré en casa, ensayé mucho con una pequeña batería eléctrica que tenía hasta que recuperé el nivel. Esa batería se la regalé muchos años después a Daniel, el hijo de David, que se puso muy feliz con ella. Después hicimos unos ensayos más en serio de cara a la gira en El Dorado en Saturnino Calleja, cerca de López de Hoyos.

RAFA. Lo que sí hubo desde el primer día fue la misma chispa que cuando nos conocimos. Las canciones sonaban un poco raras, pero la química entre nosotros era buena. David y yo éramos los que estábamos más rodados. Él estaba en activo en solitario y yo no había parado de tocar en los noventa con amigos y en varios lados, había hecho mis grupos e incluso en la época que trabajaba como road manager teníamos a Los Refrescos, El Norte, Rey Lui y a veces tocaba con ellos. Javi y Dani habían estado más inactivos con el instrumento esos años, pero es como montar en bici, que no se te olvida. Si te pasas dos años sin montar al principio te cuesta engrasarla y pillar el punto, pero lo logras porque no se te ha olvidado. La magia estaba y era solo cuestión de práctica para lograrlo, como así fue.

La revista mexicana *TVyNovelas*, perteneciente al Grupo Editorial Televisa, adelantó la noticia del regreso poco después de aquella comida. Una agencia española captó el encuentro y esas imágenes sirvieron a la revista azteca para sustentar su información. En las fotos robadas se veía a David y a Javi dialogando a solas por un lado fuera del restaurante mientras Dani y Rafa esperaban un taxi en la puerta del Thai Garden. La vuelta era un hecho y la noticia se propagó rápidamente por internet, para regocijo de los foros y clubes de fans. En el último viaje que David Summers hizo a México en el otoño de 2001 confirmó el reencuentro de los Hombres G. Lo que no pudo predecir era qué pasaría después. No lo sabían ni ellos. David lo expresó de un modo muy elo-

cuente cuando se le preguntó al respecto para el documental
que se producía con motivo del regreso.

Yo particularmente vivo siempre en el presente y no
hago planes más allá de mañana. Tengo claro que 2002
es el año del reencuentro entre Hombres G y su fiel público americano y en eso tenemos puestas todas nuestras energías, en el disco y en la gira. Después no sé, a lo
mejor hacemos un disco nuevo los Hombres G, a lo mejor hago un disco en solitario, o a lo mejor no hacemos
nada, no lo sé. Pienso que lo mejor es ver que la vida
nos vaya llevando un poco y conforme nos lleve, ahí
vemos.*

LOS GÁNGSTERES ATACAN DE NUEVO

Las reuniones a lo largo del otoño de 2001 para planificar el
disco se celebraron en casa de David Summers. El disco in-
cluiría en su primera versión mexicana dos temas nuevos,
Lo noto y *En otro mundo*, además de temas como *La cagaste... Burt Lancaster*, *Mi cumpleaños* o una segunda versión
de *El tiempo no es mi amigo* que en su día fueron ideadas
para *Esta es tu vida*, en 1990, pero que finalmente no se incluyeron.

*DANI. Teníamos contrato vigente con Warner, el tercer contrato
que sustituyó al segundo que renovamos con Paco Martín en 1986
y que firmamos cuando el sello ya era de DRO. Comprendía cuatro nuevos discos originales, que fueron* Voy a pasármelo bien,
Esta es tu vida, Historia del bikini *y un cuarto que quedó pen-*

* Documental *Los Beatles Latinos.*

diente. Cuando regresamos, Warner no contó Peligrosamente *juntos como disco nuevo a pesar de llevar temas inéditos. Forma-* *lizamos un documento anexo por el cual el siguiente disco en* *directo que publicamos en 2004 sería el que daba por termina-* *do el contrato del 89. Ese documento contemplaba que en el fu-* *turo haríamos contratos por obra para sucesivos discos, tal como* *hicimos para editar* Todo esto es muy extraño *y* 10.

DAVID. Teníamos claro que para volver como Dios manda nece- *sitábamos entre otras cosas una gran canción. Había que poner-* *se en el lugar del público, lo que ellos podrían pensar. Si volvía-* *mos con una canción nueva que la gente dijera «no está mal», lo* *que equivale a decir que es una mierda, iba a ser catastrófico,* *porque los que ya nos odiaban nos iban a calificar de patéticos* *y los que nos amaban se iban a decepcionar.*

Había ejemplos de sobra de gente que había vuelto con can- *ciones mediocres y habían fracasado. La clave era regresar con* *una canción rotunda, bonita, cojonuda, con una letra que conta-* *ra una historia de puta madre. Eso provocaría que los que nos* *amaban se llevaran una gran alegría al darse cuenta de que eso* *era lo que les había gustado toda la vida y los que nos odiaban* *se quedaran a cuadros.*

Empecé a trabajar con un sentido de la responsabilidad *enorme buscando esa canción. Componía, analizaba lo que ha-* *bía hecho y si me decía a mí mismo: «No está mal», se iba a la* *mierda y la desechaba. Así una y otra vez hasta que diera con* *la canción que buscaba, necesitaba solo una. Me pasé más de* *un mes tirando canciones a la papelera hasta que salió* Lo noto. *Esa era la canción.* Lo noto *me llevó mucho trabajo a pesar de* *ser una canción sencilla con sus estrofas, su estribillo, sus riffs y* *sus trompetas. Al principio tenía más partes, tenía una parte C,* *más variaciones. La grabé en una maqueta con Basi y Ricardo* *Marín. La escuchaba, la veía una y otra vez, pero no me acaba-* *ba de funcionar, estaba bloqueado. Tardé semanas en darme cuenta de que lo que tenía que hacer era quitar cosas de la canción, no cambiarlas, sino quitar.*

Me puse en la mente de Alfred Hitchcock: si este plano lo quito y no pasa nada, fuera. En la música es igual. Si quitas una parte de la canción y no pasa nada, como me sucedió en Lo noto, es que sobra. Todo lo que lleva la canción debe aportar: si es una estrofa, la letra debe ser muy buena; si es un estribillo, tiene que ser contundente; si tiene un solo, debe ser la hostia. Simplifiqué la canción, estrofa, puente y estribillo, luego le añadimos los metales, le dimos el toque Hombres G que precisaba y quedó una maravilla, hasta el punto de que hoy en día tengo claro que, junto a Devuélveme a mi chica, es la canción más importante que hemos hecho en la vida. La primera encendió la chispa la primera vez y la segunda volvió a encender la hoguera y a partir de ahí todo fue más fácil para echar palos al fuego. Echamos después los palos de No te escaparás, ¿Por qué no ser amigos?, Me siento bien, etc., pero el fuego ya estaba encendido y así todo es más sencillo.

Lo noto fue número uno en todos los países de América Latina, y en Colombia se mantuvo durante seis meses en lo más alto. Fue un exitazo espectacular y, desde luego, es un clásico en nuestro repertorio.

El concepto del disco que abanderó el regreso, *Peligrosamente juntos*, es un guiño a los orígenes marca de la casa. Su portada es impactante, original, y destila Hombres G por los cuatro costados. El cine brindó el nombre y la imagen perfectos. *Peligrosamente juntos* es el título con el que se comercializó en España una película del año 1986 protagonizada por Robert Redford, Debra Winger y Daryl Hannah, dirigida por Ivan Reitman, cuyo título original en inglés es *Legal Eagles*. Era tremendamente evocador. El diseño de portada se elaboró con una fotografía de James Cagney y Ann Dvorak, protagonistas de la cinta *Contra el imperio del crimen* de la que salió la denominación de origen «Hombres G».

DANI. *El 27, 28 y 29 de diciembre ensayamos en Ritmo y Compás primero nosotros solos. Fueron los primeros ensayos después de tanto tiempo para ver cómo estábamos y qué salía. Los días 2, 3 y 4 de enero de 2002 se incorporaron los músicos que nos echaron una mano en ese arranque, Juanjo Ramos en el bajo, Basilio Martí en los teclados y Angie en la batería. Para la grabación de* Lo noto *y* En otro mundo *nosotros mismos nos encargamos de la producción, no estábamos en ese momento como para un productor externo.*

El 7 de enero, después de Reyes, nos metimos en los estudios de Eurosonic a grabar. Allí coincidimos con El Canto del Loco, que estaban con A contracorriente. *El primer día grabamos la batería, guitarras y teclados. Al día siguiente hicimos la voz de* Lo noto. *El lunes 14 metimos los metales. El martes nos hicimos la sesión de fotos con Javier Salas y el miércoles y el jueves mezclamos las canciones.*

Estábamos ilusionados por estar en un estudio después de ocho años separados. Noté esa ilusión recuperada aquel día en el estudio y en la sesión de fotos; era como al principio. El 18 de enero ya tenía agendado enviar las premezclas de la canción a México, y la semana siguiente empezó a sonar por la radio.

Siete días después, el 4 de febrero, rodamos el videoclip de Lo noto *bajo una intensa lluvia que se llega a ver en el vídeo. Nos empapamos y me puse malísimo, lo que me impidió ir a la presentación de un nuevo artista que estábamos lanzando y que se presentaba en el Kursaal de San Sebastián. El artista era Álex Ubago y aquel fue su despegue.*

DAVID. *No nos podíamos plantear hacer un disco completamente nuevo por el tiempo, nos habría llevado al menos siete meses de trabajo. Para regresar había que echar mano de lo que ha-*

bían sido nuestras señas de identidad, así que a la hora de pensar en una portada y en un título recurrimos de nuevo al cine.

Peligrosamente juntos era ideal, porque aludía al hecho de que estábamos juntos de nuevo, que era una de las cosas que pretendíamos, y en el mejor sentido de la palabra era un peligro para nuestros competidores. Lo que se quería transmitir con la portada era decir a la gente: «Aquí estamos otra vez los Hombres G y esto va a ser la leche».

El disco pasaba por ser algo nuevo. En realidad lo era, pero no dejaba de ser un recopilatorio con canciones nuevas como Lo noto *y* En otro mundo *en su versión original para América, ya que fue un disco mexicano concebido desde y para México. Lo que pasó fue que al ver el éxito tan bestia en América lo sacamos también en España y le agregamos tres canciones más:* No te escaparás, Intimidad *y* Te vi.

«PARECÍA QUE HABÍAN PASADO SOLO DIEZ DÍAS, NO DIEZ AÑOS»

El domingo 24 de febrero de 2002, los Hombres G aterrizaban juntos de nuevo en el aeropuerto internacional Benito Juárez de Ciudad de México después de diez años. Una multitud de fans fueron a recibirlos como prueba de que todo era cierto. México había esperado pacientemente todo ese tiempo para tenerlos de vuelta y ellos, perplejos, rodeados de miembros de seguridad, atravesaron la nube de admiradores entre sonrisas, autógrafos y algún posado fotográfico mientras se dirigían a los dos vehículos que los esperaban para llevarlos al hotel Marriot en la colonia Polanco.

Cuando llegaron al hotel, un centenar de personas aguardaban afuera. Más autógrafos y más fotos. El 1 de marzo regresaron a Madrid, pero un mes después tuvieron que regresar otra semana, del 1 al 6 de abril, para cerrar la agenda promocional.

En el primer viaje tuvo lugar una firma de discos en la tienda Mix Up de la Zona Rosa de Ciudad de México. Alrededor de seis mil personas formaron una interminable cola que se extendía por la calle y que dio lugar a innumerables escenas de gritos, desmayos y fiebre desatada. Mix Up batió ese día su récord de preventa con casi dos mil discos vendidos en una hora.

En el Hard Rock Café celebraron una pequeña presentación, un miniconcierto organizado por *Vox FM*. Algunas fans hicieron noche en el lugar esperando ser una de las exclusivas mil personas en asistir al evento. En el segundo viaje visitaron las instalaciones de Televisa San Ángel para asistir al programa *Otro rollo*, del popular presentador Adal Ramones, que les dedicó un especial con actuación incluida para cuyo acceso las fans volvieron a hacer interminables colas. El disco fue número uno en ventas varias semanas en la cadena Mix Up y *Lo noto* llegó rápidamente a la primera posición en la radio de México y en las más ilustres listas top como *Telehit*, donde el videoclip se estrenó el 12 de febrero.

DANI. Tengo anotados en mi agenda de ese año nuestro viaje a México el 24 de febrero y el regreso a Madrid el 1 de marzo. Cuando llegamos, la canción sonaba en la radio y el disco estaba recién lanzado. Nada más llegar fue una locura, la llegada, la firma del Mix Up... todo eso se grabó para el documental Los Beatles Latinos *que se emitió en varias televisiones y con el DVD del disco. Lanzamos primero* Lo noto *y desde el primer momento hizo ¡boom! Fue un exitazo. Luego volvimos a México para hacer más promoción a primeros de abril, que fue cuando hicimos el* Otro rollo *en Televisa San Ángel, donde tocamos en directo.*

JAVI. Desde el primer momento que llegamos a México empezamos a tener unas sensaciones increíbles, era lo mismo que antes, parecía que habían pasado solo diez días y no diez años. Lo de la firma en la Zona Rosa fue impresionante, estuvimos no sé cuántas horas firmando, creíamos que eso no se iba a acabar nunca, había una cola que daba no sé cuántas vueltas a la manzana, la gente se desmayaba cada dos por tres en la fila por la emoción y tenían que ser atendidos. Esa firma fue histórica. Sinceramente, no me esperaba nada de eso, creí que todo iba a ser más moderado.

Lo que no podían sospechar era que, como en los viejos tiempos, se iban a encontrar otra vez con la censura. *Lo noto* fue editado en algunas estaciones de radio con el famoso pitido para evitar las palabras «cabrón» y «mierda».

DAVID. Era un poco acojonante que en aquellos momentos, en pleno siglo XXI, después de que grupos como Molotov, que me encantan, por cierto, dijeran las barbaridades que dijeron, se pudiera seguir censurando una sencilla canción de amor que lo único que hacía era usar el mismo lenguaje que usa la gente cuando habla.

Nosotros fuimos pioneros en usar el lenguaje de una manera libre. Es una cosa que no pienso abandonar nunca, es uno de los matices de mi personalidad a la hora de escribir canciones. Si tengo que decir «cabrón» en una canción lo digo, porque me dirijo al público de la misma manera que hablo y que ellos hablan. Nuestro lenguaje fue una de las bases de nuestro éxito, nuestra manera de contar las cosas de forma muy clara, con palabras que todo el mundo utilizaba de una manera coloquial; no era decir palabrotas o groserías para escandalizar, nuestra intención era decir las palabras adecuadas para que la gente nos entendiera. Era como cuando llamé mamón al tipo aquel, lo hice un poco de cachondeo por el hecho de que me había quitado a la novia. Si hubiera querido insultarle y ser grosero le habría llamado una cosa mucho más fuerte.

Más alucinante fue lo que nos pasó a raíz de la polémica que hubo en España en 2018 con Mecano y lo de la «mariconez». ¡Qué diferencia con los años ochenta! Entonces había mucha más libertad que ahora. Después de lo de Mecano empezaron a revisarlo todo y algunos radicales querían pedirnos cuentas por la letra de Devuélveme a mi chica *diciendo que se les hacía homofóbica porque dice «voy a vengarme de ese marica», y que yo era un homófobo, cosa que no he sido en mi vida. La única fobia que tengo es a los imbéciles.*

Alucino, como con tantas otras cosas. La canción arrasó hace treinta y cinco años sin que a ningún gay le pareciera ofensivo ni nadie nos dijera nada. Había gente que reivindicaba sus derechos pero era gente normal, coherente y razonable que entendía como todo el mundo que era una canción divertida que pretendía transmitir buen rollo. Y resulta que vienen ahora estos radicales a darle una vuelta de tuerca al tema como hacen con todo, buscando negatividad por cada rincón y diciendo lo que hay y lo que no hay que hacer, escuchar o decir. Los mandé a la mierda.

ON THE ROAD AGAIN

El 26 de abril, los Hombres G quisieron darse el gusto de una presentación ante dos mil personas en la sala Divino Aqualung de Madrid para calentar motores, buscar sensaciones, sondear el ambiente en España y engrasar la maquinaria. Volver a tocar en su ciudad y con su gente después de tantos años fue solo un aperitivo de las fuertes emociones que les esperaban otra vez en la carretera, en los aviones y sobre los escenarios. Las entradas se agotaron rápidamente. La experiencia fue tan positiva que la repitieron en la sala Riviera antes de comenzar la gira del año siguiente.

El tercer viaje transatlántico seguido de ese primer semestre de 2002 fue para dar comienzo al *Tour Peligrosamente
Juntos,* que abarcaba desde Ecuador a México. Un viaje histórico que reunió de nuevo a casi toda la familia G. Ahí estaba Esquimal como jefe de seguridad, el mismo técnico de
luces, el mismo técnico de sonido, el saxofonista Juan Muro
y el teclista José Carlos Parada. Augusto Serrano, conocido
como Poli, se encargó de sustituir a Juan y Medio, cuyo éxito como presentador en televisión le impidió reintegrarse a
la expedición.

La gira comenzó el 9 de mayo de 2002 en la capital de
Ecuador y siguió por Colombia, Costa Rica, Honduras, Guatemala, El Salvador, Nicaragua, Perú y México, que era el
plato fuerte, donde se programaron quince conciertos, in-
cluidas varias fechas en el Auditorio Nacional de Ciudad de
México que se agotaron con rapidez.

El grupo abrió sus presentaciones en México en el Festival de Acapulco y vivió emotivos reencuentros con el público
de ciudades como Monterrey y Guadalajara. El lunes 10 de
junio de 2002 la agencia Efe le hizo un estupendo regalo
de cumpleaños a Dani Mezquita en su doble condición de
guitarrista del grupo y director de marketing de DRO, al in-
formar desde su sede en la colonia Anzures de Ciudad de
México que Hombres G había recogido un disco de platino por
las ventas del disco, que había superado en solo tres meses las
ciento cincuenta mil copias. España empezó a mirar con asombro lo que estaba sucediendo en América.

Tras diez años de separación, David Summers, Dani
Mezquita, Rafa Gutiérrez y Javi Molina han reformado
Hombres G. En principio, se trata de atender a la demanda
de América, donde el grupo madrileño es inmensamente
querido. Allí se ha editado un disco de grandes éxitos, *Peligrosamente juntos*, que también incluye dos canciones nue-

vas, maquetas y temas remezclados, más un DVD con clips y fragmentos de sus películas. *Peligrosamente juntos* está siendo uno de los éxitos de la temporada en México, donde los miembros de Hombres G volvieron a vivir el acoso de las fans y las escapadas a toda velocidad durante su reciente visita de promoción. Para su asombro, ya han vendido tres noches en el Auditorio Nacional capitalino, a diez mil personas por concierto. La próxima gira del cuarteto recorrerá el continente desde Perú hasta Estados Unidos, después se pensarán el ampliar su resurrección a España.*

DAVID. Cuando volvimos en 2002 hicimos igual que en la película de los Blues Brothers 2000, que se ponen a buscar a todo el mundo. La idea era volver, pero volver todos. Llamamos a toda la gente que había estado con nosotros en los ochenta, a los técnicos antiguos, a los músicos... A todo el mundo le ofrecimos volver con nosotros. El único que no quiso fue Martín el Francés, que rechazó ser road manager y acabamos por darle esa responsabilidad a Esquimal, que es un tío que lo hace de puta madre y además controla la seguridad. Todos dijeron que sí encantados, los Paradise, Juanito, Bullo, Francis, Esqui, Toñito Castro, Josito Alegre, etc.

Gracias a Lo noto hicimos el pedazo de gira que hicimos. La clave del éxito fue que recuperamos algo que habíamos perdido en 1992, el sentido del humor. El grupo tiene un factor importantísimo que no debe perder nunca que es el sentido del humor, nosotros basamos nuestro trabajo en él y es algo que tiene que permanecer y que no podemos volver a perder, porque entonces se perdería la esencia de Hombres G.

La gira del regreso fue una experiencia inolvidable, nos reímos y disfrutamos como en la vida, más que si hubiera sido la

* Diego A. Manrique, *El País*.

primera vez. Fue la típica gira con la que soñamos los artistas, con el público a favor, con un escenario estupendo, con un diseño de luces extraordinario, con un disco nuevo y muy defendible, con un show de veinticinco canciones de las cuales veintidós eran grandes éxitos que la gente disfrutó muchísimo.

No fue solo un reencuentro del grupo, sino también de unos amigos. Fui el que menos notó el cambio, porque yo seguía teniendo esa vida en los escenarios y en los hoteles. Cada año me iba a América y me hacía dos o tres giras con unos sesenta conciertos al año en todo tipo de escenarios, mi vida era esa. En realidad soy el único que no ha cambiado su vida desde el año 1983, no he hecho otra cosa que hacer canciones, discos y conciertos. Lo habría hecho igual en solitario si no hubiéramos seguido después de la gira, porque tampoco sabía cómo iban a reaccionar ellos y si estaban preparados para ese ajetreo.

DANI. Lo de Aqualung estuvo muy bien, Javi tocó de puta madre y nos sirvió de puesta a punto antes de arrancar la gira que empezamos en Quito, la capital de Ecuador, el 9 de mayo; el 10 actuamos en Cuenca y el 11 en Guayaquil. No pude ir a esos conciertos por compromisos en la compañía, por eso echamos mano de Vicente Uma, que me sustituyó las veces que yo no pude actuar, aunque en alguna ocasión le tocó a Rafa solo.

El 16 de mayo estaba programado un concierto en Acapulco y ahí sí llegué, volé el día anterior. Según llegué el 15 me fui al despacho de Mariano en Ciudad de México, recuerdo que vi allí la final de la Champions League del famoso golazo de Zidane al Bayer Leverkusen. Por la noche me fui a Acapulco.

Para mí, el momento más emocionante de aquel regreso a los escenarios fue en el Auditorio Nacional de Ciudad de México, creo que fue un momento superemocionante.

RAFA. El día que arrancamos el viaje juntos fue muy especial y con unas sensaciones increíbles. Lo mejor fue ver que la pasión por nuestra música se había heredado de una generación a otra. Para mí fue un subidón enorme, venía de pasarlo mal con los trabajos que había tenido y de pronto me veo delante del público y con esa reacción de la gente que se me ponían los pelos como escarpias.

Volver fue mágico. Lo curioso es que había sido espontáneo, era la fuerza de nuestras canciones y la aclamación popular la que hacía que la gente nos siguiera eligiendo como su grupo favorito. Lo mejor es que me daba cuenta de que eso no era flor de un día, sino que después de dos meses veía que la vida me había puesto de nuevo en mi lugar, que es la música, que podía retomar lo que más me gustaba; fue uno de los mayores subidones que he experimentado en toda mi vida.

JAVI. El éxito de nuestro regreso fue la cosecha de la semilla que sembramos en nuestra primera etapa siendo jóvenes. Perseveramos en trabajar, en hacer amistades sinceras, canciones inolvidables, giras apoteósicas por medio mundo donde llevamos nuestra música y nuestra alegría. Aquí seguimos porque es lo que nos gusta, soy feliz y me siento realizado cuando salgo a un escenario y veo sonreír a la gente.

Actuamos varios días en el Auditorio Nacional de México, primero hicimos cinco conciertos seguidos, y ante la fuerte demanda tuvimos que volver después y hacer dos más. Uno de aquellos conciertos se grabó.

En cuanto empezó la gira detectamos movimiento en España. Cuando vieron lo de América empezaron a cuestionarse que en España por qué no. Dani y yo nos metíamos en los foros y veíamos que los fans españoles estaban cabreados porque en unos países sí y en otros no. Nuestra primera decisión fue hacer la gira de México, luego supuestamente cada uno volvería a su vida, pero la fuerza de los acontecimientos cambió todo eso.

Recuerdo que un día en Veracruz tuve la clara sensación de que nada volvería a ser igual. Después de casi dos meses de

gira, estábamos David y yo en la playa con una guitarra acústi-
ca, los dos tan a gusto tomando unos traguitos y cantando. En
un momento dado había una energía tan especial que llegamos
a pensar en quedarnos a vivir allí. Le dije a David: «Oye, tío,
¿y si nos compramos una casa aquí mismo, en Veracruz, y nos
quedamos?». Dos meses antes no quería ir, y en ese momento
lo que no quería era volver, después de ver lo que pasó en esa
gira.

Pensé que eso iba a dar mucho de sí, aunque al principio
pensaba solo en México, vislumbraba muchos años de trabajo y
mucha ilusión por hacerlo. Ese fue el primer momento que tuve
conciencia de que Hombres G nos había vuelto a cambiar la vida
otra vez para siempre.

El punto de partida de la reconquista

Los Hombres G fueron invitados a tocar el 4 de julio de 2002
ante las veinte mil personas que abarrotaron la plaza de toros
de Las Ventas en un festival que reunió a célebres artistas de
los ochenta. Junto a ellos estaban Jaime Urrutia, Mikel Erentxun, Danza Invisible y Los Secretos, entre otros, que compartieron un repertorio clásico reviviendo la música de la
edad de oro del pop-rock español.

Alaska era la encargada de pinchar en los intervalos. Fue
otro reencuentro muy emotivo. El coliseo del barrio iba a ser
otra vez protagonista inesperado en la historia de la banda.
Las Ventas se erigió aquella noche en el punto de partida de
la reconquista del público español. Un informático de veintisiete años brindó un testimonio espontáneo al responder en
la radio a la pregunta de por qué había ido al concierto: «Vine
por Hombres G, son lo más grande del rock español. Cuando
tenía nueve años los escuchaba sin parar y voy a comprarme
todo lo que saquen de aquí en adelante».

DAVID. Cuando volvimos era todo incertidumbre. En México lo hicimos con más confianza, porque teníamos datos que indicaban que la respuesta del público, en mayor o menor medida, iba a ser positiva, pero en España era una moneda al aire. Cuando nos separamos teníamos una legión de críticos que nos ponían a parir de manera sistemática, y seguramente por su culpa percibimos una cierta sensación de saturación que nos hacía dudar.

El día que se nos abrieron los ojos fue en el festival de Las Ventas. Era una especie de revival de los ochenta. Llegamos a ese concierto después de haber estado un mes y medio en una gira bestial por América. Fue llegar un día y al día siguiente, con jet lag y todo, presentarnos en Las Ventas. El concierto iba transcurriendo con normalidad, pero fue salir nosotros y el público enloqueció por completo, toda la plaza dando palmas, cantando, igual que hoy en día.

A nadie le pasó desapercibido que nos llevamos el gato al agua, nos dijeron que aquel día la gente nos estaba esperando, Madrid quería vernos de nuevo y acudieron mayoritariamente por eso. Ese día cambió nuestra perspectiva, nos dio tal subidón que dijimos: p'alante. Era público nuevo, gente más joven que nosotros, gente que en los ochenta tendría unos diez años y nos tenía en un altar. A ti te gusta un grupo con diez años y te gusta para toda tu vida. A mí con trece años me gustaba Jackson Browne o los Sex Pistols y no me van a dejar de gustar jamás, porque la primera sensación que tengo al escuchar y recordar a esos artistas está en mi corazón y está para siempre. Nunca me voy a cansar de poner un disco suyo, de escucharlos y de evocar buenas sensaciones.

Con nosotros pasó igual, esa generación había crecido, estaba en la plenitud de su juventud y se engancharon porque siempre les habíamos gustado. Fue una de las claves del éxito de nuestro retorno. A ellos se unió nuestro público de toda la vida que andaba ya pasados los treinta y cerca de los cuarenta, de modo que al

año siguiente volvimos a Las Ventas solos para hacer uno de los
conciertos más importantes de toda nuestra carrera.

JAVI. Perdón por la inmodestia, pero nada tuvo que ver la reacción de la gente con los otros grupos a cuando salimos nosotros.
Aquello se vino abajo. Nada más salir me quedé mirando a la
gente enloquecida y escuchando ese rugido y dije: «¿Qué pasa,
tío, aquí también?». Fue impresionante comprobar cómo nos guar-
daban en su corazoncito. Habíamos decidido que si en España
no pasaba nada seguiríamos al menos en América, pero desde
ese día estaba claro que en casa también íbamos a seguir.

RAFA. Ese día nos dimos cuenta, al menos yo, de que aquello no
se iba a acabar. Nos lo habíamos pasado de puta madre, habíamos hecho escenarios muy grandes, cogimos rodaje y seguridad,
sentimos que tocábamos bien, lo teníamos todo a nuestro favor.
Para mí fue el día en el que me convencí por fin de que mi vida
había cambiado otra vez. Habíamos pensado llevar a Chiquito de
la Calzada para que cantara *Devuélveme a mi chica*. El rollo era
que cada artista llevaba un invitado y nosotros no quisimos llevar
a nadie clásico, así que nos fijamos en Chiquito. Dijo que sí, que
le mandáramos un casete con la canción, pero al mirar la fecha se
dio cuenta de que tenía un bolo y no pudo ir. Habría sido la hostia y el broche de oro.

DANI. Varios de los que estábamos allí éramos artistas de DRO,
por lo que la plana mayor de la compañía fue testigo. Cuál no sería la reacción del público y la apoteosis cuando salimos nosotros
que al día siguiente toda la gente de ventas y promoción eran un
clamor afirmando que había que sacar el disco ya mismo en España también, incluso algunos que me habían visto en el escenario
me decían de cachondeo que qué coño hacía yo en la oficina.

El presidente de DRO, Charlie Sánchez, fue el que dijo que sí,
pero que había que hacerlo con calma, cocinarlo a fuego lento y

sin precipitarnos. Nosotros estuvimos de acuerdo. Yo estaba en medio, eso fue bueno para nosotros, no hay grupo al que le venga mal que el director de marketing de la compañía esté involucrado en su propio producto. Ahí entró en acción la idea de hacer el disco tributo.

16
Como si todo empezara otra vez

Ahora lo comprendo todo.
Ahora sé que sí.
Es un nuevo día
que me da la vida.
¡Me siento bien!
Como si todo empezara otra vez.

DAVID SUMMERS,
Me siento bien

En la doble página anterior: Hombres G posando para la cámara de Thomas Canet en una sesión de fotos para el disco *10* realizada en el parking de Ikea en Alcorcón. (Foto T. Canet.)

Del mismo modo que 1985 fue el año clave que lo cambió todo en el arranque de la carrera de Hombres G, 2002 fue el que hizo que todo empezara otra vez, y 2003 el del exitoso reencuentro con los escenarios españoles. El año que vivieron peligrosamente los consolidó gracias a la fidelidad de su público original y la captación de una nueva generación de seguidores. El día que vieron que sus canciones eran intergeneracionales y transversales entendieron que todavía había mucho camino por recorrer en el siglo XXI. Este camino se está corriendo de una manera muy distinta. Del frenesí y la hiperactividad de los ochenta se ha pasado a la serenidad que da la madurez. Menos cosas y más selectas. Así se ha ido escribiendo la apasionante segunda parte de la historia de los Hombres G.

VOY A PASÁRMELO BIEN, ¿QUÉ TE PASA, ESTÁS BORRACHO?

«La historia continúa.» Esas fueron las tres últimas palabras escritas en el capítulo final de la primera biografía del grupo, *Sufre mamón, la banda sonora de nuestra juventud*, presentada con motivo de su regreso en el mes de octubre de 2002 en la sala Keeper de Madrid con la presencia del grupo, de Juan y Medio, del autor y del editor, Ángel Jiménez, de Éride. «Juntos de nuevo por un libro», destacaba la prensa tras el acto, recordando que el grupo estaba de vuelta en los escenarios americanos y se empezaba a fraguar la extensión del reencuentro a los españoles. Al mismo tiempo que se publicaba la historia de su primera etapa, un disco tributo estaba en camino como parte del arranque de una segunda época brillante y más longeva que la primera. Los Hombres G habían vuelto para quedarse.

El disco tributo tendría una versión española y otra mexicana. La española era parte de la estrategia de relanzamiento. Se tituló *Voy a pasármelo bien, un tributo a Hombres G* e incluyó célebres éxitos versionados por diecisiete artistas: La Cabra Mecánica (*Venezia*); Seguridad Social (*Devuélveme a mi chica*); Volován (*Te quiero*); Álex Ubago (*Temblando*); Los Secretos (*Un par de palabras*); El Canto del Loco (*Visite nuestro bar*); Javier Álvarez (*Si no te tengo a ti*); Antonio Vega (*La carretera*); Chonchi Heredia (*Tormenta contigo*); El Hombre Gancho (*Rita*); Pereza (*Voy a pasármelo bien*); Celso Piña (*¿Qué te he hecho yo?*); Mikel Erentxun (*Te necesito*); Piratas (*Esta es tu vida*); La Tercera República (*Si no te tengo a ti*); Los Piston (*Marta tiene un marcapasos*) y Mojinos Escozíos (*Dejad que las niñas se acerquen a mí*).

La versión americana se publicó también en 2003 en México y emuló en su portada al famoso cerdito del tercer álbum del grupo. En su lugar se eligió a un borrico y el título del disco fue diferente al de la versión española. *¿Qué te pasa? Estás borracho: Tributo a Hombres G* mezcló algunas versiones de la edición ibérica con la participación de bandas reconocidas en América Latina como División Minúscula, Moderatto, Liquits, Genitallica, Moenia, Plástiko, Volován, Volumen Cero, Resorte, La Tremenda Korte, Bacilos, Pito Pérez y La Quinta Estación.

El disco se lanzó en España el 3 de febrero de 2003 y el 26 de marzo ya era disco de oro. Para celebrarlo se organizó un evento en el Chesterfield Café conducido por Juan y Medio y que contó con la presencia de varios de los artistas colaboradores, como Mikel Erentxun, El Canto del Loco, Seguridad Social, Mojinos Escozíos y La Cabra Mecánica. Hombres G y sus artistas invitados recibieron el disco de oro y deleitaron a los presentes con algunas canciones.

DAVID. Este disco homenaje fue una excelente idea de la gente de Warner, que fue quien lo propuso. El objetivo era mandar un mensaje de bienvenida por parte de los compañeros de profesión mediante un disco tributo. Me dio un poco de vergüenza cuando nos lo propusieron y pensé que quizá algunos se negarían porque mucha gente nos había vilipendiado mucho, pero me llevé una grata sorpresa al ver que sí quisieron, me di cuenta de que la gente está por encima de esas gilipolleces y reforzó la confianza que siempre he tenido en nosotros mismos y en lo que estábamos haciendo. Creo que si no tienes confianza en ti mismo lo tienes muy jodido para triunfar o para hacer las cosas que tú quieres hacer, es fundamental creer en ti mismo y estar convencido de que lo que estás haciendo es lo correcto.

El tributo salió en España y en México, pero nosotros ahí no participamos absolutamente en nada, y la verdad es que me parece un disco buenísimo, es de los mejores tributos que he escuchado. Es un discazo, muy bien ejecutado, por el prestigio y el nombre de los grupos que participaron y por el hecho de que cada cual cogió su canción, le dio la vuelta, la adaptó a su estilo personal y a su visión y así la sacó. Nadie hizo la versión original de la canción.

Esa creatividad y ganas de hacer algo distinto me pareció de una originalidad tremenda y me encantó. En México incluyeron a La Quinta Estación, que son unos artistazos y eran muy fans nuestros. Solían tocar Voy a pasármelo bien en sus conciertos y llegaron a grabarla en su disco Flores de alquiler.

RAFA. El tributo funcionó muy bien en España y sirvió para calentar el ambiente como nosotros queríamos. Cuando vimos el éxito que estaba teniendo nos ilusionamos incluso más, estábamos como en nuestros comienzos, con ganas de comernos el mundo, y ese era el mejor síntoma que podíamos tener.

Hay muchos grupos que no eran tan conocidos pero que son muy fans nuestros y han tocado nuestras canciones en muchos bares y fiestas. Es gente muy enrollada y muy maja, y en 2007 decidimos sacar un disco que fue una especie de continuación del tributo para darles cabida a todos ellos. Se tituló Los chicos del barrio.*

No te escaparás

El disco del regreso se publicó en España con ligeras variaciones. Cambió la tipología del nombre del grupo en la carátula del CD, se añadieron tres nuevas canciones y el DVD se enriqueció con algunos videoclips más respecto a la versión original mexicana, además de con el documental *Los Beatles Latinos*.

---

* *Los chicos del barrio* fue grabado originalmente por Despistaos + No Se Lo Digas A Mamá (*Te vi*); Dr. Sapo (*Vuelve a mí*); Sueños Rotos (*Loco de amor*); Los Cocodrilo (*Tengo una chica*); Los Guapos (*No lloraré*); La Montaña Rusa (*Sin ti*); Pitovnis (*En la playa*); Costa Este (*Dejad que las niñas se acerquen a mí*); 39 Grados (*Esta es tu vida*); Font (*El último baile*); La Buena María (*Un par de palabras*); El País Musicano (*Viernes*); Juan Gurú (*Lawrence de Arabia*); Salva Dávila (*Solo otra vez*); Pequeñas Imperfecciones (*Será esta noche*); Nonno (*Tengo hambre*); Kiko Gómez (*No grites mi nombre*); Inuit y Cia. (*El tiempo no es mi amigo*); Martha (*¿Qué soy yo para ti?*) y Rober (*Si alguna vez*). Hubo una nueva edición titulada *Los chicos del barrio extra* a la que se unieron los grupos Ceda el Paso, Amiga Mala Suerte, Malas Maneras, Rockolas, Dr. Livingstone, Óscar Morón, Punto G, La Sintecho, Profesión Alterna, Rober, El Calamar Gigante y Alberto Moliner.

El disco se lanzó en mayo de 2003 y fue un éxito rotundo, con más de medio millón de copias vendidas solamente en España.

Lo noto era una garantía, pero no estuvo sola en el regreso. La edición española del álbum incluyó otro gran medio tiempo que más tarde brindaría un fantástico dueto con el cantautor Albert Hammond. La letra de *Te vi* esconde un hermoso mensaje de amor.

Hubo otra canción que fue pospuesta disco tras disco en la primera etapa, pero que diecisiete años después encontró el momento idóneo para ver la luz en una versión más ska bajo el título de *No te escaparás,* una reivindicación de los Hombres G de siempre. David modificó la letra original, pero quedaron frases de contenido sexual muy explícitas que recordaban su versión original.

Nassau, No te escaparás y *Marta tiene un marcapasos* son las tres canciones más antiguas que el grupo sigue tocando en vivo junto a clásicos que fueron compuestos también en los primeros años, como *Indiana, Devuélveme a mi chica* y *Venezia. Tomasa me persigue* es otra composición de esa época, pero no la han tocado nunca. *No te escaparás* fue escrita en su versión original en la etapa transgresora de Los Residuos, en 1981, bajo el título de *Te voy a violar,* y recogía una expresión íntima de la novia de David en aquella época punk.

DAVID. *Ella solía decirme de cachondeo cada vez que nos íbamos «hoy te voy a violar», dando a entender que nos lo íbamos a montar en plan bestia, y yo hice la canción en plan punk. Cómo sería la letra de aberrante que incluso en aquel momento nos parecía fuerte y sospechábamos que nadie la entendería, así que imagínate ahora.*

Cuando regresamos en 2002 me pareció que era una canción que, reciclada, podía servir para presentarnos ante las nuevas generaciones. Escribí una letra más suave y el tema funcionó. Te vi es una canción dedicada a mis hijos disfrazada de una historia de amor. Relata ese momento en que ves por primera vez a tu hijo, que en mi caso fueron dos a la vez. El primero que vio la luz fue mi hijo Dani, que es unos minutos mayor que su hermana Lucía. Esa sensación de verlos a los dos y de tenerlos y sentirlos en mis brazos te cambia la vida para siempre, y es lo que quise describir en la canción. Lo puse en singular y la disfracé porque me daba un poco de pudor y me parecía cursi. Nunca me ha gustado escribir canciones explícitas para contar cosas que, aunque te hacen sentir especial, realmente le pasan a todo el mundo, como ser padre primerizo.

DANI. Confiábamos mucha en Lo noto porque había arrasado en toda América, y cuando una canción es un éxito en al menos dos países es una garantía. Teníamos un par de canciones nuevas más para España. Charlie me pidió un tema nuevo pero más rápido que los que había. Lo comentamos y apareció No te escaparás. La llevamos, la escucharon y les encantó, Charlie no hacía más que decir: «¡Esto es la hostia, acojonante, esto es un tiro!». Enseguida fuimos al estudio a grabarla.

Lanzamos el disco con un DVD y fue tremendo, un éxito enorme que significaba que nuestras vidas volvían a cambiar para siempre. Luego vino nuestra primera gira en España después de más de diez años sin hacerlo. Para mí fue una locura, porque yo estaba currando. Si tocábamos un jueves por ejemplo en Cuenca, yo acababa de trabajar y tenía que coger mi coche para llegar al concierto. Después tenía que volver a Madrid y el viernes otra vez a la oficina a las ocho de la mañana. Los fines de semana que tenía viaje no podía ir a tocar y volvíamos a recurrir a Uma.

Sueños cumplidos: Hombres G en vivo y los G-Men por fin pisan Chicago

El éxito de *Peligrosamente juntos* llenó muy pronto la agenda con una gran gira por España y América que ocupó los meses de primavera-verano y otoño-invierno de 2003 respectivamente. El 3 de abril se organizó un concierto en la sala Riviera de Madrid para el que se agotaron las entradas con mucha rapidez. Era el aperitivo de nuevas emociones fuertes.

El tour de la reconquista del público español recorrió grandes aforos, como el concierto del 1 de julio en Las Ventas; el del Palau Sant Jordi de Barcelona; el de La Cubierta de Leganés del sábado 11 de octubre, con unas colas impresionantes en los alrededores; la plaza de toros de Alicante, al que asistieron diecisiete mil personas, o un macroconcierto gratuito con treinta y seis mil asistentes en Villalba, en la sierra de Madrid, con gente encaramada incluso en el árbol de la plaza. De allí tuvieron que salir con una ambulancia abriéndoles paso por la multitud congregada.

Un público con unas edades que estaban entre los quince y los treinta y cinco años era la mejor noticia de la gira que partió de Marbella el 9 de mayo y concluyó en Benidorm en octubre,* y que rememoró escenas de los viejos tiempos de la *Hombresgmanía* con recintos repletos, mujeres arrojando su-

---

* Gira *Peligrosamente juntos*, España, 2003: 9 de mayo, Marbella; 10 de mayo, Dos Hermanas; 16 de mayo, Talavera; 23 de mayo, Lanzarote; 24 de mayo, Córdoba; 13 de junio, Murcia; 20 de junio, Orense; 27 de junio, Lorca; 1 de julio, Madrid, Las Ventas; 12 de julio, Alcoy (Mediatic Festival); 19 de julio, Ávila; 25 de julio, Benidorm; 27 de julio, Valencia; 28 de julio, Mataró; 1 de agosto, Palamós; 2 de agosto, Vilafranca del Penedés; 7 de agosto, Gandía; 9 de agosto, Santander; 16 de agosto, Quintanar de la Orden; 18 de agosto, Ciudad Real; 22 de agosto, Alicante; 23 de agosto, Arenas de San Pedro; 28 de agosto, Toledo; 30 de agosto, Colmenar; 7 de septiembre, Logroño; 12 de septiembre, Miranda de Ebro; 13 de septiembre, Fuensalida; 14 de septiembre, Madridejos; 20 de septiembre, Palau Sant Jordi; 21 de septiembre, Molina de Segura; 26 de septiembre, Abarán; 15 de octubre, Benidorm.

jetadores al escenario y casos excepcionales, como el de una seguidora de Valencia de unos treinta años que trabajaba en un banco y que fue a casi todos los conciertos. Un fin de semana convenció a su marido para tomar un vuelo hasta A Coruña para ver dos actuaciones en dos días y el lunes estar puntual de regreso en su oficina.

Si emotivo fue el reencuentro del grupo con su público mexicano en los días de *sold out* del Auditorio Nacional de Ciudad de México, no menos mágico fue el primer concierto en solitario, con otro lleno absoluto histórico en el coliseo del barrio. El 1 de julio de 2003 Hombres G ponía Las Ventas a sus pies una vez más y salía por la puerta grande en otra cita que hizo realidad el viejo sueño del álbum en vivo. No fue el *unplugged* que habían pensado en la parte final de la primera etapa, pero fue infinitamente mejor. «No solo han vuelto. Además han arrasado. Y parece que se quedan un buen rato», escribía Roberto Bécares en *El Mundo* el domingo 19 de octubre de 2003.

Otro sueño que había quedado pendiente en el siglo xx fue el de tocar en Estados Unidos. David Summers lo había hecho en solitario, pero no la banda completa. El sueño se hizo realidad. Era la primera vez que llegaban peligrosamente juntos a Chicago, la ciudad de Al Capone en la que los *G-Men* del FBI luchaban contra la delincuencia y que el cine asoció de por vida con los gángsteres; la ciudad que inspiró aquella iconografía de los comienzos de la banda con Lollipop en su segundo single y en aquel cartel mítico del Rock-Ola de 1984.

Hombres G tocó entre el 15 y el 29 de noviembre de 2003 en Chicago, San Diego, Los Ángeles, Miami, Boston, Atlanta, Nueva York, McAllen, Austin, Houston, Dallas y San José. Sería el comienzo de un largo idilio entre la banda y el público estadounidense que se ha visto reflejado en varias giras más a lo largo del siglo xxi y que sigue completamente vigente. La gira *Resurrección* tenía previsto realizar veintitrés conciertos en junio de 2020 antes de tener que ser aplazada por la pandemia.

DAVID. *Estuvimos sin parar de currar todo el año, hicimos ochenta y siete conciertos entre España y América. Estábamos de vuelta con mayúsculas, era como en el 87, con una gira bestial y un nuevo disco en la cabeza para el año siguiente. Al principio, cuando lo afronté, me costó más que en los ochenta. Cuando volvimos era el papá de dos niños al que de pronto le tocaba los cojones cuando me preguntaban que por qué tenía que estar lejos de ellos tanto tiempo.*

Lo que ayudó mucho fue que seguíamos y seguimos siendo como hermanos, de lo contrario habríamos fracasado, no me veo capaz de embarcarme en una gira con una gente con la que no quisiera hablar. Cuando empezamos a tocar con Hombres G en Estados Unidos actuamos en sitios acojonantes, pero también en algunos lamentables, aunque molaban, escenarios donde podías acercarte a la gente. Me acuerdo en concreto de un show en San José, en California, que cuando llegamos a probar sonido casi nos caemos para atrás. El espacio era tan reducido que tenía el bombo de Javi casi dándome en las piernas. A Paradise lo tuvimos que poner fuera del escenario con su teclado porque no cabía. No había camerinos. Teníamos el hotel justo enfrente. Tuvimos que cruzar la calle desde el hotel a la hora del concierto, entrar en el local por la parte de atrás y de ahí directamente al escenario, no había ni un espacio para estar.

Estábamos un poco deprimidos en las horas previas por todo ese cutrerío. Esa misma tarde me había comprado un DVD de Nirvana. Se lo dije a Javi y fuimos a verlo en la habitación, a ver si nos veníamos arriba. Era tan acojonante el vídeo que salimos a nuestro concierto como motos. Nos echamos un pedazo de concierto en plan salvaje como pocos hemos hecho en toda nuestra historia. La gente se subía al escenario enardecida y las tías se nos echaban encima. Los de seguridad tuvieron que empezar a echar a la gente abajo y nosotros enloquecidos. Recuerdo a Dani por el suelo como pocas veces lo he visto, la peña igual de desquiciada que si fuera un concierto de Nirvana. Al final fue uno de los conciertos más bonitos que recuerdo de esta segunda etapa.

JAVI. Así fue. Acabó siendo un concierto punk, con la gente enloquecida, que me recordaba a los desmadres de nuestra primera época. El DVD que se compró de Nirvana era un concierto de sus comienzos tocando en un club parecido al que íbamos a ir nosotros, con un despelote absoluto. Aquello nos dio tal subidón que al llegar nos encontramos el mismo ambiente y armamos un espectáculo con una energía impresionante en un escenario en el que ni cabíamos. Casi clavamos lo que habíamos visto en el vídeo.

Calculo que allí no habría más de trescientas personas, era todo lo que daba el garito a reventar, pero aquello pareció más un concierto de Nirvana que de los Hombres G. Fue acojonante, es uno de los mejores recuerdos que tengo de los inicios en Estados Unidos.

Mis recuerdos de los conciertos no se articulan en función de si han sido más o menos multitudinarios, y esta es una prueba de ello. En Estados Unidos evolucionamos de los garitos como ese del principio a los grandes recintos donde nos presentamos ahora. El último concierto que hemos hecho en San José, California, no tiene nada que ver, fue en un pabellón enorme, lleno a reventar, brutal.

El domingo 30 de noviembre de 2003 *El País* publicaba una nota firmada por Isabel Piquer desde la ciudad de los rascacielos.

Era la primera vez que tocaban juntos en Nueva York. El pasado viernes por la noche, en el Copacabana, el templo de la latinidad en Manhattan, Hombres G, el grupo que se hizo popular a finales de los ochenta y ha regresado recientemente a los escenarios, entusiasmó con sus clásicos a un público de incondicionales. Pese al frío y la lluvia que caían sobre la ciudad, cientos de personas se apiñaron para interpretar a coro las letras de *Visite nuestro bar*, *Marta tiene un marcapasos*, *Venezia* y, por supuesto, *Devuélveme a mi chica*. [...] En el Copacabana neoyorquino, donde no se puede entrar ni con vaqueros ni con zapatillas de deporte y donde normalmente los viernes se toca salsa, la gente se portó. Dámaso, un incondicional que hace unos años se compró toda la colección de discos, saltaba enfervorizado. [...] Hombres G, que a finales de los ochenta encandiló a un público adolescente con *Un par de palabras* y *La cagaste... Burt Lancaster*, está cosechando un éxito inesperado entre los veinteañeros con sus viejos temas. Fue una sorpresa después de casi diez años de separación. «Es lo mejor que te puede pasar», comentó Molina, «que se mezclen las generaciones y venga a verte gente que antes no te conocía».*

DAVID. *Era casi una quimera que una banda regresase y pareciera que no se había ido nunca, y eso fue lo que nos pasó desde que arrancamos en 2002. Nadie se lo imaginaba ni daba un duro por nosotros en aquel momento. Recuerdo el gesto de Paco Martín el día que grabamos Lo noto. Coincidimos con él en los estudios y se nos quedó mirando como diciendo: «¿Dónde van estos gilipollas ahora?». Nadie quería patrocinarnos, nos hacían ver que estábamos locos, que volver era una estupidez, que ningún grupo que tuvo éxito en una década había vuelto diez años después de separarse y había logrado tener el mismo o más éxito en la segunda etapa. Era como imaginarse a Los Bravos o a Los Brincos llenando plazas de toros y campos de fútbol en los noventa, pero fue justo lo que le pasó a los Hombres G, y sí, todo lo que estaba pasando era muy extraño. Nos pusieron a huevo el título del siguiente disco.*

* *El País.*

Todo esto es muy extraño

La llama estaba prendida en todo su esplendor. Muchos de los momentos mágicos y del furor vividos con el público en aquel año y medio inolvidable quedaron grabados y publicados para la inmortalidad en el primer disco en directo de la historia de Hombres G que titularon *El año que vivimos peligrosamente,* publicado en marzo de 2004, en el que se recogen directos en España, México y Estados Unidos. De las dieciséis canciones del disco, tres de ellas se grabaron en el Auditorio Nacional de Ciudad de México el 5 de junio de 2002 y, ya en 2003, tres temas en el concierto de Las Ventas del 1 de julio, tres en el Palau Sant Jordi de Barcelona el 18 de septiembre, cuatro en la plaza La Cubierta de Leganés el 11 de octubre, dos en la sala The Grove de Los Ángeles el 26 de noviembre y una más en el Club Copacabana de Nueva York el 28 de noviembre.

Warner publicó también el DVD *En Directo Las Ventas 1 de julio de 2003* con el concierto de Madrid por separado y una caja recopilatoria en edición especial que incluía el CD *El año que vivimos peligrosamente*, el mencionado DVD de Las Ventas, un *backstage* conmemorativo del concierto y el documental *El año que vivimos peligrosamente*, de unos cuarenta y ocho minutos de duración, en el que se recopilan imágenes y entrevistas.

En 2004 se reeditaron sus dos películas en formato DVD remasterizadas y con multitud de extras. Fueron distribuidas en una caja titulada *Hombres G, las películas*, que logró unas considerables ventas de alrededor de veinte mil unidades. Al tiempo mismo que se publicaba este disco realizaron una minigira de tres conciertos junto a Álex Ubago y Fran Perea, patrocinada por Conciertos Movistar, con la que arrasaron en una memorable noche en el Palacio de Vistalegre en Madrid el 4 de marzo de 2004, otra en la plaza de toros Illumbe de

COMO SI TODO EMPEZARA OTRA VEZ

San Sebastián el 5 de marzo y la última en el Palau Sant Jordi de Barcelona el día 6.

Doce años después de que Colin Fairley alucinara con la apatía de Hombres G durante la grabación de *Historia del bikini*, la banda se metía otra vez en un estudio para grabar un disco entero inédito con todo el brío y la ilusión que faltaron entonces. El disco se grabó en los estudios Eurosonic Red Led de Madrid entre abril y octubre de 2004 y fue producido nuevamente por Nigel Walker. Se publicó en España en noviembre. Se eligieron como sencillos cuatro temas cuyos títulos alineados parecían la reflexión existencialista de un autor: *¿Por qué no ser amigos?*, *¿Qué soy yo para ti?*, *No lo sé* y *He de saber*. El resto del disco lo componían *El diablo*, *Un poco más*, *Me quiero enamorar*, *Todos menos tú*, *Si te vas*, *El cielo herido* y *El resplandor*.

Hombres G se alzó de nuevo a lo más alto de las listas en España con sus canciones y libró una sana competencia con el gran grupo del momento entre la juventud española, El Canto del Loco, de la que ambos se retroalimentaron positivamente hasta el punto de concebir y realizar una histórica gira conjunta en 2005.

DAVID. Entramos con buen pie en nuestro retorno con un disco de estudio completamente nuevo porque el primer sencillo fue un éxito impresionante que aupó al disco desde el primer momento. Con él volvimos a hacer una gira demencial en 2005, con más de ochenta conciertos en España y otros once en América. Desde entonces no hemos parado, cogimos esa dinámica y casi todos los años hemos estado haciendo cosas y conciertos, hubiera disco o no.

Compuse el disco como todos los demás, solo que ya no me encerraba en la casa de mi madre en Huelva, sino en la mía de Madrid o en Zahara de los Atunes. La idea de ¿Por qué no ser amigos? salió, como tantas otras canciones, de un viejo tema punk que yo tenía durmiendo el sueño de los justos. Adapté la letra para que hubiera un mensaje de paz sobre el fondo de una música fuerte buscando un contraste un poco extraño, quería mandar un mensaje de paz pero con cierta agresividad, como exigiendo a la gente que dejara de odiarse y que fuéramos todos amigos. Creí que esa misma letra con una música más flojita iba a quedar una cosa muy blanda, y al mismo tiempo si conservaba la música cañera pero le metía una letra de protesta o reivindicativa dejaría de sonar a Hombres G, porque si algo nos ha identificado siempre ha sido transmitir buen rollo.

La amistad entre David Summers y Dani Martín se remonta a su etapa en solitario. En el año 2000 coincidieron como artistas participantes en un festival benéfico en Valencia. Se hospedaban en el mismo hotel, y Dani fue a saludar a David en el vestíbulo de una manera muy original.

DAVID. Se hincó el tío de rodillas y se puso a darme besos en las manos como si yo fuera el Papa. Yo me empecé a descojonar, se levantó y me dio un abrazo. Es un crack. En ese concierto me insistió para que viera su actuación. El tío estaba que se salía, dando saltos sin parar, eufórico, animando a la gente, comiéndose el escenario. Estoy convencido de que hizo ese concierto y me lo dedicó para impresionarme, porque ellos acababan de empezar. Desde luego, lo consiguió. Dije para mis adentros que ese tío iba a llegar lejos, no era difícil ver ese carisma y ese dominio del escenario.

A partir de ahí nos intercambiamos los teléfonos y con el tiempo nos hicimos muy buenos amigos. Ya que existía esa amistad, le dijimos a Nigel Walker que se nos había ocurrido llamar a Dani para cantar juntos el single y reforzar el mensaje de ¿Por qué no ser amigos?, como si fuera un diálogo intergeneracional entre nosotros, que habíamos sido el grupo joven de moda quince años atrás, y ellos, que lo eran en ese momento. A Nigel le pareció una idea brutal.

Le llamamos y no solo dijo que sí, sino que se enloqueció con la idea. Él ha sido de toda la vida un fan loco confeso nuestro y la idea de grabar un tema juntos le fascinó. Lo grabamos y funcionó, el tema se convirtió en un exitazo enorme y logró que la gente que nos seguía a nosotros los mirara a ellos también y viceversa. Ahí empezó a gestarse la idea de la gira conjunta que hicimos y que incluyó el tremendo concierto del Vicente Calderón de 2005.

Hay gente que puede pensar que el dúo con Dani fue parte de una estrategia de la compañía, pero nada más lejos de la realidad. Si hay algo que siempre nos ha caracterizado es que hemos hecho lo que hemos querido, con absoluta libertad para desarrollar nuestras propias ideas y nuestras propias estrategias, nadie nos ha dicho nunca qué hacer. Como funcionó desde un principio, siempre lo han respetado. Otra cosa es que sugieran ideas que nos gusten y las aceptemos, pero imposiciones no hemos tenido ni una.

DANI. Fue el momento que tuve que dejar DRO. Fue muy duro ensayar y grabar Todo esto es muy extraño, me costó mucho. Era muy difícil cambiar el chip. Que grabáramos en la misma compañía en la que yo trabajaba me facilitaba algunas cosas, como poder hacer una televisión o grabar el vídeo que hicimos con Patricia Conde, pero aun así no pude.

Cuando comenzamos los ensayos de la gira tenía demasiado estrés, cada dos por tres estaba en una clínica y una vez me asusté creyendo que tenía apendicitis. Fue cuando dije basta. No estaba haciendo ninguna de las dos cosas bien y me estaba afectando a la salud. Tuve que elegir y los Hombres G pesaron más, hacer música y tocar en directo fue lo que me gustó toda la vida.

Fue una de esas tres o cuatro decisiones importantes que tienes que tomar en tu vida. Me costó tomarla, pero fue acertada. Siempre guardaré un gran recuerdo y un eterno agradecimiento a toda la gente de DRO, fueron años maravillosos con un gran am-

biente de trabajo con Charlie y el resto del personal. Al año siguiente aproveché un descanso para saludar a mis antiguos compañeros y el ambiente me entristeció mucho. Era tremendo, fueron los peores años, con la transición al digital, en los que se perdieron muchos empleos.

DE LA APOTEOSIS DEL CALDERÓN AL «MAÑANA» DE SAN FERMÍN

Dani Martín no solía ocultar su pasión por Hombres G, en los conciertos se podían escuchar desde su propia voz los vivas a la banda de su niñez: «¡Que vivan los Hombres G!», gritaba. La idea de realizar una gira conjunta en lugares muy seleccionados fluyó desde el primer momento. El espectáculo llegó al Coliseum de A Coruña, al Auditorio de Castrelos de Vigo, al Auditorio Municipal de Málaga, al Palacio de los Deportes de Granada, a la plaza de toros de Gijón, la de León, la de San Sebastián y la de Murcia, al campo de La Magdalena de Santander, al campo de fútbol de Torrevieja, al Palau Sant Jordi de Barcelona y al Vicente Calderón, el más recordado de todos.

Si hay una imagen icónica por excelencia de aquellos felices días del verano de 2005 es sin duda la fotografía del estadio de la ribera del Manzanares abarrotado en la noche del 6 de julio. Hombres G y El Canto del Loco pasarán a la historia junto a Alejandro Sanz por ser los únicos artistas españoles que han reventado ese aforo monumental con un lleno hasta la bandera.

DAVID. La idea de mezclar el concierto fue nuestra. Los dos grupos estábamos fuertes. Antes de ponernos a hablar sobre quién iba primero y quién después me acordé de un concierto de Jimi Hendrix en Londres en los años sesenta. Le dijeron que iban a ir los Beatles a verle. El tío empezó el show con una versión de Sar-

gent Pepper's *alucinante. Nosotros podíamos empezar con la mejor canción de El Canto del Loco cantada por los Hombres G para
que el público alucinara desde el principio.*

Soltamos la idea, les moló y empezamos a desarrollarla. Le
pedí a Dani Martín que me diera una lista con las quince canciones que según ellos tenían que ir por cojones en el show, nosotros
aportábamos otras quince y a partir de eso trabajaríamos para
elaborar el repertorio mezclado. Estaba en casa haciendo el primer borrador y escribí: «Intro; Insoportable *cantado por nosotros».
Lo vimos todos, estuvieron de acuerdo y lo ensayamos en un teatro
que alquilamos en la calle Alcalá.*

Trabajamos duro, matizamos cosas y lo montamos. Fue un
pelotazo, hicimos doce conciertos juntos y lo vieron unas doscientas cincuenta mil personas; solo en el Calderón había setenta mil.

Lo simultaneábamos con nuestra propia gira. Recuerdo una
anécdota con Dani Martín al acabar en el Calderón. El tío estaba
en una nube por la que habíamos armado. Llegó al camerino, se
me quedó mirando muy trascendental y dijo: «¡Coño, David! Y
después de esto, ¿qué?». A mí lo primero que se me ocurrió decirle es que no sabía ellos, pero nosotros al día siguiente nos íbamos
a tocar a Pamplona [risas]. Por muy grande que hubiera sido el
logro no era el fin ni el principio de nada, sino un paso más.

DANI. Aquel día es difícil de olvidar por todo. Técnicamente no
salimos muy contentos con la producción, que fue un desastre. En
principio se iban a hacer dos fechas en Las Ventas, pero viendo
que estaba todo vendido nuestra oficina lo pasó al estadio Vicente
Calderón sin tener nada preparado, lo anunciaron sin haber hablado siquiera con los del Atleti.

Esa oficina no estaba preparada para una producción del
tipo de un concierto de U2 o los Rolling Stones, quisieron escati-
mar por todos lados y fue un gran error. Eso sí, la respuesta de la
gente fue alucinante. Vivimos grandes emociones aquella noche
en el escenario. Tal vez no haya sido el más impresionante de to-

dos, al menos para mí, pero sí fue una pasada. La gente lo puede seguir disfrutando gracias a internet.

Fue la primera vez que un grupo español, en este caso dos, lograban llenar un aforo tan grande, hasta entonces solo lo había conseguido Alejandro Sanz como artista español en su gira Más. Allí tocaron los Rolling, Prince, Madonna o Michael Jackson, que yo estuve en el concierto y no llenó, mientras que el día del nuestro no cabía un alfiler.

JAVI. Siempre es impresionante mirar desde la batería ese cuadro del grupo tocando y esa inmensidad de personas, algo que ya hemos podido vivir en más ocasiones, pero en Madrid era la primera vez en un estadio así; era el triple de gente que en Las Ventas. Fue muy emotivo, porque te hace más ilusión que sea en Madrid, que es tu casa. Aquello era tan inmenso que tenía la sensación de que no teníamos potencia suficiente para que se nos oyera con todo ese gentío.

Logramos un récord histórico, el Calderón se sobreaforó. Yo recordaba haber ido a conciertos como los de Michael Jackson, Genesis, Madonna o Prince y ver claros. El único al que fui como espectador que sí me dio la sensación de estar petado fue el de Bruce Springsteen, pero aun así, no tanto como lo vi el día que tocamos con El Canto del Loco.

RAFA. Esa noche impresionante fue un subidón, sobre todo para mí, que soy del Atleti. Fernando Torres, que es mi ídolo, fue al camerino con Dani Martín y nos dijo que habíamos metido más gente que ellos con el equipo. Le respondí que eso era porque con nosotros dejaban pasar mogollón de gente al césped y con ellos solo dejaban pasar a veintidós y al árbitro. Nos descojonábamos, es un tío de puta madre.

Cuando estábamos en la prueba de sonido, Dani Martín, su primo Otero y yo pedimos una pelota para echar una pachanguilla, pero no nos dejaron los encargados porque decían que se

David y Dani Martín en un momento del histórico concierto del estadio Vicente Calderón.

© Domingo J. Casas

Sesión de fotos en enero de 2002 en Madrid para el disco *Peligrosamente juntos*.

© Javier Salas

El estadio Vicente Calderón lleno a reventar el 6 de julio de 2005 para el concierto de Hombres G y El Canto del Loco, una fecha memorable en el pop-rock español.

© Gonzalo Castro

La banda con dos fans muy especiales: arriba, segunda por la derecha junto a Javi, Pauli Villamarín, quien colabora en el manejo de las redes sociales oficiales; abajo, en el centro junto a David, Francisco Romero, creador de HombresG.net.

Ensayo en el local para el disco *10*.

Esencia pura de buen rollo de Hombres G en la sesión de fotos para el disco *Desayuno continental*.

© Jorge Alvariño

© Carlos Melder

© Carlos Melder

Diferentes secuencias de la grabación de *En la playa*, una experiencia única para un acústico muy original. En la primera fotografía, la banda saliendo del mar vestidos de traje, la imagen ideada para el concepto de portada del disco. En el centro, con Albert Hammond, Ana Torroja y el dúo estadounidense Ha*Ash cantando sobre el césped de uno de los jardines del hotel Varadero de Zahara de los Atunes. Abajo, el grupo con Pereza.

© Carlos Melder

En el Hollywood Bowl, arriba David y Dani con sus parejas en un viaje en los ochenta y abajo el día que debutaron en ese legendario escenario.

© Antonio Rodríguez «Esqui»

© Antonio Rodríguez «Esqui»

Una banda de leyenda en escenarios míticos con *sold out*. Arriba, en el Radio City Music Hall de Nueva York, y en el centro, al acabar el show. Abajo, en el Staples Center de Los Ángeles en pleno concierto, y en página siguiente a las puertas del recinto.

© Antonio Rodríguez «Esqui»

© Vive Latino/Ocesa

Espectacular imagen de la actuación de Hombres G frente a 85.000 personas en el festival Vive Latino en la Ciudad de México en 2017; en el centro, final del concierto en el emblemático Liceo de Barcelona; abajo, la plaza de toros de Las Ventas a rebosar el día de la grabación del concierto del 30 aniversario que dio lugar al disco en vivo *En la arena.*

© Antonio Rodríguez «Esqui»

© Antonio Rodríguez «Esqui»

© Juan Pérez Fajardo

Hombres G junto a Enanitos Verdes en una imagen en los camerinos después de un concierto de una de las más originales y exitosas giras del pop-rock en español, *Huevos Revueltos.*

Hombres G y Taburete después del concierto en el WiZink Center de Madrid.

La familia G a día de hoy con estas originales «chamarras» (cazadoras) con motivo de una de las últimas giras de la década en México. Arriba: David, Pablo Serrano (técnico de sonido), Augusto Serrano *(tour manager),* Juan Muro, Dani, Javier Bullito *(backliner),* Rafa y José Collantes (técnico monitores). Abajo: Javi, José Carlos Parada y Esquimal *(road manager).*

El día de la boda de Dani y Andrea, Javi, haciendo gala de su sentido del humor, gesticula con una chapela tratando de imitar a Santi de Los Serrano (interpretado por Jesús Bonilla) en el momento de captar la imagen.

FELIPE VI
REY DE ESPAÑA

PREVIA DELIBERACIÓN DEL CONSEJO DE MINISTROS DE 22 DE DICIEMBRE DE 2017 Y EN CONSIDERACIÓN A LOS MÉRITOS QUE CONCURREN EN «HOMBRES G.» BANDA ESPAÑOLA DE POP ROCK TUVO A BIEN CONCEDERLE POR REAL DECRETO NÚMERO 1064/2017 DE 22 DE DICIEMBRE.

LA MEDALLA DE ORO
AL MÉRITO EN LAS BELLAS ARTES

EL MINISTRO DE CULTURA Y DEPORTE
José Guirao Cabrera

La Medalla de Oro al Mérito en las Bellas Artes, el mayor reconocimiento a la trayectoria de la banda. El grupo en el momento de recoger la medalla y el título acreditativo del premio.

En el Palacio Real el 12 de octubre de 2018, día de la anécdota de la caída de Christine, pareja de David. De izquierda a derecha: Dani y Andrea, David y Christine, Javi y María José, y Rafa y Cristina.

Javi contempla la placa que en honor del grupo luce para siempre en el Arena Ciudad de México, como banda legendaria con mayor número de *sold out* en dicho escenario.

Hombres G a bordo del jet que usaron para desplazarse durante la gira *Resurrección* por México en marzo de 2020. La foto es del día del viaje a Monterrey, donde ofrecieron el último concierto al interrumpirse la gira por la pandemia del Covid-19.

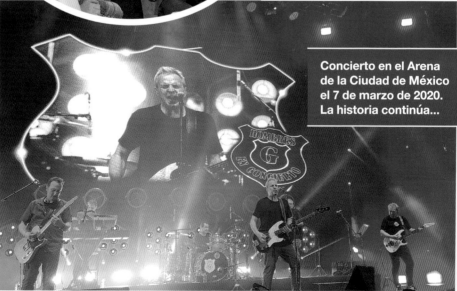

Concierto en el Arena de la Ciudad de México el 7 de marzo de 2020. La historia continúa...

© LatinNewsXXI

estropeaba el césped. Quisimos ir a celebrarlo con nuestras fami-
lias, pero tampoco podíamos pasarnos mucho porque al día
siguiente tocamos en Pamplona, que además fue un contraste muy
interesante porque fue en un sitio más recogido y pequeño. Estuvi-
mos de puta madre, yo lo agradecí mucho, porque si hubiera sido
otro concierto de esos de mogollón de peña habríamos estado
reventados. Es de esos momentos en los que reflexionas como
músico sobre lo grandes que hemos llegado a ser como grupo, de
cantar delante de setenta mil personas pasamos al día siguiente a
un sitio recogidito, que te hace igual de grande como banda. A mí,
como rockero, me gustan más los bares que los estadios grandes,
suena como diferente.

ME SIENTO BIEN SIENDO NÚMERO UNO OTRA VEZ

A lo largo de 2006 se presentó en Estados Unidos el recopilatorio *Los Singles 1985-2005*, que logró vender medio millón
de copias. Los Hombres G regresaron a los escenarios estadounidenses para recorrer catorce ciudades y culminaron ese
año entre España y América con más de ciento cincuenta conciertos a sus espaldas.

En mayo de 2006, la presidencia de la Academia Latina
de Artes y Ciencias de la Grabación otorgó un Grammy honorífico a la excelencia a Hombres G por su exitosa trayectoria artística en una velada en la que compartieron honores
con Paloma San Basilio y Luz Casal. A la hora de concederles
la distinción, se destacó su contribución a la difusión internacional del pop-rock latino.

La gala Tributo a la Música Española tuvo lugar en Valladolid, con su alcalde Javier León de la Riva como anfitrión,
dentro del programa conmemorativo del V Centenario del
fallecimiento de Cristóbal Colón. Al día siguiente se celebró
el festival Valladolid Latino en el estadio José Zorrilla, como

recogió el periódico *El Norte de Castilla* en su edición del 27 de mayo:

> La Academia Latina de Artes y Ciencias de la Grabación (Laras), responsable de los Grammy, escogió anoche Valladolid para entregar sus galardones a la excelencia. Los integrantes de Hombres G —David, Dani, Rafa y Javi— recogieron el premio de manos del compositor brasileño Tom Gomez. David Summers, portavoz del grupo, aseguró que «quizá este es el premio más importante que nos han dado». «Hemos vuelto con ganas de dar guerra, así que espero que nos deis más premios alguna vez», indicó el vocalista de Hombres G. Casi trescientas personas asistieron en el Museo Patio Herreriano a la recepción, cena y posterior entrega de los premios. La gala estuvo amenizada por la actuación de la cantante Chenoa. [...] Los homenajeados llegaron uno a uno; los primeros, los cuatro integrantes del grupo Hombres G. Pisándoles los talones llegó Paloma San Basilio, que se fundió en un cariñoso abrazo con David Summers, felicitándose mutuamente. La gallega Luz Casal fue la última premiada en hacer acto de presencia. De negro absoluto, la cantante fue aclamada, al igual que sus compañeros galardonados, por los cientos de vallisoletanos que se acercaron a la entrada del museo para ver de cerca a los artistas y personalidades invitadas al acto.*

JAVI. Este premio honorífico fue una gran satisfacción, por fin se nos empezaba a hacer justicia con lo de los premios. El único problema es que no tenemos el premio en nuestras manos, nos lo dejamos allí aquel día; la persona que debía recogerlo no nos lo entregó y se quedó en la oficina. Ojalá lo podamos recuperar, nos

* *El Norte de Castilla.*

haría mucha ilusión tenerlo. Nos dieron también unos diplomas enmarcados muy bonitos con el famoso gramófono estampado.

DAVID. Yo al menos conservo unas láminas con unas réplicas preciosas de los primeros mapas de Colón que nos regalaron aquel día junto al premio. Era como un galardón honorífico en reconocimiento a nuestra carrera y nos hizo mucha ilusión. Muy poco después estuvimos nominados con el disco 10.

DANI. Los Grammy Latinos hace años que tienen interés por desembarcar en España. Isabel Díaz Ayuso, presidenta de la Comunidad de Madrid, nos dijo cuando fue a vernos al concierto del WiZink Center en noviembre de 2019 que hay un interés recíproco por traer la gala de los Grammy a la capital y ojalá se haga, sería muy bueno.

RAFA. Recuerdo que aquella noche estuve mucho rato charlando con Chenoa, que actuó en la gala y es una tía majísima, nos reímos mucho. El premio por supuesto mola muchísimo. Otra vez nos dio por pensar que nos habían negado algunos premios en España y sin embargo nos daban uno honorífico dentro de los galardones más importantes que hay en el mundo de la música a nivel mundial.

En 2007 llegó un nuevo disco original de los Hombres G que no necesitó de mayores esfuerzos para buscar su título. El décimo fue *10*, así de simple. Calentó motores desde el 21 de julio de 2007 con el estreno en la radio del primer sencillo, *Me siento bien*, con el que la banda volvía a encaramarse al número uno en ventas en su primera semana y a lo más alto de las listas de éxito radiofónicas españolas dieciocho años después de que *Voy a pasármelo bien* alcanzara semejante logro.

El disco acabó de mezclarse el 30 de julio tras un proceso de un año y medio invertido entre su composición y su grabación. Hombres G obtuvo una nominación por este disco en los Grammy Latinos en la categoría Mejor Álbum Vocal Pop/Dúo o Grupo.

Carlos Jean fue el productor. El polifacético músico, productor, DJ, publicista y cantante, con seis nominaciones a los Grammy Latinos y un Premio Ondas al mejor DJ, le dio su toque personal de calidad. Carlos fue siempre un gran seguidor y admirador de Hombres G desde que era un niño y vecino de David Summers en la calle Piquer. Durante el tiempo que pasaron juntos les contó la gran cantidad de veces que había disfrutado con sus canciones. Sustituyó a Javi en un concierto de aforo reducido para Spotify. Fue algo parecido a lo que le sucedió a The Beatles cuando debieron intervenir de amigdalitis a Ringo Starr en 1965. Javi estaba de baja por una indisposición y se dieron cuenta de que Carlos podía echarles una mano en esa ocasión.

> Carlos es un gran desconocido. La gente imagina que él te va a hacer sonar como Marta Sánchez o en plan electrónico, pero es un tío con un talento inmenso, un músico impresionante y un gran productor. Nos ha dado una calidad enorme [David].*

El disco se puso a la venta el 18 de septiembre de 2007 y se encaramó a lo más alto del top musical en la primera semana. En 2008 publicaron su segundo sencillo, *Nunca más*, al que siguieron dos más, *Hombre real* y *Loco de amor*. El álbum lo completan los temas *No puedo apartar mis manos de ti, Solo quiero conocerte, Sobre tu respiración, Difícil de entender, Mi vida sin ti, Todo el mundo es feliz, Multiplicados por 9* y *Nada que perder*.

---

* *El Mundo.*

La era digital hizo acto de presencia en la vida del grupo. Antes de lanzar el formato físico, *10* pudo adquirirse en iTunes. El enorme éxito del disco vino acompañado de otra gran gira a ambos lados del océano Atlántico.

DAVID. *Lo titulamos así porque éramos conscientes del logro de haber llegado a publicar diez discos en España, donde los grupos siempre fueron efímeros. Modestia aparte, nos merecíamos un diez por eso y por lo que estábamos haciendo. Cuando se nos brindó la ocasión de hacer ese décimo disco quisimos volver a arriesgar un poco. Lo hablamos entre todos y propuse dar un salto; no quería que nos enquistáramos. Quisimos dar un pequeño sustito a nuestra gente para hacerle ver que no había que dar nada por sentado. Lo conseguimos y el público respondió de puta madre.*

JAVI. *Fue un subidón muy reconfortante para nosotros después de tantos años volver a ser número uno, fue algo realmente flipante, la gente no se lo podía creer. El último número uno que hicimos fue en 1989, cuando sacamos Voy a pasármelo bien. Habíamos vuelto en 2002 y cinco años después seguíamos en el número uno. Fue un momento especial por dos razones: por un lado, la canción y el disco eran un fiel reflejo de nuestro punto de madurez, dábamos lo mejor de nosotros mismos, y por otro lado ya se empezaba a ver que las ventas de discos físicos caerían y la industria tendría que reinventarse. Este disco nos dio impulso para volar por nuestra cuenta en la era digital.*

17

La era digital

Querrán derribarte.
No debes asustarte.
Ganar o perder
solo depende de ti.

DAVID SUMMERS,
Depende de ti

En la doble página anterior: foto de estudio de Hombres G para la campaña de los singles digitales ya iniciada la segunda década del siglo XXI. (Foto Carlos Malder.)

Antes de llegar al 30 aniversario del primer elepé había que pasar por las bodas de plata, a las que el grupo llegó en plena transición de una industria musical que necesitaba vascular forzosamente hacia el mundo digital. A partir de este momento se potenció su presencia en las redes sociales y se experimentó con el lanzamiento de algunos sencillos digitales producidos de manera independiente. Hombres G celebró aquel cuarto de siglo con un sold out en la legendaria sala londinense O2 Shepherd's Bush Empire el 29 de mayo de 2010 y en noviembre con Desayuno continental, primer disco en el que pasaban a ser dueños del máster. El primer lustro de la nueva década trajo de la mano un disco acústico espectacular en los atardeceres del Atlántico.

DESAYUNO 360

El undécimo álbum de Hombres G, *Desayuno continental*, fue grabado en Madrid, entre los estudios Red Led y las instalaciones del domicilio personal de Carlos Jean, quien repitió como productor. De nuevo fue el fruto de un largo proceso de composición y selección de temas que se alargó casi dieciocho meses. La gran novedad radicaba en el hecho de que el grupo empezaba a funcionar de manera distinta, como dueños absolutos del máster de sus canciones, dejando atrás su vínculo contractual con Warner.

La banda sopesó la idea de editarlo solo en formato digital, pero al final se lanzó también en CD, sorteando la crisis del sector y logrando unas buenas ventas tanto en España como en América después de su publicación el 16 de noviembre de 2010. El primer sencillo fue *Separados*, una bella canción de tintes nostálgicos interpretada a dúo con la cantante Bebe que adquirió cierto protagonismo en las redes sociales durante el confinamiento de marzo, abril y mayo de 2020. La acompañaron otras diez canciones: *Soy como tú, Vete de mí, El secreto de vivir, Desayuno continental, No puedo soportar perderte, Morir entre semana, Sistema solar, Aprendiendo a volar, Déjame quedarme* y *El secreto de vivir* en edición digital versión remix para iTunes. De la mano del disco, el grupo realizó otra extensa gira por América y España en 2011.

DAVID. Cuando volvimos en 2002 teníamos un disco pendiente con Warner y seguimos con ellos porque era más fácil y Dani estaba ahí. Nos fue bien, lo que pasó es que llegó un momento en que decidimos no tener compromiso con nadie, sino ser nosotros mismos los dueños de nuestros discos, desde la producción, las fotos o los videoclips hasta la promo, todo lo necesario. Luego pensamos con quién nos podíamos entender mejor para distribuirlos durante un tiempo determinado, pero el máster sigue siempre siendo nuestro, con lo cual podemos hacer lo que queramos con ellos.

Lo hicimos por primera vez con Desayuno continental. Llegamos a un acuerdo para la distribución con Sony BMG y funcionó. El titular no tiene nada que ver con el disco de Supertramp, por muy fan que sea de ese disco. Nos hemos pasado media vida en los hoteles y conocemos de sobra esa sensación de puta madre cada vez que coges una carta y ves lo de «Desayuno continental», esos desayunazos de hotel de toda la vida, esa dulce sensación es lo que queríamos transmitir.

Es un disco que tiene canciones muy bonitas, entre ellas Separados. Está inspirada en una vieja idea de mi época en solitario, un tema que hice con una música que me ofreció Nigel Walker que se llamaba Separarnos, donde había un dúo con una cantante simulando un diálogo de una pareja que se está divorciando. La grabé con Mercedes Ferrer para el álbum de Perdido en el espacio, pero al final no gustó en la compañía y se quedó fuera. Aquella letra me inspiró para el tema que cantamos con Bebe, pero la música no tiene nada que ver, es una canción completamente diferente.

DANI. El formato físico está abocado a convertirse en algo puramente anecdótico, a ediciones simbólicas y limitadas para los fans que quieran tener un compacto o un vinilo. Decidimos sacar el CD porque mucha gente todavía nos lo pedía. En ese momento las compañías no tenían claro cuál iba a ser su futuro, porque el disco físico estaba ya condenado a muerte, y empezaron a hacer lo que llamaban el «360», que significaba que la compañía se lleva un porcentaje de todo lo que haga el artista, incluidos los conciertos, el merchandising o una posible esponsorización.

Nosotros lo rechazamos y decidimos no ligarnos a un contrato con Warner como teníamos antes. A partir de Desayuno continental nos estrenamos en la nueva era de la música. El 360 está muy bien si es el propio artista el que maneja su máster.

Fue el primer disco en el que decidimos pagar nosotros y llegar solo a un acuerdo de distribución al mejor postor, en este caso con Sony, por un período de tiempo de cinco años a cambio de un porcentaje. Nosotros corríamos con todos los gastos, pero el máster es nuestro. El resto de las cosas que hemos hecho, como Resurrección o canciones sueltas como Por una vez, Depende de ti o Esperando un milagro, ha sido con la propiedad íntegra del máster. Hicimos una pequeña excepción con En la playa de com-

partir al 50 por ciento con Sony BMG, puesto que en el contrato había otras implicaciones por parte de ellos. En la actualidad nuestros discos están distribuidos por Altafonte.

SUFRE FISTRO MAMÓN DUODENAL Y VISITA NUESTRO CANAL

Una de las grandes novedades que vinieron de la mano de la nueva era digital fue el canal de televisión en internet *www. hombresg.tv*, a través del cual se pretendía reunir y difundir todos los productos de la banda apoyados en una fuerte estrategia paralela de marketing digital, con enlaces en sus redes sociales, en período de expansión, desarrollo y potenciación de las mismas.

Hombres G TV estrenó en exclusiva a nivel mundial el sencillo en forma de videoclip de *Separados*. El canal implicaba una ardua labor de generación de contenidos, demandaba constantemente videoblogs personales de los cuatro miembros de la banda con el fin de interrelacionarse con los fans de todo el mundo.

DAVID. Empezamos a fantasear con la idea de hacer algo distinto, y entre las ideas que surgieron estaba la de un canal de televisión en internet. Acabó siendo una locura, porque había que estar todo el tiempo alimentándolo con contenido, metiendo una cámara en el local de ensayo, haciendo actuaciones en streaming para los fans, etc.

Se nos ocurrió lo de los humoristas. Recuerdo con mucho cariño a Chiquito de la Calzada, fue increíble, ¡qué gran ser humano! Mi tío Tomás y Juan y Medio nos arreglaron la cita en Canal Sur y nos fuimos Dani y yo un día en el AVE a Sevilla aposta con el cartelito para hacerle el vídeo de Hombres G featuring Chiquito de la Calzada en la versión más cachonda de Sufre mamón. «Me cago en todas tus muelas, sufre mamón, devuélveme a mi Luisita», cantaba improvisando. Nosotros nos partíamos de la risa. Decía: «Como hay una crisis muy mala, uno de los mejores grupos de España está aquí», y sujetaba en sus manos el cartelito con la dirección digital del canal. Yo invito a todo el mundo a que busque en YouTube el vídeo del «sufre fistro mamón duodenal» y se ría unos minutos. Era todo muy divertido, pero el tiempo, el esfuerzo y la dedicación que había que echarle nos fue haciendo desistir poco a poco.

JAVI. Nos adelantamos una vez más a los acontecimientos, fuimos pioneros en aquel momento con todo el rollo de internet y de las redes. Confiamos el trabajo de nuestro entorno digital a los chicos de Novae, son muy majos y lo hicieron genial, son unos informáticos espectaculares. Entre ellos estaba Tony Jiménez, un brillante profesional que dio el salto a Silicon Valley y trabaja para todas las grandes compañías como Uber, Google y Apple, es un crack. Cada vez que giramos en San Francisco se acerca a saludarnos.

Nos llegaron a través de Carlos Jean porque ellos querían trabajar para el mundo de la música y del espectáculo. Tuvimos el patrocinio de Peugeot, hicimos un anuncio en el que el protagonista era Paradise. Recuerdo que hasta nos llamó Eduard Punset y mucha gente conocida para interesarse por cómo habíamos sido capaces de conseguir tantos seguidores.

Los vídeos que hicimos con Peugeot fueron un hit en la historia de internet. El protagonista era Jason Paradise y nosotros interactuábamos con él. Un día salía como que iba a su local en su Peugeot nuevo y charlábamos con él en el local; fue algo novedoso en la historia de internet en ese momento que un grupo hiciera algo así, y lo de los humoristas estuvo genial. Invitamos a Chiquito, Los Morancos, Faemino y Cansado... Eso fue muy grande.

DANI. Hubo un momento en que nos dimos cuenta de que el modo de comunicarnos iba a experimentar un cambio profundo de la mano de las redes sociales. Al principio, muchos artistas y compañías eran reacias a usar estos canales como medio de difusión. El entusiasmo que ponía la gente nueva que manejaba estos medios sociales era tremendo. Por eso intentamos lo del canal en internet, a través de él y de su difusión en redes pensamos que se podía canalizar por ahí también nuestra música.

La tecnología te permitía retransmitir por streaming algunos ensayos y hacer muchas cosas. Nosotros teníamos un catálogo de diez discos y grandes giras y teníamos que apostar claramente por todo ese desarrollo digital. Es lo que todo el mundo hace hoy en día, pero diez años atrás parecía más osado. La apuesta por el desarrollo digital nos ha colocado en una buena posición y es una excelente herramienta para avivar el fuego y estar en constante contacto con nuestros fans y seguidores en general.

Aprovecho para agradecer públicamente a las personas que siempre han mostrado interés y han sacado tiempo propio para colaborar en nuestras redes durante muchos años, como Pauli Villamarín, una chica de origen ecuatoriano afincada en España desde hace años, o para mantener una página web durante muchos años como es el caso de Francisco Romero, un mexicano residente en California, creador de www.hombresg.net.

RAFA. Nos pasábamos el día grabando vídeos, mandando mensajes y creando contenidos para redes. Vivimos en otra era distinta. Todo gira en torno a los likes en las redes o lo que suenes en YouTube y Spotify. Antes la gente se gastaba la pasta en los discos y nosotros sabíamos en función de las ventas que íbamos a petar las plazas. Ahora hay que estar pendientes y felices si nos oyen mucho en Spotify, y nosotros no nos podemos quejar, estamos entre los tres grupos españoles más escuchados con una cifra muy buena, por encima de los cuatro millones de oyentes mensuales, que es una pasada.

Todo se ha vuelto muy virtual, los conciertos es lo único real que nos queda para estar en contacto con la gente, pero ahora, *como se ha visto por culpa de la pandemia, se pueden hacer conciertos virtuales. Tenemos gente muy maja que colabora con nosotros en nuestras redes desde hace tiempo, como Pauli o Paco, y es para quitarse el sombrero, pero tal vez sea el momento de plantearnos tener a alguien contratado de modo permanente para que coordine todo el mundo Hombres G online de un modo más profesional, aunque sin dejar de contar con esa gente tan maja que se vuelca de manera desinteresada con nosotros.*

Con datos recogidos en el momento de cerrar esta edición en el mes de septiembre de 2020, Hombres G contaba con 4.425.511 oyentes mensuales en Spotify y una tendencia ascendente, y era en ese momento el tercer grupo de pop-rock español con más oyentes, casi empatado con el segundo y muy cerca del primero. El videoclip *Voy a pasármelo bien* que realizaron antes de su gira *Huevos Revueltos* era el más visto de su canal de YouTube hasta ese momento y acumulaba 4,3 millones de visitas.

LA BANDA SONORA DEL SOL NARANJA DE ZAHARA DE LOS ATUNES

La publicación de *En la playa* el 29 de noviembre de 2011 hizo realidad otro viejo sueño. Hombres G por fin tenía su acústico, para el que se eligió el clima suave de septiembre, la luz y el mar de Zahara de los Atunes, en la provincia de Cádiz. Una idea original que se plasmó en diez canciones, una nueva titulada *Si seguimos así* y nueve versiones de los clásicos, siete de ellas a dúo con artistas invitados: *Voy a pasármelo bien* con Pereza; *Lo noto* con Miguel Bosé; *Si no te tengo a ti* con Ana Torroja; *Te vi* con Albert Hammond; *Temblando* con Ha*Ash; *Te necesito* con Dani Martín y *Un par de palabras* con Álvaro Urquijo. Cerraban el disco *Te quiero y Huellas en* *la bajamar* interpretadas por Hombres G. *Venezia* quedó fuera por la personalidad de la canción, ya que se prestaba menos a una versión de esas características.

El disco fue retocado en PKO Estudios y Noisy House, donde se añadieron algunos arreglos, y se comercializó en formato CD con un libreto y un DVD que entró como número uno en ventas desde la primera semana de ponerse a la venta. Se mantuvo veintisiete semanas entre los más vendidos en las listas oficiales españolas de Promusicae.

El DVD incluía un documental, y a los temas del CD se añadía un intro de *Venezia*, *Devuélveme a mi chica* y *Marta tiene un marcapasos* con Ana Torroja, Ha*Ash y Albert Hammond; *La primavera*, *En la playa* y *No te puedo besar* cantando sobre la arena con Dani Martín y un bonus de *Lo noto* con Miguel Bosé, tema que fue elegido como single.

DAVID. Fue un viejo sueño hecho realidad. Zahara de los Atunes ha sido mi casa de recreo durante casi veinte años. El hotel Varadero es un lugar que está sobre la misma arena, al final de un camino, con un jardín precioso, como un oasis. Visualizaba un disco ahí en directo, en plan acústico, con ese mar y esa luz, grabando el ruido de las olas y de los pájaros.

La idea le encantó a todo el mundo, era algo que habíamos hablado en más de una ocasión. Lo enfocamos como un encuentro de amigos, que llegaran allí, compartieran con nosotros, se tomaran una cerveza, nos comiéramos un arrocito, nos bañáramos en la playa y nos lo pasáramos de puta madre. Cuando llegara el atardecer nos pondríamos a tocar. Con ese ambiente era imposible que no hiciéramos un buen disco.

Así, tal cual lo planeamos, lo hicimos. Fue a mediados de septiembre. Alojamos en el hotel mismo a los invitados y algún que otro amigo nuestro. Es un hotel pequeño tipo boutique de doce habitaciones, le encantó a todo el mundo. Lo teníamos solo para nosotros y eso hizo que se creara un ambiente todavía más relajado, con momentos increíbles. Recuerdo las noches con una energía muy especial, tirados en la playa tranquilamente con unas hogueras y unas conversaciones deliciosas.

Vinieron todos nuestros amigos y las chicas de Ha*Ash, que fueron nuestras invitadas porque Sony nos pidió un favor que hicimos encantados, porque además son maravillosas y muy humildes; nos decían que se sentían muy honradas de poder estar ahí.

Necesitamos unos cinco días. Ensayábamos las canciones un poquito a media mañana y después de la siesta para probar sonido al tiempo. Cuando grabábamos con la luz naranja del atardecer salían de una vez. El disco quedó precioso, a mí me encanta. Hicimos una canción nueva que se llama Si seguimos así y nosotros solos grabamos una versión acústica de Te quiero y otra de Huellas en la bajamar. El resto fue con nuestros amigos invitados.

El único que no pudo estar físicamente allí fue Miguel Bosé por incompatibilidad de agenda, pero aun así nos dijo que él quería estar en el disco y que tenía muchas ganas de cantar Lo noto, una de las canciones que más le gustan. Quedamos para grabarlo él, Francisco Montesinos, que era el productor, y yo una mañana en los estudios PKO en la sierra en Boadilla y listo.

A Miguel lo conocemos desde mayo de 1986, en plena gira triunfal nuestra de aquel entonces. Fue en un programa de televisión que grabamos en Barcelona, Directo en la Noche. Nos dedicó unas bonitas palabras, nos dijo que era lo más fresco que había oído en los últimos tiempos. Él era ya toda una figura, le pedimos que nos firmara unos autógrafos para nuestras novias, porque todas eran fans suyas. Con el paso del tiempo desarrollamos una amistad que se mantiene hasta la fecha.

Albert Hammond estaba en Sotogrande. Es un tío de puta madre, un cachondo. Somos amigos desde que me buscó para que cantara en un disco suyo. Recuerdo que me llamaron para decirme que iba a sacar un disco de duetos y que quería que cantara con él la canción Si me amaras, que es el When I need you en inglés. Me quedé impresionado, esa balada la había bailado en los guateques cuando tenía catorce años y Albert era mi ídolo, uno de los compositores de referencia de toda la vida. Me volví loco y respondí de una vez que por supuesto que iba. Me lo pasé de puta madre. Pasamos todo el día juntos, comimos juntos, nos hicimos supercolegas. Nos dimos los teléfonos y empezamos a tener contacto. A veces me llamaba el tío nada más que para contarme un chiste o para decirme que estaba en Los Ángeles comiendo con Burt Bacharach, Stevie Wonder y Smokie Robinson. Tuvimos muy claro que iba a ser uno de los invitados y la canción quedó muy bien, sublime con el aporte de su voz.

DANI. Se lo ofrecimos a Warner. Alfonso Pérez y José Carlos «Charlie» Sánchez eran mis amigos, habían sido mis compañeros, pero a pesar de la buena relación que teníamos con ellos las conversaciones con Warner no prosperaron. Era un momento en el que las compañías estaban reinventándose y surgió lo del 360. Nos lo propusieron, pero a nosotros no nos interesaba. Sin embargo, Carlos López, presidente de Sony BMG, nos hizo una oferta que no nos obligaba al 360 y llegamos a un acuerdo con él.

La idea de hacerlo en la playa le parecía genial y firmamos un contrato de obra con Sony para hacerlo. Justo el día que empezamos la grabación, para nuestro asombro, el presidente de la compañía se presentó allí. Carlos López llegó para decirnos que esa mañana se habían reunido con él para comunicarle que le echaban. Aun así, dijo que el disco seguía adelante porque se había comprometido.

Nuestra primera reacción fue pesimista. Sabíamos cómo funciona el negocio por dentro. La nueva gente no acogió el proyecto con las mismas ganas, cuando es una de las mejores joyas que hemos hecho a lo largo de nuestra carrera.

En Zahara había un ambiente cojonudo, tal como lo teníamos pensado. Fernando Montesinos, el productor, es una garantía de que no vas a aburrirte en una convivencia. Las hermanas Ashley estuvieron los tres días y lo pasaron genial. Ana Torroja pasó un día entero, ella es una habitual de Tarifa, que está muy cerca. Lo que no apreciamos en ningún momento fue mal rollo entre Rubén y Leiva de Pereza, aunque resultó que cuando hicieron el tema con nosotros fue la última vez que actuaron juntos; al mes siguiente nos enteramos de que se habían separado después de doce años juntos.

Estaba con mi hijo Pablo cuando llegaron los dos. Él es muy fan de Pereza y se quedó alucinado al ver que nada más llegar se fueron a la playa, se quedaron en pelotas y se metieron al agua. Vino corriendo y riéndose, diciendo que estaban como cabras.

Grabamos el disco en cuatro días, el tiempo que pasamos en el hotel. Fue un disco hecho con una energía muy especial, estábamos muy bien, descansados, plenos. La verdad es que fue muy bonito, tengo un recuerdo muy especial de ese disco. Fue una pena que se cruzaran aquellas circunstancias en Sony, porque si no el rendimiento del disco habría sido mucho mayor de lo que fue. Lo mejor de todo es que es un disco imperecedero, lo puedes escuchar tanto ahora como dentro de veinte años que te seguirá pareciendo muy interesante.

JAVI. Cuando volvimos a poner sobre la mesa el tema del acústico David y yo estábamos en Zahara de los Atunes. Él soñaba con la idea de hacer un disco ahí y se nos ocurrió que podía ser un momento muy bonito para hacerlo justo a la vuelta del verano, cuando la temperatura es más agradable pero los días todavía son largos para poder aprovechar los atardeceres espectaculares de esa zona que nos servirían de escenario perfecto para grabar.

Fue dicho y hecho. Elegimos el repertorio y a los amigos que queríamos invitar y que podían ir. El único artista que llegó por sugerencia de la compañía fue Ha*Ash, que probablemente sería en esos momentos una prioridad estratégica para Sony, pero las escuchamos y nos moló.

Fue un encuentro maravilloso con ellas, tanto Grace como Hanna Nicole son encantadoras y salió una maravillosa versión de Temblando que tiene un encanto especial también por la mezcla intergeneracional, ya que ellas son mucho más jóvenes que nosotros. A raíz de aquello hicimos amistad y nos hemos vuelto a ver de vez en cuando. Una vez, cuando fuimos a México vinieron a cantar con nosotros en el Auditorio Nacional.

Cada mañana nos levantábamos con una gran energía, es una experiencia muy bonita levantarte en la playa para tocar en directo, encima con amigos y encima en mi pueblo, porque yo tengo casa en Zahara desde hace muchos años y en poco más de un minuto me presentaba en el hotel Varadero.

Tocar la batería con todos ellos fue un honor para mí. Yo estaba empeñado en hacerlo sobre la misma arena, en mitad de la playa, donde la gente se podría acercar de manera espontánea, al estilo de los conciertos que hacen en los chiringuitos. Era un poco más complicado técnicamente, pero si hubiéramos insistido lo habríamos logrado, pero bueno, aun así estuvo espectacular, lo hicimos en un jardincito del hotel, más recogidos y con esa luz de la puesta de sol de Zahara naranja que es maravillosa.

El rollo del cese de Carlos López es lógico que perjudicara al disco. Cuando fue allí a contar toda la movida nos quedamos un poco flipados, el tío pretendía que se le diera el crédito de la idea, cuando había sido una idea nuestra, y por tanto nos negamos.

RAFA. A mí el sitio me encantó. Lo que no pasó como yo pensaba fue el disfrute del entorno, porque no paramos de currar todo el rato. Ni un baño siquiera me di, el hotel no tenía piscina y la playa solo la pisamos para currar. La rutina que seguíamos era probar sonido por la mañana, después de comer descansábamos y a eso de las seis de la tarde le dábamos un repaso a la canción mientras esperábamos que bajara un poquito la luz para empezar a grabar más o menos a partir de las siete de la tarde.

Yo solo pude salir del hotel una vez en todos esos días para ir a una gasolinera con un chófer que tenía que echarle gasolina a uno de los coches que nos había dejado Jeep por una cortesía comercial. Pero lo disfruté mucho, a mí me molan más los directos *que los estudios y además con toda esa gente que reunimos era una gozada.*

Momentos especiales fueron por ejemplo cuando estuvimos con la hoguera en la playa tocando la acústica con Dani Martín, y entre los momentos más incómodos está la escenita de meternos al agua con los trajes para las fotos de la portada del disco. La idea era meternos vestidos para hacer el efecto de que desaparecíamos y luego salíamos mojados del agua, el rollo era que si salía mal no se podía repetir, era un coñazo si tenían que traer otro traje. Fue toda una odisea, teníamos que meternos hasta el pecho para hundirnos y desaparecer. Prueba a meterte en una playa con traje, corbata y zapatos, que cuando te has metido hasta la cintura ya no nos podíamos ni mover, era incomodísimo, te da la sensación de que te vas a ahogar. Después teníamos que salir con los trajes empapados, era una sensación desagradable e incómoda, pero bueno, ahí quedó para la posteridad.

MARTA TIENE UN MUSICAL

Hombres G no ha dejado de girar en ningún momento en todos los largos años de la segunda etapa desde que arrancaron en 2002 hasta 2020, tanto en América como en España. En 2012 comenzaron la gira española el 14 de abril en Murcia y la cerraron el 30 de noviembre en la sala Riviera de Madrid y el 1 de diciembre en la sala Razzmatazz de Barcelona. Finalizando el año, anunciaron que después del acústico llegaba el musical.

El 10 de octubre de 2013 se estrenó en el Teatro Compac de la Gran Vía de Madrid el musical *Marta tiene un marcapasos*, que recogía veintiuno de sus mayores éxitos, bajo la producción de Juan Baena y con la historia de Andreu Castro. El argumento giraba en torno al personaje ficticio de Marta, una joven que llegaba a España procedente de Acapulco en busca de su padre. Tras seguir las pistas junto a su amiga Belén, lo encontrará finalmente en un chiringuito de la costa, donde ella además descubre el amor.

El amor es un problema para Marta, porque sufre problemas de corazón y debe llevar un marcapasos. La dificultad para afrontar sus grandes emociones va desarrollando la historia, que logró mantenerse un año en cartel en Madrid y después girar por otros teatros de España. Contó con la dirección escénica de Borja Manso, la música de Isaac Ordóñez, la coreografía de Miryam Benedited y la escenografía de Ana Garay.

En 2016 llegó a México con una versión local que se estrenó el domingo 10 de julio en el Centro Cultural II de Ciudad de México, bajo la producción de Gerardo Quiroz y la dirección de Borja Manso. Estuvo un año en cartel. Claudia Longarte fue la actriz protagonista en el papel de Marta en la versión española, mientras que en México el papel fue interpretado por Alejandra García.

RAFA. A mí me moló mucho, creo que al que más del grupo. Fui a verlo como diez veces. Baena derrochó un gran esfuerzo, es un tío muy honesto. Era divertido y a toda la gente que lo vio le gustó. Hice grandes amistades y hasta un cameo en una escena en la que el escenario se convierte en el mercadillo de Camden Town por donde pasa por delante Rocío Madrid en su papel y le salen bailarines haciendo una coreografía. Uno de ellos la cogía de la mano y le daba un beso, y justo esa escena es la que quise hacer. Me empeñé y lo hice, para Rocío fue una sorpresa porque no lo sabía, se dio cuenta ahí mismo, cuando en lugar de salir Fabrizio, que era el bailarín que hacía la escena, salí yo. Se quedó alucinada, al igual que el público. Era un modo de apoyarlos. Yo llevé mucha gente a verlo e hicimos eventos para captar público.

Una vez conocí a una gente que estaba al lado del teatro en la plaza de la Luna, un chaval muy majo, Frank, que tenía una empresa que hacían rutas en patinetes Segway. Organicé una ruta con unos diez actores del musical en Segway desde la Gran Vía hasta Ópera y la Plaza Mayor dando un paseo de puta madre e invitando a todo el mundo para que fueran a verlo. Hice también un equipo de fútbol con ellos, nos pusieron toda la equipación y organizábamos nuestras pachangas.

DAVID. El proyecto tuvo su recorrido. Era una idea que se llevaba gestando desde tiempo atrás. Primero hablamos con otras personas, hasta que nos dimos cuenta de que eran un bluf y no tenían un puto duro. Cortamos y conocimos a Juan Baena, con el que sí lo hicimos e incluso mantenemos una amistad en la actualidad. Fue algo muy arduo, primero el trabajo de dar con las personas correctas, después seleccionar el guion que nos gustara, ver qué es lo que queríamos transmitir, revisar los diálogos para corregir las cosas que no eran cosas nuestras. Estábamos un poco perdidos, porque no teníamos experiencia en musicales.

Estuvimos horas y horas sentados en una mesa debatiendo. Luego vino el proceso de adaptar las canciones al libreto para que tuvieran sentido sin retocar mucho la letra. Al final quedó bien, aunque no es un género con el que me identifique especialmente, no soy un consumidor natural de musicales, pero reconozco que es un género de mucho éxito y que hay mucha gente a la que le gusta. De hecho estuvo un buen tiempo en taquilla en la Gran Vía y también se estrenó en México, donde estuvo otro año en cartel con una versión adaptada y actores locales. No descartamos hacer otro algún día.

POR UNA VEZ... NO HAY CD

En vísperas del 30 aniversario del primer elepé, Hombres G decidió experimentar la fórmula de los singles digitales de la mano de canciones producidas por ellos mismos, fueron los casos de *Esperando un milagro* y *Por una vez*. Los temas se incorporaron al directo desde su aparición en 2014, pero solo estuvieron disponibles en las plataformas digitales o en un CD que podía adquirirse en los conciertos. Meses después aparecieron *Depende de ti* y *Un millón de años más*, que junto a las anteriores fueron incorporadas en 2015 al recopilatorio *30 años y un día*.

DAVID. *Los singles digitales fueron fruto de nuestra fase experimental haciendo pruebas en esos años de transición en la industria. Fue otra idea que surgió al ver que había una crisis generalizada de venta de discos y una evolución de los hábitos de consumo de música fomentada por el mundo digital. La gente estaba dejando de escuchar álbumes enteros y prefería pinchar canciones sueltas de uno y otro lado.*

La industria viraba hacia eso, y con esa intención sacamos dos singles con cuatro canciones. Era como volver a la primera época de los Beatles, cuando ellos se dedicaban a sacar singles y al cabo de un tiempo sacaban el álbum, que por eso se llamaba álbum, porque era una colección de todos los singles que habían publicado. En nuestro caso el final no fue el mismo, porque esas cuatro canciones no pertenecerán nunca a ningún álbum, excepto a los recopilatorios.

DANI. *Era un momento especialmente delicado, con un panorama muy oscuro y lleno de incertidumbre en el que las plataformas de streaming se iban imponiendo y nadie sabía qué iba a pasar. Las compañías eran muy reacias a sacar discos completos. Por eso quisimos hacer la prueba con los singles. Al final nos dimos cuenta de que las canciones se quedaban en una especie de limbo, tal vez porque no era la estrategia correcta o tal vez porque no eran tan buenas como nosotros pensábamos que eran, aunque sigo pensando que sí lo son.*

JAVI. Al no haber dado continuidad a la cosa sacando más singles para reunirlos luego en un álbum, las canciones se acabaron diluyendo. Después de la celebración de los treinta años que vino justo a continuación decidimos enfocarnos en los discos de concepto, como ha sido el caso de Resurrección, y esa es nuestra manera de pensar ahora. Podemos estar dos o tres años sin sacar nada, pero muy enfocados en hacer un disco de calidad como fue Resurrección y como seguramente será el siguiente.

RAFA. Fue una experiencia. A mí la verdad es que me molaba la idea de ir sacando canciones, lo que pasa es que si me pongo a pensar en mi faceta de compositor es cierto que cuando te viene la inspiración no te sale una canción o dos, te salen más. A compositores más prolíficos, como David, que es el compositor del grupo, le salen veinte, con lo que es más fácil poder armar un álbum.

A mí sí me puede funcionar grabar en casa las cosas que me apetezca hacer en solitario y sacarlas de una en una. Me viene muy bien, porque suelo hacer canciones que no tienen nada que ver unas con otras, soy muy saltimbanqui. En el disco Saltimbankins que hice me decían justo eso, que parecía un recopilatorio.

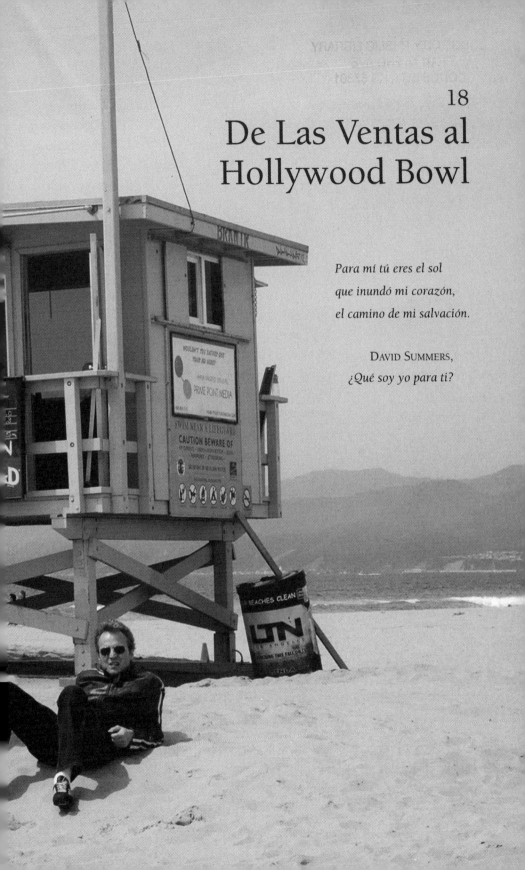

18

De Las Ventas al Hollywood Bowl

Para mí tú eres el sol
que inundó mi corazón,
el camino de mi salvación.

DAVID SUMMERS,
¿Qué soy yo para ti?

En la doble página anterior: Javi, Rafa, Dani y David, tumbado sobre la arena, en las playas del área de Los Ángeles en California.

En marzo de 2015 se cumplieron treinta años de la publicación de Hombres G. Aquel aniversario estuvo cargado de mucha emotividad y se celebró con un excepcional recopilatorio de música e imágenes. México, Perú, Estados Unidos, Panamá y España fueron testigos de todo ello. La efeméride dejó otro gran concierto para la historia en la arena de Las Ventas. Era un suma y sigue por escenarios míticos que con la década ha agregado a la lista nuevas y memorables actuaciones en templos sagrados internacionales de la música y el pop-rock, como el Radio City Music Hall, el Fillmore, los House of Blues o el mítico Hollywood Bowl. Hombres G repitió experiencia de giras conjuntas, por un lado con el grupo español Taburete y por otro con la legendaria banda argentina Enanitos Verdes, la otra mitad de los espectaculares Huevos Revueltos.

TREINTA AÑOS EN LA BRECHA Y EN LA ARENA

Cumplir treinta años con quince discos publicados en ese tiempo, además de un sinfín de recopilatorios, es un hito en sí. No cualquier empresa o artista logra llegar ahí. Treinta años tienen el GPS, las mundialmente famosas *world wide web* (*www*) de la red informática mundial nacidas de la mente del

científico británico sir Tim Berners-Lee, el *Office* de Micro-
soft, los Simpsons, y desde 2015 también los Hombres G.

Ese año la banda cumplía en realidad treinta y dos años
desde su debut como Hombres G, y hará cuarenta en 2023, a
la vuelta de la esquina. La efeméride que generó otro gran
documental y un fantástico recopilatorio fue la de la explosión del grupo, que como hemos visto tuvo lugar en el inolvidable año de 1985. Con ese motivo Warner hizo una reedición en vinilo de *Hombres G*, una caja con el CD de las
grabaciones originales y un DVD con un documental sobre
ese primer disco que se publicó el 7 de abril y que se situó en
el Top 5 de la lista de ventas una semana después de su lanzamiento.

El 2 de junio de 2015 se publicó *30 años y un día*. Mucho
más que un recopilatorio, es una excelente biografía musical,
imprescindible para sus seguidores. Contiene auténticas joyas sonoras inéditas, temas nuevos, viejas canciones que per-
manecían guardadas en maquetas, rarezas y un DVD con los
vídeos y los conciertos de sus comienzos rescatados del archivo de TVE. El disco fue otro éxito de ventas en España
nada más salir.

En 2015 cinco países tuvieron el privilegio de acoger los
treinta inolvidables conciertos del *Tour 30 años y un día*. Tres
de ellos fueron protagonistas sobresalientes de los primeros
años de la *Hombresgmanía*: España, México y Perú. La gira
empezó el 12 de junio en la plaza de toros de Murcia y el 13
en el Palacio de los Deportes de Granada, y tuvo una parada
excepcional en otro mítico *sold out* para la historia el 26 de
junio de 2015 en la plaza de toros de Las Ventas, con veinte
mil personas dando voz y energía a un impresionante concierto del que saldría la grabación de su siguiente álbum en
vivo, *En la arena*.

España entera volvía a tener un marcapasos tres décadas
después: el Coliseum de A Coruña; el Festival Música en

Grande de Santander; la explanada Museo Verbum de Vigo; la plaza de toros de Algeciras y el Palau Sant Jordi de Barcelona el 10 de septiembre. El 26 de septiembre viajaron a Estados Unidos para tocar en Los Ángeles y el 1 de octubre en Ciudad de Panamá. El 3 de octubre participaron en el concierto múltiple Ciudad Rock de Lima ante cuarenta mil personas.

La gira se reanudó en España en el Pabellón Príncipe Felipe de Zaragoza el 10 de octubre, en plenas fiestas del Pilar; el 17 de septiembre en el Auditorio Rocío Jurado de Sevilla; el 24 de octubre en el Pabellón Fuente de San Luis de Valencia y finalmente en Alicante. El 14 de noviembre el tour llegaba a México, comenzando en Mexicali. Luego llegaron sendos *sold out*, uno en el Arena de Monterrey el 19 de noviembre y otro en Guadalajara al día siguiente, cerrando con otro lleno espectacular en el Arena de Ciudad de México el 21 de noviembre.

JAVI. Cuando se iba acercando la fecha del aniversario teníamos muy claro lo que queríamos hacer y el resultado final se ajustó bastante, es un material de puta madre y algo de lo que sentirse orgulloso. Como tantas otras veces, el título salió cuando menos lo esperábamos. Íbamos en la furgoneta y comentamos que en ese momento hacía treinta años y un día que había empezado todo, y sonó como si fuera una sentencia judicial o algo así, nos hizo mucha gracia, nos moló y se quedó como título de todo lo que hicimos para conmemorar el lanzamiento de nuestra carrera, el disco, la gira, el documental, todo. La idea era buscar todo lo que había por ahí perdido, joyas de los archivos, temas que teníamos en el cajón y todo tipo de rarezas. Ahora nos toca esperar a que pasen por lo menos otros diez años, porque si nos ponemos a hacer algo así cada cinco años la peña va a decir que ya huele [risas].

RAFA. Nosotros siempre hacemos planes a corto plazo, por eso lo de «y un día» venía perfecto para titular el disco. Quisimos hacer algo especial por el 30 aniversario y optamos por hacer justo treinta conciertos, quince en España, en ciudades grandes, que ampliamos al año siguiente, y quince en América, que también ampliamos en 2016. Quisimos recrear la historia en el documental con gente que intervino en el inicio de lo que fueron los Hombres G, como Eugenio Muñoz, que fue el ingeniero de mesa; amigos como Ana Milán, una auténtica chica cocodrilo; Álvaro Arbeloa, que es un fan de los Hombres G; por supuesto Dani Martín, que es el más fan de todos; así como Juanjo Ramos y Álvaro Urquijo de Los Secretos. Hicimos una labor arqueológica para rescatar versiones de temas conocidos, incluso canciones que nunca habíamos grabado, que solo estaban en tomas de televisión como El gran Eloy, o canciones que hacía años que no escuchábamos, un material costoso de encontrar.

El DVD ponía los pelos como escarpias, con un par de conciertos de los ochenta que muestran la esencia de los Hombres G. Uno era en el cine Extremadura, en un programa que hacía Jesús Hermida con Miriam Díaz-Aroca, y el otro en una sala de Madrid.

DANI. Fue un gran curro con Warner. Llegamos a un acuerdo para editar ese disco con ellos. Nos sentamos con Charlie y con Paco Gamarra, que es el que lleva el producto especial o histórico, y nos fuimos a los archivos de Televisión Española. Aquello fue como entrar en los archivos vaticanos, una enorme nave llena de cintas por todos lados. Empezamos a buscar cintas antiguas por años y a ponerlas en una moviola antigua. Nos pasamos dos días enteros metidos en esos archivos buscando material. Ahí es donde descubrimos grabaciones como la del concierto de La bola de cristal. Fue arqueología pura.

Un documento que buscamos y que no encontramos fue el vídeo del concierto de Rock-Ola que hicimos en marzo de 1984; lo encontramos después. Yo recordaba que se había grabado por-

que lo tuve en casa, ese concierto lo grabó mi hermano Charly con una cámara antigua de Betamax. A principios de los noventa Eva Dalda, directora de marketing, una de las amigas que nos hicieron coros y cantó en ese concierto, me lo pidió. Lo daba por perdido hasta que un día en 2019 me llamó David diciendo que no me podía imaginar lo que se había encontrado haciendo limpieza en casa.

Ahí está Juanjo Ramos, el de Los Secretos, que era un chavalín, tocando los teclados, y nuestras amigas Eva y Lidia haciendo los coros en un par de canciones. Está muy divertido, porque se escucha a la perfección cómo alguien del público les está gritando para que les enseñara una teta, y se escucha perfectamente cómo mandan al tío a tomar por culo.

Otra de las cosas que busqué con ahínco pero no encontré fue la famosa maqueta con la que en su día nos dieron calabazas en las multinacionales. La dábamos por desaparecida, imagina la sorpresa cuando la vimos en el disco de Lemuria.

Antes de que terminara el año del aniversario ya estaba en el mercado el segundo disco en vivo de los Hombres G, que dejaba para la posteridad el histórico concierto conmemorativo del 26 de junio en Las Ventas. El 20 de noviembre, el mismo día que el público tapatío de Guadalajara disfrutaba del show en el estado mexicano de Jalisco, se publicaba bajo el título de *En la arena* un doble CD y un DVD que no tardó en colocarse durante varias semanas entre los más vendidos en España, según la lista oficial Promusicae.

DAVID. Es algo de lo que podemos presumir con orgullo. A la vuelta de todos estos años es muy gratificante ponerte a pensar que todas las veces que hemos tocado en grandes recintos emblemáticos, tanto de Madrid como de Ciudad de México, lo hemos petado, y estoy hablando de sitios como Las Ventas, con veinte mil personas de aforo; el Palacio de los Deportes, con dieciséis mil; el Auditorio

Nacional, con diez mil, o el Arena, con veintidós mil, sin olvidar los templos sagrados del pop-rock en Estados Unidos.

No pretendo menospreciar a nadie, pero no hay muchas bandas en español, con tantos años y tantos kilómetros a la espalda, que puedan presumir de algo así. En la arena es un legado de incalculable valor para nosotros que contiene otro sold out histórico en Las Ventas. El 26 de junio de 2015 es otra de las fechas marcadas a fuego en nuestra carrera, el día que hicimos el gran concierto del 30 aniversario de nuestro primer elepé con esa dulce sensación de mirar al público y evocar aquel antes y ese después.

DANI. Vendimos todo el aforo de Las Ventas y preparamos el superconcierto para grabarlo con la idea de poder publicarlo, porque iba a ser otro de esos días especiales a lo largo de nuestra carrera. El propio Charlie, el presidente de Warner, fue el que nos dijo en una de las reuniones que daba por sentado que grabaríamos ese concierto porque iba a ser alucinante, como así fue. Decidimos hacerlo, llevaba toda la razón.

Grabamos el audio e hicimos un despliegue de cámaras para poder editar luego un buen vídeo. Daba mucho gusto escucharnos, a esas alturas desde luego la maquinaria estaba muy engrasada, sonábamos muy bien y eso en sí era otro motivo de orgullo para nosotros en una fecha así, ver la evolución constante que hemos tenido hasta llegar a convertirnos en lo que siempre soñamos, una buena banda de pop-rock que va a dejar un gran legado de canciones para la posteridad. Creo que este ha sido uno de los momentos más reconfortantes y que más reconocimiento por parte de todo el mundo hemos tenido.

LOS POLVOS PIRATAS

Lemuria Music compró los másters de Lollipop y en 2015 editó el álbum *Polvos pica-pica*, que incluía las canciones de la maqueta que se grabó en 1984 con temas inéditos como *Nancy y Lesly* y un concierto en la sala Rock-Ola en 1983 que incluía *Fandanguillos*. Se lanzó una edición de lujo para coleccionistas en vinilo rojo transparente, dos CD y un libreto. El 24 de noviembre se publicó una nota anunciando el lanzamiento para el 11 de diciembre:

> Se edita el LP de Hombres G que nunca vio la luz. Entre 1983 y 1984, los Hombres G grabaron sus dos primeros singles para el sello Lollipop y temas con los que completar el que iba a ser su primer LP, pero la situación financiera del pequeño sello madrileño hace que el disco nunca llegue a editarse. El resto es historia: un año después, en la discográfica Twins dan forma a ese trabajo con nuevas grabaciones y se convierte en disco de oro en pocas semanas. Más de treinta años después, el sello Lemuria (con licencia de Lollipop) recupera en *Polvos pica-pica* todos aquellos temas iniciales que luego acabarían en el primer álbum de Hombres G. Es decir, esto es el primer LP antes del primer LP... Con excelente sonido y en tomas más frescas y sueltas que las que conocemos. Además, incluye parte del concierto de presentación de la banda en la mítica sala Rock-Ola y temas inéditos.*

Lo de «temas con los que completar el que iba a ser su primer LP» no era cierto. Esto no sentó nada bien en el seno de la banda al entender que esa maqueta no era propiedad de Lollipop, sino de ellos, y tampoco tenía autorización para editar un concierto que por otro lado no reunía las condiciones mínimas de calidad sonora para poder ser publicado. Era, por tanto, un disco pirata.

* *EfeEme.com.*

DANI. Lemuria mintió cuando sacó el disco en 2015. Lo publicaron sin permiso. Lo de Lollipop lo hicimos con Fernando Cabello, no con Paco Trinidad, nunca hicimos nada con Paco para Lollipop, ellos dijeron que no tenían pasta para hacernos un elepé y fue cuando hicimos la maqueta, pero esa maqueta era nuestra, era la que grabamos gracias a nuestra participación en la peli de Jorge Grau. Esa maqueta la hicimos con Paco Trinidad en aquel estudio medio cutre de Plaza Castilla y con ella fuimos a las discográficas. Cuando decían que era un demo grabado y mezclado analógicamente del 17 de mayo al 8 de junio de 1984 en el Willy's Studio producido por Paco Trinidad, se están refiriendo a nuestra maqueta.

Le pedimos explicaciones a Miguel Ángel Villanueva y nos dijo que en el paquete que compró Lemuria venía la maqueta, pero esa maqueta no era de Lollipop, esa maqueta era nuestra, el máster era nuestro. La buscamos cuando regresamos en 2002 y también en 2015 para meter esas canciones en el disco de 30 años y un día, pero no la encontramos. Es fácil imaginarse nuestro cabreo cuando la vimos en el disco de Lemuria.

Enseguida tomamos medidas, porque lo único que era de Lollipop eran las cuatro canciones de los singles, el resto del contenido extra era nuestro, incluido un concierto en Rock-Ola que grabó Paco Trinidad en directo con muy mala calidad de sonido y que ellos aducían que también estaba en el paquete. Necesitaba nuestra autorización para publicar ese concierto.

Nos reunimos con Miguel Ángel. Los abogados nos daban la razón y le amenazamos con una demanda. Nos pidió por favor que por lo menos le dejáramos sacar una edición de mil vinilos que ya tenía pagados a condición de no volver a reeditarlo. Fuimos comprensivos y le dijimos que sí, con la esperanza de que cumpla su palabra y no lo vuelva a hacer; de lo contrario sí nos veríamos obligados a emprender acciones legales.

DEVUÉLVEME MI JODA Y HUEVOS REVUELTOS: LA MÚSICA NO CONOCE EDAD NI FRONTERAS

A lo largo de 2017 los Hombres G se iban a embarcar en dos giras conjuntas muy originales y satisfactorias. La primera de ellas fue con Taburete y la segunda con Enanitos Verdes, dando lugar respectivamente a la gira *Devuélveme mi joda* y *Huevos Revueltos*. Antes de eso, el domingo 19 de marzo del 2017, vivieron un momento especial en Ciudad de México al presentarse en el Foro Sol, en el festival Vive Latino, tocando para un aforo de ochenta y cinco mil espectadores.

> Recuerdo estar con él (Javi), hace muy poco, al pie de la escalera para subir al escenario en México donde nos esperaban ochenta y cinco mil personas. Le eché el brazo al hombro y los dos pensamos: «Aquí estoy con mi amigo de toda mi vida, a punto de salir a tocar en un concierto que no olvidaré jamás». [...] No creo que haya un solo artista español que hoy siga consiguiendo esas cifras después de treinta años. Por lo menos, ningún grupo de rock lo hace.*

La idea de compartir escenario con Taburete emulaba en cierto modo la exitosa experiencia con El Canto del Loco en 2005. En este caso el salto generacional era todavía mayor. Taburete había logrado irrumpir con fuerza entre los grupos con mayor poder de convocatoria en directo en España, habían llenado el WiZink Center de Madrid en solitario con solo dos discos: *Tres tequilas*, publicado en 2015, y *Dr. Charas* en 2016.

Willy Bárcenas, Antón Carreño y sus colegas eran unos recién nacidos cuando Hombres G ya curtía sus carnes en las

---

* David Summers, *Hoy me he levantado dando un salto mortal*.

carreteras de España y América. *Devuélveme mi joda* partió de la plaza de toros de Valencia el 9 de septiembre de 2017, llegó al Auditorio Rocío Jurado de Sevilla el 30 de septiembre, el 6 de octubre al Palau Sant Jordi de Barcelona, el 14 de octubre a la plaza de toros de Granada y arrasó en Madrid con dos llenos a rebosar los días 22 y 28 de diciembre en el antiguo Palacio de los Deportes.

DANI. Los conocía por mi hija mayor. A ella le gusta mucho la música española y un día me interesé por un grupo que estaba escuchando. Me respondió que era Taburete. Me quedé con la copla. Poco después escuché en una reunión a gente de Warner Chappell decir que les estaban tirando los tejos, y unas dos semanas más tarde nos dijo Jorge Martínez que le había llegado una propuesta de Taburete para hacer algo con ellos. Íbamos todos en la furgoneta y estos preguntaron quiénes eran. Entonces me acordé y respondí que los chavales molaban, que los había oído a través de mi hija y que lo tenían muy claro, que a pesar de su juventud habían rechazado ofertas de las grandes compañías para ir por su cuenta. Ese fue un detalle que nos gustó, porque denotaba una gran personalidad.

JAVI. No los conocíamos de nada, así que cuando nos propusieron la idea de hacer una gira conjunta lo primero que hicimos fue quedar con ellos a tomar una cerveza y conocernos. Hubo buena química, los chavales son muy majos y nos dijeron que para ellos sería un honor tocar con nosotros. Flipábamos de la marcha que llevaban, pero muchas veces veíamos reflejados en ellos lo que fue nuestra primera etapa, nos recordaban mucho nuestros años de juventud. Acabó siendo una gran experiencia, nos reímos como posesos. Nosotros parecíamos los papás y ellos los hijos gamberros. El Esqui decía que nosotros a su edad éramos todavía peores.

RAFA. Fueron ellos los que nos lo propusieron. Son muy fans nuestros, Willy contó que nos había conocido en un campamento cuando regresamos en 2002, que pilló el disco de Peligrosamente juntos. Se sentían con fuerzas después de haber hecho Madrid y un día quedamos para comer. Hubo buen rollo desde el principio. Conocíamos poco de ellos, pero empezamos a escuchar su música, les preguntamos cuál era la idea que tenían y vimos que teníamos cosas importantes para compartir. Entonces dijimos «Vale, ¡hagámoslo!». Nosotros somos un grupo intergeneracional y era una forma de agregar a gente de otra generación. Las buenas canciones no entienden de etiquetas, ni de edades, ni de fronteras. Lo pasamos de puta madre.

DAVID. La primera noticia que tuve de ellos fue al leer una entrevista en la que decían que su sueño era ser como los Hombres G, que ojalá después de treinta años pudieran estar juntos, haciendo música y divirtiéndose. La gente me decía que se daban un aire a nosotros. Después de conocernos todo fue como la seda, empezamos a escuchar las canciones con más detenimiento y nos dimos cuenta de que había canciones muy bonitas. Willy es un tío de puta madre, conmigo ha tenido siempre un buen feeling y me escucha.

Fuimos a tocar a Barcelona muy pocos días después del 1 de octubre y había movida con los independentistas. Antes del concierto me preguntó preocupado que qué pasaría si le tiraban una bandera de España, qué debería hacer. Le dije que yo lo que haría sería recogerla, doblarla, darle un beso y dejarla tranquilamente al lado de la batería, no ponerme a exhibirla y a armar follón. Dicho y hecho. Le tiraron una bandera en mitad del concierto e hizo exactamente lo que le había dicho.

El mejor consejo que le di por mi experiencia fue que en el escenario había que controlar siempre, el cantante está en el centro y debe tener siempre el control; si el cantante no controla, se descontrola todo. A mí siempre me ha dado un sentido de la responsabilidad acojonante. Me acordé de Lou Reed, que era tremendo.

Después de los bolos hacíamos las jodas, la fiesta, pero no en ninguna discoteca ni en el hotel como hacíamos nosotros, ellos se lo montan en los camerinos hasta las horas que sean. Tenían un equipo de música para armar el cachondeo, se ponían rancheras mexicanas y disfrutábamos pero sin nadie más, ellos, nosotros y los técnicos. Nos reímos mucho y lo pasamos de puta madre. La diferencia estaba en la resistencia, nosotros a las tres como mucho andábamos de retirada al hotel, pero ellos seguían hasta las cinco o las seis. Cosas de la edad.

Enanitos Verdes es otra de las grandes bandas del rock-pop en español y para muchos argentinos y amantes de la música en el continente americano son una referencia ligada a los mejores años de sus vidas. Arrancaron en Mendoza en 1979, y desde entonces Marciano Cantero, Felipe Staiti y Jota Morelli, los miembros de la actual formación, acumulan un legado de quince discos y clásicos inmortales.

Hombres G y Enanitos Verdes habían coincidido en varios conciertos en América, hasta que un buen día alguien pensó que podía irse un paso más allá, más que juntos, mejor revueltos. Empezaron a darle vueltas a la idea hasta que una noche en Dallas organizaron una cena. Ahí empezó a cocinarse el *Tour Huevos Revueltos*. Fue el 22 de junio de 2016, la noche anterior al concierto en esa ciudad y tres días antes de concluir la gira de ese año que se consumaría con otras dos presentaciones en Austin el día 24 y en Houston el 25.

Empezó a tomar forma una de las mejores ideas que la música pop-rock en español ha tenido en los últimos años y que se puso en marcha un año y medio después en Sudamérica. El resultado fue espectacular, un despliegue de luz, sonido y canciones renovadas con un nuevo enfoque mezclando a ambas bandas, tal como había sucedido en el exitoso experimento de 2005 con El Canto del Loco.

RAFA. *Llevábamos tiempo haciendo conciertos con Enanitos Verdes. John Frías, el empresario que nos contrata allá, se dio cuenta de que estaría bien juntarnos porque nuestros respectivos públicos conocían las canciones de ambos. La química fue buena desde el principio y con el tiempo nos fuimos animando a que David cantara algo con ellos, Marciano algo con nosotros, o yo acompañaba a Felipe en la guitarra. Lo hicimos en dos o tres sitios seguidos. Para mí era flipante tocar con Felipe, que es un maestro. Hace unos solos impresionantes y con él podía rocanrolear de puta madre.*

Ese siempre fue mi sueño, un grupo con dos guitarras así, y en la gira se ve, cuando empezamos a dar caña las dos guitarras en el final del show es brutal. Lo que hicimos fue quedar a cenar en Dallas el día anterior al concierto para hablar y evolucionar la idea. Cenamos en un restaurante en el que la especialidad era una cabeza de cerdo enorme. La putada es que nos la llevaron cuando ya estábamos terminando de cenar, fue una cortesía del dueño del restaurante. De repente asomó la camarera con una bandeja de madera y aquel cabezón tremendo. Yo, que soy tan gourmet, le pregunté por la receta. Me contó que lo hacían a muy baja temperatura durante ocho horas en el horno. Estaba deliciosa, pero no pude comer mucho porque ya había cenado. Me comí un trozo de lengua mientras los demás me miraban con cara de asco.

JAVI. *Yo no probé la cabeza. A mí me dio un asco que te cagas solo de verle los ojos al gorrino y a Rafa comerse la lengua. Ese día creo que me tomé dos cervezas y un sándwich de esos grandes. La idea no fue improvisada esa noche, llevábamos tiempo dándole vueltas al asunto hasta que decidimos quedar a cenar en Dallas antes de que acabara la gira para madurarla y tomar una decisión. Sabíamos que iba a ir bien, pero no tan bien como al final ha sido. Por eso grabamos y sacamos el disco con Sony Music con el sello Columbia Records, porque los Enanitos tienen buen rollo con ellos y eran los más interesados en sacarlo. Huevos Revueltos superó incluso nuestras expectativas, fue un exitazo y forjó una gran amistad, nos sirvió para aprender los unos de los otros, siempre es positivo el diálogo musical con otras personas.*

DANI. Aquel día habíamos aprovechado la mañana para hacer turismo en Dallas, fuimos a visitar el Sixth Floor Museum,* en el lugar donde mataron a Kennedy. Por la noche fue cuando cenamos nosotros cuatro con ellos y decidimos hacer la gira al año siguiente mezclando las canciones tal como salió. Le comentamos la idea a John Frías, le pareció acojonante y dijo que iba a ser un pelotazo. No se equivocó.

RAFA. La idea que tenemos es hacer una segunda parte con la posibilidad de meter temas originales. Huevos Revueltos puede acabar convirtiéndose en mucho más que una gira por la simbiosis que hay entre nosotros. Es como si fuéramos una sola banda con dos baterías, tres guitarras, dos bajos, un teclista y un saxofonista, tenemos tal afinidad que es alucinante hasta lo que pasó cuando se nos ocurrió el nombre.

Ya nos habíamos puesto de acuerdo en todo y coincidimos cuatro meses después en Ciudad de México. Por la mañana, estábamos desayunando en el hotel Augusto Serrano «Poli», Esqui, David y yo. Esqui comentó que esa noche nos veríamos con los Enanitos para ver cosas de la gira. Poli añadió que entre otras cosas había que decidir el nombre del tour para poder empezar la promo. En ese instante se me vino a la cabeza el nombre de

---

* El Museo del Sexto Piso está en el antiguo edificio del Texas School Book Depository, frente a la plaza Dealey, en la esquina de las calles Houston y Elm Street, desde donde Lee Harvey Oswald habría disparado y asesinado al presidente John Fitzgerald Kennedy el 22 de noviembre de 1963, teoría desmontada por el fiscal Jim Garrison, cuya refutación fue la base del brillante thriller político *JFK* de Oliver Stone, protagonizado por Kevin Costner.

Huevos Revueltos *y ahí mismo se lo dije. «Coño, pues mola», dijo Augusto, y ahí se quedó la cosa.*

Por la noche nos vimos con ellos en el Karisma, el sitio que hay enfrente del hotel donde solemos ir a comer. Nos reunimos y en un momento dado alguien dijo: «Bueno, vamos al grano que si no se nos va la noche y no decidimos nada. Lo primero que hay que decidir es el nombre de la gira». En ese momento dice Felipe Staiti: «No sé si ustedes pensaron algo, pero a mí se me ocurrió Huevos Revueltos». Me quedé mirándolo con los ojos abiertos como un búho y le exclamé: «¿Cómooooo? ¡Joder, Felipe, no me lo puedo creer, aquí están Esqui, Poli y David como testigos de que yo propuse ese mismo nombre esta mañana». Era flipante, semejante telepatía entre los dos grupos no daba ni opción a ver otra alternativa. Todos estuvimos de acuerdo: «No se hable más». Ese era el nombre y brindamos por el buen desempeño del proyecto.

Se subió a las redes sociales un videoclip conjunto del tema *Voy a pasármelo bien* para calentar motores de cara a lo que se venía. Es, hasta la fecha, el vídeo más visto en el perfil de YouTube de Hombres G, con más de cuatro millones de reproducciones.

El *Tour Huevos Revueltos* arrancó en Perú, en la ciudad de Lima, el 17 de noviembre de 2017; de ahí pasó a Ecuador, donde celebró dos grandes conciertos multitudinarios en Guayaquil y Quito en los que Juan Muro puso un gran broche de oro con su saxo interpretando *A mi lindo Ecuador*. Después siguieron por El Salvador, Guatemala y Costa Rica. Al año siguiente llegó a Estados Unidos, donde ofrecieron catorce conciertos en el mes de junio de 2018 de la mano de la promotora Live Nation. Las Vegas acogió el primero el 1 de junio. De ahí en adelante, recintos legendarios como el Hollywood Bowl de Los Ángeles el 2 de junio o el Radio City Music Hall de Nueva York el 23 de junio. San Francisco, Phoenix, Houston, Dallas, Atlanta o Boston también pudieron disfrutar del espectáculo, que se paseó igualmente por México en dos ocasiones, una en el mes de marzo y la otra en noviembre, llegando a Aguascalientes, Puebla, Torreón, Culiacán, Ensenada, Monterrey, Querétaro, Ciudad de México, Mérida, León y Guadalajara.

La demanda fue tan fuerte que The Joint Music Group anunció en un comunicado de prensa una nueva gira *Huevos Revueltos* para el verano 2019 en Estados Unidos producida una vez más por Live Nation en ocho ciudades, comenzando el 7 de junio en Las Vegas y concluyendo el 19 de junio en Silver Springs, previa parada en el Staples de Los Ángeles el viernes 14 de junio.*

El éxito descomunal de la gira trajo de la mano la publicación de un disco en directo que fue grabado en el Arena Ciudad de México el 17 de marzo de 2018. Columbia Records lo publicó el 15 de junio con el título homónimo del tour, en formato de doble CD y un DVD con veintinueve canciones. Está disponible en *streaming* y descarga digital. También se lanzaron tres sencillos: *Devuélveme a mi chica, El ataque de las chicas cocodrilo* y *Lamento boliviano.***

---

* Gira *Huevos Revueltos*, EE.UU., 2019: 7 de junio, Las Vegas, Nevada, en The Joint at Hard Rock Hotel; 8 de junio, San Diego, California, en el Viejas Arena; 11 de junio, San Antonio, Texas, en el Majestic Theatre; 12 de junio, Denver, Colorado, en el Paramount Theatre; 14 de junio, Los Ángeles, California, en el Staples Center; 15 de junio, San José, California, en el SAP Center at San Jose; 18 de junio, Atlanta, Georgia, en el Coca-Cola Roxy; 19 de junio, Silver Spring, Maryland, en The Fillmore Silver Spring.

** Las canciones recogidas en esta joya del pop-rock latino son: *Voy a pasármelo bien, El extraño del pelo largo, Mejor no hablemos de amor, El ataque de las chicas cocodrilo, Si no te tengo a ti, Mariposas, Guitarras blancas, Un par de palabras, Lo noto, ¿Qué soy yo para ti?, Mi primer día sin ti,*

Templos sagrados de la música y el pop-rock

En 2014 Hombres G escribió un capítulo más de su trayectoria legendaria al develar su estrella en el paseo de la fama del rock de Madrid promovido por el restaurante Hard Rock Café.

El año del aniversario solo hubo un concierto en Estados Unidos, el 26 de septiembre de 2015 en Los Ángeles. Sin embargo, al año siguiente el tour de aniversario pudo verse en nueve ciudades más. El 8 de junio de 2016 el *Tour 30 años y un día* llegaba a Nueva York; al día siguiente, a Washington; dos días después, a San Francisco; el 12 de junio repetiría en Los Ángeles; el 14, todavía en California, en la ciudad de San Diego; tres días después en Phoenix, Arizona; el 18 en Tucson y el 19 cruzaron la frontera para estar presentes en el Machaca Festival del Parque Fundidora de Monterrey.

Cuatro días después volvían a Estados Unidos para concluir la gira en Texas. Los Hombres G regresaron a Estados Unidos en 2018 y en 2019, y estaba previsto que lo hicieran también en 2020, pero debió aplazarse por culpa de la pandemia.

Como reivindicaba David Summers, el mérito en la trayectoria de Hombres G es enorme. Estamos ante una banda de pop-rock en español con unas cifras muy difíciles de igualar. Por poner un ejemplo, solo en el siglo XXI y solo en América, acumula más de doscientos cincuenta conciertos. Más allá de la cantidad, hay que destacar también la calidad, la solera y la historia de algunos templos sagrados del pop-rock y de la música contemporánea en los que Hombres G ha desplegado su música.

Tus viejas cartas, Eterna soledad, Cordillera, Amores lejanos, Te quiero, Indiana, Visite nuestro bar, Por el resto, Suéltate el pelo, Marta tiene un marcapasos, La muralla verde, Temblando, Luz de día, Tu cárcel, Venezia, Devuélveme a mi chica, Intro / México lindo y querido y Lamento boliviano.

Augusto Serrano, un veterano miembro de la familia G que se encuentra al frente de la contratación de la banda para el continente americano, hace énfasis en el mérito:

> Su trayectoria es impresionante y un orgullo para quienes lo vivimos de cerca. Son el grupo de pop-rock latino con más *sold out* en el Arena Ciudad de México, donde caben veintidós mil personas, hasta el punto de que les han dado un reconocimiento y les han puesto una placa. En el Auditorio Nacional, donde caben diez mil personas, han colgado diez veces el cartel de «no hay entradas», y han llenado La Monumental, que es enorme, es la plaza de toros más grande del mundo, con capacidad para treinta mil personas. En Estados Unidos se cerró una gira en el Radio City Hall de Nueva York con un *sold out* histórico. En 2018, Los Ángeles fue una de las varias ciudades donde se vendieron todas las localidades en la gira de grandes recintos, y actuaron en el Hollywood Bowl, un lugar emblemático por donde han pasado los artistas más grandes del mundo de todos los tiempos, como The Beatles. Hombres G fue el primer grupo de pop-rock español en hacerlo ante veinte mil personas. En Los Ángeles han actuado dos veces en el Staples Center, el gran pabellón donde juegan Los Angeles Lakers, con dos llenos.

Hablar del Hollywood Bowl es hablar de magia pura en el mundo del entretenimiento y la música contemporánea desde su inauguración en 1922. Es el anfiteatro más famoso de Los Ángeles y uno de los símbolos de la ciudad, asentado en las colinas de Hollywood y con el célebre cartel del Hollywood Sign al fondo. Su escenario, cubierto por una campana acústica de anillos concéntricos, ha aparecido en infinidad de películas y series de televisión. Sin olvidar que es la sede estival de la Orquesta Filarmónica de Los Ángeles. No hay una sola celebridad del siglo XX y el XXI que no haya pasado por ahí. Por citar algunos nombres: The Beatles, con su postrero álbum *The Beatles at the Hollywood Bowl*, The Rolling Stones, Pink Floyd, The Who, Mariah Carey, Genesis, Beach Boys o Lady Gaga. Llegar del templo sagrado español de Las Ventas al templo sagrado californiano es un logro al alcance de muy pocos. Ningún otro grupo de pop-rock español lo ha conseguido. La prensa española se hizo eco de ello:

> Los Hombres G llenan el mítico Hollywood Bowl. Hombres G —compuesta por David Summers, Daniel Mezquita, Francisco Javier de Molina y Rafael Muñoz— es la primera banda española en actuar en el Hollywood Bowl, donde sí lo han hecho varios de nuestros artistas. Uno de ellos, el valenciano José Iturbi, lo hizo además en una película también mítica: *Levando anclas*. Enanitos Verdes y Hombres G, cuentan los promotores de la gira, completaron las localidades del Hollywood Bowl y convirtieron el mítico escenario de North Highland Avenue en una caldera en la que sumergieron todos los grandes éxitos labrados a lo largo de más de tres décadas de una carrera en la que han vendido más de diecinueve millones de discos.*

Hombres G también tuvo el privilegio de presentarse en el célebre Gibson Amphitheatre, antiguamente conocido como Universal Amphitheatre, ubicado en los estudios Universal desde su construcción en 1972 como un recinto al aire libre. Llegó a ser el tercer teatro más grande de California, solo por detrás del Shrine Auditorium y el Nokia Theatre, y por él pasaron las grandes bandas legendarias y artistas anglosajones de la talla de Madonna, Bob Marley, Johnny Cash,

---

* *ABC*.

Miles Davis, Stevie Wonder, Elton John o Michael Jackson, y latinos como Luis Miguel, Vicente Fernández y Julio Iglesias. Fue sede de la entrega de los MTV Movie Awards, los Teen Choice Awards y los MTV Latinos. Este mítico recinto fue demolido en 2013 para construir en su lugar The Wizarding World of Harry Potter dentro del parque Universal Studios.

El Radio City Music Hall de Nueva York tampoco precisa de muchas presentaciones. Desde su inauguración el 27 de diciembre de 1932 han desfilado por sus tablas artistas de la talla de Frank Sinatra, Ella Fitzgerald, Linda Ronstadt, Bill Cosby, Liberace, Sammy Davis Jr., Margaret Ann, Johnny Mathis, John Denver, The Count Basie Orchestra, Itzhak Perlman, José Carreras, Ray Charles y BB King. Ubicado en el Rockefeller Center de la ciudad de los rascacielos, se ganó ser conocido como el *Showplace of the Nation*, el lugar de mayor interés turístico del país.

Hombres G se ha presentado en otro escenario de solera, como son las salas House of Blues de ciudades como Chicago y Los Ángeles, tanto en la que había en Sunset Boulevard junto al famoso hotel Mondrian, que cerró sus puertas en agosto de 2015, como en la de Anaheim. El primer House of Blues abrió sus puertas el 26 de noviembre de 1992 en Cambridge, Massachusetts, impulsado por la banda Aerosmith y celebridades como Dan Aykroyd, Paul Shaffer, River Phoenix y James Belushi.

El auditorio The Fillmore de San Francisco es otro de los insignes escenarios donde Hombres G ha dejado su huella. Fue popularizado por Bill Graham y era conocido por sus carteles de conciertos psicodélicos de artistas como Wes Wilson y Rick Griffi en la década de los sesenta. En 1989 fue cerrado debido a los daños que sufrió durante el terremoto. Tras un arduo trabajo estructural, volvió a abrir en 1994 en su ubicación original, en la intersección de Fillmore Street y Geary Boulevard.

JAVI. Una de las mayores satisfacciones de esta época ha sido tocar en sitios emblemáticos como el Radio City Music Hall de la Sexta Avenida de Nueva York, el enorme Staples Center, que es la casa de Los Angeles Lakers y los Clippers, el anfiteatro del Hollywood Bowl o varios de los House of Blues, los de Chicago, Dallas, Las Vegas y Los Ángeles. Teníamos previstos varios conciertos en el de Anaheim y otros House of Blues más durante la gira 2020 que tuvimos que aplazar, pero hemos tocado en casi todos.

En uno de los conciertos en la famosa concha del Hollywood Bowl recuerdo que nos encontramos a un anciano en el backstage, lógicamente jubilado, que nos comentó que él iba a echar una mano porque había estado empleado allí desde que se inauguró. El señor nos dijo uno de los mayores halagos que hemos recibido en la vida a lo largo de toda nuestra carrera: «Conozco este escenario de toda la vida, y no lo había visto así de lleno y con este ambiente de entrega desde los tiempos de los Beatles y de Elvis Presley». Todavía se me eriza la piel cada vez que lo recuerdo.

Ese es un escenario de grandes estrellas mundiales, yo alucinaba solo de pensar que ahí mismo habían tocado los Eagles y todos los grupos que han sido mis ídolos desde que era un niño y ahorraba los duros de las golosinas para comprarme su single.

RAFA. Hay dos sitios por encima de los demás, que son en los que más he flipado. Uno de ellos es el Fillmore de San Francisco, que es como una nave llena de historia. Uno de los primeros discos que tuve en los años setenta cuando empecé a escuchar música, que era como una biblia del rock para mí, fue el elepé de la banda estadounidense The Allman Brothers Band titulado At Fillmore East, que era su primer álbum en directo. Recuerdo que había una foto en blanco y negro de ellos en el callejón posando con esa pinta de rockeros con los flight case. Yo con quince años me vestía así y era uno de mis grupos favoritos de rock sureño. De hecho todavía los escucho.

Cuando fuimos a tocar y vi los pósteres de la gente que había tocado allí, como ellos, Deep Purple o los Clash, me di cuenta de que todos los ídolos de mi juventud de los setenta habían estado allí, y eso me dio un subidón para el concierto impresionante.

El otro sitio es el Hollywood Bowl. Te deja sin palabras pisar ese escenario. David se fijó enseguida en la foto de Frank Sinatra, pero yo me fijé en la de Jimi Hendrix. ¡Por favor! Fue mi primera inspiración, mi primer gran maestro de guitarra. Cerraba los ojos y decía: «¡Joder, qué maravilla! ¡Lo que hemos conseguido con el paso del tiempo y el nivel que hemos alcanzado!». Era una sensación como de éxtasis y de felicidad indescriptibles.

DANI. Es curioso, en octubre de 1988, cuando acabamos una de las giras, David y yo nos fuimos con nuestras novias de vacaciones unos días a Los Ángeles. Pasamos por allí y el chófer nos comentó que si queríamos parar a visitar el mítico Hollywood Bowl. ¡Por supuesto! Le respondimos. Me acuerdo que nos bajamos allí, no había nadie, nos enseñaron el escenario y David y yo hicimos unas fotos en plan turistas, comentando lo flipante que sería poder un día tocar allí. Justo treinta años después lo logramos, fue casi lo primero que se me vino a la cabeza, como esa sensación de que era un nuevo sueño cumplido, un pasito más en nuestra carrera.

DAVID. Hemos logrado tocar en sitios maravillosos y emblemáticos. No olvidaré jamás la primera vez que tocamos en el mítico Copacabana de Nueva York, el 28 de noviembre de 2003, porque es un sitio mítico donde ha tocado un montón de gente alucinante, entre ellos uno de mis favoritos, Sam Cooke. Yo tenía un disco de Sam Cooke en directo desde el Copacabana que se llama Sam Cooke at the Copa. El Hollywood Bowl tiene algo mágico. Cuando estaba ahí y veía la foto de Frank Sinatra y pensaba que en ese mismo sitio donde estaba parado cantando en ese momento había cantado gente como él o como Ray Charles se me ponían los pelos de punta.

En mi casa guardo como un tesoro en un marco la fotografía de Sinatra con el autógrafo que me dio cuando cantó en el Bernabéu en 1990. Son unas emociones que ni imaginaba llegar a sentir. Hemos vivido muchas cosas exclusivas en esta segunda etapa, que es muy diferente a la anterior, tal como se plasma en nuestra historia. En la primera éramos adolescentes que se buscaban la vida y vivían mil vicisitudes, y en esta somos adultos y todo transcurre con más calma, que no hay que confundir con seriedad, porque los primeros años después del regreso fueron de un cachondeo tremendo, solo que de otra manera, no como adolescentes inconscientes. En esta etapa todo está más rodado, todo es más maduro, incluso mi voz, que fui descubriéndola hasta darme cuenta de que es más grave de lo que se veía en nuestros inicios, donde no había ningún tipo de producción y tenía que echar mano del falsete cuando no llegaba y abusar de tonos altos en temas como Venezia; hemos probado a bajar de tono pero no suena igual. Un año tras otro nos planteamos qué hacer con la intención de sorprender a la gente. Hicimos el acústico, la gira Huevos Revueltos, cosas que hemos ido alternando con trabajos nuevos y sin parar de viajar. Después de tantos años cuesta más sorprender, pero en esas seguimos.

19

Los excelentísimos señores Hombres G

Llevo tanto tiempo dormido aquí
que no recordaba ni cómo sentir.
La noche fue larga y el día tan gris,
pero sé que el sol brillará por mí.

DAVID SUMMERS,
Resurrección

En la doble página anterior: Hombres G y el resto de los galardonados con la Medalla de Oro al Mérito en las Bellas Artes posando con los reyes de España en el Palacio de la Merced de Córdoba en febrero de 2019. (Foto Casa Real.)

A finales de 2017 llegó una de las mejores noticias de la carrera de la banda. Los Hombres G fueron distinguidos con la Medalla de Oro al Mérito en las Bellas Artes en reconocimiento a toda su trayectoria. La historia que empezó bajo la inspiración de canciones como God save the Queen *de los Sex Pistols escenificó su momento culmen con los viejos gamberros encorbatados ante los reyes de España. «Dios salve a la reina», que es una de sus mayores* fans. *Una enorme motivación para continuar. En 2019 apareció* Resurrección, *último disco de estudio de la década, con el que tocaron en selectos escenarios españoles e iniciaron otra gira americana.*

LOS CABALLEROS HOMBRES G, LA REINA FAN Y UNA CAÍDA «REAL»

La noticia saltó a todos los medios el viernes 22 de diciembre de 2017. El Consejo de Ministros, a propuesta del ministro de Educación, Cultura y Deporte, Íñigo Méndez de Vigo, había aprobado la concesión de las veinticuatro Medallas de Oro al Mérito en las Bellas Artes correspondientes a ese año. Un galardón, según destacaba el ministerio, «que distingue a las personas y entidades que hayan destacado en el campo de la creación artística y cultural o hayan prestado notorios servicios en el fomento, desarrollo o difusión del arte y la cultura o en la conservación del patrimonio artístico». Entre los premiados estaban los Hombres G, junto a ilustres nombres como José Luis Perales, Luis Eduardo Aute, Chiquito de la Calzada (a título póstumo), Lolita Flores o el actor estadounidense de origen cubano Andy García, entre otros.

DANI. Me llamó Jorge Martínez, de nuestra oficina, para decirme que se había puesto en contacto con él la secretaria de Íñigo Méndez de Vigo, el ministro de Cultura, buscándonos para hablar personalmente con nosotros porque nos habían otorgado la Medalla de Oro al Mérito en las Bellas Artes. No podían localizar a David y Jorge me pidió permiso para ver si me podían llamar a mí. A los cinco minutos sonó el teléfono y me pasaron al ministro. Fue muy gracioso, me acuerdo de que estaba con mis padres y les dije: «¡Callad!, tengo al ministro al aparato». Ellos me miraban incrédulos. El tío fue majísimo, me explicó que en el Consejo de Ministros de ese día nos habían otorgado la medalla. Daba la casualidad de que esa misma noche tocábamos en el WiZink en Madrid, era el 22 de diciembre de 2017. Invitamos al ministro al concierto, pero se excusó porque tenía una cena con Rajoy. Cuando recobré el aliento del impacto lo escribí en nuestro grupo y hablé con los demás. Por la noche lo celebramos aprovechando el concierto.

DAVID. Ese es el premio más importante que nos han dado en nuestra vida, es la máxima distinción que se le puede dar a un artista español o latinoamericano y lo entregan los reyes. Es una medalla de oro preciosa que te distingue como Caballero de Bellas Artes. Además de eso, cuando te dan esa medalla pasas a ser excelentísimo señor, o sea que somos los excelentísimos señores Hombres G, y en mi caso pasé a ser el excelentísimo señor don David Summers. Vamos, para fliparlo todavía más.

Nos enteramos por una llamada del ministro de Cultura, que entonces era Méndez de Vigo, aunque no fue él quien estaba cuando nos la dieron, porque te la conceden un año pero no te la entregan hasta el siguiente, y para entonces él ya no estaba. Me llamaron primero a mí, pero no me localizaron y hablaron con Dani. Después pude hablar con el ministro y recuerdo que, ante mi incredulidad, el hombre decía que nos lo merecíamos, empezó a repasar nuestros logros y sentenció que merecíamos la medalla y mucho más.

Al año siguiente nos invitaron a la recepción que hacen el 12 de octubre en el Palacio Real con motivo del Día de la Hispanidad. En el besamanos ocurrió una anécdota muy graciosa, porque Cris, mi chica, se cayó. Llevaba unos zapatos con un tacón enorme y muy fino y el suelo era de baldosas antiguas, como empedradas, difícil para ese tipo de calzado. Ella estaba todo el rato acojonada diciendo que se iba a caer, y de tanto decirlo al final se cayó de verdad. Justo después de darle la mano a los reyes, tres pasos más allá, se dio el porrazo. Yo iba detrás y la recogí enseguida, pero se volvió a caer. Cuando se fue todo el mundo los reyes se interesaron por ella y se quedaron un buen rato con nosotros, charlando y riéndonos. Resultó que llevaba otros zapatos en el bolso por si acaso y el rey se quedó sorprendido: «¿Otros zapatos?». Dije: «Sí, claro, porque sabía que esto iba a pasar», y nos descojonábamos de la risa. Gracias a la caída echamos un rato divertido y agradable con ellos en petit comitè Cris y yo, Javi y María José, don Felipe y doña Letizia. El suceso afortunadamente quedó un poco eclipsado en los medios porque hubo otra anécdota que protagonizó Pedro Sánchez cuando la cagó con el protocolo, se puso al lado de los reyes y lo tuvieron que sacar de ahí.

JAVI. Le pasó como a las modelos en las pasarelas, llevaba un tacón tan fino que perdió el equilibrio. Dani y Rafa siguieron adelante con sus mujeres, pero yo recogí las plantillas de los zapatos para dárselas a ella, las llevaba en la mano, en lo alto, como si fueran las dos orejas de un toro en manos de un torero. Nos quedamos en un cuartito que estaba al lado de la recepción. Llegó un médico de la Casa Real, por si se hubiera lastimado con un esguince o algo así. Pensábamos que todo el mundo estaría con los reyes en el salón de al lado cuando de pronto entraron don Felipe y doña Letizia a interesarse por lo que había pasado. Estuvo bien la anécdota, le dije a Cris: «¡Esta es mi chica! Yo tenía planeado hacer un número tipo Mister Bean, cayéndome delante de los reyes, pero lo has hecho tú en mi lugar y ha salido perfecto». Se reía y lloraba al mismo tiempo. David decía de cachondeo que lo había hecho aposta, porque gracias a eso pasamos un rato muy agradable charlando unos minutos con los reyes.

RAFA. Fue acojonante, siempre damos la nota, aunque sea sin querer, nuestra personalidad fluye de cualquier manera, porque ese día también David llegó y le plantó dos besos a doña Letizia, cosa que no se podía hacer según el protocolo, pero él, con un par de huevos, dejando el inconfundible sello nuestro, y ella se quedó mirando, preguntándose qué hacía este tío. Después, lo de Cris la acabó de liar, fue algo increíble, yo por dentro me reía y pensaba: «¡Bien!, ya hemos dejado el sello aquí», porque acabó en una anécdota divertida, fue un puntazo. Es algo que nos caracteriza y que me alegra, con nosotros la cosa siempre acaba en plan divertido y de buen rollo, eso es algo que mola y que nos identifica, nunca protagonizamos escándalos o malos rollos.

El 11 de junio de 1965, curiosamente un día después de que uno de los Hombres G, Dani Mezquita, viniera a este mundo, a The Beatles les concedieron la Orden del Imperio Británico y recibieron sus medallas de manos de la reina Isabel II, medalla que John Lennon devolvería cuatro años más tarde como forma de protesta contra la implicación de Gran Bretaña en el asunto Nigeria-Biafra y su apoyo a Estados Unidos en Vietnam.

Cuentan las crónicas que los cuatro músicos estaban muy nerviosos aquel día. Años más tarde, Paul McCartney y posteriormente Ringo Starr recibieron de nuevo de manos de la reina el título de Caballero del Imperio Británico, que les otorgaba el tratamiento de *sir*. Es otro llamativo paralelismo con la mítica banda de Liverpool.

Los Hombres G recibieron sus respectivas Medallas de Oro al Mérito en las Bellas Artes de manos de los reyes de España y automáticamente pasaron a ser caballeros de España. Se reconoció su «trayectoria musical y su contribución a la cultura española dentro y fuera de nuestras fronteras». La ceremonia de entrega se celebró en el Palacio de la Merced de la ciudad de Córdoba el lunes 18 febrero de 2019. Estuvo presidida por Sus Majestades y precedida de una cena de honor para los galardonados en el casco histórico de la ciudad cordobesa el domingo 17 de febrero ofrecida por el ministro de Cultura, José Guirao, quien tomó el relevo a Méndez de Vigo tras la moción de censura al gobierno de Mariano Rajoy de 2018.

DAVID. La verdad es que es un premio imponente, el día que nos entregaron la medalla me sentí un poco extraño ante la excelencia de las personas a las que se lo estaban dando también. Nos sentimos muy orgullosos. También nos regalaron un pin para poner en la chaqueta como distintivo de Caballero de las Bellas Artes, que lo suyo sería que cada vez que fuéramos a un acto nos lo pusiéramos. Dieron una medalla conjunta para el grupo, pero nosotros encargamos tres copias más al orfebre para poder tener una cada uno, que por supuesto tuvimos que pagar nosotros y no era nada barata. Yo la tengo puesta en el salón de casa.

RAFA. Hablamos mil veces sobre cómo teníamos que seguir el protocolo, lo repasamos una y otra vez: «Cuando nos llamen vamos en fila, ordenados. David, tú vas primero, recoges, saludas a todo el mundo; yo me espero, cuando tú te vayas voy yo, saludo a todo el mundo; Dani se espera, cuando me voy llega él, y lo

mismo con Javi. ¿Listos, chicos?». Bueno, pues nos llaman, llega
David, saluda, lo espero, sale, llego yo, saludo y cuando voy a
darme la vuelta tengo a Dani detrás pegado casi en la oreja [risas].
¡En fin! Nuestro sello particular una vez más.

DANI. El día de la ceremonia nos trataron muy bien. La noche
anterior nos invitaron en Córdoba a una cena en Bodegas Campo. En la cena estuvo el presidente de la Junta de Andalucía, Juan
Manuel Moreno Bonilla, y la presidenta del Parlamento andaluz,
Marta Bosquet, que se sentó a mi lado y estuve hablando con ella
toda la noche. El día de la entrega de la medalla los reyes estuvieron majísimos con nosotros. Cuando acabó el acto, nos colocaron
a todos para hacer la foto y a nosotros nos pusieron en el centro,
detrás de ellos. La reina Letizia ha sido una fan declarada nuestra
de toda la vida, yo creo que les hacía ilusión que estuviéramos
delante en la foto, cerca de ellos, y por eso nos colocaron ahí.
Estuvimos charlando un rato con ella y nos contó las veces que fue
a vernos actuar antes de ser reina.

JAVI. Después de la ceremonia en Córdoba hubo un cóctel y la
reina nos recordaba que siempre le hemos molado y ha sido muy
fan nuestra de toda la vida. Hablamos de cuando fue a vernos a
la Ciudad de la Raqueta cuando todavía eran príncipes en 2013,
que ella al final entró a saludarnos al camerino. Nos confesó que
desde los doce años era superfán nuestra y fue a nuestro primer
concierto. Nos contó también de sus «guardias» en la puerta del
Rowland, que se pasó tardes y noches a ver si nos veía porque
era menor de edad y no la dejaban entrar, y se pasaba allí las
horas esperándonos en el coche con unas amigas: «¡Y jamás logré veros!», nos decía. La verdad es que estuvo muy simpática
con nosotros. Luego habló con nuestras parejas.
    El rey también estuvo muy simpático con nosotros, charlamos
otro rato con él. Fue muy gracioso, porque ese día nos dieron una
medalla para los cuatro y él decía que nos iba a tocar partirla en

cuatro. Le seguimos la broma y le dijimos que nos dieran la de Maná, que no habían ido. Lo de la foto fue muy divertido, el rey no hacía más que decirme que me iba a tapar, y efectivamente me tapó el hombre con semejante planta real [risas].

LOS CORAZONES QUE NUNCA CAMINARÁN SOLOS: *RESURRECCIÓN*

Los Hombres G recibieron su premio solo cinco días antes de lanzar *Con los brazos en cruz*, una buena dosis de rock cañero para rememorar los años gamberros que se convirtió en el primer single del nuevo disco de estudio. Se estrenó el 22 de febrero, acompañado de un videoclip dirigido por Fernando Ronchese, producido por Enrique López Lavigne y protagonizado por el actor Quique San Francisco y Robert Kovacs, el doble del actor Charles Bronson. Fue rodado en el Pop'n'Roll, un bar que no era desconocido para Quique. Javi le refrescó la memoria de cuando solía ir años atrás acompañado por el desaparecido Antonio Flores, del que era muy colega.

Resurrección se cocinó a fuego lento. Se empezó a grabar en febrero de 2017 y se acabó de mezclar en las Navidades de 2018. Fue grabado en varios estudios dentro de la Comunidad de Madrid: en Alpedrete, en casa de Pedro Andrea; en los Idemm Estudios de Parla; en el estudio Audiomatic de Carabanchel, el Estudio Uno en Colmenar Viejo y el Little Forest Studios en Guadarrama. Once nuevas canciones que son un claro reflejo del nivel de madurez del pop-rock de la banda.

El 6 de abril de 2017 David Summers tuiteaba muy orgulloso a las 9.34 de la mañana que continuaban grabando y que «hoy viene el gran Hevia a tocar la gaita en una canción. Acojonante». Se refería al tema *Que vuelvas ya. Confía en mí* sería el segundo sencillo. El tema que da nombre al disco, *Resurrección*, fue el elegido para abrir los espectáculos en la gira. Es la metáfora de una resurrección musical después de nueve años sin sacar un álbum de estudio con canciones originales, pero sobre todo es un himno al renacer en el amor, a las segundas oportunidades. Después de los días grises de las relaciones fallidas, el sol vuelve a brillar para los corazones que nunca caminarán solos de la mano de una nueva oportunidad.

David vuelve a sus orígenes al reflejar sus propias vivencias en sus canciones. Con sutileza y lirismo, el tema está dedicado a Christine, la mujer con la que rehízo su vida tras su separación. *Desde el minuto uno, Llegar a la noche, Desde dentro del corazón, Niña, Otra vez el mar, Resbalar entre tus dedos* y *Junto a ti* completan el álbum. Se publicó el 15 de marzo de 2019 con una edición de vinilo para coleccionistas y logró posicionarse como número dos en ventas en España y número uno en México.

Para su distribución se estrenó el acuerdo alcanzado con Altafonte, una moderna empresa de distribución de contenidos musicales y audiovisuales de sellos, productores y artistas en todas las grandes tiendas y servicios digitales del mundo, tal como se puede leer en su sitio web. Una empresa adaptada a los nuevos tiempos a la que también han acudido artistas como Amaral, Kiko Veneno, Isabel Pantoja, Revólver, Silvio Rodríguez, Caetano Veloso, Coti y Edurne, entre otros.

DAVID. Con los brazos en cruz es una canción contra la corrección política. Nunca hemos sido políticamente correctos, y Quique menos, así que era perfecto para el personaje. Seguimos con la fórmula de controlar nuestros másters y nos va bien. Altafonte son unos chavales muy majos y además tienen oficinas en los tres sitios estratégicos que nosotros necesitamos: Los Ángeles, México y Madrid.

El negocio ha cambiado mucho, ahora interesa más un buen escaparate digital para tu música que el reporte de las ventas de las copias físicas, que ha caído muchísimo para todo el mundo. Nuestro objetivo es seguir buscando canciones bonitas que traigan gente nueva y que hagan de efecto arrastre para que descubran la música anterior. Eso es un comportamiento muy generalizado en la forma actual de consumir música en plataformas tipo Spotify, a mí también me pasa. De pronto ves un éxito de un artista y enseguida te metes en su perfil a buscar esos discos anteriores que te habían pasado desapercibidos.

A nosotros nos ocurre lo mismo, cada canción exitosa nueva ha ido sumando gente nueva y eso va agrandando el prestigio del grupo y de la marca. Cada vez que hacemos una gira, y hacemos muchas, tampoco falta quien se une al grupo tras habérselo pasado de puta madre en el concierto, se va a escucharnos en internet o busca los discos físicos, porque todavía nuestros clásicos no paran de bullir en las tiendas, aunque pienso que el soporte físico para consumir música está herido de muerte.

RAFA. Hay gente que se ha sorprendido de que hayamos vuelto al vinilo con este disco, pero es por la demanda, a la gente le ha dado por volver a comprar los discos antes que el CD, es un curioso comportamiento del mercado, como si la gente consumiera la música digital a través de plataformas tipo Spotify pero para el formato físico coleccionable le molara más el disco clásico de vinilo que el CD.

Apenas una semana después de recibir la Medalla de Oro al Mérito en las Bellas Artes el grupo recibió otro galardón durante la gala del décimo aniversario de la Ciudad de la Raqueta por su apoyo al festival de música solidario que lleva su nombre, donde acumulaban en ese momento nueve ediciones consecutivas con *sold out*. De la mano de *Resurrección*, el grupo se echó nuevamente a la carretera. Fue la gira que interrumpió la pandemia en 2020.

20
Una leyenda viva del pop-rock

Nunca hemos sido los guapos del barrio.
Siempre hemos sido una cosa normal,
ni mucho, ni poco, ni para comerse el coco.
Oye, ya te digo, una cosa normal.

RAFAEL GUTIÉRREZ / DAVID SUMMERS,
El ataque de las chicas cocodrilo

En la doble página anterior: Hombres G con José Carlos Parada y Juan Muro saludando a las miles de personas al finalizar el concierto tras su último sold out en el Arena Ciudad de México el 7 de marzo de 2020. (Foto LatinNewsXXI.)

En el verano de 2020 se cumplieron cuarenta años desde el día que una película de los Sex Pistols se cruzó en el camino de David Summers y el sueño de un adolescente empezó a hacerse realidad. Cuatro décadas después, los Hombres G acumulan un público fiel que no para de crecer. Han dedicado sus vidas a hacer más feliz la vida de los demás, se han especializado en ser generadores de buen rollo con su música y sus fans lo saben agradecer. Decía Lao Tse que el agradecimiento es la memoria del corazón, y es justo ahí donde se aloja la música. Su carrera musical se encamina hacia la quinta década. Los cuatro amigos madrileños han creado con el tiempo un enorme legado musical y están ya por derecho propio en la eternidad que implica su sueño cumplido: ser una leyenda viva en la historia del pop-rock en español. La historia continúa.

Los hombres *sold out*

Hacia las seis y media de la tarde del sábado 7 de marzo de 2020, el vehículo que transportaba al grupo por las calles de Ciudad de México llegaba a su destino. Quedaban poco menos de tres horas para salir al escenario delante de unas veintidós mil trescientas personas, el aforo oficial del Arena, que registraba un nuevo *sold out* desde su inauguración el 25 de febrero de 2012. Hombres G entró por derecho propio en el Salón de la Fama del Arena Ciudad de México. Por ese motivo, al llegar aquel día descubrieron una placa conmemorativa en su honor sobre el suelo en un sencillo acto organizado antes de concentrarse en el camerino para el show, previsto para las nueve en punto de la noche. La prensa americana y la española recogieron la noticia a las pocas horas en sus portales digitales. Las crónicas dan fe de que hablar de Hombres G es sinónimo de leyenda en la historia del pop-rock en español:

> Este hecho convierte a Hombres G en uno de los grupos de leyenda en la capital mexicana. Son la banda de rock en español con más *sold out* de la historia del recinto de Azcapotzalco.*

Era la quinta vez que Hombres G colgaba el cartel de no hay billetes en este moderno templo de la música. Cinco conciertos y cinco llenazos, el primero el 7 de mayo de 2014, el segundo el 21 de noviembre de 2015, el tercero el 17 de marzo de 2018, el cuarto el 10 de noviembre de 2018 y este último, el 7 de marzo de 2020, en mitad del *Tour Resurrección* que los llevó por las principales ciudades y aforos mexicanos y que había comenzado en Querétaro el 4 de marzo, continuando en León (Guanajuato) el viernes 6, antes de llegar a la antigua Tenochtitlan, capital del Imperio azteca y de la Nueva España, la moderna y superpoblada Ciudad de México, donde estaba programado el concierto del sábado día 7.

Ante la prensa se mostraron sorprendidos y orgullosos del homenaje: «Estamos felices tocando los cuatro. Esperamos

---

* En <www.marca.com>, <www.chicagotribune.com>, <www.diariola samericas.com> y <www.tiempo.com.mx>.

que esto continúe durante mucho tiempo y lograr muchos más *sold outs*».

A las nueve y veinte de la noche entraron en el escenario al compás de *Resurrección*. Entre los vítores de un público completamente entregado y apoyados por una enorme pantalla donde se proyectaban las imágenes y vídeos que acompañan el show, dieron paso a un gran concierto con un repertorio sólido de éxitos acumulados tras casi cuatro décadas de carrera. Finalizado el intro de la primera canción llegó el saludo protocolario y el grito de guerra del vocalista: «¡Buenas noches, México! ¡Esta noche vamos a pasarlo de puta madre!». A continuación, los primeros acordes de *El ataque de las chicas cocodrilo* pusieron a más de veintidós mil gargantas a hacer coro y a seguir la coreografía. Ese fervor festivo se mantuvo durante casi tres horas, con momentos de magia especial. Uno de ellos se vivió cuando miles de linternas de teléfonos móviles iluminaron las gradas y el pie de pista a modo de patio de butacas del Arena, casi a oscuras, mientras David interpretaba *Temblando*. Aquella puesta en escena y ese poder de convocatoria eran la más incontestable prueba de que la leyenda de Hombres G estaba más viva que nunca en el mismo mes del 35 aniversario de la publicación de su primer álbum.

Una de las claves de su éxito imperecedero es la diversidad de su público. Observando con detenimiento a las miles de personas que iban llenando aquel día el Arena se podía comprobar que el fenómeno Hombres G es transversal e intergeneracional. A quienes vivieron los años ochenta en la plenitud de su juventud se unen en los conciertos las personas que nacieron justo en esa década y en la siguiente, e incluso milenials del siglo XXI.

También es muy revelador respecto al calado social de la banda el enorme despliegue de puestos callejeros de venta ambulante que se ven en sus conciertos. Conforme el taxi se aproximaba al coloso de Azcapotzalco, los puestecillos parecían escoltar la llegada, apostados allí desde las horas previas al espectáculo, desplegando todo un arsenal de objetos basados en la marca Hombres G. La venta se intensificaba en los aledaños del recinto, y más si cabe una vez dentro del mismo, en el gigantesco vestíbulo de esta moderna edificación. Allí podía encontrarse un variopinto mercado de camisetas o playeras, como les llaman en México, gorras, chamarras (cazadoras), jerséis, bolsos, tazas, llaveros y un sinfín de referencias.

Hombres G aprovechó su estancia en la capital mexicana para reunirse con creadores vinculados a la famosa serie animada *Los Simpson* de cara a trabajar en unos nuevos conceptos y una línea de *merchandising* innovadora con sorpresas para todos sus seguidores.

El 2020 vivido peligrosamente

Las palabras «peligrosamente» y «juntos» unidas fueron un excelente título para la ocasión en 2002 y un riesgo literal para la salud en 2020. Estar juntos se hizo peligroso y obligó al mundo a mantener una distancia social de seguridad por culpa de la pandemia del Covid-19 que segó la vida de cientos de miles de personas, cambió el destino de millones de seres humanos y condicionó también lógicamente la hoja de ruta del grupo.

En el momento de develar la placa del Salón de la Fama del Arena el público disfrutaba de la gira ajeno a las señales que anunciaban una pandemia que marcaría un antes y un después en la historia del siglo XXI. Dos días después, el lunes 9 de marzo, se celebró una comida en uno de los restaurantes del complejo del hotel InterContinental Presidente, en el barrio de Polanco de Ciudad de México. David, Rafa y este autor compartimos mesa y mantel. Fue el día en el que las alarmas empezaron a dispararse en España, el día que tomamos conciencia de la gravedad de lo que se nos venía encima.

México estaba en ese momento muy lejos todavía de los estragos del coronavirus, pero las noticias que llegaban desde Madrid, haciendo énfasis en la multitudinaria manifestación que se había celebrado con presunta irresponsabilidad el día anterior, eran muy preocupantes. Tanto, que solo cinco días después se declararía el estado de alarma en el país y el confinamiento obligatorio de la población. David no se equivocó al vaticinar en el transcurso del almuerzo que el futuro inmediato era muy incierto. «Quisiera equivocarme, pero entre otras muchas noticias negativas y graves que nos puede traer esta enfermedad, presiento que se nos cae la gira, esta y la de Estados Unidos seguramente también.»

Y se cayó, como se cayeron tantas otras cosas. Su pesimismo en aquella reunión estaba justificado. Después del Arena de la capital llegaron a tocar en Mérida (Yucatán), Torreón (Coahuila) y el sábado 14 de marzo en el Arena Monterrey con otro gran *sold out*. La amenaza de aplazamiento de la gira tomó cuerpo el lunes 9 de marzo y se consumó el domingo 15, cuando se vio interrumpida.

Después del show en la capital de Nuevo León, el grupo y todo el equipo de trabajo regresó a Madrid, donde aterrizaron el lunes 16 de marzo en el aeropuerto internacional Adolfo Suárez y, al igual que millones de españoles, de ahí se fueron directos a encerrarse en sus respectivos domicilios.

Las fechas en los grandes escenarios pendientes de la gira, como el Auditorio Telmex de Guadalajara (Jalisco), la Plaza Monumental de Aguascalientes y Puebla de Zaragoza, fueron aplazadas y la segunda parte del tour, que debía tener lugar en el mes de junio con veintitrés fechas cerradas en Estados Unidos, tuvo que ser cancelado a la espera de poder ser reprogramado.

Del Arena de Monterrey al salón de casa

Las palabras del 9 de marzo fueron la premonición de un contraste tan brutal como pasar de cantar ante más de diecisiete mil personas en su último *sold out* en el Arena Monterrey a tener que hacerlo en una sala habilitada en casa frente a la cámara de un teléfono móvil solo una semana después.

El 14 de marzo fue el último concierto en México, y el 22 de marzo el vocalista subió a sus redes sociales, desde el confinamiento en su hogar en Madrid, su primer vídeo con una versión acústica de una canción acompañado de su hijo Daniel Summers. Ese primer tema fue *Tú y yo*, y detrás de él vinieron muchos más.

> Unir nuestras voces de manera altruista por una causa así fue una gran idea. Te sientes tan impotente metido en casa y sin poder hacer más, que si los artistas podemos contribuir así me parece una iniciativa muy bonita. La música tiene un efecto balsámico importante en estos momentos. Yo estoy subiendo estos días canciones a mis redes sociales con la guitarra para que los fans no se sientan abandonados. Lo mejor que podemos hacer los artistas es ofrecer nuestra música, y por eso esta iniciativa me parece muy bonita, porque engloba a un montón de compañeros que lo han hecho encantados para intentar animar a la gente. Y seguro que había muchos más dispuestos, pero no cabían todos. Espero que no solo podamos vencer a esta pesadilla, sino salir reforzados como seres humanos, ser mejores personas, aprender la lección, aprender a valorar las cosas importantes de la vida.*

* En <www.cadena100.es>.

David Summers se refería en esa entrevista de primeros de abril a la llamada que recibió de Javi Nieves para proponerle su participación, junto a un importante elenco de artistas, en la iniciativa *Resistiré 2020* de la Cadena 100 para producir una versión conjunta del tema del Dúo Dinámico, convertido en himno motivador para la resistencia ante la adversidad. La peculiaridad era que todas las voces debían por fuerza ser grabadas en sus respectivos domicilios. David tiene un pequeño estudio en casa con el iPad y el micro que usa para las maquetas, lo que facilitó que la grabación de su pista tuviera calidad. El resultado final obtenido por el productor Pablo Cebrián fue brillante. La fórmula se repitió con el tema *Pongamos que hablo de Madrid*.

Desde Hombres G hubo una gran inquietud y una disposición solidaria desde los primeros días de la crisis. Aprovechando la cuarentena, Rafa tuvo también la iniciativa de apoyar la investigación del cáncer infantil con una canción, *Ángeles en la tierra*, que compuso inspirado en los pequeños de la Unidad CRIS de terapias avanzadas del Hospital de La Paz.

RAFA. Quise ayudar a recaudar dinero para esos pequeños que afrontan la enfermedad con valentía. Mantengo una estrecha relación con esa unidad, me lo pidió Patricia, la directora de eventos, y no dudé en aportar mi granito de arena con un tema que transmite el modo ejemplar de comportarse de estos héroes en momentos tan complicados. Está hecho con el corazón para los niños y los profesionales que los atienden. Son auténticos ángeles en la tierra, igual que los médicos, investigadores, enfermeros y todos cuantos están a su alrededor y que merecen todo nuestro apoyo. Hicimos un videoclip protagonizado por los padres de niños que han superado el cáncer y de niños que no pudieron superarlo. Está el doctor Antonio Pérez, jefe de la Unidad CRIS de investiga-

ción y terapias avanzadas en cáncer infantil del Hospital La Paz, que aparece con sus hijos. Hacemos un llamamiento a la sociedad para que ayude con una donación enviando un SMS con la palabra CRIS al 28014, es solo un euro y una ayuda importante para avanzar en la investigación.

Rafa también colaboró en una iniciativa del grupo mexicano Código Cero con Nacho García Vega, vocalista de Nacha Pop, Frank Díaz y Tino de Parchís, y una selección de rockeros mexicanos en el single *Cuando pase la tormenta*. Grabó un vídeo cantando la canción entera para colaborar y tratar de paliar los efectos económicos de la pandemia en México.

Además, el confinamiento abrió el grifo de la creatividad.

DAVID. He recuperado el ritmo frenético de los ochenta. Entonces me levantaba por la mañana con la determinación de hacer una canción y me metía en el cuarto con la guitarra y la libreta de forma que cuando llegaba la tarde ya tenía la canción. En el confinamiento me ha pasado exactamente igual, por la tarde ya tenía el tema incluso grabado en el pequeño estudio que tengo en casa con la ayuda de mi hijo Dani, que se hace unos solos de guitarra que te cagas. Eso nos ahorra mucho tiempo. En los ochenta no contábamos con todos estos medios, yo llegaba al local y para enseñarles a los chicos las canciones las tocaba con la guitarra. Las que les molaban las montábamos, algunas veces el resultado final se parecía a lo que inicialmente tenía en mente y otras veces no. Hay un par de canciones con algo de influencia de la situación tan peculiar que vivimos, pero con un enfoque y una actitud positiva para que sirvan para siempre.

La historia continúa

Antes de tener que abandonar precipitadamente México, el miércoles 11 de marzo, en plena semana de incertidumbre por la pandemia, se había cumplido el 35 aniversario de la publicación de su primer álbum, *Hombres G,* uno de los discos icónicos de la historia del pop-rock en español. Lo celebraron con un concierto en un abarrotado Foro GNP Seguros de Mérida (Yucatán). Las redes sociales se hicieron eco del acontecimiento. De camino a la capital yucateca pudieron leer en sus móviles no solo las inquietantes noticias que llegaban desde la madre patria, sino también, con mucha satisfacción, los posts y los párrafos que la prensa había publicado sobre su exitosa presentación en la capital azteca cuatro días antes, haciendo mención a sus tres décadas y media de trayectoria y a la leyenda de Hombres G:

> Hombres G editó su primer disco en 1985, y en estos treinta y cinco años de carrera no solo se ha convertido en una de las bandas más longevas del panorama musical mundial, sino que ha vendido más de veintiún millones de discos, publicado doce elepés y actuado en escenarios míticos como el Hollywood Bowl, donde fue la primera banda española en tocar. Además, ha protagonizado dos películas, el musical *Marta tiene un marcapasos* y varios libros sobre una trayectoria que forma parte de la historia de la música y el rock en español del último medio siglo.*

Una historia de la música llena de grandes memorias, canciones y anécdotas que arrancó en el microcosmos de las calles del madrileño barrio del Parque de las Avenidas en me-

---

* En <www.marca.com/tiramillas>.

dio de la transición política española y que sigue escribién-
dose cuarenta años después. La banda que se formó en plena
ola de la efervescencia musical de los años ochenta se ha
convertido con el tiempo en uno de los más valiosos legados
inmortales del pop-rock en español. La «tontería» de cuatro
amigos, tal como David Summers la llamó en su libro *Hoy me
he levantado dando un salto mortal*, da de comer hoy en día a
muchas familias. A diferencia de la mayoría de los grupos
efímeros de la movida, que duermen para siempre el sueño
de los justos en forma de buen recuerdo, ellos han creado un
numeroso puñado de canciones inolvidables que han marcado la banda sonora de millones de personas. Con ellas han
forjado la leyenda viva a la que se referían las crónicas del 7
de marzo de 2020 tras el *sold out* del Arena, la leyenda de
Hombres G que se vio alimentada al recibir el Premio Yago
de honor en 2020.

VI edición de los Premios Yago, el reverso justiciero
de los Premios Goya, donde se resarce a los olvidados más
flagrantes de los premios de la Academia de Cine. [...] (El
Yago de honor) recae en nuestros Beatles particulares, protagonistas de *Suéltate el pelo* y *Sufre mamón*, dos de las
películas más taquilleras de su época, que provocaron una
auténtica conmoción en varias generaciones y que los
Yago quieren reivindicar como emblema del cine español
más desenfadado, amable y divertido.*

JAVI. *Estamos viviendo los mejores momentos de nuestra carrera y
saboreando más que nunca las satisfacciones que da nuestra profesión, estamos a gusto, sonamos bien y podemos hacer que miles
de personas sonrían y se lo pasen bien; eso no tiene precio. Lo ya*

---

* En <www.elconfidencial.com>.

vivido no nos hace pensar que esté todo hecho, ni mucho menos.
Al contrario, nos hace pensar que lo que queda por venir ahora
que entramos en la quinta década de existencia va a ser mejor to-
davía, que queda muchísimo por hacer, muchos sitios nuevos en
los que tocar, disfrutar y hacer llegar nuestras canciones a la gente.

Del Astoria al Arena transcurrieron cuatro décadas en
dos siglos. La quinta década está en marcha, los milenials son
la quinta generación en unirse a estas canciones inmortales.
Los viejos rockeros nunca mueren. El público sigue queriendo ir a ver la leyenda de Hombres G, independientemente de
si hay o no disco nuevo. Sus canciones son atemporales, fruto de haber huido de las modas desde sus inicios y de haber
sido ellos mismos. Su personalidad y su sonoridad gustan a
la gente y eso ya nada lo va a cambiar. «Es el complejo de
dinosaurio del rock: llevas tantos años que eres legendario,
no por nada especial, sino por el paso del tiempo», escribía
David Summers en 2017. Como diría León Tolstói, lo malo
atrae, pero lo bueno perdura.

En septiembre de 2020 la banda anunciaba que comenzaba a grabar un nuevo disco para lanzarlo en 2021. La historia continúa.

Hombres G. Nunca hemos sido los guapos del barrio
de Javier León Herrera
se terminó de imprimir en diciembre de 2020
en los talleres de
Impresora Tauro, S.A. de C.V.
Av. Año de Juárez 343, col. Granjas San Antonio,
Ciudad de México

DISCOGRAFÍA

DISCOGRAFÍA OFICIAL

Hombres G (Twins, 1985)

La cagaste... Burt Lancaster (Twins, 1986)

Estamos locos... ¿o qué? (Twins, 1987)

Agitar antes de usar (Twins, 1988)

Voy a pasármelo bien (Grupo Dro Gasa Twins, 1989)

Esta es tu vida (Grupo Dro Gasa Twins, 1990)

Historia del bikini (Grupo Dro Gasa Twins, 1992)

Los singles (Wea, 1993)

Las baladas (Dro East West, 1996)

Peligrosamente juntos (Warner Music, 2002)

El año que vivimos peligrosamente (Warner Music, 2003)

Todo esto es muy extraño (Warner Music, 2004)

10 (Warner Music, 2007)

Desayuno continental (La Calabaza Amarilla, 2010)

En la playa (Sony Music, 2011)

30 años y un día (Warner Music, 2015)

En la arena (Warner Music, 2015)

Huevos revueltos (Columbia Records, 2018)

Resurrección (Altafonte, 2019)

DISCOGRAFÍA DAVID SUMMERS EN SOLITARIO

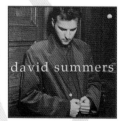
David Summers (Wea, 1994)

Perdido en el espacio (Wea, 1997)

En directo desde el Metropolitan (Wea, 1998)

Basado en hechos reales (Wea, 2001)

DISCOGRAFÍA RAFA GUTIÉRREZ EN SOLITARIO

Rafa & Co. (Tea Records, 1996)

Saltimbankins (Subterfuge Records, 2015)

Caso cerrado (Rock CD Records, 2017)

DISCOGRAFÍA EN VINILO (LP)

Hombres G (edición España, Twins, 1985)

La cagaste... Burt Lancaster (edición España, Twins, 1986)

Grandes éxitos (Twins, 1986, disco que cerraba el primer contrato)

Contraportada *Grandes éxitos* (Incluye *Nassau* y *La cagaste... Burt Lancaster*)

Devuélveme a mi chica (edición Perú, primer disco en América)

Versión de *Grandes éxitos* para coleccionistas Picture Disc (Twins, 1986)

Un par de palabras (Columbia, primer disco editado en México en 1987)

Contraportada de *Un par de palabras* (edición México)

Edición americana (Perú) de *La cagaste...* (obsérvese censura en palabra «ca??ste»)

Estamos locos... ¿o qué? (Twins, 1987)

Agitar antes de usar (Twins, 1988)

Voy a pasármelo bien (Grupo Dro Gasa Twins, 1989)

Esta es tu vida (Grupo Dro Gasa Twins, 1990)

Historia del bikini (Grupo Dro Gasa Twins, 1992)

Los singles (Wea, 1993)

Resurrección (Altafonte, 2019)

DISCOGRAFÍA EN VINILO (MAXISINGLE)

EP con los cuatro temas de los dos primeros singles (Lollipop, 1984)

Master mix Vol. 1, Jump 1987

Master mix, edición América (Colombia), CBS 1987

Huellas en la bajamar (Twins, 1987)

Suéltate el pelo, edición promocional México, Columbia 1988.

Contraportada del *Master mix,* edición promocional Colombia, CBS 1988. *Suéltate el pelo.*

Master mix, edición promocional Colombia, CBS 1988.

Madrid, Madrid (Grupo Dro Gasa Twins con Los 40 Principales, 1989)

El orgullo de mamá (Grupo Dro Gasa Twins, 1992)

DISCOGRAFÍA EN CD

Esta es tu vida, primer disco publicado en CD

Este recopilatorio fue el primer disco publicado en formato CD en México.

Historia del bikini (Grupo Dro Gasa Twins, 1992)

Los singles primera, edición España, 1993

Las baladas (Dro East West, 1996)

Peligrosamente juntos, edición México, 2002

Voy a pasármelo bien. Tributo a Hombres G, edición España

¿Qué te pasa, estás borracho? Tributo a Hombres G, edición México

Los chicos del barrio. Tributo a Hombres G

Hombres G álbums, caja edición de lujo con libro biográfico, Dro East West, 2002.

Peligrosamente juntos, edición España, 2003

El año que vivimos peligrosamente (Warner Music, 2003)

El año que vivimos peligrosamente, edición CD + DVD editado en México.

Box set de *El año que vivimos peligrosamente*

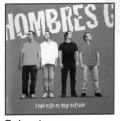

Todo esto es muy extraño, CD original

Todo esto es muy extraño, edición especial CD + DVD

Los singles, segunda y nueva edición, 2005.

10 (Warner Music, 2007)

Desayuno continental (La Calabaza Amarilla, 2010)

En la playa, edición CD + DVD.

En la playa, CD + libro + DVD

30 años y un día (Warner Music, 2015)

En la arena (Warner Music, 2015)

Huevos Revueltos (Columbia Records, 2018)

Resurrección (Altafonte, 2019)

REEDICIONES Y RECOPILACIONES

Hombres G 1985-1992

Reedición Hombres G, serie «La música que a ti te gusta»

La cagaste... y otros éxitos, serie «Grandes clásicos del pop y el rock de aquí»

Hombres G y *Voy a pasármelo bien,* serie «2CD»

La cagaste... Burt Lancaster y *Esta es tu vida,* serie «2CD»

Todo esto es muy extraño e *Historia del bikini,* serie «2CD»

Discografía básica: Hombres G, La cagaste... Burt Lancaster y *Estamos locos... ¿o qué?*

Discografía básica: Agitar antes de usar, Voy a pasármelo bien y *Esta es tu vida*

Hombres G, serie «Essential albums»

La cagaste... Burt Lancaster, serie «Essential albums»

Estamos locos... ¿o qué?, serie «Essential albums»

Lo esencial de… Hombres G

Peligrosamente juntos, serie «Essential albums»

El año que vivimos peligrosamente, serie «Essential albums»

Todo esto es muy extraño, serie «Essential albums»

Los mejores éxitos de Hombres G

Hombres G: Colección 10 éxitos

Hombres G Súper 6

Hombres G, serie «Éxitos y más de…»

Hombres G: 20 grandes éxitos, edición limitada

Marta tiene un marcapasos y otros éxitos, serie «Difusión»

Voy a pasármelo bien y cuatro temas extra, serie «Grandes grupos del pop rock de aquí»

Hombres G, Lo mejor de…

Hombres G, Simplemente lo mejor

Hombres G, Simplemente lo mejor. Vol. 2

Hombres G, El lado B de los singles

Hombres G, La cagaste... Burt Lancaster (2CD, edición limitada 2020)

LOS SINGLES (VINILO)

Primer single del grupo (Lollipop, 1983)

Contraportada del primer single

Segundo single (Lollipop, 1983)

Contraportada del segundo single

Devuélveme a mi chica, primer single con Twins, 1985

Contraportada de Devuélveme a mi chica con Nassau

Venezia

Dejad que las niñas se acerquen a mí

Marta tiene un marcapasos

Contraportada de Marta tiene un marcapasos con Tomasa me persigue

El ataque de las chicas cocodrilo

Visite nuestro bar

Te quiero

No, no, no

Una mujer de bandera

Contraportada de Una mujer de bandera con Temblando

Y cayó la bomba…

Temblando como single

Tengo una chica

Si no te tengo a ti

Suéltate el pelo

Nassau como single

Chico tienes que cuidarte

Voy a pasármelo bien (diseño pensado originalmente para el elepé)

Te necesito

Esta es tu vida

Rita

La primavera

Estoy pintando tu sonrisa

Un minuto nada más

El orgullo de mamá

Tormenta contigo

Devuélveme a mi chica (Los singles)

LOS SINGLES (CD)

Te quiero
(Las baladas)

Lo noto, lanzamiento
en México, 2002

En otro mundo

Lo noto, lanzamiento
en España, 2003

No te escaparás

Singles Lollipop versión
CD

Maxi Lollipop versión CD

Voy a pasármelo bien
(directo de *El año que
vivimos peligrosamente*)

No te escaparás (directo
de *El año que vivimos
peligrosamente*)

¿Por qué no ser amigos?
(versión original
comercial, incluye
versión instrumental)

¿Por qué no ser amigos?
(versión dúo con Dani
Martín)

¿Qué soy yo para ti?

No lo sé

Hombres G... seguimos,
edición especial Ciudad
de la Raqueta

*Por una vez y Esperando
un milagro* (CD)

LOS SINGLES (DIGITALES)

Me siento bien

El secreto de vivir

Lo noto (versión dúo con Miguel Bosé)

Por una vez

Esperando un milagro

Depende de ti

Con los brazos en cruz

Confía en mí